1980년 사북
항쟁의 발발과 명예회복 과정

사북항쟁구술자료총서 1
1980년 사북: 항쟁의 발발과 명예회복 과정

초판 1쇄 발행 2020년 12월 28일
구　술 | 이원갑 · 신　경 · 황인오
면　담 | 김세림 · 김아람 · 문민기 · 장미현 · 후지타 타다요시
펴낸이 | 윤관백
펴낸곳 | 도서출판 선인

등 록 | 제5-77호(1998.11.4)
주 소 | 서울시 마포구 마포대로 4다길 4, 곳마루빌딩 1층
전 화 | 02)718-6252 / 6257
팩 스 | 02)718-6253
E-mail | sunin72@chol.com

정 가 33,000원
ISBN 979-11-6068-425-4 94900
ISBN 979-11-6068-424-7 (세트)

사북항쟁구술자료총서 1

1980년 사북
항쟁의 발발과
명예회복 과정

구술 | 이원갑 · 신 경 · 황인오
면담 | 김세림 · 김아람 · 문민기
　　　　 장미현 · 후지타 타다요시

도서출판 선인

[일러두기]

1. 구술자의 발언은 최대한 그대로 살렸다.

2. 회차에 관계없이 시간 흐름대로 배열하였다.

3. 비공개해야 하는 인명과 발언은 일부 삭제하였다.

4. 구술 당시의 상황이나 행동은 ( ) 안에 표시하였다.

5. 탄광 용어 등 이해하기 어려운 말은 각주로 설명하였다.

6. 추가 설명이 필요한 경우에 [ ] 안에 내용을 추가하였다.

축사

　지역의 아픈 과거! 그리고 반드시 진실이 규명되어 관련 당사자들이 민주화운동 유공자로 당당히 인정을 받고 치유되어야 할 과제! 사북사건 40주년을 맞이하여 우리 군민들의 노동운동 역사를 담은 『사북항쟁 구술자료총서』 발간을 4만여 군민과 함께 축하를 드립니다.

　아울러 총서가 발간되기까지 많은 협조를 해 주신 사북항쟁동지회 회원들과 (재)3 · 3 기념사업회 그리고 고한 · 사북 · 남면 · 신동 지역살리기공동추진위원회를 비롯한 관계자 모든 분들에게 진심으로 깊은 감사의 말씀을 드립니다.

　1944년 미국 필라델피아에서 개최한 국제노동기구 총회에서 '노동은 상품이 아니다. 표현의 자유와 결사의 자유는 필수적 요소다.'라는 선언을 채택하였듯이 정직한 노동을 통한 대가요구는 보통 사람들의 삶 자체일 것입니다.

　민주화의 희망이 싹트던 지난 1980년 광주 민주항쟁에 앞서 정선군에서 전개된 사북사건은 군사정권의 비호하에 자행된 부당한 노동행위에 대한 근로조건 개선 등을 요구하는 지극히 정당하고 자발적인 노동운동이었음에도 불구하고 많은 논란의 중심에서 벗어나지 못하고 있습니다.

　그동안 이원갑 사북항쟁동지회 명예회장님과 황인오 회장님을 비롯한 많은 분들이 진실규명을 위해 노력한 결과 사북사건의 정당성 인정과 함께 우리나라 민주화운동에 큰 획을 그었다는 평가를 받고 있으나, 아직까지 사건에 대한 정확한 규명이 부족함은 물론 관련된 많은 사람에 대한 명예회복 등의 후속 조치가 없는 것이 사실입니다.

이러한 시점에서, 사북사건 40주년을 맞이하여 강원도와 정선군에서 (재)3·3 기념사업회의 협조를 받아 발간한 『사북항쟁 구술자료총서』는 진실 규명에 한 걸음 더 다가서는 매우 큰 의미가 있다고 생각됩니다.

특히, 사건 관련 당사자 중 많은 분이 타계하셨거나 고령 등으로 힘든 삶을 이어가고 있음을 감안할 때, 앞으로 이런 사업을 꾸준히 추진하고 더 많은 자료가 확보되어 빠른 시일 내에 관련자의 명예회복에 도움이 되길 기대합니다.

아울러, 잘 알고 계시는 바와 같이 사북사건을 이어받아 정선군민들이 1995년 3·3 대정부 투쟁을 통해 제정된 「폐광지역 개발 지원에 관한 특별법」이 개정 또는 추가연장이 되지 않으면 2025년에 종료됩니다.

그동안 정선군을 비롯한 폐광지역에서는 대체산업으로 유치한 강원랜드를 통해 많은 도움을 받았지만, 올해 전 세계적 팬더믹(pandemic)을 초래한 코로나19 사태는 강원랜드 단일기업에 의한 의존도가 절대적인 정선군의 경우 카지노 영업장 장기휴장으로 재래시장, 식당, 숙박, 택시 등 민간경제를 침체시켰음은 물론, 지방자치의 근간을 형성하는 지방세 및 세외수입 등 지방재정 확충에 많은 어려움을 주고 있습니다.

이는 곧 지역 산업의 단일화가 아닌 다양화를 요구하는 방증이며, 이런 문제점 등을 해결하고 폐광지역이 지속 가능한 발전을 유지하기 위해 「폐광지역 개발 지원에 관한 특별법」 개정이 반드시 필요합니다.

정선군에서는 현재 국회에서 진행 중인 법률개정안을 면밀하게 주시하는 한편 강원도 및 지역주민 등과 협조하여 꼭 법률이 개정될 수 있도록 하겠습니다.

독립운동가 신채호 선생님은 '역사를 잊은 민족에게 미래는 없다'는 말씀을 하셨습니다. 「폐광지역 개발 지원에 관한 특별법」 제정과 강원랜드 설립은 사북사건의 위대한 정신을 계승한 정선군민이 있었기에 가능했으며 이런 의미에서 정선군은 폐광지역 역사의 근원이며 앞으로도 변함없이 폐광지역 역사와 번영을 주도하는 주체가 될 것임을 믿어 의심치 않습니다.

다시 한 번 총서 발간을 축하드리며 사북사건과 관련 당사자들이 군민 모두에게 영원히 기억되길 기대합니다. 감사합니다.

2020년 12월
정선군수 최승준

발간사

수천 명의 광부와 그 가족들이 노동 조건 개선과 노조 민주화를 위해 목청을 높여 일어섰던 1980년 4월의 사북항쟁은 우리 지역의 뿌리입니다.

사북항쟁 15년 이후 1995년 3월에는 3·3주민대투쟁이 일어났습니다. 폐광 지역의 회생을 통해 주민 생존권의 확보가 절실했고, 국가적으로도 국토의 균형 개발이 필요했습니다. 이러한 운동의 결과 강원랜드가 사북에 설립되었습니다. 그렇기에 오늘날의 사북은 사북항쟁과 그 희생의 결실인 것입니다.

우리 3·3기념사업회는 위와 같은 역사적 성과를 지속적으로 계승 발전시키고자 2006년에 주민들이 자발적으로 설립하였고, 지자체가 조례로 만들어 그 운영을 지원하고 있습니다. 설립 이후 우리 재단은 지역의 현실을 반영하고 지역의 특수성을 고려한 사업을 진행해 왔습니다.

뿌리관에서는 사북항쟁과 3·3투쟁을 함께 기념하기 위해 지역의 탄광 역사와 주민운동사를 전시하고 있습니다. 뿌리관은 '동원탄좌 근로자복지회관'이었던 곳으로, 사북항쟁 직후 노동자들의 불만을 달래기 위해 정부와 회사가 공동으로 지은 시설물이었는데, 현재는 지역 역사전시관, 야외상설무대 등 지역의 역사와 주민을 위한 복합문화건물로 운영하고 있는 것입니다.

이번 『사북항쟁 구술자료총서』 발간 및 탄광 운영 관련 자료 수집도 그러한 사업의 일환입니다. 역사문제연구소의 연구진은 재단과 긴밀하게 소통하며 구술자료를 수집하였고, 문서 자료를 데이터베이스화 하여 향후 사북 지역사 연구의 기초 자료로 축적하고 있습니다. 지역 밖의 연구진이 수 년에 걸쳐 지역과 협력하며 연구를 추진하는 좋은 사례를 만들어 나가고 있는 것입니다.

이번 책의 구술자들은 역사의 증언자이자 지역의 어른입니다. 그동안 지역을 배경으로 한 드라마나 다큐멘터리가 있었고, 사북항쟁을 다룬 영화와 프로그램도 나왔습니다. 그렇지만 지역 주민이 주인공이 되는 일은 많지 않았습니다. 재단에서 2013년에 발간한 고한 · 사북 · 남면 구술 채록집에서조차도 3명의 인터뷰 밖에 싣지를 못했습니다.

이번 『사북항쟁 구술자료총서』는 약 48시간에 걸친 10명 구술자의 증언이 수록된 방대한 자료집입니다. 우선 이 책에는 지역에서만 이야기할 수 있는 생생한 경험이 담겨 있어, 1980년 사북항쟁은 물론이고 그 전후 지역의 생활상, 변화상을 알 수 있습니다.

또한 과거 지역과 주민이 겪은 아픔이 고스란히 담겨있습니다. 지역에는 젊은 세대가 많지 않고, 과거 이야기를 접하기도 어렵지만, 이 책을 통해 지역의 이야기가 후대에 전해지는 계기가 되기를 바랍니다. 더 나아가 지역의 역사와 현재를 깊이 이해하는 방법의 하나로서 이 책의 간행이 작은 사례가 되었으면 합니다.

책의 형식을 정하기 위해 많은 고심을 했다는 말을 들었습니다. 말을 글로 그대로 옮기는 것이 쉽지는 않지만 이 사북 지역의 구술에는 사투리가 있고 또한 탄광에서만 사용하는 특수용어도 있어서 연구진은 말을 글로 옮기기까지 여러 번 확인 과정을 거쳐야 했습니다.

그 결과 자료집에는 지역의 '말'이 그대로 실려 있고, 여러 광산 용어들을 비롯하여 사투리도 살아 있습니다. 책은 전체 3권으로 적지 않은 분량이지만 한 사람의 일생이 영화처럼 또는 옛날이야기처럼 펼쳐져 있어서 흥미롭게 읽을 수 있습니다.

　우리 재단에서는 매년 4월 21일에 사북항쟁, 3월 3일에 3·3투쟁 기념식을 주관하고 있습니다. 이 기념식은 사북항쟁동지회, 고한·사북·남면·신동 지역살리기공동추진위원회를 비롯한 지역주민의 적극적 참여로 원활하게 이루어지고 있습니다. 2020년부터는 강원도에서 사북항쟁 기념식 지원도 받고 있습니다. 앞으로도 사북항쟁이 지역의 뿌리이자 한국 민중운동사, 노동항쟁사의 한 줄기로 자리매김 할 수 있도록 기념사업을 계속 추진할 것입니다. 아울러 당사자분들 일상의 평안과 복리 증진을 위해서도 계속 힘써나갈 것입니다.

2020년 12월
(재)3·3기념사업회 이사장 최경식

간행사

1980년 4월 21일 강원도 정선군 사북읍의 동원탄좌 사북광업소에서 어용노조 퇴진과 임금인상을 요구하는 탄광 노동자들의 투쟁이 폭발했습니다. 수천 명의 광부와 그 가족들은 사측의 압박과 경찰의 물리력에 맞서 3일 동안 사북광업소를 장악하고 스스로 새로운 질서를 만들어가는 한편 노·사·정 대표의 협상을 통해 평화적인 사태 해결을 이루었습니다. 사북 지역 광산 노동자들의 투쟁은 단지 우발적인 사건이 아니라 이전부터 전개되었던 생존권 투쟁과 노조 민주화 운동의 연장선에서 발생한 것이었으며, 유신체제 붕괴 이후 열린 공간에서 터져 나오던 민중의 해방 선언이기도 했습니다. 사북 지역 노동자들은 10년 전에 전태일 열사가 당신의 몸에 불을 붙이고 외쳤던 "노동자는 기계가 아니다"라는 절규를 이어받아 노동자도 인간임을 선언하고 권력과 자본의 노동 착취와 비인간적 대우에 맞서 싸웠던 것입니다. 우리는 이를 '사북항쟁'이라고 부릅니다.

그러나 사북항쟁은 노·사·정 대표의 합의를 무시하고 물리력을 투입한 신군부의 폭력에 의해 좌절되었습니다. 수백 명의 광부와 그 가족들이 계엄당국에 연행되어 모진 고문과 가혹행위를 당했으며, 그 중 수십명이 '폭도'로 몰려 감옥에 갇혔습니다. 항쟁에 참여했던 사람들은 그 이후에도 감시와 탄압에 시달렸고, 사북항쟁은 '폭동'이라는 이미지에 갇힌 채 그에 대한 진실은 철저하게 금압되었습니다.

그럼에도 사북항쟁 참여자들은 진상규명과 명예회복을 위해 지난 40년 동안 힘겨운 노력을 기울여 왔습니다. 이러한 성과에 힘입어 2008년에는 '진실과 화해를 위한 과거사 정리위원회'로부터 사북항쟁 당시의 국가권력에 의한 인권침해 사실을 인정받았습니다. 특히 작년부터는 사북항쟁에 대한 진상규명과 명예회복, 정부의 사과와 배상, 관련자에 대한 직권 재심 등을 요구하는 활동을 벌이고 있으며, 올해에는 사북항쟁 40주년 기념행사를 감동적으로 개최하기도 했습니다.

사북항쟁의 진상과 역사적 의미를 밝히는 작업은 앞으로도 계속되어야 하며, 여기에는 항쟁 당사자들만이 아니라 유관 학계와 시민사회의 관심과 참여가 필요합니다. 수십 년간 지속된 사북항쟁에 대한 폭동적 이미지가 단지 국가와 자본에 의해 주조된 것만이 아니라 노동운동에 대한 사회적 편견, 특히 '막장 인생'이라 불리곤 하는 광산 노동자에 대한 사회적 멸시와 냉대에 의해 고착된 것임을 상기한다면, 학계와 시민사회의 성찰과 분발이 더욱 절실히 요구됩니다.

이러한 맥락에서 이번에 발간되는 『사북항쟁 구술자료총서』(전 3권)는 그 의미가 대단히 크다고 하겠습니다. 이 자료집은 역사문제연구소 민중사반 소속의 사북팀이 사북항쟁 관련자들을 구술면담한 내용을 정리한 것입니다. 역사문제연구소 민중사반은 2015년 여름 워크숍을 계기로 사북항쟁의 주역인 이원갑 선생님과 인연을 맺었으며, 이듬해에 김세림, 김아람, 문민기, 장미현, 장용경, 후지타 타다요시 등 연구자들을 중심으로 '사북팀'을 결성하고 사북항쟁에 대한 학술적 연구를 수행해 왔습니다. 사북팀은 책상머리에 앉아서 연구하는 것에 머물지 않고 사북 현지를 방문하여 관련 자료를 수집·정리하고 항쟁 관계자들을 만나는 등 현지 조사를 지속했습니다.

그러한 성과 위에서 작년에는 〈1980 사북, 탄광의 사회사〉라는 주제로 학술행사를 열었고, 올해에는 사북항쟁 40주년 기념 심포지엄 〈사북,

역사를 열다〉를 성황리에 개최하였습니다. 또한 사북팀은 매년 열리는 사북항쟁 기념식 등 많은 행사에 참여하고 사북항쟁의 진상규명과 명예회복 운동에도 적극 동참하였습니다. 이런 와중에 2017~2018년에는 국사편찬위원회 구술자료 수집사업의 지원을 받아 사북항쟁 관련자 10명을 면담할 수 있었습니다. 이 작업은 항쟁 참여자들의 헌신적인 진상규명 노력과 사북팀의 진정성 있는 연구 및 참여가 함께 어우러지는 장이었던 셈입니다.

『사북항쟁 구술자료총서』는 일차적으로는 사북항쟁의 진상규명에 기여하겠지만, 여기에 담긴 내용은 사건 그 자체에만 한정되지 않습니다. 구술면담은 항쟁 이전의 삶, 항쟁의 발발과 전개 과정, 항쟁 이후의 삶을 모두 포괄하며, 진상규명과 명예회복 운동도 중요한 축을 이루고 있습니다. 특히 사북항쟁이 광산 노동자만이 아니라 그 가족들이 함께 참여했던 특성을 갖는다는 점을 고려하여 사북 탄광촌에 살던 여성들의 일상생활과 항쟁 참여를 깊이 있게 다루었습니다.

40년 전에 국가와 자본의 폭력, 사회적 냉대를 뚫고 민중의 자기 해방에 떨쳐나섰고 그 이후로도 항쟁의 진실을 알리기 위해 온 정성을 다해온 구술자 선생님들께 깊은 경의와 연대의 마음을 전해드립니다. 또 서울과 사북을 오가며 열정적으로 작업을 수행한 역사문제연구소 사북팀 연구자들께 감사와 격려의 말씀을 드립니다. 앞으로도 사북민주항쟁동지회와 역사문제연구소가 사북항쟁의 역사화를 위해 함께 노력하고 깊이 공감해 나가자는 다짐을 해봅니다.

2020년 12월
역사문제연구소 소장 이용기

책머리에

2020년인 올해는 1980년 4월에 발생한 사북항쟁이 40주년을 맞는 해입니다. 이『사북항쟁 구술자료총서』(전 3권)는 역사문제연구소의 민중사반 사북팀이 2017~2018년 동안 진행한 국사편찬위원회 구술자료수집 사업 '사북항쟁 참여자의 삶과 기억 I, II'의 결과물을 정리한 것으로 사북항쟁에 참여했던 당사자 및 관련자의 목소리를 담고 있습니다.

민중사반은 2015년 여름 워크숍으로 사북과 관계를 맺기 시작했습니다. 당시 강원랜드와 관광 시설들 속에서 남아있는 탄광의 흔적들을 찾고자 했던 기억이 납니다. 지금은 출입이 제한된 동원탄좌 유물보존관을 그때는 둘러볼 수 있었고, 갱도 인차 체험도 했습니다. 탄광촌에서 리조트 도시로 급격하게 변화한 사북 지역의 모습은 연구자들에게 여러 질문을 던졌습니다.

탄광이었던 여러 지역 중 사북을 선택했던 것은, 무엇보다 사북항쟁의 경험과 그 유산을 보고자 했기 때문이었습니다. 당시 사북민주항쟁동지회(이하 동지회) 회장이었던 이원갑 님과 뿌리관에서 두 시간여 동안 간담회를 하고 난 뒤, 사북항쟁 연구의 필요성을 제기하게 되었습니다.

2015년 2월에 이원갑, 신경 두 분은 재심에서 사북항쟁 주도 혐의의 무죄를 선고받았지만, 이원갑 님은 기뻐하지만은 않았고 여전히 해야 할 말이 많은 듯했습니다. 그리고 신경 님은 항쟁 직후 사북을 떠난 상태였습니다. 폐광 후 동원탄좌의 건물이 대부분 철거된 가운데 그나마 남겨진 유물보존관에서는 사북항쟁을 다루고 있지 않았습니다. 이에 연구자들은 그 배경과 맥락을 포함하여 1980년 사북항쟁 당시와 그 후 지역사회에서의 기억의 문제까지 관심을 가지지 않을 수 없었습니다.

이후 뜻을 모아서 2016년부터 6명의 연구자를 중심으로 '사북팀'을 구성하여 활동을 시작했습니다. 초창기에는 연구팀 구성원들이 모두 민중사반에 속하지는 않았고, 각자 본래의 연구 주제와 관심을 사북에 반영하는 방식으로 연구를 구상하고 있었습니다. 간행사의 표현을 빌리자면, 일단 "책상머리에 앉아서" 연구를 시작했던 것이었습니다.

연구의 시작은 사북항쟁과 탄광에 대한 기존 문헌자료를 검토하는 것이었습니다. 1980년 재판 기록과 신문기사, 1985년의 보고서, 2008년 진실화해를위한과거사정리위원회 조사 결과를 비롯하여 여러 문헌기록을 살펴보았습니다. 그러나 사북항쟁의 실체에 접근하는 것부터 한계에 봉착했습니다.

사법 조치의 과정은 신군부의 계엄하에서 이루어졌고, 그 판단 또한 전두환 집권 과정에서 나온 것이었습니다. 그 절차의 불법성은 말할 것도 없고, 고문 피해에 의한 증언일 수 있다는 점도 고려해야 했습니다. 당시 언론보도 역시 같은 맥락에서 과장과 왜곡을 거슬러 읽어야 했습니다. 1985년의 보고서는 항쟁의 배경으로써 광산 노동의 구조적 현실을 잘 드러냈고, 과거사위의 보고서는 항쟁 당사자들이 겪은 국가폭력의 피해를 규명하며 국가의 사과를 권고했습니다. 하지만 그 이후로 진전된 연구도, 국가의 사과도 없었습니다.

이에 연구팀은 생존한 당사자들을 만나야겠다고 생각하게 되었습니다. 2017년 사북항쟁 37주년 기념식에 참석하여 항쟁 당사자 모임인 동지회 구성원들과 처음 만났습니다. 기념식 전후의 모습은 지역에서 항쟁의 의미가 무엇인가 생각하게 했습니다. 기념식에 참석한 동지회 구성원은 20여 명 정도에 불과했습니다. 항쟁 참여로 유죄 판결을 받은 분이 28명이었다고 하더라도 당시 항쟁의 규모와 이후 영향을 고려하면 동지회는 이원갑 님의 의지로 어렵게 유지되고 있다고 느껴졌습니다.

동지회에서는 연구팀을 환대하고 구술 섭외에도 적극적으로 응해 주셨습니다. 그 결과로 2017년에 신경, 황인오, 이명득, 이정근 님을 만났습니다. 이듬해에 연구팀도 다시 참가한 38주년 기념식은 서로의 안부를 확인하는 자리이기도 했습니다. 그리고 2018년에 이원갑, 장분옥, 조순란, 이옥남, 윤병천, 최돈혁 님과 구술을 진행했습니다.

책에 담긴 구술 내용은 참여자들의 1980년 사북항쟁 당시의 경험을 포함하여 전 생애를 아우르고 있습니다. 생애사 구술을 통해 구술자들이 항쟁에 참여하게 된 계기와 과정, 그 이후의 삶의 궤적을 보고자 했습니다.

구술에 대한 정보는 다음과 같습니다.

구분	성명	구술일시	구술장소	총 구술시간	현 거주지
1권	이원갑	2018년 6월 30일, 7월 1일	구술자 자택	6시간 24분	강원 정선군 고한읍
	신경	2017년 6월 2일, 6월 3일	성북동 이종석 별장, 역사문제연구소	6시간 16분	경북 경주시 안강읍
	황인오	2017년 8월 13일 ~9월 10일	동북아평화경제협회, 부천시의회	12시간 8분	경기 부천시
2권	이명득	2017년 4월 22일, 4월 27일	구술자 자택, 역사문제연구소	4시간 26분	강원 정선군 사북읍
	장분옥	2018년 6월 19일	구술자 자택	2시간 42분	경기 성남시
	조순란	2018년 4월 20일	구술자 자택	1시간 52분	강원 정선군 고한읍
	이옥남	2018년 7월 1일	구술자 자택	1시간 57분	강원 태백시
3권	윤병천	2018년 6월 30일, 7월 2일	구술자 자택	4시간 1분	강원 정선군 남면
	최돈혁	2018년 7월 1일, 7월 2일	구술자 자택	4시간 49분	강원 태백시
	이정근	2017년 4월 22일, 4월 27일	구술자 자택, 역사문제연구소	4시간 12분	강원 정선군 사북읍

10명의 구술자들은 남성 6명, 여성 4명이고, 항쟁 참여자이거나 그 배우자입니다. 연구팀은 최소 2명부터 6명 전원이 함께 면담하는 형식으로 공동작업을 했습니다. 주면담자가 구술의 흐름을 이끌되, 배석 연구자가 놓치는 내용을 보완하고 촬영을 진행했습니다. 또한 연구팀은 구술을 하고 난 후에도 구술 내용, 환경, 구술자의 특성 등에 대해 자주 대화하고, 의견을 나누었습니다. 구술자별로 1회부터 5회까지 구술이 이루어졌습니다.

이 구술자료총서는 다각도에서 그 역사적, 실천적 의미를 가지고 있습니다. 먼저 사북항쟁의 계기와 경과에 대해 여러 당사자들의 기억을 통해 사실에 접근할 수 있다는 것입니다. 신군부와 전두환 정권은 항쟁 당시 광산 노동자들의 폭력행위만을 부각시키고, 지역민 사이에서의 상호고발을 유도했으며, 레드 콤플렉스 낙인을 방조하여 당사자와 지역민을 침묵하게 만들었습니다. 이에 당사자들의 이야기는 사북항쟁을 '폭동'이나 '사건'이 아닌 '항쟁'으로서 사실을 규명하고, 그 성격을 규정하는데 중요한 근거가 됩니다.

항쟁이 폭발할 때, 주동자나 조직이 존재한 것이 아니었습니다. 이 책에서는 4월 21~24일 동안 여러 곳에 있었던 당사자들의 행위와 항쟁 전개 과정을 교차하여 볼 수 있습니다. 또한 1980년 이전의 누적된 경험, 조직화 되지 않은 상태에서의 항쟁 진행 과정, 그 상황에 대한 참여자들의 인식을 포함하고 있습니다.

또한 구술에서도 파악되는바, 광주항쟁 이전 시점인 사북항쟁에서 신군부는 공수부대를 대기시켰고, 항쟁 참여자들은 무기고를 지키며 최악의 상황에 대비하고 있었습니다. 이는 5·17 계엄 이전부터 신군부가 극단의 폭력을 동원할 계획이 있었음을 보여주기도 합니다. 공수부대 투입 고려와 광부들의 무기고 수호는 광주항쟁과 사북항쟁을 비교할 수 있는 점들을 시사하기도 합니다.

아울러 이 구술에서는 국가폭력의 구체적인 피해 사실을 보여주고 있습니다. 항쟁 참여자를 처벌하지 않겠다는 수습 협상은 지켜지지 않았습니다. 기망을 통한 불법 연행 과정, 구금과 고문의 구체적인 실상 또한 구술에 반영되어 있습니다. 항쟁 당사자들의 피해는 1980년에 한정되지 않습니다. 국가폭력과 억압적인 노동 조건에 의한 피해는 이후 삶에 장기적으로 영향을 미쳤습니다. 우연히 또는 현실 상황에 문제제기를 하기 위해 항쟁에 참여했던 결과가 일생에 고통이 되고 있다면, 그 과정의 역사화와 책임 규명은 절실하지 않을 수 없습니다.

현재 항쟁 당사자 20여 명이 민주화운동 관련자로 인정되었으나 몇 백만 원의 배상에 그쳤습니다. 동지회에서 항쟁을 복권하고 기념하며 피해를 배상해야 한다는 주장은 이러한 배경에서 나오는 것입니다. 이와 관련하여 향후 정부 차원의 사과 등 조치가 이어져야 합니다. 증언을 하신 구술자들과 동지회 회원 외에도 발견되지 않은 피해자가 많기 때문에 조사 역시 시급히 이루어져야 하겠습니다. 항쟁 참여자들 중에는 사북을 떠난 경우도 많은데, 항쟁 후 동원탄좌로의 복직이 어려웠을 뿐만 아니라 '전과자', '빨갱이'라는 낙인으로 인해 지역에서 살기 어려웠던 점이 작용했습니다.

다음으로 이 구술자료총서에는 그간 사북항쟁에서 주목하지 않았던 여성들의 이야기가 담겨 있습니다. 참여자뿐만 아니라 배우자의 이야기를 적극적으로 채록한 이유는 사북항쟁이 한 개인을 넘어 그들의 가족에게 미친 영향력을 살펴보기 위해서입니다. 특히 여성 배우자들의 경우, 주모자로 지목된 남성 배우자가 구속되면서 가족들의 생활을 책임져야 했습니다.

이들이 사북항쟁 후 가정을 이끌기 위해 분투했던 경험들은 사북항쟁의 젠더 차이와 그 의미를 보여줍니다. 여성들은 항쟁에 참여하기도 했지만 그 역할이 의미 있게 해석되지 않았습니다. 여성 구술자들은 생애 처음으로 자신이 인터뷰의 주인공이 되었다는 점을 유의미하게 받아들였고, 가족관계와 감정까지 진솔하게 구술했습니다. 이러한 여성들의 이야기는 사북항쟁과 탄광 지역사를 여성의 관점에서 재해석할 수 있는 가능성을 제공합니다.

또한 구술자료총서는 사북 지역사회를 이해하는 기초자료가 될 수 있을 것입니다. 대부분의 독자들에게는 사북이 카지노, 리조트의 공간으로 보일 수 있지만, 이곳은 정부가 대단위탄좌를 설정한 1960년대 초반부터 많은 사람들의 생활 터전이었습니다. 이 책의 구술자 8명은 사북을 포함한 정선 남부와 태백 지역에서 지금도 거주하고 있으며 산업과 지역의 변화를 몸소 체험했습니다.

동원탄좌가 있었던 사북, 삼척탄좌가 있었던 고한, 대한석탄공사 장성광업소가 있던 태백은 1960~80년대의 석탄산업의 중심지였습니다. 경제성장에 매진하길 요구하는 시대에 석탄산업의 현실은 탄광 노동자들의 현장 경험과 생활 환경에서 선명하게 드러나고 있습니다. 구술자들은 탄광에서 일상에 죽음을 둔 채 노동하였고, 가정을 꾸렸습니다. 항쟁 후에는 산업의 쇠퇴와 함께 일용 노동, 식당 등 비정규 노동을 할 수밖에 없었습니다. 과거에는 타지역에 에너지를 공급하기 위해 노동했던 지역이 현재 어떠한 상황에 놓여 있는지, 광부였던 지역민의 삶이 어떠한지 귀를 기울였으면 합니다.

구술자료총서 제1권 『1980년 사북: 항쟁의 발발과 명예 회복 과정』은 사북항쟁 전후의 상황을 상세히 보여주는 이원갑, 신경, 황인오 님의 이야기로 구성되어 있습니다. 이원갑 님은 일찍부터 사북항쟁을 많은 이들에게 알렸고, 민주화운동으로 인정받기 위한 투쟁을 지속해오면서 항쟁의 상징처럼 자리 잡았습니다. 이에 사북항쟁과 관련한 인터뷰, 기고 등을 활발히 전개하였는데, 이 과정에서의 발화는 일정하게 고정된 측면도 있습니다. 연구팀은 이 점까지 고려하여 그들의 생애에서 사북항쟁의 위치와 의미를 찾고자 하였고, 항쟁의 계기와 경과 등에 대해서도 정형화되지 않은 구체적인 활동과 인식을 듣고자 했으며, 실제로 그간 알려지지 않은 많은 사실관계를 담아냈습니다.

신경 님은 1969년부터 동원탄좌에 근무하였고, 사북항쟁 이전에 노조 대의원을 맡아서 회사와 노조의 처우에 문제를 제기하였습니다. 구술 내용을 통해 볼 때, 그는 나서는 것을 좋아하지 않는 성격이고, 항쟁 참여가 특별한 사명에서 비롯되었다고 하지 않았습니다. 항쟁 참여는 자신이 아니면 아무도 광부들의 이해를 대변해 주지 못하는 상황에 이르렀기 때문에 그 '책임감'을 감당하는 것이었습니다.

황인오 님은 2019년부터 동지회 회장을 맡게 되었습니다. 사북항쟁 당시에 사건을 서울에 알리고자 했고, 이후 현재까지도 항쟁의 진상규명과 명예 회복을 위해 활발하게 활동하고 있습니다. 그는 1980년 여름에 있었던 서울 미스유니버스 대회장 점거 미수 사건의 당사자이기도 합니다. 이와 함께 구술에서는 카톨릭광산노동상담소 활동, 사북항쟁 참여자들이 민주화운동 관련자로 인정받는 과정, 항쟁의 역사적 복권을 위한 노력 등을 들을 수 있었습니다.

제2권『1980년 사북: 여성의 탄광살이와 항쟁 참여』에는 항쟁 참여자인 이명득 님과 참여자들의 배우자인 장분옥, 조순란, 이옥남 님의 이야기를 실었습니다. 이들의 이야기는 여성이기 때문에 더욱 고통스러웠던 사북항쟁의 고문과 이후 지역에서의 생활을 보여줍니다.

이명득 님은 부녀회장으로 활달하게 생활을 했고, 항쟁 때 참여를 독려하는 방송을 했습니다. 그는 보름 동안 구금되어 경찰에 의한 성적 학대를 당한 피해자이지만, 여성이기 때문에 그 경험을 알리기도 어려웠습니다. 상당한 시간이 흐른 후에야 용기를 내어 자신의 피해 사실을 말하기 시작할 수 있었습니다.

장분옥 님은 항쟁 폭발의 직접적인 계기였던 경찰 지프차 사건의 피해자 원일오의 배우자입니다. 남편이 이 부상으로 인해 광산 노동을 할 수 없게 되었고, 강제퇴직과 퇴거를 겪었습니다. 이후 식당 설거지, 청소, 공사장 등의 많은 노동을 하며 가계를 책임졌습니다. 경기도에 거주하지만 기념식 등 사북에서의 행사와 진상규명 활동에 적극적으로 활동하고 있습니다.

조순란 님은 이원갑의 배우자이자 9명 자녀들의 어머니입니다. 항쟁에 직접 참여하지는 않았지만, 여성의 눈으로 본 항쟁의 장면들이 책에 담겨 있습니다. 남편이 구속된 후에는 회사에서 나오던 쌀 등의 배급이 끊겨서 우유배달, 주점 등 여러 노동을 수행하며 가족들의 생계를 책임졌습니다.

이옥남 님은 남편인 최돈혁이 1987년 무렵까지 동원탄좌에서 일했지만, 그 후 태백으로 이주하여 살고 있습니다. 그는 결혼 전에 직업이 있었고, 활동적인 성격이었던 것으로 보입니다. 사회에 관심이 많았고, 학업 열망도 있었습니다. 그녀가 항쟁이나 남편의 피해에 대해 친정에도 말할 수 없었다는 증언이 특히 안타깝게 느껴집니다.

제3권『1980년 사북: 항쟁과 그 이후의 삶』에는 사북항쟁의 직간접적 참여자로서 남성 광부의 이야기를 모았습니다. 윤병천, 최돈혁, 이정근 님의 이야기를 통해 사북항쟁 이전 광부들의 상황과 사북항쟁의 경험, 사북항쟁 이후로 달라진 광부의 삶을 세밀하게 볼 수 있습니다.

윤병천, 최돈혁 님은 사북항쟁으로 구속된 후 동원탄좌에 복직하였지만, 회사 내에서의 은근한 따돌림 등으로 광부 생활을 이어갈 수 없었습니다. 또한 사북항쟁 구속자라는 이유로 자녀가 피해를 입기도 하였고, 항쟁 이후 배우자와 사별하면서 그 원인을 사북항쟁에서 찾기도 합니다. 이러한 내용은 사북항쟁으로 인한 피해가 신체적인 고문에 머무르지 않고 그 이후 삶의 과정에 큰 영향을 미치고 있음을, 그것이 자녀 세대에게도 상처가 되었음을 보여줍니다.

이정근 님은 태백 철암과 사북의 탄광에서 30년 이상 근무한 광산 노동자입니다. 두 사업장에서 모두 사고를 당하기도 했고, 두 지역의 차이, 광산 노동의 구체적인 모습을 들려주었습니다. 그는 직접 사북항쟁에 참여하지 않았지만 항쟁 배경에 대한 생각을 보여주었고, 배우자 이명득이 어떻게 연행되었는지에 관한 구체적인 과정과 탄광촌의 일상에 대해서도 들려주었습니다.

사북항쟁에 참여한 것으로 알려진 인원만 약 4천여 명에 달하고, 불법연행과 구금 및 고문 피해를 겪은 분들 역시 수백 명 이상입니다. 이번 구술자료총서 발간을 계기로 더 많은 참여자들을 발견하고 그 기억들을 보존하며, 항쟁의 연구가 진척되어야 한다는데 공감대가 형성되기를 바랍니다.

구술자료총서에 수록된 분들을 포함해 동지회의 여러 분들은 몸에 새겨진 국가폭력의 공포를 이겨내며 오랜 침묵을 깨고 2000년대부터 자신들의 피해상을 사회에 외쳐왔습니다. 하지만 그로부터 20여 년이 지난 현재까지도 사북항쟁의 역사적 복권은 완전히 이루어지지 않았습니다. "소리를 암만 질러도 허공에 사라지고 없"었다는 이원갑 님의 말씀에 이번 구술자료총서 발간이 하나의 메아리가 되기를 소망합니다.

이 구술자료총서가 발간되기까지 많은 곳의 도움이 있었습니다. 정선군과 3·3기념사업회에서는 연구팀이 구술자료 정리에 몰두할 수 있도록 지원해주셨습니다. 책 발간을 허락한 국사편찬위원회와 촉박한 일정임에도 출판을 결정해주신 도서출판 선인에도 감사의 인사를 드립니다.

2015년에 시작된 동지회와 연구팀의 인연은 계속 이어지고 있습니다. 동지회는 경찰 고문치사 피해자들의 재심 청구를 촉구하며 2019년 8월에 특별위원회를 발족하였고, 「폐광지역 개발 지원에 관한 특별법」 제정을 촉구하고 있습니다. 사북항쟁의 역사화와 기억은 국가만의 몫이 아닙니다. 그럼에도 불구하고 국가폭력의 피해를 정부가 사과하고, 생존한 피해자들을 위로하는 것은 그 중요한 출발점이 될 것입니다.

이 구술 채록과 이후 진행하고 있는 문헌자료 수집의 전 과정을 3 · 3 기념사업회, 정선 사북 · 고한 · 남면 · 신동 지역살리기 공동추진위원회 및 정선지역사회연구소와 함께 하고 있습니다. 이들은 지역에 애정을 둔 삶이란 어떤 것인지, 앞으로 지역의 미래를 어떻게 그릴지 연구팀이 고민하게 만들며 연구팀을 성장시키고 있습니다. 연구팀과 지역은 긴밀히 연대하면서 서로의 입장이 다를 때에도 경청하며 연구와 사업을 진전시키고 있습니다.

이 구술자료총서는 많은 어려움에도 자신의 생애를 기탄없이 보여준 구술자분들이 계셨기에 나올 수 있었습니다. 녹취와 편집 과정에서 발생한 오류는 전적으로 면담자들의 책임입니다. 40주년을 앞둔 2019년 10월 2일, 구술자 이명득 님은 갑작스럽게 유명을 달리하셨습니다. 그해 여름, 불편한 몸으로 기자회견에 참석하여 고문을 당했던 정선경찰서 앞에서 울분을 토했던 모습이 생생합니다. 이명득 님을 포함하여 사북항쟁 전후로 그리고 산업화 전 시기에 걸쳐 희생된 광산 노동자들과 그 가족의 명복을 빕니다.

2020년 12월
역사문제연구소 민중사반 사북팀

목차

이원갑

1. 유년 시절부터 군 복무까지

2. 대한석탄공사 장성광업소 근무

3. 동원탄좌 입사와 노조 지부장 선거

신 경

황인오

이원갑

1940년 강원 태백 출생
1961년 영주 영광고등학교 졸업
1964~73년 대한석탄공사 장성광업소 근무
1973~80년 동원탄좌 사북광업소 근무
1980~81년 사북항쟁 참여로 고문 및 수감
2007년 민주화운동 관련자 인정
2015년 계엄포고위반 재심 무죄 판결
2005년~19년 사북민주항쟁동지회 회장

1. 유년 시절부터 군 복무까지

◇ ◈ ◇

출생과 성장 과정

어디서 태어나셨고 부모님은 어떤 일을 하셨는지, 말씀 묻겠습니다.

　저는 원래 고향은 경북 안동이고요. 부모님이 강원도 태백 장성에 들어와가지고, 제가 장성에서 났어요. 저희 선대에서 아버지가 대한석탄공사 장성광업소에 다녔거든요. 그래서 저도 이제 따라서 장성에 들어왔는데. 그다음에 고향 안동으로 또 나갔다가, 다시 [장성으로] 들어왔어요. 초등학교서부터 장성초등학교를 나와서, 그다음에 태백중학교, 태백고등학교를 다니다가, 태백고등학교 2학년 적에 영주 영광고등학교로 나가가지고, 영주 영광고등학교를 졸업했어요. 그러고 저희 아버지는 석공에서 오래 계셨어요. 이승만 대통령 시절에 경무대에서 석탄 산업전사들 표창식이 있었어요. 거기에 산업전사로 [표창을 받았어요]. 산업전사로 경무대, 그 당시에는 청와대가 경무대죠. 경무대에 가가지고 표창도 받고 그랬는데, 그런 사진이 저한테도 있어요. 그러니까 광부로서는 2대째 광산 생활을 했죠.

　저는 61년도에 고등학교를 졸업하고, 바로 그해 4월에 군대를 갔어요. 제가 고등학교를 졸업 바로 받고 군대를 갈 수 있는 나이가 된 것은 6·25사변을 겪으면서 학교를 조금 늦게 입학을 했어요. 그래서 열한 살 땐가, 국민학교 1학년 갔으니까. 그래서 고등학교를 졸업하니까 군대 갈 나이가 됐어요. 군대에 가서 3년 만기 제대를 하고 나왔죠. 나온 그해 7월 달에, 제대를 해가지고 11월 달인가 대한석공 장성광업소에 입사했어요. 그래서 이제 2대째 탄광 생활이 이어진 거지요. 그렇게 72년도까지 근무를 하고 퇴직을 했어요. 퇴직했을 적에는 '아, 이제 광산 생활을 그만 해야 되겠다. 애들도 크게 되면은 역시 또 내처럼 광부가 될 텐데. 탄광을 떠나야 되겠다.' 하는 생각을 가지고 살았어요.

그래서 72년도에 퇴직을 하는데 사실 어디 직장도 없이 막막하게 퇴직을 했어요. 그래가지고 어디 직장을 구하느라고 알아보는 동안에, 여기 동원탄좌에 계시던 기획계장이라는 분이 장성 같은 동네에 살았어요. 그 사람이 김필하라는 사람인데, 그 사람이 집에 와가지고 내보고 하는 소리가 "노는 동안에 잠깐 거기 가가지고 감독을 좀 했으면 좋겠다." 그래서 여기로 옮겨서 동원탄좌에 입사를 한 게 계기가 돼가지고, 그래 동원탄좌에 사건이 일어날 때까지 계속 근무를 했죠.

형제는 어떻게 되세요?

형제는 3남 2녀. 저 위로는 누나가 한 분 계시고, 그 밑으로는 제가 둘째고. 밑으로는 다 동생들이죠.

아들로는 장남이신 거네요?

예, 그렇죠. 우리가 사파 종손이래가지고. 종손이죠, 그러니까.

그럼 선생님 태어나셨을 때부터 아버님은 석공에 근무하고 계셨던 거였어요?

그렇죠.

할아버님은 어떤 일을 하셨어요?

할아버지도 탄광에 오셔가지고 한 1년 정도 근무를 했어요. 사실상 그렇게 따지게 되면 3대째 했는 거죠. 한 1년 동안 근무를 하셨어요. 굴 안에 들어가는 거 말고 바깥에, 항외에서 하는 일을 한 1년 정도 했고. 그 당시만 해도 탄광에서 뭐 학교를 다니게 되면 고등학교까지는 다니는데, 대학교 가기가 참 힘들어요. 금전적인 관계도 그럴뿐더러, 또 실력적인 관계도 그래요. 그 당시로 봤을 적에 대학교 가서 입학시험을 치게 되면은, 이 시골에 있는 사람은 안 돼요. 다 떨어지고. 그 당시만 해도 대학교, 뭐 삼류 대학이라도 붙게 되면은 길가에다가 프랑카드를 붙이고 막 이러죠. 막 이랬을 때, 그때가. 그리고 사실상 뭐 광부들도 금전적으로 봤을 적에도 대학교를 가게 되면은 그래도 뭐 하숙집이라도 얻고, 자취를 하든지 간에 사실 그 돈 내기가 힘들어요. 그런 경비가 부족하기 때문에 이제 다시 광부가 되는데. 그래 고등학교를 졸업 맞고 애들이 비뚤비뚤 노니까 참 보기 싫잖아요. 부모들이 봤을 적에. "야, 너 노느니 군대 [가라]. 놀지 말고 군대나 일찍 갔다 온나." 그러면 이제 군대를 간단 말이에요.

군대를 가서 제대를 하고 오면은 뭐 술도 한 잔 할 수 있는 나이가 되고. 또 다시 친구들하고 탄광촌에서 잘못 어울리면은 나쁜 짓도 하고 그래요. 그러니까 부모들이 보기 싫으니까 "야, 니 그렇게 노느니…", 아버지가 탄광에 들이면서 일을 해 봤기 때문에 굴 안에 들어가라는 소리는 못 하고. "그래 항외에서, 굴 밖에서 하는 일이라도 가서 좀 해라." 그럼 이제 아들이 그걸 들어가요.

(웃음) 선생님도 그래서 처음에 그렇게 장성광업소 들어가게 되신 거예요?

예. 저 같은 경우도 그런 일면도 있는데. 하여튼 항 바깥에 들어가서 일을 한단 말이에요. 하게 되면은, 갱내에서 일하게 되는 사람하고 항 바깥에서 일하게 되는 사람하고는 임금 차이가 거의 배. 거의 반 밖에 안돼요, 바깥에서 일하게 되면은. 젊은 나이에 일하는데 말이죠, 굴 안에 들어가서 하는 사람은 자기보다 월급을 배 받는데, 젊은 놈이 오기가 있단 말이에요. 그러니까 "나도 다음 달에는 항에, 굴 안에 들어가서 일할래요." 같은 하루 채우기는 한 가진데, 왜 내가 임금 반 받고 하냐 이거지. 그럼 바로 그게 2대를 이어가는 탄광 생활의 시작이래요.

굴 안에 들어가면 온전하게 광부로서 일을 하게 된다. 그렇게 볼 수 있는 거예요?

그렇죠. 굴 안에 들어가서 탄 캐는 거니까.

집안은 원래 안동 출신이라고 하셨는데, 아버님 때문에 장성으로 오게 되신 거예요?

그렇죠. 아버지가 탄광에 취직이 되면서 들어오게 됐는데, 아버지가 들어오니까 할아버지도 같이 따라서 들어오셔 가지고 항외에서 한 1년간 근무를 같이 했어요.

그래서 할아버님은 밖에서 일하시고, 아버님은 굴 안에 들어가셨던 거죠?

그렇죠. 아버지는 항내에 들어가셔서 오랫동안 일을 또 했지만은, 특등 선산부로 해가지고 산업전사로 차출돼서 경무대도 가서 포상 받고 그랬어요.

그때 선생님이 어린 나이시기는 했었는데, 아버님이 탄광일 하시는 거 보면서 어떤 생각하셨어요?

탄광에서 그렇게 묻혀 살게 되면은 다른 직장을 잘 몰라요. 그러니까 외지로 나가지 않으면은, 지방에 살게 되면은 탄광밖에 다닐 데가 없어요. 그렇다고 뭐 시험 쳐서 공무원이 될 수 있는 그런 자격도 안 되는 거고. 사실 저 같은 경우는 초등학교 1학년서부터 6학년까지 급장을 했고. 반장이라 그러죠, 지금은. 급장을 했고, 공부도 1등만 했어요. 2등도 안 했어요. 중학교, 고등학교 가가지고도 뭐 공부는 잘했죠. 잘했는데. 그게 뭐 대학교 갈 형편이 안 되니까 주저앉게 되고. 역시 광부로 이어지고 그래요.

선생님 어릴 때 그렇게 공부 잘하시게 됐던 게, 어머니가 특별히 공부를 집에서도 시키셨어요? 아니면 아버님이 집에서 글을 많이 보셨어요?

그런 거는 없어요. 그 당시에는 지금처럼 과외 학습이 있고, 학원이 있고 뭐 이런 것도 아니고. 그냥 자기 공부하는 것뿐이에요. 그냥 자기가 학교 갔다 와서 공부하고, 그게 열심히 하는 거지. 어디 뭐 학원도 없고 그 당시에는 아무것도 없어요.

그렇죠. 그때는 급장을 어떻게 뽑았어요?

　선거했죠.

아, 그때도 (웃음) 선거를 했었어요?

　예.

추천받고, 거수하고 그렇게 하나요? 어떻게 해요?

　이제 급장을 하는 거는 "내가 급장을 하겠다." 이러면서 몇 사람 나와요. 그래가지고 사람들이 선거를 해가지고 표 많은 사람이 (웃음) 급장이 되는 거죠.

급장을 하고 싶다는 마음이 어떻게 드셨는지 기억나세요? 내가 잘 할 수 있다고 생각하셨는지.

　초등학교 1학년이 만으로 치면은 열 살이란 말이에요. 열 살이라 지금. 그러니까 그 당시 6·25사변이 일어나고, 그 다음에 우리가 다시 학교를 가서. 원래 저는 6·25사변 전에 국민학교 1학년을 댕겼어요. 댕기다가 그 다음에 6·25사변이 끝난 다음에 또 1학년을 댕겼는데. 음, 그러니까 같은 학년이라도 나이 차이가 많아요. 막 일곱 살, 여덟 살 되는 나이 차이도 있고, 그렇거든요. 그렇게 다니다 보니까, 역시 이래 보니까 내가 (면담자 웃음) 급장을 할 수 있다 하는, 표 딸 수 있다 그런 자신이 드니까. 이제 내가 한번 해보겠다 이렇게 했죠.

그 당시에 같은 학년이어도 나이 차이가 한두 살씩 나는 사람들이 많이 있었겠네요.

　그렇죠. 나도 나이가 많은데, 내보다도 다섯 살, 여섯 살 많은 사람들도 우리하고 같은 학년이에요.

선생님보다 더 나이 많은 사람도 같은 학년에 있었어요?

　예. 국민학교 중에 장가가는 사람도 있었는데.

(웃음) 전쟁 끝나고 다시 학교를 가다 보니까 늦게 들어온 사람들이 많이 있었던 거네요. 그때는 선생님 급장 맡으면 주로 해야 되는 일이 있거나 그랬었어요?

아니죠. 반 통솔하는 것 뭐 이런 거죠.

반 전체에서는 리더가 되는 셈인 거네요.

그렇죠.

담임 선생님도 급장을 많이 신뢰하고 그랬었나요?

그렇죠. 담임 선생도 공부도 잘하고 하니까 좋아하지요.

그때 당시 장성초등학교 학생들 부모님은 모두 탄광에서 일을 하셨나요?

그렇죠, 거의 전부 다죠. 뭐 공무원 몇 사람 내놓고 나머지는 전부 다 탄광이지요.

어린 시절 때도 집안끼리 서로서로 잘 알기도 하고 그런 사이였어요?

그렇죠.

혹시 그때 친구 중에서 오랫동안 만나는 분 계세요?

지금도 있죠. 다 멀리 떠나다 보니까 이제 태백 지역에 사는 사람은 몇 안 되고. 전부 다 외지로 떠나고 이렇죠. 태백 중고등학교에 우리 모임이 있어요. 모임이 있어서 참석을 하는데, 그때 가면은 우리 같은 국민학교. 그때 당시에는 국민학교죠, 초등학교가 아니고. 국민학교 동창들도 있어요.

◇ ◇ ◇
조부, 부친의 광부 생활

아버님께서 표창 받으셨던 이야기를 해 주셨는데, 그때 선생님 몇 학년이었는지, 몇 살 때였는지 기억나세요?

　그때가… 몇 년도인가 확실히 기억을 못하겠는데. 하여튼 중학교 말이나 고등학교 1학년쯤 됐을 적 같아요. 여기 내 사진에 그게 나와 있는지 모르겠네.

　[구술자가 사진을 보여 줌]

이게 아버님 사진이에요?

　예. 이게 아버지 사진인데, 이게 경무대거든. 연도가 안 나와 있어요.

연도가 안 보이네요. 그러면 이거 표창 받으실 때, 그 광업소에서 몇 분 받으셨는지 아세요?

　그때 석공 장성광업소에서 간 사람이 세 사람 정도? 그렇게 될 거예요.

서울까지 어떻게 가셨어요?

　그건 다 회사에서 모시고 가니까.

선생님이나 어머니는 같이 안 가시고?

　예, 같이 안 갔죠.

아버님이 "오늘 표창 받으러 서울 간다." 그렇게 가셨던 거예요?

　그럼.

선생님도 사진으로만 보신 거겠네요.

　그렇죠.

표창만 주고 뭐 상금이나 이런 거 없던가요?

그때 뭐 상금도 받았겠죠. 난 확실하게 기억은 못하는데, 우리 아버지게 있는지 모르겠어. 한번 찾아볼게요.

그거는 뭐예요?

이거는 이제 선대, 내가 종손이니까 가지고 있단 말이에요. 이게 교지예요, 교지. 교지 못 받은 사람들도 많아. 이거는 여자인데 난 모르고, 이거는 학생, 이게 통정대부(通政大夫). 여기 우리 고조할아버지거든, 이분이. 학생 용규 가선대부(嘉善大夫) 한성부 좌윤(左尹) 겸 오위장(五衛將) 도통부(都統府) 총감(總監). 이게 요새로 치면 청와대 경무실 그쯤 어디 될 거야.

한성부 좌윤. 한성부면 서울특별시.

부총관 자리, 오위장이니까. 이거 위에 핸 거는 남자가 여자인테[한테] 주는 거고, 이거는 이제 남자 거. 통정대부공조참의(通政大夫工曹參議). 이거는 여자 분이고.

이건 어떻게 보관했던 거예요?

선대서부터 내가 종손이니까, 계속 내려오면서 내다[나한테] 준 거야. 이거는 이제 가선대부동추부사(嘉善大夫同樞府事) 겸 경복궁위장(景福宮衛將).

경복궁 위장이라는 건 경복궁 호위, 실직이었죠? 실직. 실제 위임장.

그렇죠.

이게 몇 년인지 모르겠네. 환풍이 아마 청나라 연호라서, 지금 계산해 봐야 되겠어요. 환풍은.

이게 이제 정부인(貞夫人), 숙부인(淑夫人), 뭐 이래 있거든. 정부인, 숙부인이 있는데, 벼슬에 따라서 정부인이 있고 숙부인이 있는 모양이라.

'유인(孺人)'이라고 한 건 다 여자분인 거죠?

그 유인을 쓰면 다 여자.

할아버지께서는 전에 안동에서 뭐하셨어요?

할아버지는 옛날에 그 침술 있잖아, 침술.

아, 침놓고 뜸 놓고?

어어. 그때는 면허도 없이 침놓고 이런 거 하는 사람들 있잖아.

안동에서요? 안동 어느 쪽이었어요?

안동 예안. 안동군 예안면이지.

예안면? 안동하고 태백하고 가깝지 않아요?

안동하고는 꽤 멀지. 태백에서 안동을 가자면은, 지금 차로 치면은 두 시간 반 정도?

선생님 아버님이 여기 장성광업소 생길 때부터 오셨던 거예요?

일제시대 끝나고 왔으니까. 원래 일제시대 개광한 것은 장성광업소인 가? 일본놈들이 탄광 개발했지.

아버님께서는 어떻게 광산에 취직하겠다고 생각하셨을까요?

그때만 해도 농사 지어가지고는 살기가 어려워도, 탄광에 들어오면 은 그래도 살기가 좋았다고. 우리가 탄광에 들어갈 적에는 사람들이 많아 가지고. 그것도 이제 뭐 시험 비슷한 식으로 쳐가지고 들어가거든? 나는 군대 갔다 나왔을 적에 아버지가 돌아가셨어. 아버지가 내가 군대에 있 을 적에 돌아가셨단 말이야. 내가 이제 제대를 해가지고 어디 취직은 해 야 되는데, 식구들도 있고 그땐 어머니하고 할머니도 계셨으니까. 그래가 지고 그 장성광업소 소장이 있는데, 내가 글을 썼다고. "우리 아버지는 산업전사고. 내가 아버지가 돌아가시고 난 후에 제대를 했는데 우리 식구가 다 굶어 죽는다. 그러니까 나를 취직을 좀 시켜주십시오." 그래 했는데 편지를 부친 다음에 한 4일 있다가 연락이 왔어요. 올라오라고. 그래서 광업소에 올라가니까 소장이 노무과 직원보고 "이 사람 취직시켜." 이렇게 된 거예요. 그래가지고 이제 쉽게 취직을 했어요. 뭐 다른 절차도 안 거치고, 그냥 가가지고 신체검사 해가지고 바로 그냥.

그래도 아버님이 근무하셨다고 하는 게 중요하게 작용한 거네요.
　　그렇죠. 그 내용을 자세하게 쓰니까 '아, 장성광업소의 그 공로자의 아들이구나' 하면서 인정해 줬겠지.

그래서 대대로 일을 할 수 있게 됐던 셈이네요.

◇ ◈ ◇
고등학교 시절 백지동맹 주도

태백중학교는 여기서 거리가 얼마나 돼요?
　　그 당시는 여기 안 살았어요. 태백에 살았으니까.

거기는 중학교가 태백중학교 하나 있었어요?
　　그렇죠, 태백중학교 하나뿐이지. 태백중학교, 태백고등학교, 하나밖에 없었어요.

당시에는 중학교까지 가는 분도 많지 않았었죠?
　　지금은 초등학교 무료지만, 그때는 월사금이라고 그래가지고 월사금을 냈어요. 그러니까 돈 없는 사람은 국민학교, 중학교도 못가요.

형제분들은 학교 좀 다니셨어요? 어떠셨어요?

　못 다녔죠. 우리 누나는 국민학교 나왔고, 나는 이제 뭐 고등학교까지 했고. 내 밑에 동생은 중학교까지 했고. 그 밑에 동생은 여동생인데, 여동생은 국민학교 나왔고. 그다음 남동생이 고등학교 나오고. 그 밑에 동생도 고등학교 나오고 그랬죠. 그러니까 그 당시에는 부모들 생각이 조금 잘못된 게 뭔가 그러면, 맏이만 공부 잘 시키면 된다. 이렇게 본 거예요, 옛날에는. 그래 인제, 맏이만 뭐 최고지. (면담자 웃음) 밑에 동생들은 공부 시키는 데 관심이 사실 없었어요.

학교 다니시다 왜 영주로 옮기게 되셨어요?

　영주로 옮긴 거는, 그 내용적으로 보면 그런…. (웃음) 선생이 말이죠, 한 사람이. 아주 그 뭐야, 물리 선생인데 아주 못되게 좀. 학생들도 뭐 무지하게 많이 때리고. 아주 뭐 대단한 그런 선생이에요. 다 무서워하는 호랑이 선생이라 그럴까. 그런데 때리기는 많이 때리는 거라. 그래가지고 "자, 우리 떨어내자 이제." 고등학교 2학년 땐데 "선생 떨어내자." 이렇게 된 거예요. 그래가지고 어떻게 하냐. 백지동맹 하자고, 그 선생 시험 시간에. (면담자 웃음) 그래가지고 이제 그 선생 시험 시간에, 고등학교 2학년 그러니까 11월 달이야. 곧 3학년 될 판인데 백지동맹을 해가지고. 뭐 이제 시험지 받아 놓고는 유리창 열고 막 나가고 다. 우리가 국민학교 때부터, 중학교 때부터 쭉 반장도 하고 뭐 이랬으니까 고등학교 와서는 실장을 한다고. 이제 뭐 실장도 하고 이러니까 우리 얘기를 거의 다 들어요. 안 들을 수가 없어. "한다. 오늘 시작이야." 이러면 딱 시작해가지고 딱 백지동맹해서 다 나가 버린 거야. 다 집에 와 버렸어요. 그래가지고 이게 요새로 치면 저 징계위원회가 열렸지. 그래가지고 퇴학을 맞은 거라. 내가 주동자니까 퇴학을 맞은 거예요. 그래가지고 억지로 사정해서 전학을, 이제 영주 영광고등학교를 갔어요. 거기서 고등학교를 졸업하게 되었어요.

다른 분들은 징계 받은 분 없었어요? 정학 맞거나 하지 않았나요?

　　그러니까 세 사람이 퇴학을 맞았어요. 퇴학을 맞아가지고, 한 친구는 삼척공고로 가고, 또 한 사람은 내하고 똑같이 영주 영광고등학교를 나왔어요. 그 사람은 석공 장성광업소에 노동자 부회장까지 했어요. 하다가 죽었고. 삼척공고 갔던 퇴학 맞았던 친구는, 거기 장성광업소 맨[마찬가지로] 그 노동조합의 부위원장까지 했어요.

어떻게 또 졸업하고 광업소에 다 모이게 된 셈이네요?

　　집은 장성이니까. 우리만 나가서 공부했을 뿐이지 집은 장성이니까 다 여기로 돌아온 거죠.

이전 학교에서는 상도 받으셨는데, 학교 옮기시고 나서는 좀 힘드셨겠네요. 졸업이 이제 1년 남짓 남았었는데 옮기게 되셔서.

　　그렇죠. 그래가지고 거기 나가니까 객지잖아요. 그래서 상장 못 받은 게, 그 3학년만 못 받았어. (웃음) 영주 영광고등학교.

그때는 텃세 같은 건 없었어요?

　　있죠, 당연히. 그 시절이 텃세 같은 거 심할 때 아닙니까.

거기 학교 옮기고 나서는 선생님 진가를 발휘하기가 어려웠겠네요. 그 징계위원회 열렸을 때 학교에서 소명하라거나 하는 말은 없었어요?

　　그런 거 없어요. 그냥 일방적으로 통보하는 거예요. 정학은 한두 달 시키거나, 아니면은 그 옛날엔 징계위원회에서 그게 있어요. 공부 시간에는 들어가서 하고, 공부하고 나와서 노는 시간 되면은 교무실에 가가지고 꿇어앉아 있다가, 그다음에 공부할 때는 들어갔다 오고. 이런 처벌도 하고 이랬거든요. 그거 아니면은 정학을 한다 그래도 한 한 달 정도 안 하겠느냐 난 생각은 그렇게 했어요. 했는데, 결국 퇴학을 시켜 버렸지.

징계를 진짜 세게 했네요.

　그렇죠.

그 선생은 계속 학교에 남았어요?

　그렇죠. 선생은 남고. (웃음)

백지동맹 할 때는 선생님 반만 한 게 아니고 학년 전체가 다 같이 했어요?

　고등학교 적에는 우리 한 반이었던 거 같은데.

아, 한 학년에 한 반 뿐이니까. 그때 세 분이 "우리 같이 하자." 하셨던 거고. 고등학교 졸업하시고서는 바로 군에 가셨던 거예요?

　그렇죠. 고등학교 졸업할 적에 스물한 살이니까. 스물한 살이면 군대 가잖아요. 그래가지고 그해 고등학교 졸업 맞고 4월 달에 바로 군대 갔어요.

고등학교 졸업 무렵에 4 · 19가 났던가요? 4 · 19나 5 · 16 났던 때가 기억나세요?

　61년도에. 4 · 19가 61년도, 60년인가? 우리가 그러니까 고등학교 2학년 때지, 고등학교 2학년 때 일어난 거죠.

학생들 시위하고 그런다는 걸 알고 계셨어요?

　시골이니까 그런 거 잘 모르지 뭐. 그때만 해도 집집마다 테레비[텔레비전]가 있는 것도 아니고. 그런 거를 일부러 누가 전해주지 않으면 잘 몰라요. 그 당시만 해도 테레비, 60년도 그때는 테레비 하나도 없었어요.

맞아요. 그러니까 서울이나 도시에서 무슨 일이 벌어지는지는 잘 모르셨겠네요.

　그렇지. 이제 신문에 나오는 것 좀 보고 뭐 이러는데. 신문도 그때만 해도 통제하는 그런 게 있었기 때문에. 다 검열하고 신문에 나오는데 옳게 나오나요. 비판하는 글 나오면은 기자도 다 잡혀갈 판인데.

아까 이야기하신 백지동맹은 학년 바뀌고 제법 지나고 나서 결심을 하셨던 거예요? 어떻게 결심을 하셨던 거예요?

　　그런 거지 뭐. 그러니까 바로 지금 그거하고 맞추게 되면은, 60년도니까 4 · 19 일어나던 그해네.

그렇죠, 같은 해였던 거죠. 맞은 거죠. 딱 그해가. (웃음) 여러 가지 방법이 있을 수 있는데, 백지동맹이라는 방법은 선생님이 생각하셨어요?

　　그러니까 이건 뭐 선생님한테 달려들어서 때릴 수도 없는 거구. 지금처럼 뭐 선생 알기를 우습게 알기를 해? 그 당시만 해도 선생님이라는 것은 아주 위대한 존재래요. 그렇게 생각을 했으니까. 근데 너무 심하게 하니까 말이죠. 그래서 이제 그렇게 했는데, 그래가지고 난 또 퇴학을 맞으니까. 할 수 없이 고등학교는 마쳐야 될 판인데 아버지는 학교 안 보낸다 이거야. 학교 가서 나쁜 짓만 한다 이거지. (면담자, 구술자 함께 웃음) 어머니가 사정사정 해가지고 전학을 갔던 거지. 전학 가게 되면 역시 하숙방 구해야 되지.

돈이 또 많이 드니까?

　　그러지요.

영주는 태백보다 큰 도시잖아요. 거기 나가서 생활이 뭔가 달라진 게 있으세요? 뭔가 새로운 것들 좀 보고 그러셨어요?

　　뭐 별로 그런 것은 못 느꼈는데. 여튼 이제 영주 쪽에 아는 친구가 있어가지고, 그래서 그쪽으로 가게 되었어요.

먼저 나가 있었던 거예요? 영주에?

　　그렇죠. 예.

◇ ◇ ◇
대학 진학 포기와 군 복무

만약 태백에서 고등학교를 계속 다녔다고 하면 대학을 갔을까요? 아니면 형편 때
문에 대학까지는 좀 힘드셨을까요?

　대학을 갈 수가 없어요. 못 가요. 그래 이제 영주서 학교를 졸업하고
대학교, 그것도 4년제는 돈이 너무 많이 들어가니까 2년제 간다고 경기
대학교 입학원서를 가져와서 아버지한테 보냈어요. 그러니까 형편도 생
각하지 않고 대학교 가려 한다고 두드려 맞기만 했지. (웃음) 우리 부모들
무서웠어요. 때리는 거도 종아리 걷어가지고, 고등학생 때도 이래 [다리]
걷으라 그래가지고 맞았다고. 회초리를.

그때는 약간 원망스럽지 않으셨어요? 공부도 계속 잘하셨고, 우등상도 받으셨고,
형편 됐으면 아마 대학도 붙었을 텐데.

　뭐 형편이 그래서 못 가는 걸 후회하면 뭐해요. 뭐 누구인데[한테] 하
소연 할 데도 없고. 주어진 사정이고 주어진 운명이랄까? 아무튼 그런 사
정인데, 그거 또 굳이 이야기하면 뭐해요. 그래서 알았다고 했지. 두들겨
맞기만 실컷 두들겨 맞고. (면담자, 구술자 웃음) 못 가고 그랬죠. 그래가
지고 조금 있다 보니까 영장이 나와 가지고 군대 가고 그랬지.

아까 보니까 군에서도 뭔가 표창 많이 받으셨던데. 군은 육군, 포병 가셨어요?

　예. 포병대대에서. 포병부대 가가지고 인사과에 있었어요.

군에서는 특별히 어렵거나 그런 거는 없으셨어요?

　인사과에 있으니까 그런대로 뭐. 다른 사람보다 편했다 할까? 하여튼
사무행정요원이니까.

어떻게 거기 배치가 되셨어요?

훈련소에서 이제 보충대로 넘어가면, 보충대에서는 어디 몇 명 몇 명 이렇게 그냥 보내요. 그대로 그냥 차출돼서 보내면, 그 부대 가면 부대에서 신상명세서 쓰고. 글씨도 괜찮게 쓰고 이러면은. 그리고 면담해 보고 행정요원이 될 수 있는 것 같으면 그렇게 배치를 한다고, 전부.

그러니까요. 그때는 글 모르는 사람도 많았을 텐데.

우리가 있었을 때 글을 모르는 사람은 뭐 한두 사람은 있겠지. 아주 시골에서 농사짓다가 [온] 이런 사람들은 있는데, 자기 이름자는 다 썼어. 국민학교만 나와도 자기 이름자는 다 쓰잖아요.

2. 대한석탄공사 장성광업소 근무

◇ ◈ ◇
대한석탄공사 장성광업소 작업반장

군복무 중에 아버님께서 돌아가셨다고 했는데, 어떻게 돌아가시게 되셨어요?

아버지는 암으로 돌아가셨어요. 내가 군대 있을 적에부터 편찮으셔가지고. 군대 있을 적에 잠깐 출장을 나왔다가 집에 들렀는데 아버지가 돌아가셔가지고. 아버지 돌아가신 것 전송까지 하고 그랬어요. 군대에 있으면서도.

그때 아버님은 진폐나 규폐는 없으셨어요?

그 당시는 숨을 헐떡거려도 진폐, 규폐 뭐 이런 규정이 없어요. 그러니까 숨 가빠서 죽으면 그냥 죽은 거고.

알 수가 없었던 거네요. 아버님이 돌아가시고 난 후부터는 부담감이 좀 크셨겠네요.

그렇죠. 어머니 계시고 할머니 계시고 동생들 있고 뭐 이러는데. 저도 탄광에 댕기다 보니까 결국 동생들은 제가 공부를 시킨 거죠. 그 밑에 동생들도. 근데 고등학교를 못 보냈어요.

군대 제대 후에 취직을 안 할 수가 없는 상황이었네요.

그렇죠. 당장 취직을 안 할 방법이 없는 거예요. 아버지가 한 2년 정도 암으로 투병을 하셨단 말이에요. 그러니까 회사 그만두고 퇴직금 타고 이랬던 거 다 쓰시고. 오히려 빚을 남겨 놓고 돌아가셨으니까. 내가 당장 취직을 안 할 수가 없었어요. 그래서 이제 취직을 했는 거예요.

그렇겠네요. 그러면 아버님 돌아가시기 전에는 '제대하면 이제 뭐 하고 살까' 그런 생각을 하셨어요? 혹시 다른 일 하고 싶었던 거 있으셨어요?

군대 있을 적에는 사실 나가면은 탄광을 떠나서 다른 델 가야 되겠다 하는 생각은 가지고 있었죠. '다른 데 가서 생활을 해야지 탄광에 계속 있으면 안 된다.' 이런 생각은 했는데, 당장 나오니까 동생들이 내 밑으로 있고. 나는 군대 가기 전에 결혼을 했어요. 군대 가기 전에 결혼을 해가지고 이제 맏이 애도 있었고. 그런데 그 밑에 동생들 쭉 다섯이 있잖아요. 아, 이거는 취직을 안 할 방법이 없는 거라, 이게요. 당장 굶어 죽는데 어떻게 취직을 안 해요? 그러니까 다음에는 어떻게 하더라도 우선은 취직을 해야 먹고 사니까. 그게 급해서 사실 취직을 한 거죠.

처음에 광업소 가셨을 때는 밖에서 일 보셨다고 하셨잖아요. 굴 안에 안 들어가시고.

굴 안에 안 들어갔다, 아까 그 얘기는 다른 사람들 얘기고. 이제 군대 갔다 와가지고 뭐 동네 친구 어울려서 술이나 먹고 나쁜 짓 하니까. 부모들이 보기 싫으니까 그렇게 한 얘기고, 나 같은 경우는 직접 내가 원해서 들어간 거니까, 내하고 그 사람들하곤 좀 다르죠.

아까 아버님은 선산부 계셨다고 하셨잖아요.

아버지는 선산부였죠.

그럼 선생님은 처음에 들어가셔서 어떤 일을 하셨나요?

난 처음에도 굴 안으로 들어갔는데. 처음에는 탄을 캐는 데 들어 갔는 게 아니고, 탄을 캐가지고 나오게 되면은 탄을 비우는 작업, 그 작업을 했어요. 한 1년 동안 그걸 했어요. 하다가 그다음에 채탄 작업하는 데로 들어갔는데, 그때 내가 스물일곱 살 적에부터 반장을 했어요. 반장이라는 거는 뭔가 그러면은 작업반장을 얘기하는 거예요. 개인 기업체에서 이야기할 때는 감독이라 그래요. 작업반장을 일찍 할 수 있었던 게 뭔가 그러면은, 옛날에는 자격증이 하나도 없는 사람들이 그냥 기업주가 "니[너] 반장 해." 하면 반장을 할 적이에요, 그때가. 그런데 내가 스물여섯 살 적에 그게 생긴 거 같은데, 광산 보안관리 자격증이 있어야 반장을 할 수 있게끔 법이 바뀌어져 버린 거라. 그러니까 옛날 반장하던 사람들은 전부 다 사실 국민학교 나오고 뭐 이런 사람들이 이제 "니 해라." 하니까 반장 했을 거 아녜요. 그런데 이래 규정이 바뀌어져 가지고 보안관리, 그러니까 감독 관리 자격증이 없는 사람은 반장에서 다 나와야 되게끔 법이 바뀌어져 버린 거라. 그러니까 그때 그 시험을 쳤는데, 시험을 치니까 우리는 뭐 고등학교 나와 가지고 댕기니까 시험은 쉽게 될 거 아녜요. 그 사람들은 안 되는 거라, 시험은 안 되는 거래요. 그러니까 기업소가 우리가 고와서 반장을 시킨 것이 아니고 자격증 때문에 반장이 된 거예요. 그 길로 반장을 해가지고 석공에서 계속 반장을 했지요. 반장을 하다가 이제 71년도에 퇴직을 했으니까. 그러니까 여기[동원탄좌]도 이제 난 자격증이 있으니까 감독으로 와라 그래가지고 감독으로 여기 동원탄좌에 들어왔는 거예요.

그때 자격증 시험이 되게 중요한 거였네요.

　　그렇죠. 보안관리 자격시험을 쳐야 되니까.

반장들 중에서 선생님 나이는 적은 편이죠?

　　적지요.

그렇죠. 시험을 보다 보니까 기존에 나이 드셨던 반장 분들이 많이 나올 수밖에 없게 된 거네요.

　　그렇죠. 그 사람들 다 나가고 나니까 이제 젊은 사람들이 반장이 된 거라. 이제 우리가 그곳에 살았으니까. 그러니까 아버지는 돌아가시고 안 계셨지만은, 아버지하고 형님 동생 하던 사람들도 아직도 탄광에 근무하는 사람들이 있었거든요. 그러면 이제 반장은 뭘 하냐면 작업 배치를 해야 돼요. 매일 작업 배치를 해요.

매일 배치를 다르게 하는 거예요?

그러니까 탄광에는 다른 직장처럼 가서 일하는 지정된 장소가 없어요. 오늘은 저기 배치 받으면 저기 가고, A구역. 또 배치 받으면 B구역 가야 되고. 이렇게 이렇게 작업 배치를 별도로 매일 해요. 그러니까 매일 작업 배치를 하는데, 거 이제 우리가 나이가 적으니까. 아, 우리 아버지하고도 형님 동생 하는 사람들 그래 하니까, 예를 들면 "홍길동이 아저씨는 저쪽으로 가십쇼."(면담자, 구술자 함께 웃음) 아저씨, 아저씨 부르는데 "홍길동 씨 절루 가쇼."이럴 수 없으니까, "홍길동 씨 아저씨는 저기로 가십시오."이렇게 배치를 했다니까 작업 배치를. (웃음)

그런 구역이 몇 개가 있었어요?

보통 보면은 한 반장이 있는데 딸린 사람들이 30명 정도 돼요. 한 30명 정도 되면은, 이런 굴이 한 개가 있으면은, 들어가는 데는 하나지만 들어가면 이제 사방으로 갈라져요. 그래가지고 그거 배치하는 거라 이제. 그래가지고 기술이 좀 좋은 사람도 있고 뭐 이럴 거 아니에요. 숙련공도 있고 미숙한공도 있고. 그러니까 좀 위험한 데는 숙련공을 보내야 안전하게 일할 수 있으니까, 그런 배치예요.

반장은 어떤 사람이 숙련인지 미숙인지도 다 파악이 되는 거고, 굴도 어느 구덩이가 위험한지 안전한지 그런 것들도 다 파악이 되어 있어야 하는 거네요.

그렇죠. 그렇죠. 탄광은 3교대를 하거든요. 그러니까 아침 8시부터 4시까지, 4시부터 12시까지, [12시부터 다시 아침 8시까지] 이제 뭐 이렇게 3교대를 하니까. 앞 교대에 있는 반장이 나오면 인수인계를 해요. 어디는 위험하고, 어디는 어떻고, 어디는 탄이 잘 나오고, 어디는 뭐 어떻다 하는 걸 인수인계를 해요. 그럼 그 인수인계를 받아가지고 적당한 위치에

다 적당한 사람을 배치를 시키는 거예요.

그렇게 교대를 하면서 정보가 계속 전해지게 되는 거네요.

　그렇죠. 3교대 하니까.

그게 갑반 을반 병반 할 때 3교대인 거죠? 배치가 매일 바뀔 수밖에 없겠네요. 상황이 달라지니까.

　그렇죠. 예.

반장이 판단을 잘해서, 교대할 때도 잘 전달이 되어야지 작업이 수월하게 되겠네요?

　그렇죠. 정확하게 인수인계를 해 줘야 되지. 그러니까 반장이 한 30명 델꼬[데리고]. 굴 한 개에 반장이 배치되어 있고, 저짝 굴에 반장이 따로 있고, 요짝 반장이 [있고], 여럿이죠. 사람이 많을 적에는 한 30명서부터 50명까지 돼요. 딸린 사람들이. 그래 되는데, [광부들이] 뭐 한 3,000명, 4,000명 이래 돼 봐요. 반장이 많잖아요, 숫자가.

그렇겠네요. 예전에 아버님도 근무를 하셔서 선생님은 약간 쉽게 들어가셨다 말씀하셨는데, 당시 광업소 들어가는 게 젊은 사람들이 많아서 좀 어려웠던 거예요?

　어렵죠. 그 당시에, 보통 보게 되면 뭐 한 10명 정도 뽑는다 그러면 50명, 60명씩 와요. 그러니까 그 비율이 굉장히 셌어요. 그리고 주로 여기 모인 사람들, 저 탄광 지대에 모인 사람들이 거의가 경북 사람들이 많아요. 강원도 사람, 경북 사람들이 많은데, 농사짓는 거보다는 탄광에 들어와서 하니까. 농사지으면 하여튼 아침 해 떠서부터 저녁때까지 일하잖아요. 이건 우옛든[어쨌든] 중노동이라도 여덟 시간 하면 마치는 거니까. 소득도 농사짓는 것보단 낫고. 그러니까 이제 탄광으로 몰린 사람들이 많지요.

반장으로 일하셨을 때는 탄 캐는 작업은 안 하신 거예요?

　그렇죠, 이제 작업 감시만 하는 거예요. 감시 감독만 하는 거예요.

광업소 오셔서도 직접 탄 캐는 거는 그렇게 길게 하시진 않으셨던 거네요?

그렇죠. 탄 캐는 데 직접 들어가서 한 거는 한 5, 6개월 정도밖에 안 돼요.

◇ ◇ ◇
부인과 어머니의 주점 운영

광업소 들어가고 나서는 형편이 좀 어떠셨어요? 이미 결혼도 하셨고 동생들도 있고, 살림 꾸리는 데 지장이 있지는 않으셨어요?

어렵게 사는 거죠. 우리 어머니가 그 당시에 세상에 혼자 버려져가지고 힘들거든요. 그러다 보니까 우리 어머니가 그 당시로 얘기하면은 주점을 했어요. 주점. 양조장에서, 그때는 지금처럼 병에 든 게 아니고, 이래 통자로 나오잖아요. 통자로 오면 그거 가지고 팔고 이랬어요.

그것도 아버님 돌아가시고 나서 어머니가 하신 거예요?

예. 어려우니까 그렇게 했지요.

사모님도 같이 일하셨어요?

같이 했죠.

광부들이 주로 손님인 거죠?

그렇죠. 근데 그 당시만 해도 요새처럼 이런 식당을 하는 게 아니고 주로 이 뒷술로, 주전자 가져와가지고 이제 뒷술로 받아가지고 하는 거.

받아서 하니까?

그러니까 방 요만한 거 한 개에다가 홀 요거만 한 거. 방 한 개 있고. 그러니까 와가지고 막걸리 한두 병 먹고 가는 사람들도 있고. 그때는 다 받아 가요. 그때는 와서 먹는 게 아니고, 주전자로 받아 가가지고 집에서 먹고 그러지.

술은 어디서 떼오셨어요?

　양조장에서.

태백에도 양조장이 있었어요?

　예. 있어요. 그때 양조장은 많았어요. 사방 곳곳마다 양조장이 다 있었어요. 그때는 소주는 별로 없었고 전부 다 막걸리예요. 소주라 그러면 굉장히 고급술로 쳤다니까.

양조장이 여러 군데 있으니까 떼서 파는 셈이네요. 안에서 식당처럼 먹는 게 아니고.

　통자로 사가지고 됫술로 파는 거지.

어머니하고 사모님께서 그거 하시고, 선생님은 광업소에서 일하시고 그래서 살림이 좀 나아졌겠네요.

　가만 생각하니까 그 주점을 시작한 게 아버지가 병환에 계실 때부터 했어요.

아, 이제 병원비가 들고 그러니까?

　예. 그때부터요.

그래도 어머니가 생활력이 있으셨던 거네요.

　살기가 어려우니까. 아버지가 돌아가시기 전에는 내가 군대에 있을 때거든요. 군대에 있을 땐데, 버는 사람은 없지. 없는 데다가 아버지가 한 2년을 암으로 계시니까. 그러니까 이제 주점을 시작한 거예요.

노조 활동과 사택 생활

선생님 다니셨던 광업소 정식 명칭이 어떻게 되는 거예요?

대한석탄공사 장성광업소.

그러면 어떤 사람이 소장이 됐어요?

소장은 본사서 내려오니까. 대한석공 본사가 있잖아요. 대한석공에 6개 광업소가 있어요. 대한석공에 있는 게 장성광업소, 도계광업소, 함백광업소. 그다음에 문경광업소, 그 뭐 어딘지 다 못 하겠다. 하여튼 6개 광업소가 있어요. 광업소가 있는데, 본사는 국영 기업체예요. 대한석공은 국영 기업체니까, 서울에서 다 내려오죠. 그러니까 뭐 요즘 얘기로 치면은 낙하산식으로 다 내려오는. (면담자 웃음) 밑에서 뭐 소장 되고 할 수는 없어요.

아예 안 되는 거였어요?

예. 그건 없어요.

반장 되시고 난 뒤에는 소장하고 만나거나 하는 그런 구조가 있었어요?

그런 사람하고 만나기는 힘들어요. 순회할 적에 만나면 몰라도 그래 만나기 힘들어요. 그 사람들은 뭐 잘 들어오지도 안 하고.

소장으로 누가 왔는지 이런 건 별로 중요하지 않았어요?

그렇지. 누가 오는 게 중요하고 뭐 [그런 건 아니었지]. 누가 바뀌었다 소리는 듣지만은 그 사람이 직접적으로 우리하곤 상관이 없는 사람들이니까.

장성광업소에도 노동조합이 있었어요?

노동조합이 있었죠.

노조 활동은 안 하시고?

노조에 관여를 조금 할 수도 있었는데…. 내하고 같이 동맹 스트라이크 해가지고 퇴학 맞았다는 애, 그러니까 삼척공고로 갔던 애가 있는데. 자기가 할 테니까 내보고 자꾸 양보를 하라 그래서.

위원장 할 테니까?

위원장이 아니고 대의원. "그래 그럼 니가 해라." 그러고 그 이후 노동조합에는 가가[걔가] 또 거기서 잘하고. 그러고 결국 가도[걔도] 거기서 부회장까지 했어요. 노동조합 부회장까지 했고. 그래서 나는 별 관여는 안했는데, 하여튼 관심 있게는 봤지요.

그리고 선생님 아까 한 분 더 있다고 하셨는데.

노동조합, 거기는 위원장까지 했어요. 내하고 같이 영광고등학교 나왔던.

예. 그분은 언제부터 근무했었는데요?

거의 우리하고 비슷하게 다 취직한 사람들이에요.

그때 선생님도 좀 활동하고 싶었는데 친구분을 밀어주신 거예요?

예.

왜 밀어주셨어요? 내가 하면 더 잘할 수 있다는 생각 안 하셨어요?

그때 나는 반장을 하고 있었고. 일찍부터 반장을 하고 있었고. 걔는 그때 보안관리 시험이 안 돼가지고 그냥 있을 땐데. "니 이걸 해 봐라. 이런 거 하고 싶으면." 그래가지고 그렇게 된 거죠. (웃음)

어떻게 또 공교롭게 스트라이크 했던 세 분이 같이.

다 노동조합에 관련됐네.

그러니까요. 그렇게 된 셈이네요. 노조에서 주로 어떤 것들을 많이 신경 쓰고 있었어요?

노동조합에 대해서는 이제 대의원으로 친구들이 나가 있어. 대의원하던 사람들이 많아요. 그러니까 뭐 대체적으로 이런 이런 이야기하고, 작업 환경에 대한 얘기, 뭐 이렇게 하는데. 그 당시만 해도 이 석공, 대한석공 초기 뭐 국영 기업체고 하니까 별로 그렇게 들어가지를 않아요.

노조에서 요구하는 게?

예. 뭐 먹혀들어가지 않아요. 탄광은 어느 탄광을 막론하고 "니 하기 싫으면 나오면 될 거 아니냐." 그러는 게 탄광의 고질화된 아주 나쁜 근성이에요, 그게. 자기들이 시정을 할 생각을 안 하고 "니 하기 싫으면 나가면 될 거 아니냐." 하는 게 그 사람들 생각이에요.

다른 사람들 들어오면 되지. 그렇게 생각하는 거죠?

그렇죠. 그러니까 시킨 대로 하는 거지.

그럼 노조도 싸우거나 이런 것보다는 회사하고 좀 협조하는 그런 형태였던 거예요?

그렇죠.

아까 농사짓는 것보다는 탄광일이 더 나았다고 하셨잖아요. 근데 다른 일하고도 좀 비교를 할 수 있을까요? 다른 공장에서 일한다거나, 아니면….

근데 이 지방에서, 탄광촌에 사는 사람은 탄광촌을 떠나면 죽을 줄 알아요. 좀 고질적인 그런 근성이 있는데, 왜 그러냐 그러면은 당장 집도 탄광 사택이란 말이에요. 회사 집이거든요. 회사 집에 살면서 직장 갔다 왔다 이제 이러거든요. 그러면은 다른 데를, 예를 들어서 그 지방에서 뜬다 그러면은 우선 집이 있어야 된다고. 여기는 사택이니까 나가면 끝이에요. 회사 집인데. 다른 데를 나가면은 집 살 돈이 있어야 되죠. 그러니까 가장 큰 게 하여튼 집이라. 자기가 살 집인데, 이게 형편이 안 되니까 사택에 묻혀서 사는 거예요. 그러니까 집 살 형편이 안 되는 거예요.

그럴 수 있었겠네요. 집을 구할 엄두를 내기가 힘들겠네요.

엄두를 못 내는 거예요. 그래서 여기 한 번 뿌리박으면 그냥 대대로 그렇게 되는 거예요.

장성광업소 근무하면서 바로 사택을 받으셨어요?

우리는 개인 집에 살다가, 제일 처음에는 개인 집에. 아버지 때 개인 집이 있었어요. 그다음에 아버지가 병에 오랫동안 계시니까 그것도 다 처분이 되고, 그래서 사택에 들어가서 살았죠.

그때도 광업소하고 사택이 가까웠어요?

그렇죠. 장성광업소 같은 경우는 사택하고 가까워요. 걸어서도 15분 이내에 다 있었으니까.

반장이라고 해서 사택이 분리되어 있거나 그런 건 아니었고요?

그런 건 없어요.

집은 규모가 어느 정도 됐었어요? 다 똑같은 거죠?

그렇죠. 그러니까 보통 보게 되면은, 얼마나 될까? 방 한 개가 이거보다 작으니까. 요만하니까. 10평? 한 5, 6평 되겠네.

◇ ◇ ◇
작업반장의 업무

아까 배치 업무를 했다고 하셨는데, 반장 되고 나서 계속 그 일만 하셨던 거예요?

그렇죠. 계속 그거 했죠. 그거를 하다가, 그다음에 검수를 또 했어요.

검수?

예. 검수는 그러니까, 광부들이 거[갱] 가면 지주를 세워요. 그거 보고 동발[1]이라 그러는데, 굴을 유지하기 위해서 넣는 그걸 보고 동발 검수를 하는 거라. 예를 들어 넣었는데 이게 A급이다, B급이다, C급이다 판정을 하는 거죠. 판정에 따라 돈이 다른 거지. 그거 보고 검수라 그래요. 역시 검수를 하는 것도 보안관리 자격증이 있어야 하는 거예요.

어차피 반장하는 분이 검수를 해야 되겠네요.

그렇죠. 그냥 갔다 왔다 그러지요.

아까 노조 대의원 되셨던 그 친구 분은 반장 못했다고 하셨잖아요.

나중에는 반장 했어요. 보안관리 시험 합격이 되어가지고, 반장 했어요.

노조 활동을 하는 분 중에도 자격증 없는 분도 있고 그랬던 거예요?

그 자격증하고 노조 하는 거하고는 상관이 없으니까. 노조는 뭐 대의원 나와 가지고 광부들이 찍어 주면 되는 거니까.

대의원 나와서 뽑히려면 조직을 해야 될 텐데, 그럴 때는 어떻게 해요?

자기 PR도 하고, 그다음에 뭐 후원자들도 있고 이래야 되는 거예요.

그것도 쉽게 되는 건 아닐 거잖아요.

그렇죠. 몇 사람 나오니까. 예를 들면 두 사람, 세 사람 같이 나오면은 누가 표 많이 따는 거냐 하는 건데, 그 표 따기 위해서 세밀하게 잘 하는 사람이 이기는 거죠.

(웃음) 그래서 운동을 또 잘해야 표를 받는 거죠?

그렇죠. 평소에 신임도 중요하고.

---

1 갱목. 갱도 따위가 무너지지 않게 받치는 나무 기둥을 말한다.

재해와 산재 처리

근무하실 때 사고는 늘 있긴 했을 텐데, 기억나는 거 있으세요?

내가 반장을 석공에서 하면서는 사고가 없었어요. 사고가 없어서, 큰 재해가 없었는데. 우옛든 이제 탄광에서는, 그 당시에도 탄광에 규정이 있어요. 보안 규정이 있다고. 어떻게 안전시설을 하고, 어떻게 안전장구를 지급하고, 그런 보안 규정이 있는데. 이것을 할라고 그러면 돈이 많이 들어가요. 돈이 들어가잖아요. 이거는 안전을 위해서 투자를 하는 거란 말이에요. 그러니까 여기에 대해선 굉장히 신경을 안 써요. 탄광에는 탄만 많이 캐면은 뭐 최고로 아는 거라. 그러다 보니까 이제 탄 캐다가 광부가 죽는 것은 당연한 것처럼 생각해요. 그리고 '죽은 사람은 말이 없다' 그래가지고 기업소에서 안전시설을 잘못했다든가 안전장구를 지급하지 않는 그런 상태에서 어떤 사고가 나도, 전부 다 이제 본인이 잘못해서 죽은 걸로 뒤집어씌워가지고. 그래서 보상금도 쪼끔밖에 안 주고. 그렇게 하기 때문에 죽는 사람만 억울하게 죽는 거죠. 죽는 사람이 다 뒤집어쓰고 가니까.

그런 셈이네요. 장성광업소에서 산재 처리를 하지는 않았어요?

산재는 있죠. 산재는 다 산재 처리가 되죠. 산재 처리 되는데, 회사서 일하다 다치면 치료나 그런 건 해 주지만 죽게 되면 돈이 많이 나가잖아요. 이런 문제에 대해서는 회사가 잘못했느냐 본인이 잘못해서 죽었느냐 하는 과실 정도에 따라서 보상 얘기도 다르거든요. 그러니까, 죽은 사람들에게 다 뒤집어씌우니까 회사는 쪼끔밖에 보상을 안 해 줬기 때문에….

아. 그러니까 산재로 할 수 있는 최소한만을 하는데, 사망 보상금 지급 등이 걸린 문제에 있어서는 본인 과실이 크다고 판단하게 만들려는 거네요.

그렇죠. 사고가 많이 난다거나, 산재에서 보상금 많이 나가게 되면은 산재보험료가 올라가요. 회사에서 무는 보험료가.

그러니까 회사에서는 웬만하면 그렇게 안 하려고 하죠. 장성광업소에서는 총 몇 년 근무하셨던 거예요?

64년도부터 72년도까지니까.

3. 동원탄좌 입사와 노조 지부장 선거

◇ ◇ ◇
석공 퇴사와 동원탄좌 입사

석공 장성광업소를 퇴직하시고 동원탄좌로 옮기게 되시잖아요. 장성광업소는 왜 퇴직하시게 되셨어요?

장성광업소서 퇴직을 한 거는 다른 데로 옮길려고. 어디 다른 데로 직장을 가야 되겠다 하는 생각을 가졌었고, 그런 생각을 가지고 있었을 적에 퇴직금을 일시불로 안 주고 연금으로 준다 이런 얘기가 있었다고, 그당시에. 퇴직금을 일시불로 안 주게 되면은 어데 나가서 집도 한 칸 못 사고 이렇잖아요. 그래가지고 겸사겸사 퇴직을 한 거라.

예전에는 그냥 일시불로 다 줬었는데, 이제 연금으로 바뀐다고 하는 그런 얘기가 있었던 거예요?

그렇죠. 그래서 퇴직을 해가지고, 어차피 이럴 때 다른 데로 옮겨 봐야 되겠다 해서 옮겼는데.

다른 데로 옮긴다고 할 때는 역시 탄광으로 가신다고 생각하셨겠네요?

탄광은 떠난다고 생각했는 거죠.

아, 탄광 떠난다고 생각하셨던 거예요?

예. 그래서 놀고 있는 중간에 사람이 와가지고 "감독 자리가 지금 현재 비어 있으니까 와서 좀 얼마간이라도, 다른 데 어디 직장이 될 때까지 우선 좀 봐 달라." 이제 사람을 구하러 나온 거야.

그때 생각하신 다른 일은 어떤 거였어요?

어디 나가서 어떤 직장을 구한다 그러면 거기서 일을 열심히 해서 돈을 좀 모아가지고 그다음에 장사를 한번 해 봐야 되겠다 하는 그런 생각을 가지고 있었죠.

퇴직금도 보태서요?

그렇죠.

구체적인 구상이 있으셨어요?

구체적인 구상은 아니고, 그냥 우선은 돈이 모자라니까 돈을 조금 더 벌어가지고 끝에는 장사를 해 봐야 되겠다 하는 생각만 한 거죠.

뭔가 특별한 이유가 있으셨어요? 아니면 아까 말씀하신 대로 아예 동네도 떠난다고 생각하셨던 거예요?

그렇죠. 거기서 안 살믄 이사를 가야죠.

아까 집 마련하려면 부담이 많이 된다고 하셨는데, 직장만 구하면 그래도 이사할 수 있다는 생각을 하신 거네요?

그렇죠. 그때만 해도 퇴직금하고 이렇게 이렇게 하면은 나가서 거처할 곳은 만들 수 있겠다 요런 건 되어 있었고. 그렇다면 그다음에는 이제 돈을 벌어야 될 거 아니에요.

그렇죠. 직장을 구해야 되니까.

어떤 직장을 구하겠다 하는 것은, 뭐 그런 생각은 없었고. 나가서 우옛든 직장을 구해가지고 돈 좀 모아지면 이제 장사를 해 봐야 되겠다.

퇴직하시고 동원탄좌로 옮기기 전까지는 좀 쉬셨어요?

그렇죠. 72년도까지 장성광업소 댕겼고. 날짜가 확실히 기억이 안 나지만 하여튼 나와가지고 몇 개월 쉬는 동안에 사람이 와서 감독을 좀 봐 달라 그래서 나도 노느니 가서 한 몇 달, 장성광업소는 국영 기업체니까 개인 기업체는 어떤지 구경삼아 한번 가 보자 하고 간 거예요.

그때는 다시 탄광 생활을 한다는 생각은 안 하셨던 거구요?

안 했죠.

◇ ◇ ◇
감독 시절 광부들의 지지

일단 임시로 그 일을 좀 해 보자. 그런데 어떻게 또 계속 일을 하시게 되셨어요?

동원탄좌 여기 와서 일을 댕기다 보니까. 다른 데 직장을 구하는 것도 나가서 알아보고 돌아댕겨야 되는 거지. 가만히 앉아가지고 누가 직장을 옮긴다 그러는 사람은 없잖아요. 동생들 있는 데만 그냥 "어데 좀 알아 봐라." 하는 식으로 해 놓고는, 여[동원탄좌] 댕기다 보니까 하여튼 그런 대로 이제 여기에서. 뭐 여기는 감독 이상 되면 쪼금 대우를 해줘요. 그건 대우를 해 줘요. 그래서 사택도 별도로, 이제 또 직원 사택이 별도로 있다고. 그래 사택도 준다고 그러고, 그래서 여기에 정착을 하게 된 [거죠]. 또 와서 보니까 재미가 있어요. 뭐가 재밌냐면은, 석공에서는 못 느꼈던 것을 많이 느끼게 돼요. 이제 개인 기업체로 오면은. 이건 재미가 아니고 어떤 건가 그러면은, 석공에서는 그래도 국영 기업체니까 광부들에 대해서 대우가 괜찮아요. 개인 기업체는 그렇지 않아요. 개인 기업체는 감독들 이상으로는 대우를 해 주는데, 광부들은 인간 취급을 안 하는 거라. '야, 이 세상에 이런 동네가 다 있나' 하고 저는 봤죠. 내가 이제 감독으로 와가지고, 내가 여 와서 작업 배치를 해야 되니까 그런 걸 하는데, 내가 존댓말도 써 주고 석공에서 하던 식으로 광부를 대하는 거라. 여기는 그렇게 대하면은 광부들이 올라탄다고 해가지고 못 하게 해요. 그래 가서 인간적으로 대하니까 사람들 전부 다 나를 좋아하는 거예요. 이제 서로 "저 감독이 있는데 날 좀 보내달라."고 말이지. 뭐 그럼 내한테 다 오는 거예요. [국영 기업체에 있다가] 개인 기업체 오면은 나이가 자기보다 열 살, 스무 살 많아도 "어이, 어이!" 그리고 반말 정도로 얘기하고 인간 취급을 안 하는 거라.

그게 확실히 달랐네요.

그렇게 대우를 한다고 그래가지고 광부들이 말을 안 듣는 게 아니라, 내가 와서 해 보니까 말을 더 잘 들어. 기분 좋게. 억지로 일을 하는 거 하고 기분 좋게 일을 하는 거 하고 차이가 있잖아요. 이름도 없어. 광부는 이름도 없어. "어이, 저거 해." 뭐 이런다고. 인간 취급도 안 하는 거야, 그거.

선생님은 그래도 "누구 씨 어디 가세요." 이렇게 했는데, 동원탄좌에서는 그런 것도 없었어요?

그럼. "어이, 저 가서 거 하고 저거 해. 아저씨." 뭐 이래. 이러면 끝나는 거예요. 그런데 나이가 자기보다 훨씬 많은데도 존댓말이란 건 없어. 아예. 그래서 '야, 이건 참 잘못 되어 가는 거다. 바꿔야 된다.' 그리고 느낀 건 노동조합. 노동조합이 말이지. 광부들을 위해서 노동조합이 존재를 해야 되는데 이거는 광부는 안중에도 없는 거야. 노동조합 자체가. 광부들이 뭐 애로사항이 있고 회사에 대해서 건의할 사항이 있으면 노동조합에 얘기할 거 아니야. 이래 이래 좀, 이거 좀 시정해 달라. 이거 좀 해달라 얘기를 할 텐데 그런 게 하나도 없는 거야. 왜 그러냐 그러면은, 이제 뭐 지부장을 뽑아야 될 거 아니에요. 노동조합 지부장 뽑는 선거가 어떻나 그러면은, 대의원 선거하고, 지부장 선거하고 한 일주일 차이를 두고 대의원 선거를 미리 해. 그다음 일주일 후에 지부장 선거를 한다고. 근데 대의원에 당선이 되게 되면은, 그날 저녁에 회사에서 전부 다 올라오라 그래. 환영회 한다고. 그럼 이제 회사로 당선된 사람들이 다 모이는 거야. 그럼 버스에 태워가지고, 여기로서는 속초, 강릉 이짝으로 가뿐다고 [가 버린다고]. 가면은 거기서 아예 일주일 있는 거예요.

일주일 있다가, 노동조합 지부장 선거하는 장소 문턱에 가서 그날, 선거 날 버스에서 대의원들 내리는 거야. 그러니까 이거는 회사에서 지명한 지부장이 아니면은 누가 나와도 당선이 안 되는 거야. 대의원을 봐야, 내가 뭐 선거 운동을 해야 할 거 아니여. 선거 운동을 못 하잖아요. 대의원들 다 데리고 가뿌렀는데. 그러니까 그거는 이제 지부장이 한 사람이, 이제 누구 찍으라는 게 있는 거예요. 다른 사람 뭐 출마하는 사람도 별로 없었어. 한 사람씩 뭐 이렇게 개평으로 나와 봤자 그건 들러리 섰던 거지. 될라고 나왔던 게 아니고. 회사에선 그냥 혼자 놓고 할라니까 그렇고 한께[하니까] 들러리로 그냥 "니[너], 옆에 나와." 이래가지고 이 사람이[회사에서 지명한 사람이] 그냥 되는 거예요. 그러니까 지부장을 선거하는 게 아니고 회사에서 임명하는 거야.

그러니까 지부장이 된 사람은 회사에서 시키는 일만 잘하고, 회사에서 지시하는 대로만 잘 따르면 되는 거지, 광부들하고는 상관이 없어. 광부 편을 들게 되면은 그 사람은 다음에는 지부장이 절대 안 돼. 절대 안 된다 말이야. 그러니까 회사 얘기 잘 들을 수밖에 없어요. 그러면은 광부들이 어려운 사정이 있다 그러더라도 회사 가서 차라리 얘기하는 게, "나 이런 거 이런 거 해 주십쇼." 하고 얘기를 하는 게 낫지. 노동조합하고는 그런 얘기도 안 돼. 광부들 알기를 우습게 하는 거야. 지부장이 누군지 얼굴도 모르는 사람들이 많아. 이렇게 노동조합이 운영되다 보니까 그래 회사 맘대로 하는 거지. 회사 맘대로야.

그러니까 회사에서 "내가 뭐 이런 거 이런 거 시정해 주시오. 나 이런 게 좀 애로사항이 있습니다." 예를 들면 사택이라도, 사택이 뭐 물이 안 나온다든가, 사택에 수도 있는 데는 별로 없었어요. 수도 있는 데는 몇 군데 있고 전부 다 우물물로 캤으니까. 그러니까 이런 것도 시정해서 해 달라는 식으로 얘기하면은 이거는 회사에서 뭐라 그랬냐 그러면 "니 하기 싫으면 가면 그만이지 왜 다른 사람은 가만히 있는데 니 혼자 그러느냐?" 이 얘기라.

아까도 얘기했지만은 작업 배치를 매일 받는다 그랬잖아요. 회사에서 말이지 "저 새끼 저 짤라." 이러면은, 그날 출근했는데 작업 배치 안 해 주면 해고야. 작업 배치 안 해 주면 집에 가야 될 거 아니에요. 매일매일 작업 배치하는데 작업 배치 안 해 주면 집에 가라는 거야. 그 당시도 노동청이 있어가지고 내가 억울하게 해고를 당하게 되면은 구제 신청을 할 수가 있었어요. 그럼 구제 신청을 해, 노동청에다. 내가 억울하게 해고를 당했으니까. 그러면은, 예를 들어서 노동청에서 "그러면 이 사람 원직에 복귀시켜 줘라." 그래도 절대로 복귀를 안 시켜 주는 거예요, 회사에서. 그걸 안 지켰을 적에 벌이 뭔가 그러면은 벌금 3백만 원이야. 벌금 3백만 원만 내면은 복직 안 시켜 줘도 상관이 없는 거야.

노동청에다가 구제 신청을 하는 것은, 내가 구제를 받기 위해서 하는 거지, 기업주 벌금 맥일라고 구제 신청하는 건 아니다 이 얘깁니다. 그죠? 이거를 광부들이 알아요. 알기 때문에 내가 광부라도 붙어서 일을 할라면은 회사 얘기를 잘 들어야 된다, 회사 얘기를 안 듣게 되면은 나는 언제 해고될지도 모른다 하는 걸 알고 있기 때문에. 그러니까 이거는 구제 신청이 있으나마나 아닙니까, 그죠? 그 기업주인데[한테] 벌금 물릴라고 내가 구제 신청을 하는 게 아니다 이거죠. 그러니까 그런 어설픈 규정 때문에 광부들만 그렇게 욕을 보는 거죠.

여기에서 광부가 되면은, 광부가 된 날로부터 눈을 가리고 입을 막고, 그리고 귀를 막아야 된다. 뭐 옛날 시집살이 3년 매이로[처럼]. 그래야 광부라도 연명할 수 있다. 이런 얘기고. 그렇다 보니까 일은 시키는 대로 하고, 기업주가 시키는 대로 하고, 돈은 주는 대로 받으라 이거야. 기업주 선처처럼 그냥 주는 대로. 이건 노동의 대가가 아니고, 이건 기업주가 주는 대로 돈을 받는 거야.

탄광은 뭔가 그러면은 도급제에요. 도급제라는 것은 자기가 일한 만큼에 대해서 먹는 게 도급제거든요. 월급제하고 다른 게 바로 도급제란 말이에요. 그런데 도급제 원칙에서 어긋나는 게 어떤 게 있냐 그러면은, 예를 들어서 한 가지 얘기하면, 다른 탄광에서는 없는 암행독찰대라는 게 있었어요, 동원탄좌에. 다른 탄광에는 어데도 없었어. 암행독찰조가 있는데, 이것은 사장의 친인척으로 구성된 사람들로 이제 한 6명 정도 구성이 돼 있어요. 그러니까 이 사람들은 작업을 하는 게 없고 24시간 광부들의 사생활서부터 직장까지 전부 다 감시를 하는 거라. 밤에도 말이지. 뭐 12시고 1시고 그건 상관없어. 아무 때고 가서 회사 흉 안 보나, 뭔 얘기하나 듣는 거야. 술자리서 있음 술자리 가서 눈치 보고. 거기서 뭔 얘기하느냐 듣고. 그러고 회사에서 누가 일을 약간 나태하게 한다거나 피곤해서 조금 졸고 있었다거나 이러면 회사에 보고를 하는 거예요.

보고를 하면은 징계를 하는데, 뭔가 그러면은, 뭐 그중에 해고도 있지만은 80, 90프로가 3개월 감봉이에요. 3개월 감봉을 시키는데, 그러니까 아까 얘기한 감봉을 시키면 안 된다는 얘기가 뭔가 그러면은 탄광은 도급제기 때문에 자기가 고단하면은, 내가 탄 딜 캐면 오늘 내가 딜 벌었을 뿐이여. 월급제 매이로[처럼] 똑같이 월급 주는 게 아니기 때문에. 그러는데 자기가 오늘 피곤하다고 조금 졸았으면은 내가 탄을 조금밖에 못 캤기 때문에 월급을 적게 받을 뿐이지 그게 어떤 징계 대상에는 안 되는 거예요. 그러면은 그 30프로 임금을 감봉했는 거는 착취, 착복이라고. 저 기업주로 봐가지곤 말이죠.

그래가지고 우리가 사북민주항쟁이 일어난 다음에 우리가 협상 합의 조건에다가 그걸 넣었다고. "이거는 부당한 거다. 이거 지급해야 된다." 그래가지고 결국 감봉됐던 사람들 다 찾았어요. 그때 합의상에 넣어가지고 다 찾긴 찾았는데, 동원탄좌에서 다 그랬다고. 이런 걸 보면서 난 느끼는 게 뭔가 그러면은 '야, 이것이 정말 이래선 안 되겠다. 뭔가는 바꾸는 데 바꾸는 방법이 뭐냐.' 노동조합을 바꾸는 방법 외에는 한 개도 없는 거예요. 다른 방법이 없는 거라. 노동조합이 바뀌지면 자연 다른 것까지 다 바뀌질 수 있는데. 그러면 노동조합을 어떻게 바꾸느냐. 바꿀 방법이 없는 거야. 그래서 그렇게 좀 생각을 했죠. 했는데 결국은 이제 80년도 와 가지고 그런 사건이 일어나고, 이렇게 된 거예요.

동원탄좌의 감독으로 오셔서, 감독이 사람들을 대하는 태도가 석공하고 동원탄좌 하고는 완전히 다르다는 걸 체험하시게 된 거네요?

그렇죠.

다른 감독들은 선생님한테 "왜 당신만 그런 식으로 하냐?" 그런 건 없었어요?

처음에는 그랬죠. "그 사람한테 존댓말 쓰고 이러면, 다음에 가면 말 안 들어요." 이런다고. 그래 얘기를 해요. 그래서 내가 그 이야기는 아니다. 사람은 대우를 해 줄수록 기분이 좋은 거고. 그 사람들 너무 윽박질러 가지고, 노예도 아니고 그래 일을 시켜도 되느냐 말이야. 그랬는데 내가 그런 다음에 그것도 많이 바뀌졌어요, 다른 감독들도. 대접을 안 받던 사람들이 대접을, 말 한마디라도 대접을 받으면서 일을 하니까 "저런 감독 없다." 이거야. 그리고 막 전부 다 "절로[저리로] 좀 보내주시고. 나 절로 좀 갈래. 나 좀 땡겨 주세요." 이런다니까.

선생님한테 찾아와서 그런 경우도 있었어요?

그러믄요. 그래가지고 사실 난 또 (웃음) 월급은 없는 거 가지고도 광부들 술도 많이 사 줬어요. 고생했다고, 고생한다고. 어디 술자리 간다면 말이지. 감독쯤 되면 얻어먹을 줄만 알지 지 돈 쓸 줄은 몰라요.

광부들이 감독한테 술 사고 하는 거, 그때 당시에도 뇌물 쓰는 일들이 좀 있었어요?

감독인데 와이로[뇌물] 쓰고 그런 거는 작업 배치를 좀 좋은 데 받을라고. 더 좋은 데 받으면 일도 쉬우니까.

석공에서는 반장 밑에 30명 정도 됐다고 하셨잖아요. 동원탄좌에서는 감독 한 명이 관리하는 사람이 몇 명 정도였어요?

그것보다 많아요. 한 40명 정도 돼요. 석공보다 더 많아요. 관리 인원이. 감독을 더 적게 쓰기 위해서 그런 거죠. 처음 가서 많았을 적에는 한 50명 정도 됐다니까.

관리하는 분들은 정해진 기한이 있었어요? 아니면 한 번 이 감독한테 배정이 되면 한동안 계속 가야 되는 거예요?

그러니까 한번 그 감독한테 오게 되면은 계속 일하고. 감독들은 회사에서 배치를 이짝 굴에 있다가 이쪽 굴로 이제 보내고, 이짝 굴로 보내고 이래요. 이동하게 되면은 내하고 같이 있던 사람들은 저짝에 다 있는 거지. 그럼 그짝에 있는 사람들 자꾸 내한테 오고 싶어 하지. (웃음)

(웃음) 그래서 선생님한테 어떻게 좀 옮기게 해 달라 이런 얘기들이 많이 있었겠네요.

네. 그러면서 솔직하게 얘기하면 이제 노동조합을 바꿔야 되는데, 바꿀 방법이 뭐 없단 말이야. 그렇게 하니까 어떻게 바꿔요? 바꿀 방법이 없잖아요. 안 그러고 어떤 의사 표시를 해서 말이지 "이게 잘못됐다." 그러면 해고될 판이고. 그러니까 뭐 이거 말도 못하고 입도 못 떼고 속만 상하는 거라. 사실 나는 광부들한테 인심이라도 얻어가지고 '이제 한번 어떤 걸 해 보자' 하는 생각은 있죠. 그러니까 광부들은 나를 다 좋아하는 거야. 내 얘기하면 전부 다 좋다 그런다고. 그러니까 이제 광부들한테 인심을 많이 사 놓은 거예요. 그게 왜 그러냐 하면은, 작업 배치를 이 굴에 있다가 저 굴로 보낸다 그러잖아요. 몇 달 있다 보면, 이짝 가면 이짝 사람들 알고, 사람들 다 아는 거예요. 그러니까 저 사람 좋다는 거 다 알아. 그러니까 그렇게 해야 뭐 일을 할 수가 있지, 그냥 안 된단 말이에요. 그래서 이제 그런 작업은 사전에 많이 한 거예요. 그리고 79년도에 내가 지부장[선거]에 나왔거든요.

예전부터 근무하시면서 다른 분들한테 호응을 얻고 계셨던 거네요.

그렇죠. 광부가 된 사람은 돈이 없는 사람, 그다음에 배운 게 없는 사람, 그다음에 의지할 곳 없는 사람이렇거든요. 그러면은 이걸 줄여서 한번 얘기해 보면은 무식(無識), 무전(無錢), 무탁(無託) 이런 거야. 지금도 약간 그렇지만, 옛날에는 빽만 좋으면 3대가 먹고 살 수 있다고 그런 얘기까지 있었는데. 그러니까 그런 사람이 이제 광부가 된 거예요. 이러한 광부들의 약점을 이용하는 거라.

회사에서요?

예. 약점을 이용해서 임금을 착취하고. 그다음에 작업 안전시설이나 복지 후생시설은 전혀 투자를 하지 않아요. 투자를 하지 않고. 그저 내가 시키면 시킨 대로 하는, 너그들은 하나의 예속된 노예처럼 일하는 부류다. 이렇게밖에 인정을 안 하거든요. 그렇게 일을 하다가 보니까, 뭐 사람 대접을 못 받는다 그러면 인격까지 다 무시당하는 거예요. 뭐 이게 동원탄좌만 그런 게 아니고, 대동소이하게 탄광은 그 당시가 다 그랬어요. 그렇게 돼 있었는데, 특히 심한 게 동원탄좌였어요. 아까 얘기한 암행독찰대라든가, 국영 기업체보다 개인 기업체는 당장 이득을 남겨야 되니까 그런 거고.

그리고 70년대에 에너지 파동이, 저 석유 파동이 일어나면서 석탄이 에너지원의 제1자원으로 됐는 거예요. 그러니까 국가에서는, 그 당시는 독재 정권인데. 그 당시에 석탄증산보국(石炭增産保國)이라는 그런 슬로건을 국가에서 내걸어요. 정부에서 내걸고. 탄만 많이 캐면 기업들은 최고예요. 그러니까 탄을 많이 캐기 위해서 독려를 하는데, 그러면 기업들은 탄을 많이 캐기 위해서는 광부들을 혹사시키는 방법밖에 없는 거예요.

다른 게 없어. 광부들이 열심히 일을 해야 되니까 혹사시켜야 될 것 아니에요. 그러니까 아까 얘기한 것처럼 말이죠, 그것 참 인간 대우를 못 받고 노예처럼 일하는데, 시키면 시킨 대로 할 수밖에 없는 거예요.

그러면 그 당시에 많은 사람들이 말이죠, 광산 굴의 안전 문제 때문에 죽어간 사람들도 많아요. 억울하게 죽어간 사람들이. 그런 사람들이 죽어갔을 적에는 탄 캐다 죽는 사람은 의당 있는 것이다, 당연한 것이다, 이렇게 생각했고. 그 과실을 전부 다 죽은 광부 있는 데다가 뒤집어씌워가지고, 자기들 형사 처벌까지도 면제받고 이랬거든요. 이와 같은 형태를 보다 보니까, 기업주가 저렇게 악랄하게 못 하게 하는 것은 노동조합을 바꾸는 방법밖에 없는 것이다. 그러다 보면은 이와 같은 생각을 항상 가지고 있으니까 '야, 저거 어떻게 하면 노동자들[하고] 때려 엎지?' 하는 그런 생각밖에 안 가지고 있는 거예요.

◇ ◇ ◇
노조 대의원 자격 규정 변경과 지부장 출마

그 중간에는 왜 대의원에 안 나가셨어요?

그때 동원탄좌는 감독은 대의원에 나갈 수가 없어요. 그러니까 요 [노조의] 수준을 아주 낮추기 위해서. 감독 그러면 고등학교라도 나왔잖아요. 그러니까 그런 부류를 없애기 위해서 감독은 대의원을 못 나가요. 고렇게 만들어 놨어요. 그래서 사람을 물색하는데 말이죠, 물색을 하다가 보니까 우리하고 같이했던 신경이라는. 내가 두목이고, 그 부두목이라 하는 신경이가 있다고. 신경이는 그때부터 대의원을 했어요. 그래가지고 "야, 니가 한번 해 볼 수 없느냐. 작전은 내가 한번 짜 보겠다." 그러니까 "난 도저히 못 할 거 같다." 못한다 이거야. 그러면 이제 회사에서 해 줘야 하는데, 회사에서 날 추천을 해 주냐 이거야. 그것도 그렇고, 그러면 이제 방법이 내가 하는 것 밖에 없는데 나는 노동조합 맹원의 자격이 없는 거야. 조합비를 안 떼는 거야. 그래서 그때 79년도 지부장 선거 적에 전국광산노동조합에서 선거 관리를 하라고 내려보냈는 황한섭이라는 사람이 광산노조 조직부 차장인데, 그 사람이 내려왔을 때예요. 우리 학교 선배라, 그 사람도.

어디 선배예요?

태백. 선거관리위원장으로 내려왔다니 내가 얘기를 했지. "사실 동원 탄좌 한 번 바꾸긴 바꿔야 되는데 방법이 없다. 이걸 어떻게 한번 해 보자." 그래, 내보다 한 해 선배야. "아니, 감독은 대의원 자격도 없는데 되느냐." 얘기라. 내가 얘기를 했지. "감독을 노동조합 조합원으로 받아 주면 될 거 아니냐." "그럼 그걸 어떻게 하느냐?" 이러더라고. "아, 이거는 현재로 봤을 적에 이재기만." 그 당시에 지부장이 이재기. "지부장만 인정하면 되는 거니까. 거 감독들 말이지, 노동조합 조합원 자격 주면은 감독 숫자도 많은데 노동조합 맹비도 더 올라가는 거 아니냐?" 이거야.

(웃음) 선생님이 그렇게 설득을 하셨어요?

그러고 내가 대의원이 되면은, 하여튼 적극적으로 이재기를 밀어주겠다. 내가 이재기를 책임지고 밀어주겠다 이렇게 된 거라. (면담자 웃음) 그래서 이걸 이재기한테 얘기를 한 거라 이제.

황한섭 씨가?

응. 이재기한테 얘기하니까 이재기가 좋다 그래. 그래가지고 감독은 대의원 자격이 없는데, 그때 79년도에 처음 생긴 거예요.

규정을 바꾼 셈이네요?

감독을 노동조합 조합원으로 인정한다는 게. 그래가지고 이제 대의원을 나왔죠. 대의원 나오니까, 나는 광부들한테 우옛든 점수 따던 사람인데 무조건 되지 뭐. 그래서 1차로 당선이 된 거예요. 대의원에 당선이 됐으니까 엎는 방법을 연구를 해야 하는데. 회사 알게 하면 그것도 또 이제 모가지라. 그러니까 몰래 할라니까 얼마나 힘이 드는지 말이죠. 대의원에 당선된 사람들 총무과에서 보러 온다 그랬잖아요. 보러 오는데 당선된 사람들이 내하고는 미리 연락이 다 된 거라.

사전에 이미 다 접촉을 하셨어요?

당선된 사람이 전부 다 광부들이고. 그중에 감독이 딱 한 사람이 더 있었어. 그러니까 그 사람들하고 전부 다 이렇게 조를 짜가지고, 회사에서 올라오라 그라면 우리도 빼돌리자. (웃음) 우리도 그거 뭐 어떻게 방법을 써야 될 거 아니냐. 그렇게 해서 우리가 미리 빼돌린 거라, 사람을. 대의원을. 당선된 사람을.

총무과에서 부르기 전에요?

어. 저녁때 총무과에서 부르니까. 올라온 사람이 몇 사람 없네, 전부 다 어디 갔나 그러는데 벌써 다 빼돌린 거라. 그러니까 이제는 과반수 이상이 빠졌기 때문에 이 사람들 데려오나 마나라. 작전은 거까지는 잘 됐어요. 그래 됐는데 지부장 선거가 일주일 후니까, 그래 놓고는 나도 지부장 출마를 했지요. 해가지고 이재기하고 저하고 둘이가 지부장 나왔는 거라.

지부장에 출마하신 이유는 당시의 열악한 환경이나 사람들을 하인 부리듯이 막 대하는 것을 고치려는 생각이 강했기 때문인가요? 아니면 개인적으로 지부장이 되는 게 좀 좋은 일이라고 생각했던 측면도 있었던 건가요?

내가 생각한 거는 뭔가 그러면은, 가만히 그 생각을 했어. 여 와서 하는 거를 보고. 또 그 광부들을 대하는 인격적인 문제들, 그다음에 임금 착취하는 방법, 샅샅이 다 보여요, 보니까 쉽게 보이는 거라. 그런데 누구도 얘기를 안 하는 거예요. 그러니까 이거를 누군가는 얘기를 하고 해야 되는데. 그 노동조합은 어차피 안 된다 이제. 그럼 이것을 바꾸자면은 방법이 없는 거 아니냐. 노동조합밖에 못 바꾸지 회사를 바꿀 수 없잖아요. 노동조합 바꾸는 방법밖에 없는 거라. 또 내가 생각했을 적에 뭔가 그러면은, 이런 걸 보고 그냥 있을 수는 도저히 없는 거라.

내 같은 경우 할아버지는 한 1년 정도 광산에서 바깥에서 일하시고, 그렇게 따지면 3대째 탄광 생활을 하는 거라. 그런 사람으로서 말이지, 저런 걸 보고 그냥 좀 못 본 듯이 지나가면 또 편할 수도 있어. 신경 쓰면은 걱정되는 거고, 못 본 듯 지나가면 뭐 별거 아니고 이래요. 그래서 이건 뭔가는 바꿔야 되겠다는 거 말이지. 그런 의지가 무지하게, 하여튼 그때는 나이도 이제 서른아홉 뭐 이렇게 됐을 적인데 '야, 내가 꼭 이거는 하여튼 바꿔 놓겠다.' 하는 그런 의지가 강했던 거예요. 그래가지고 이것을 하기 위해서는 내 주위가 있어야 된다. 그때 뭐 조합원 자격이 없으면서도 그 주위를 쌓는 거예요.

그러면 내가 이제 신경이보고 "니가 한번 해 봐라. 밀 테니까." 할 적에도 뭔가 그러면은, 우선 내가 신경이를 후원하드라도 내 혼자 후원을 하는 게 아니라 많은 광부들이 같이 후원을 감싸줘야 힘이 커지는 거예요. 그래서 광부들부터 우선, 어떻게 뭐 포섭이다 그럴까. 뭐 이렇게 같이 스스로 다닐 수 있게끔 말이죠. 그런 후원자를 많이 만드는 거예요. 그러니까 "저 사람 얘기한 거는 무조건 맞다"는 식으로, 그 정도로 인정하게끔 내가 처신도 하고 그러면서.

나는 내대로 또 노동조합 서적을, 노동 서적을 이제 깊이 들여다보는 거예요. 이제부터는 알아야 뭘 바꾸든지 뭘 하지. 그렇게 참 열심히 책도 들여다보고. 근데 나는 조합원 자격이 없는 사람이니까 말이지 어떻게 바꾸냐 이거야. 그러는데 끝에 가서 신경이 자꾸 "나는 그거 못하겠다." 이거야. 그러니까 방법을 찾다 보니까 마지막 그런 방법이 나온 거예요. 그래가지고 조합원 자격을 얻어가지고, 대의원 돼가지고 결국은 그와 같은 일이 난 거예요.

어떻게 보면 노동조합을 바꾸는 수단으로써 지부장에 출마하는 게 이재기 씨를 속이는 결과를 가져오기도 했는데요. 그럼에도 그 방법밖에는 없다고 생각하셨던 건가요?

그렇죠. 바꾸는 방법이. 우선은 내가 지부장이 될라 그러면은 그 방법밖에는 없는 거예요. 우선 조합원 자격은 얻어야 되니까. 이재기가 승인이 떨어져야 조합원 자격을 얻을 수 있단 말이에요.

이재기 씨나 회사 측에 밀고하는 사람은 없었어요?

밀고하고 뭐 이런 사람은 없죠.

다른 광부 분들하고 같이 힘을 합치게 되기까지는 꽤나 오랜 시간이 걸렸을 거 같은데요.

오랜 시간이 걸린 거죠. 그러니까 73년도에 입사를 했는데, 그동안에 있으면서는 뭐 좋게 그렇게 그냥 봤는데 74년 정도 와가지고 한 1, 2년 됐을 적에, 그때부터. 그 전까지는 그런 생각을 못 했어요. 안 했어. '야, 이거 너무하다.' 이런 생각은 했는데, 한 2, 3년 있으면서 왜 그런 생각을 내가 가지게 됐나 그러면은, 한번 내가 노동조합을 찾아간 적이 있어요. 노동조합을 찾아가 가지고 이재기보고[에게] 얘기를 했어요. 그때 내가 뭔 얘길 했는지. 하여튼 이제 광부 중에서 누구 한 사람이 말이죠. 현장에서 쓰던 이런 나무가 있었어. 각목이 있었다고. 그걸 집에 가지고 갔어요. 집이 사택인데, 나무토막 가져가서 집 고치는 데 때려 박지 그거 가지고 팔겠어요 뭐 하겠어요? 나무 조각 이런 거 한 갠데. 근데 그걸 가지고 갔다고 암행독찰 갸[걔]들이 말이지, 그걸 보고 가서 신고를 해가지고 이제 징계를 먹은 거라.

어떤 징계예요?

그러니까 감봉 3개월 뭐 이렇지. 그래가지고 내가 이재기보고 얘기를 했어요. 난 감독인데, 이건 너무하지 않느냐. 사실 회사에서 징계를 할 적에는 징계위원으로서 지부장을 꼭 참석을 하게, 지부장도 징계위원이에요. 한 8명이 징계위원이라 그러면 그중에 한 사람은 지부장이란 말이야. 그러면 사실 좀 너무 하지 않느냐, 이거는. 그 각목 가지고 팔아먹을 것도 아니고 그 집도 사택인데, 사택에 가서 뭐 문짝 그거 하나 고치고 벽에 뭐 한 거. 그 당시에 집이 전부 다 판잣집이라 이렇게. 그러니까 그것밖에 더 했겠느냐. 그러니까 징계를 좀 취소해서, 이렇게 하도록 해 달라. 이러니까 얘기가 뭔가 그러면은 "아, 그거를 왜 내한테 해요. 회사 가 이야기해요." 이러는 거야 나보고.

그래서 그때부터 내가 생각이 달라진 거예요. 이래선 안 되겠다. 그게 내가 입사하고 한 3년쯤 됐을 거예요. 그러니까 74, 75년 요 무렵 됐을 거예요. 그래가지고 그때부터 이제 시작을 한 거야. 그러니까 적극적으로 시작을 한 거는 이제 그때부터예요. 74, 75년 정도 그때부터. 그 전에도 나는 석공 하던 식으로 감독을 하니까 사람들이 다 따르고 좋아하지만은, 그 다음번에는 더욱 내가 잘해서 이제는 내 우[위]를 쌓아야 되겠다 하는 그 생각.

노동조합에 대해서도 공부도 하고, 그리고 그때부터 사람을 모으기 시작 했는 게 이제 몇 사람이 되었어요. 그래 우선 신경이가 대의원을 좀 오래 했으니까. 나는 자격이 없으니 안 되고, 내가 원하는 사람이라도 시켜야 될 거 아닙니까. 그죠? 그러니까 이거는 회사서 지명을 안 하면은 지부장이 안 되는 거예요. 그러니까 그 신경이 얘기가 맞아요. 왜 그러냐면 더 안 된다 이거야. 회사에서 지명해 주기 전에는 지부장이 될 수가 없다는 얘기라. 그러니까 방법을 찾아보자는 거 아니냐 말이야. 뭔가를 하다 보면 방법이 있을 거 아니냐. 그러니까 하자. 이러니까 도저히 자기는 불가능으로 본 거야. 잘못하면 쫓겨난다 이거야, 해고를 한다 얘기라. 이런 얘기 돌고 하면은. 그러니까 그런 얘기조차도 둘이 이외에는 못 하게 하는 거라, 이제.

그럼 이재기 씨를 돕겠다고 했던 말은 선생님만 알고 계셨어요?

그렇지.

선생님만 알고 아무도 몰랐던?

신경이까지는 알았어요.

신경 선생님은 알았고요?

두 사람은 알았어. 그러면 내가 이렇게 이렇게 해서 작전을 세울 테니까 니가 적극적으로 협조를 해라. 그래가지고 그렇게 했는 거죠. 나는 이재기하고 고런 계기가 있어가지고, 그것 때문에 하여튼 이제 반감이랄까. 이건 꼭 바꿔야 된다든지 말이지, 이런 게 생긴 거예요.

그 전에는 이재기 씨하고 부딪히거나 했던 건 특별히 없었어요? 선생님 보시기에 '저 사람보단 내가 잘하겠다. 내가 낫겠다.' 그런 생각은 혹시 안 하셨나요?

그런 거는 뭐 없었고. 내가 그렇게 한 번 이재기하고 얘기하고 이후부터. 하여튼 나는 이재기 볼 때보다 마음은 안 편해 있는 거예요. 불편한 거예요.

각목을 훔친 광부 징계 때문에 이재기 씨를 찾아갔을 때, 그런 얘기를 들으시니까 기분이 어떠셨어요?

어이가 없는 얘기죠. 이거 [회사에] 가서 재심을 해가지고 이 사람을 풀어줘야 되지 그게 뭐 나쁜 짓이냐 이거야. 그래가지고 그 얘기 때문에 사실 이재기하고 관계는 더 나빠졌는 거죠.

이재기 씨는 선생님이 나올 거라 생각 못 했을 거 아니에요.

그렇죠. 당연하죠. 그래서 이제 대의원을 다 빼돌린 다음에, 내가 지부장 안 나오겠다 뭐 이러면서 이재기하고 여러 번 얘기를 했어. 안 나온다 그랬는데, 내가 기권하겠다 그랬는데 선거날 보니까 그대로 나온 거여. 그래 이제 선거를 했는데 두 표 차로 내가 졌는 거야. 그런데 이상한 게 뭔가 그러면은, 대의원 숫자가 말이지 22명인가 23명이 되는 걸로 아는데, 선거를 하고 나니까 29명이야. 이 표 숫자가 이상한 거라 이게. 그래 보니까 이제 동원탄좌는 어떻게 되어 있냐 그러면은, 직영이 있고 하청이 있고 덕대가 있어요. 이 사람들이 전부 다 같이 선거하는 거야.

하청이랑 덕대도 선거에 참여해요?

예. 이 사람들도 같이 다 선거를 하는 거예요, 이 대의원들이. 그래 되면은 광부 숫자로 봤을 적에도 거의 한 4,500명 정도 되거든요. 그러면 동원탄좌에, 직영에 있는 사람이 3,500명 정도 되니까 다른 데 있는 사람은 한 1,000명 정도 돼요. 하청, 덕대 그러면은 한 4,500명 되잖아요. 이 인원이 다 선거하는 게 아니고 대의원이 선거하는 거니까. 하청에 있는 대의원도 와서 지부장 선거를 하거든요. 그렇게 되면 우리가 누가 누군지를 잘 몰라요.

대의원이 누가 누군지를 다 파악하지 못하고 있는 거네요.

그렇죠. 우린 누가 대의원인지, 직영에 있는 사람들은 거의 아는데 하청에 있는 사람들은 잘 몰라요. 그렇게 하다 보니까 대의원 숫자가 한 7명 정도 더 많아. 그래서 이제 "여기는 무자격 대의원이 들어갔다. 안 그러고는 이렇게 될 수가 없는 거다." 하고 선거 무효 이의신청을 전국광산노동조합에다가 했다고. 그래 하니까 전국광산노동조합에서는 이제 노동청에다 다시 민원이 이렇게 들어왔는데, 이걸 노동청에 질의를 해서 회신을 받아가지고 이 선거를 무효 시킨 거예요. 선거가 무효가 됐는데, 무효가 되니까 이제 전국광산노동조합에서는 지부장 직무대리를 내려보낸 거예요. 가서 선거하라고. 지부장 직무대리가 바뀌지면 이재기는 지부장이 아닌데. 그 선거 무효 됐어요. 지부장이 아니잖아요. 거 앉아서 말이지, 자리를 안 비우는 거라. 그러니까 직무대리 맡은 사람은 와서 빙빙 둘러 댕기다 거 앉아 보지도 못하고 그냥 올라가고. 이제 이 판이 되는 거예요. 직무대리가 네 번이나 바뀌었다고. 직무대리가 네 명 정도 바뀌면서, 그래도 선거를 못하는 거예요.

이재기 씨가 계속 앉아 있으니까?

그럼. 계속 앉아 있으니까. 이재기는 뭐라 "나는 도지사가 임명한 지부장이지 당신들하고는 상관이 없다." 이 얘기라. 그러니까 그게 뭔 얘기냐 그러면은, 노동조합 설립 신고를 강원도에다가 하게 돼 있어요. 그러니까 이제 '설립 신고 했는 데서 도지사가 괜찮다 그러니까 나는 괜안타[괜찮다]' 이 얘기라 지금. 그 당시에 왜 그렇게 버틸 수 있나 그러면은 정부, 기업주, 경찰이라든가 검찰 다 한통속이에요. 전부 다가. 다 한통속이에요. 심지어 한 예를 들면은, 경찰 말단이라도 여기에 부임을 하게 되면은 사택 주지, 연탄 주지, 다 줘요. 다 주고 하니까 이거는 회사에서 시킨 대로만 하는 거예요. 예를 들면 말이지 "누구 저 새끼 잡어 넣으라." 그러면 뭐 요만한 거라도 잡는다니까. 술 먹고 주정한 거라도 잡는다니까요. 그래 이렇게 한통속이 되어 있기 때문에 도저히 말이죠, 어떻게 할 방법이 없는 거라.

심지어 노동조합에 보면 회의하잖아요. 그럼 경찰서에 같이 연락해. 평소에 노동조합 회의를 할려면 정보경찰한데 미리 연락을 해요. 그럼 정보형사가 와가지고 노동조합 회의하는 거 다 봐요. 그게 그 정도로 다 그런다고. 그렇게 되다 보니까 이 형사들도 말이죠, 어디 뭐 출장 갈 일이 있으면은 노동조합에 와서 뒷짐 이래 지고 "나 오늘 출장 가야 되는데…." 뭐 이러면 돈 달란 얘기여. 그럼 뭐 여비 한 푼씩 주고 말이죠. 이 모양이니까. 한통속이 되어가지고 그렇게 해서 유지를 할 수 있는 거야. 그리고 이재기가 그렇게 버티고 있을 적에도, 뭐 한 일이 있을 적에도 경찰 부르면 경찰들이 올라와요. 올라오고 이랬다고. 그래서 1년간 선거를 안 하고, 사퇴할 때까지 1년간 아닙니까. 1년간인데 나도 나중에 가니까 말이죠 좀 지치기도 하고. 나도 지부장 직무대리는 아니니까. 왔다, 하고 못 봤는데. 대의원은 대의원이지, 나는. 대의원인데.

◇ ◈ ◇
지부장 선거 무효와 직무대리 선임

79년 지부장 선거 후에, 그때 광노에서 직무대리를 처음에 보냈다가 다시 이재기 씨를 직무대리로 앉혔다고 하는 기록이 있던데. 어떻게 된 상황이었어요?

처음에는 광노 조직부에 있는 이영근이라는 사람이 첫 번째 직무대리로 내려왔어요. 근데 이 사람이 내려와가지고, 이제 지부장 선거를 다시 해야 되는데 그 사람들이 자리를 내놓지 않고 있으니까 결국 사무실에 들어가 보지도 못하고. 그 사람 며칠 있다가 그냥 올라갔어요. 그러고 난 다음에 신경, 그 다음 신경이가 받았는가? 그래 신경이가 받았을 거예요. 신경이가 이제 직무대리를 또 받았어요. 그랬는데 자리를 내줘야 뭘 하죠. 아무것도 못 하는 거라. 그렇게 지나다가 또 안 되니까, 그다음에는 이기택이라는 사람을 또 그 직무대리로 다시 내려온 거예요. 이기택이라는 사람 얘기는 뭔가 그러면은, 무슨 선거를 하든 무슨 공고를 하든 간에 지부에 있는 직인을 줘야 되는데 직인을 현재 안 내놓고 말이지, 자리도 안 비워 주니까 안 된다 아무 일도 못 한다 이 얘기라.

그래가지고 내가 이기택이 보고 얘기를 했죠. 그러면은 무자격 지부장이 그 직인을 안 내놓는다 그래가지고 업무를 못 본다고 그런 말이 되느냐. 그러면 광노에 올라가가지고 새로 직인을 새겨가지고 광노의 승인을 받고 그걸로 공고를 붙이든가 뭘 하면 될 거 아니냐. 그래갖고 "내하고 같이 올라가자." 그래서 서울 창신동에 가서 지부 직인을 새겼다고. 새겨 가지고 나는 광노에 안 들어가고 "그래 이제 당신이 지부장 직무대리니까 가가지고 광노 위원장한테 가서 이야기를 하고 승인을 얻어라. 이 직인을 써도 되느냐고." 그래가지고 승인을 맡았어요.

승인을 맡아가지고 그 직인을 가지고 내려갔는데, 역시 자리도 안 비워 주고 뭐 그래 있으니까 이제 안 되는 거라. 아무 일도 못 하는 거예요. 직인만 있다고 뭐 업무를 수행할 수도 없고. 그러던 중에 그 당시에 정선 경찰서장 홍응수하고 이기택 씨하고는 처남 간인가 그래요. 어떻게 뭐 설득이 된 모양이래요. 그래가지고 그것도 그만 시행을 못 하고 직무대리가 끝났는 거예요. 그 사이에 누가 한 사람 더 있었는지 확실히 그거는 기억을 못하겠는데, 그러고 난 다음에 마지막에 이재기가 직무대리를 다시 했는 거예요.

그렇게 했는데, 이재기가 직무대리 할 적에 그 뭐 여러 가지 문제점이 있었는데. 그래서 어차피 뭐 이렇게 하고 시간도 한 1년을 끌었으니까. 그러면 어쨌든 지구대에서 직무를 봐야 되는데 이것도 아니고 저것도 아니고 아무것도 아니라 이거지. 그런데다가 이재기는 말이지 "나는 광산노조하고는 상관이 없고, 강원도지사가 임명한 지부장인데, 당신들 왜 무슨 이의를 달고 이야기를 하느냐." 이런 아주 건방진 사태라. 그러니까 광노에서도 하다 하다가 안 되니까 다시 직무대리를 줄 적에 이재기보고 "당신, 도로 직무대리를 줄 테니까 그럼 선거를 다시 하고. 얼른 재선거를 실시하고 그렇게 해라." 하고 이제 얘기를 해서, 이재기가 그렇게 하기로 하고 승인을 해서 직무대리를 줬는 건데 직무대리 된 다음에 전에도 안 하던 게 더 안 하죠. 받을 적에 "예. 그렇게 하겠습니다." 했는데 결국 시행이 안 되고 1년이 지나갔는 거예요, 그 세월이.

그래서 아까 그 지부 직인 새긴 거, 이것 때문에 저도 이제 기소될 적에 '인감 위조 및 동 행사'라는 죄목이 하나 들어갔어요. 1심에 검찰이 기소를 한 거 보면은. 그래서 이게 결국 올라가가지고 대법원에서 이 부분이, 그러니까 '인감 위조 동 행사' 부분이 무죄가 된 거예요. 그 부분이 원심 파기가 됐는 거야. 그래가지고 그것 때문에 [하급심으로] 내려와가지고 서울고등법원에서 재판을 받고 집행유예로 나왔는데, 그러니까 어떻게 생각하면은 그 '인감 위조 동 행사'가 없었으면은 3년 그대로 다 살 뻔 했어요. 그런데 그것 때문에 원심 파기가 된 거라. (웃음) 하여튼 뭐 그 도장 새겨가지고 내가 뭐 한 것도 아니고, 새길 적에만 같이 있었어요. 그리고 그다음에 그 사람이 직무대리로 가가지고 승인을 맡았고. 그래 [사북으로] 내려와가지고 그 도장을 쓰지도 않았어요. 아무 데도 쓰지도 않고 그냥 그걸로 끝났거든요. 그렇게 됐는 걸 내게 씌우기를 말이지 '인감 위조 동 행사'로 해가지고. 그 부분이 대법원에서도 보니까 그게 아니거든요. 그러니까 그 부분이 이제 원심 파기가 됐는 거예요. 그래서 사실은 내가 일찍 나올 수는 있었어요, 그걸로. 그게 없었으면 그대로 기각됐을 텐데.

오히려 또 그게.

　전화위복이 될 수가 있었어요.

당시에 광노는 이재기 씨가 물러나야 된다는 입장이었어요? 아니면 그냥 이재기를 놔두자 그런 입장이었어요?

　광노에서는 계속 지부장 직무대리를 바꾸면서 선거를 할라고 그런 거죠. 그러나 광노에서도 어떻게 강제할 방법이 없는 거라. 여기 내려오면 광회나 뭐 전체가 다 같은 굴레로 돌아가니까. 어디 그렇다고 해가지고 경찰보고 이재기 쫓아내 달라고 그러겠어요? 뭐 어떻게 하겠어요. 광노에서도 어쩔 수 없는 말이죠, 사실 뭐 그런 관계에 있었다고. 선거무효가 됐는데 그 자리를 계속 지키고 있으면 말이지, 뭐 어떤 처벌이 있다든가, 뭐 이런 강제할 수 있는 그런 수단도 없는 거고 하니까 광노에서도 어떻게 할 수도 없었는 그런 상황으로 1년을 끌은 거예요.

직무대리가 사북에 내려왔는데도 선거를 바로 실시 못한 이유가 뭔가요?

　사무실을 안 비워 주고 그냥 지부장이 죽치고 앉은 거야. 앉아서 자리를 내놔라 그러면 경찰 부르는 거야. 그럼 뭐 "아이, 왜 그러나. 이게 당신들끼리 해결을 봐야지. 왜 우릴 부르냐?" 하는 식으로 해가지고 오히려 이재기를 감싸고. 그 사람들[경찰]은 그러는 거야. 그러니까 못 하는 거야.

이재기 씨가 지부장을 몇 년 동안 한 거였죠?

　그러니까 초대 적에 하고, 그다음에 조합비 횡령 건이 있어가지고 한 번 징역 갔다 와 그다음에 또 지부장을 해가지고. 고게 이제 재선 전이라고. 79년도가. 그렇게 됐지. 그 조합비 횡령 때문에 갔다 온 사람을 또 불러가지고 지부장 시킨 거야. 한 번 시키고 그다음 두 번째, 이제 또 할라 그러다 된 거라고.

조합비 횡령도 회사하고 관련이 있었던 거예요?

　조합비 횡령은 조합비에서 쓰는 거니까 회사하고는 상관이 없던 거지. 조합비는 몇 프로가 정해졌는데, 그냥 광부들한테서 거두는 조합비니까. 그럼 조합에서 옳게 운영을 해야 하는데 운영을 안 하고 조합비를 착복했다 이거지.

그렇죠. 그런 문제 말고 이재기 씨가 회사하고 혹시 연계가 되었던 건지는 모르죠?

　회사하고 연계 된 거는, 조합비 횡령은 회사하고 연계된 거는 없고. 오히려 지부장이 되게 되면은 하청 덕대권이라든가 뭐 매점 운영권이라든가 이런 데 대해서 이득을 줘요. 그러니까 지부장이 회사가 지시한 것 잘 듣는 대신에 그런 데 대한 어떤 인센티브를 준다고. 그러니까 말을 더 잘 듣지 이제.

다른 광부 분들은 이재기 씨를 어떻게 생각하고 있었어요? 선생님이 처음 동원탄좌 들어가셨을 때도 이재기가 지부장이었던 거예요?

그때는 이재기가 아니었댔어.

아니었어요?

심진구라고, 심진구. 심진구가 회사 얘길 잘 안 듣거든. 그러니까 이재기 나오니까 이재기를 다시 거기 들려서 온 거야.

다른 분들은 이재기 씨에 대해서는 어떻게 생각했어요? 특별히 지부장하고 우리하고 뭐 상관이 없다고 생각했을까요?

다른 사람들은 이제, 저 사건[사북항쟁] 일어나고 나니까, 이게 한 가지만 봐도 알 수 있는 게 뭔가 하면은. 우옛든 뭐 이재기 편도 있을 거 아니에요. 편도 있는데 조합원 숫자는 직영이 3,500명, 그럼 하청까지 다 합친다 그러더라도 한 4,500명 된단 말이야. 신문지상에도 보도가 됐지만은, 그 당시 집회에 모였던 군중이 6,000명이라고. 6,000명 정도라고 신문에. 어차피 6,000명도 넘어요. 그럼 조합원은 직영 조합원으로 봤을 적에 3,500명밖에 안 되는데 어떻게 6,000명이 나와서 투쟁을 했겠느냐 이 얘기라. 이거 한 가지만 보더라도 얼마나 많은 불만이 있고, 어땠으면 이렇게 했겠냐 이거죠. 그 부녀자들도, 광부들 아내들도 다 불평불만이 있는 거예요. 그러나 얘기 못했을 뿐이지. 이렇게 탁 터지니까, 아이고 잘됐다 그러고 다 나온 거예요. 전부 다. 그러니까 그 숫자가 그만큼 되는 거예요, 그게.

아까 선출된 대의원들을 총무과에서 부르기 전에 먼저 빼냈다고 하셨잖아요. 그때 몇 명 정도가 있었어요?

우리가 빼돌린 숫자만 봐가지고는 한 열넷, 열네 명 정도 돼요.

그때 당시로는 과반수가 훨씬 넘었던 거죠?

과반수가 훨씬 넘죠.

열네 명 되는 분들은 다 직영 대의원들만 있었던 거예요?

우리가 포섭해 빼돌린 거는 직영이지 하청은 한 사람도 없어요. 전부 다 직영이지. 그 하청까지 합쳐도 우리가 [지부장 선거에서] 이기게 되어 있었다고.

대의원 숫자가 좀 더해졌는데, 그 사람들은 아마 하청에서 들어왔을 수 있다?

그렇지. 예. 그 사람들 얼굴도 우리도 모르고 하니까.

선거 전에는 대의원들이 뽑히면 모여서 정기적으로 회의를 하거나 하지는 않았어요?

뭐 회의할 때도 있었지. 짜장면 대의원회의라고 해가지고 뭐 있었어. (면담자 웃음) 하여튼 있긴 있었는데, 가면 짜장면 사 주면 그냥 끝이야. (웃음) 그 전에는 나는 대의원이 아니었기 때문에 잘 모르는데, 하여튼 그 보고 회의하면 짜장면 대의원회의 한다고 그랬어. 가면 좋은 것도 안 사 줘. 짜장면 사 주는 모양이라. (면담자, 구술자 함께 웃음) 그래도 뭐 노동절날 되면은 수건 한 개 주는 거, 그것 밖에 없어. 아무것도 없고. 전부 다 다른 건 자기들 다 쓰는 거야.

대의원 숫자가 많아졌을 때 선생님은 약간 이상하다는 눈치를 채셨던 거네요?

그렇죠. 150명당 한 명, 뭐 200명당 한 명 이렇기 때문에 숫자가 정해져 있어요, 그거는. 그러는데 22명 내지 23명이 되어야 맞아요. 그런데 29명이 나왔으니까 이건 안 된 거지. 그렇게 된다면 두 표 차이였을 적에 당락에 절대적인 영향을 미친다는 거다 말이에요. 그러니까 선거 무효가 될 수밖에 없는 거예요. 그러면 광노나 노동청에서도 선거 무효를 시킬 적에는, 이건 부정 대의원이 들어왔다는 것을 인정을 하고 선거 무효를 시키는 거지 그냥 선거무효를 시키는 거 아니거든.

어쨌든 거기서는 선생님의 이의 제기를 받아들인 거네요.

그렇죠.

그만큼 동원탄좌가 중요한 위치였던 거네요? 생산량이 많으니까.

그렇죠. 예. 그러니까 다른 기업주들도 아마 거기에 동조를 해서 그렇게 만들었을지도 몰라요, 그거는. 그래야 자기들도 편하니까.

그렇죠. 이재기 지부장이 1년 동안 버티고 있을 때, 선생님은 '에이 씨, 그냥 말자.' 그런 생각을 혹시 하지는 않으셨어요?

있으니까 나중에는 나도 지치더라고. 그래서 그냥 이래 이래 넘어갈라 그랬는데, 그 임금 인상 적에 하는 거 보고 말이죠, 거기서 탁 분개한 거야, 아주. 그러면서 지부장 선거 무효 된 다음에도, 마지막 가서 직무대리는 이재기가 또 맡았댔어요. 그때도 내가 광노에도 얘기를 했어요. "자, 이게 어차피 지부장 선거도 안 하고 저래 있는데, 지금 조합의 운영 상태도 그렇고, 이제 이 정도가 되면은 앞으로 조합이 어떻게 해야 된다 하는 어떤 설계를 세워야 될 거 아니냐." 그 얘기까지도 또 하고. 그래서 지부장 직무대리를 그렇게 했을 적에도 거의 내가 서명을 하다시피 했어요. 했는데 이게 괘씸하게 말이죠, 거 올라가가지고 아주 사람 개망신 주고 말이죠. 그리고 거 해서는 안 될 짓을 말이지. 전국광산노동조합에 눈이, 몇 백 명이 있는데 그런 짓을 왜 하느냐 이거지. 그 42.75%를 우리가 임금 인상했을 적에도, 그게 최저생계비 기준이에요, 그게요. 지금 임금 인상을 보면 42%면 얼마나 큰 숫잔가 이러지만 그 당시에는 그게 아니라고. 제일 처음에는 탄광이 임금 자체가, 그러니까 한 60년도 말 정도에는 공무원보다 광부들 월급이 많았어. 근데 70년도 에너지 파동이 일어나면서 그때 가가지고부터 광부들을 더 혹사시키면서 일을 많이 하니까 임금을 더 많이 줘야 될 텐데, 공무원보다 월급이 내려갔다고. 그때부터 내려간 거예요.

그래서 이제 40%대의 인상을 요구하게 됐던 거네요?

그렇죠.

그 뒤로도 이재기 씨가 그때 왜 20%로 합의를 해 버렸는지에 대해서는 얘기를 따로 들으시거나 그런 건 없었어요?

그건 모르지요. 또 들은 건 없죠.

지부장은 돈을 많이 받나요?

지부장이 되면은 돈을 별도로 많이 받는 게 아니고, 자기가 근무했을 적에 받던 돈을 받는다고.

똑같이 받고. 감독이면 감독 월급 받는 식으로요?

그렇지. 그 월급을 받는데.

일만 안 하는 거고?

그러니까 조합비가 많다고.

아, 조합비를 운영할 수 있는 권한이 있으니까.

그러니까 광부들은 조합비만 떼이는 거지. 그러니까 노동조합하고는 아무 상관이 없는 거예요. 그냥 억울하게 조합비만 계속 내고 있는 거야. 그러면 이게 조합비를 쓸 데가 잘 없잖아요. 그러면 주로 보면 말이지, 1년이면 하여튼 반 이상은 출장이라. 출장 가면 말이지 뭐 1급 호텔 이런데 있잖아요.

지부장하고 대의원도 출장을 같이 갔나요?

대의원은 안 데리고 댕겼다니까. 대의원은 짜장면 대회라고 짜장면 사주고 끝나는 거라니까 그래. (면담자, 구술자 함께 웃음)

이재기 씨 부인이 생선 장사를 하면서 어렵게 살았다는 기록을 봤는데, 이재기 씨네 가정형편은 좀 어땠나요?

그거는 아마 이재기가 징역 가 있었을 적에, 조합비 횡령으로. 그때 뭐 조금 그렇게 했는데. 하여튼 광부들이 말이지, 제일 희망이 뭐냐 그러면은, '내가 광부를 해 봤기 때문에 내 아들들은 광부를 시키지 않겠다' 그러는 게 가장 큰 희망이야. 그렇기 때문에 누구보다도 이 교육열에 대해서는 말이죠, 광부들이 가장 커. 근데 방법이 없어서 그걸 못 하는 거지. 내 후대는 광부를 안 시켜야 된다. 그러는 게 그 사람들의 살아가는 데 대한, 자식에 대한 희망이라니까요. 그렇게 하는데도 그것을 이행할 수가 없고 못 했던 것은 탄광의 그러한 열악한 조건, 뭐 이런 것 때문에 못했는데. 근데 이제 보면은 우리가 사북민주항쟁이 일어난 다음에, 그때부터 광부 자녀들 장학금 제도가 생겼다고. 그 전까지는 없었어요.

어디서 주는 장학금이에요?

국가에서. 요즘처럼 기업에서 뭐 하고 국가에서 뭐 이래 해가지고 주는, 요새 장학금하고 똑같은 거예요.

자식들 광부 되지 말라고?

되지 말라고 주는 게 아니라, 그 전까지는 장학금 제도가 없었는데 우리 사건이 일어나고 광부 장학금 제도가 생긴 거라고. 그래서 우리는 징역 가서 혜택을 못 받지만, 다른 사람들 공부 잘하면 다 대학교도 갈 수 있었고 그래.

1980년 3월 임금 인상을 위한 상경

80년에 서울 가셨던 말씀 해주세요.

이제 임금 인상 관계 때문에 한 번, 그게 80년도 3월 달인데. 임금 인상 관계 때문에 전국광산노동조합에, 지금 서울 창신동에 있는 그 조합에 전국에 있는 탄광 지부장들 하고, 그다음에 한 지부에서 두 명, 세 명 정도가 올라왔어요.

대의원들하고 지부장들하고?

임금 인상 투쟁하러. 그러니까 거기에 모인 사람 몇 백 명 되죠, 그 전국광산노동조합 회의실에 모인 사람들이. 그래서 그때 42.75% 임금 인상 투쟁을 하고 있는데, 이제 그 창신동 전국광산조합 사무실 안이에요. [임금 인상 투쟁을] 하고 있는데, 이재기도 나도 그때 같이 올라갔어요, 거기에. 지부장 이재기하고, 부지부장 하는 홍금웅하고, 내하고 서이[셋이] 올라간 거예요. 거기서 이제 보니까 이재기가 오후쯤 됐는데 없어졌어. 근데 한참 이따가 보니까 연락이 왔네. 뭔가 하면 "동원탄좌는 임금 인상 타결됐다." 이거야. 20%로. 그러면서 연락이 온 거야. 그래 오니까 전국광산노동조합에 있는 지부장들하고 거 같이 왔던 사람들이 막 야단이 난 거라. 개인 기업체로서는 가장 큰 게 동원탄좌에요, 여기가. 생산량이 많은 순이거든. 그러니까 여기가 가장 큰 덴데, 그런 가장 큰 탄광이 20%로 타결된다 그러면 우리 군소 기업체는 어떻게 하느냐고 야단이 난 거예요. 동원탄좌 놈들 때려죽여라 하면서 야단이 난 거예요. 나는 홍금웅하고 있다가 "우리 갑시다. 여기 있으면 맞아 죽겠어요." 그래서 이제 막차를 타고 내려온 거예요. 이재기는 보지도 못하고, 이재기는 그래 놓고 어디 가고 없어서. 그래 내려와가지고, 도저히 안 되겠다. 이제는 하여튼 사생결단을 걸고 하자. 와서 타협을 한 거예요.

그러고 내가 내려오던 날, 도저히 이래가지고는 할 수 없어. 사실은 지부장 직무대리가 지 맘대로 가서 그렇게 할 수가 없고. 전국광산조합지부장들이 거기 다 모여 있는데 그게 말이 되냐 이 얘기라. 그래서 안 되겠다 무언가는 이제 하자. 그래서 19일 날, 그러니까 4월 19일 날 예비군 훈련이 있었어요. 그때 이재기가 뭐 연사로 나와가지고, 예비군 훈련하는데 거기에서 말하기로는 "나는 강원도지사가 임명한 지부장이기 때문에 당신들 암만 그래도 난 못 나간다." 이렇게 된 거야. 내가 순서가 조금 바뀌어졌네, 이게. 순서가 좀 바뀌었어요. 순서대로 다시 얘기하면은, 이제 그 20% 임금 인상 된 다음에 내려왔잖아요. 내려온 다음에 여기[사북에] 와서 몇 사람이 모였어요. 이래가지고 안 되니까, 도저히 이렇게 둘 수 없으니까 전국광산노동조합에 올라가가지고, 하여튼 저 광노를 부수든지 어떻게 하든지 결단을 내자.

그래서 4월에 다시 서울에 있는 광노에 20여 명이 함께 올라가셨잖아요.

예, 28명.

선생님은 왜 그때 같이 올라가지 않으셨어요?

난 올라갔죠.

같이 올라가셨어요? 그때 신경 씨하고 최돈혁 씨 등 여러분 같이 올라갈 때 선생님도 같이 가셨어요?

예. 같이 올라갔죠. 같이 올라간 게 사실은 "이제 이래서는 안 된다. 우리가 이제는 어떤 방법을 강구해야 되지 이래가지고 도저히 안 된다. 그리고 이재기가 저런 임금 인상 문제도 아주 불합리적으로 이렇게 하고 말이지, 하는데 이거는 도저히 더 있을 수 없다. 우리가 지금까지 이렇게 투쟁을 한 것은, 요게 잠잠해지면 우리 전부 다 해고될지도 모른다. 그러니까 이제 뭐 죽기 살기로 생사를 내놓고 하자." 뭐 동원탄좌 떠날 생각, 각오를 해야 되는 거지. 지금은 방법이 없는 거라. 그래가지고 광산노조에 28명이 같이 올라갔을 적에도 제가 주장을 해서 올라간 거예요. 신경이하고 해가지고. 저녁에 출발할라 그랬는데 형사들이 어떻게 이 정보를 알았어. 이제 사북역이고, 사북역 다음이 정선역이다 말이에요. 우리가 전부 다 사북역에서 안 타고 정선역에서, 한 역 비켜서 거기서 타고 가기로 했어요. 형사들이 어떻게 알고, 그 사람들도 일찍 안 게 아니라 우리가 출발할 쯤에 알았어요. 그래가지고 형사들이 쭉 온 거라. 그런데 뭐 와 봤자 "기차 타고 어데 가나?" 그러면 "광노 올라간다. 투쟁하러 간다." 그렇게 되니까. 이제 그때 형사들도 알은 거예요. 우리는 뭐 그 차 타고 올라가고 이렇게 됐죠. 그래 새벽쯤에 도착했[는데] 창신동 가서 여관을 얻어가지고 거기서 이제 우리가 얘기할 거, 저기 할 거, 광노 가서 뭐 어떻게 얘기할 거, 뭐 할 거 해가지고 얘기를 한 다음에.

이제 내가 직접적으로 광노를 같이 들어갈라니까 조금 거리끼드라고. 꺼림칙했어. 그래서 신경이를 이제 "니가 와서 총지휘를 하고 이렇게 해라." 그렇게 하고 나는 사실 안 들어갔어요, 광노를. 광노에 그 당시 있었던 사람들이 거의 대한석공에 있던 사람들이에요. 그 당시 광노 위원장 최정섭 씨도 대한석공 장성광업소 근무하던 사람이래요. 그 사람이 광노 위원장인데, 그리고 이제 아는 사람들도 많이 있고 해서. 그 당시 조직국장 한완수도 학교를 내보다 한 해 선배예요. 그래 조직국장하고 있었고. 여러 사람 있는데 내가 들어갈라니까 좀 그렇더라고. 그러니까 내가 안 들어간다. 그러니까 가서 이런 부분을 얘기하고 이렇게, 이렇게 해라 각본만 짜 주고 난 바깥에 있었어요. 그래가지고 들어가서 그 사람들도 투쟁하고. 뭐 첫째는 이제 지부장 선거를 빨리 하라는 거 하고, 그 다음에 불합리적으로 임금 인상 20% 한 거, 이것을 재조정하는 걸로. 이걸 무효화하고 재조정하는 걸로 해 달라 하는 거 하고, 이제 뭐 그런 거죠.

그때 가셨던 대의원은 몇 분 정도 되셨어요?

대의원은 신경이하고 내하고 아마 그렇게 둘밖에 없는 것 같은데. 그렇게 기억해요.

다른 분들은 그냥 조합원.

예, 예. 조합원이지.

신경 선생님이 그거를 규합하는 것도 회사에서 알면 안 되는 거잖아요.

그렇죠. 안 되죠.

경찰에서도 광노로 올라간다는 걸 알고 있었는데, 왜 신경 선생님만 잡혀가고 다른 분들은 잡혀가지 않았어요?

잡혀간 거는 그렇게 됐는 게 아니고. 여서 올라간 사람들이 한 32명인가, 32명이 전국광산노동조합에 올라갔어. 지부장 선거를 빨리 해라. 그리고 광노에서 이거 책임 못 지게 되면 말이지 우리는 여기서 안 내려가고 계속 투쟁할 것이고, 광노가 어떻게 되더라도 우리들 원망하지 마라. 하여튼 이런 식으로 투쟁을 계속했어요. 그러다 보니까 이제 우리가 올라왔다는 소리를 듣고 부지부장 홍금웅이를 광노로 올려 보냈어요. 올라와가지고 "내려가서 선거도 다시 하고, 임금 인상 문제도 다 우리가 협의를 해서 할 테니까 내려가자." 그래가지고 그때 아마 내려가서 그렇게 하겠다고 광노에서 각서를 썼는가 아마 뭐 이렇게 됐을 거예요. "좋다. 내려간다." 그래가지고 이제 사람들이 다 내려왔어요. 나는 일단 여기에서 하루 좀 더 알아보고 내려갈 테니까. 내려가라고. 그래서 다들 미리 내려간 거예요.

그날 내려왔는데, 그 다음날이 예비군 훈련 날인가 그랬어요. 예비군 훈련이 있던 날 강사로 나온 이재기가 있다가 "당신들 말이지, 광노 가서 떠들고 그런 모양인데 나는 강원도지사가 임명한 지부장이니까 나는 못 나간다." 뭐 이렇게 됐는 모양이라요. 그때 내 혼자 서울에 있었댔어요.

미리 내려온 사람들이 예비군 훈련 갔다가 거기서 시비가 붙은 거라, 이 재기하고. 강원도지사가 임명한 지부장이 어디 있느냐. 지부장은 광부들이 뽑아야 지부장이 되는 거지 무슨 놈의 임명하면 되냔 말이지. 그러다 보니까 소리를 막 지르고 야단났을 거야. 광노 같이 올라갔던 사람들도 그중에 몇 사람이 껴있었어요. 그러니까 그 자리에. 그래서 이제 야단이 나니까 이재기가 경찰한테 연락을 한 거라. 신변보호식으로. 그러니까 경찰이 올라와가지고 그 사람들 다 잡아간 거야. 신경이하고 다 잡아간 거야. 잡아갔는데 그중에서 가장 떠드는 게 신경이니까 신경이를 지서에 잡아 놓고. 다른 사람들도 맨 그 떠드는 사람들 지서에 다 잡혔어요. 그러니까 이제 예비군 훈련 받다 나온 사람들이 신경이 잡히니까 와 따라간 거예요, 그게. 그러니까 한 백여 명서부터 나중엔 한 삼사백 명 이 정도까지. 이제 날이 어둑할 적인데, 나도 한 7시 경쯤 돼서 서울서 내려왔거든요. 나는 잡혀간지 뭔지는 인제 모르고 그래 역에 도착하니까 신경이가 뭐 잡혀가 있다 이런 얘기에요.

선생님은 왜 하루 늦게 내려오셨어요?

나는 사실 그 광노 위원장하고 들어가서 개인적으로 이야기도 좀 하고. 뭐 이래가지고 되느냐, 빨리 좀 이렇게 해 주고 하라. 뭐 이런 얘기도 하고 그랬는데. 그 당시에 광노 위원장이 사실은 우리 학교, 태백 나온 사람이에요. 태백 1회인가 그래요. 우리가 8회고. 그래서 뭐 그런 관계도 있고. 그래 들어가서 내가 개인적으로 그런 얘기도 하고. 그래서 하여튼 뭐, 이제 광노 위원장 얘기도 그거예요. 요번에는 재선거를 꼭 한다고. 그러니까 요번에는 될 거다. 그래 일단 지켜보고, 그다음에 다른 문제를 다르게 논의를 해 보자는 식으로. 일단은 추이를 보자는 식으로 얘기가 됐어요. 그래가지고 내가 그날 저녁때 내려간 거라. 그래 이제 내려오니까 잡혀 있다 그래요. 그래서 지서에 갔지요.

지부하고 광노의 관계가 상급기관처럼 지시할 수 있는 권한은 없었던 거죠?

아뇨, 광노 산하에 있죠.

지부장을 해임하거나 할 수는 없고, 연합회잖아요? 여러 지역의 광산노조가 연합해서 만들어진.

그렇죠.

그 연합회에서 같이 회의할 수 있는 권한을 지부장한테 주는 거죠. 그래서 지부장이 뽑히면 그 지부장을 인정할지 말지에 대해서만 광노가 권한을 가지고 있는 거죠?

그러니까 우리가 예를 들어서 선거 무효 이의 신청을 할라면은 광노에다 해요. 전국광산노동조합에다가 하는데. 거기에서도 일단은 회의를 해요. 회의를 해가지고 이거는 선거를 무효할 정도에 해당이 된다 그러면은 거기서 결정을 하는 게 아니고 노동청에다 올려요. 노동청에다 이렇게 됐는데, 이거는 선거 무효 사유에 해당되느냐 노동청에다 물어요. 그럼 노동청은 국가 기관 아니에요? 노동청에서 이거는 선거 무효에 해당된다 하고, 노동청에 질의를 해서 회신을 받아가지고 그다음에 선거 무효를 시켜요.

잠깐 정리하면 이 체계에서는 노동조합이 있고, 이 노동조합의 대의원과 위원장을 뽑을 권리는 노동자들한테 있고. 그것을 관리하는 거는 노동청이고. 이 노동조합들을 연합회 일원으로 임명하는 거는 광노. 광노에서는 노동조합장을 인정하는 게 아니라 연합회의 일원으로 인정하는 이런 관계에서….

그러니까 전국광산노동조합 위원장은, 전국광산노동조합 지부에 있는 지부장들이 선거를 해요. 지부장들이 선거를 해서 광노 위원장을 선거한다고.

예예. 그러면 각 지부장이 있고, 광노에는 위원장이나 부위원장 같은 광노 간부들이 있잖아요. 그 사람하고 사이가 좀 원만해야 운영이 잘될 수가 있는 거네요?

그렇죠. 대체적으로 광노 위원장 선거를 하게 되면 전국의 지부장들이 모여가지고 선거를 하는데. 그 지부장 모인 사람들 표를 많이 따야 이제 광노 위원장이 되니까. 역시 뭐 그런 관계는 우옛든 각 지부에서 광노를 비꼬아가지고 좋은 일은 없어요. 뭐 여러 가지 불편한 사항이 많아. 그러니까 광노 얘기를 잘 듣게 돼 있어.

선생님은 당일에 안 내려오시고 그 위원장님들과 개인적으로 만났다고 하셨는데, 혹시 광노 측에서는 선생님이 지부장 하시기를 바랐나요? 어떻게 느끼셨어요?

광노로 봤을 적에는 노동청 질의 회신을 받아가지고 선거가 무효화 됐으니까 우옛든 지부장 선거를 해야 될 거 아니에요? 그러니까 이게 지금 사고 지부로 남아 있는 거라. 계속 사고 지부로 남아 있는 거 아니에요. 그러니까 우옛든 이제 선거 무효가 됐으니까, 선거를 하면은 이원갑이가 되게끔 돼 있다 그런 것은 확실한 거예요. 선거만 다시 하면은.

◇ ◇ ◇
회사 측의 회유 전략

광노 입장에서는 지부장 재선거를 하면 이원갑이 지부장에 당선될 거라고 생각했던 거네요?

그렇죠. 우리가 진정서를 받아가지고, 우리 조합원이 3,500명인데 2,800명의 진정서를 받았어요. 그니까 지금까지 선거는 간선으로 했는 거라. 간선은 대의원 가지고 선거를 했다 이거지. 직접 선거를 해 달라. 그래가지고 직접 선거 승인까지 받았어요, 우리가. 직접 선거 승인을 받았는데, 지금 선거하면 직접 선거가 되게끔 되어 있는 거예요. 그 승인을 받았기 때문에 선거를 다시 한다 그러면 직접 선거해야 한다고. 그럼 광부들이 전체 선거하거든요? 광부들이 선거를 하게 되면은, 뭐 가만히 있어도 이원갑이 되는 거예요. 대의원으로 하게 되면은 수를 부릴 수가 있지만은 광부들이 선거하면 이건 꾀를 부릴 수가, 수를 쓸 수가 없어요.

그 진정서 받는 것도 쉬운 일이 아니었을 텐데, 그것도 선생님이 직접 나서서 하셨어요? 아니면 다른 조합원들이 나서서 한 건가요?

같이 했던 사람들이 한 20명 정도 돼요. 처음부터 같이 모여가지고 이렇게 해야 되겠다 하는 그런 팀이 있었는데, 그 팀이 계속 다 하는 거예요.

그럼 그 팀이 서울에 있는 광노 올라갈 때도 같은 분들이었겠네요. 이제 좀 판을 바꿔야 된다, 지부 판을 바꾸자 하는 분들이 모여 있었던 거였네요.

그 당시 대의원이 한 셋, 박근식이라고 그 사람도 대의원 됐는데. 그 사람도 같이 올라갔으니까 서이쯤 되네요. 광노 위원들.

그러다 보니까 다음날 예비군 훈련을 할 때도 농성 같은 걸 계속 하고 계셨던 거였어요?

그러니까 이재기가 나와 가지고, 선거 관계 대해서 뭔 얘기가 나왔겠지. 나는 거기 참석 안 했으니까 모르는데. 거기서 이제 뭐 지부장 선거 같이 안 한다고 얘기하니까, 어제 "홍금웅이 [서울] 올라와가지고 한다고 그랬는데 왜 안하느냐."고 하니까 이제 서로 시비가 됐겠죠.

그때 선생님은 회사나 노조에서 어떤 직함을 갖고 계셨어요?

나는 그 당시에, 자기들이[회사에서] 이건 행한[해 놓은] 거야. 내가 좀 이래 얘기하고 떠들 수 없게끔 어떻게 해 났냐 그러면, 나를 지도위원으로 한 거야. 제일 처음 선거 무효 된 다음에 지도위원으로 뭐 해 준다 이런 얘기가 있었어요. 그러더만 자기들이 지도위원으로 만들어 놨어. 나는 뭐 가지도 않는데. 지도위원으로 만들어 놓게 되면은 회사에서 급여를 줘야 돼요. 그러니까 나는 나와서는 맘대로 움직이고 댕기는 거야, 이제. 왜 그러냐 그러면은 지도위원을 저들이 삭제하기 전까지는 회사에서 월급을 줘야 된다 말이에요. 그러니까 난 활동하긴 좋은 거야. (웃음)

대의원이 아니고 지도위원이 되신 건가요?

아니지. 대의원으로서 지도위원.

아. 그 지도위원을 맡은 분은 또 없었나요?

없어요. 지도위원이라는 게 역사상 없던 거예요. 처음 만든 거예요, 그게.

약간 선생님을 회유하려고 했던 거네요?

그렇죠. 예.

회사에서 직접 임명한 건가요?

이재기하고 뭐 회사하고는 얘기가 됐겠죠. 왠가 그러면은 회사에서 월급을 줘야 되는데, 일을 안 시키고 월급 줘야 되는데. 그러니까.

선생님은 그 지도위원이 되시면서는 활동할 수 있는 게 조금 자유로워지셨던 거겠네요? 월급을 받으시니까.

그렇죠. 내가 활동하면 아주 다 힘이죠. (면담자, 구술자 웃음)

그때 회사에서도 뭔가 여러 가지 방법을 찾으려고 했었던 건가요?

그렇죠. 그때 뭐 회사에서는 얘기가 많았어요. "계장을 시켜 준다. 계장을 시켜 줄 테니까 이제 고만해라." 뭐 이런 것도 있었고. 하여튼 여러 가지 회유하는 게 회사에서 있었어요.

마음이 흔들리지는 않으셨어요? '계장 하면 좋을 텐데. 눈 살짝 감기만 하면' 하는. 아니면 동료들과의 의리 때문에 그런 생각은 안 들던가요?

의리라는 것보다도, 이제 회사에서 "계장을 시켜 줄 테니까 고만 끝을 내라." 하고 얘기를 하지만 그 많은 사람들이 다 쳐다보고 있는데 거기에서 내가 그런 짓을 할 수가 없잖아요. 그리고 또 내가 여기에서 생각을 했던 게 뭔가 그러면, 어용노조라는 것 우옛든 바꿔야 동원탄좌에 변화가 온다. 동원탄좌 변화뿐 아니라 나아가서 다른 개인 탄광들도 전부 다 달라질 것이다. 이짝이 좋게 되면 저쪽도 본 볼 거 아녜요. 그런 생각을 가졌기 때문에 이걸 바꾸기 전에는 내가 어떻게 마음을 바꿀 수도 없었고. 그리고 또 많은 광부들이 전부 다 나만 쳐다보고 있는데, 내가 배신을 할 수가 없잖아요.

회사에서 얘기하는 계장 시켜 준다는 건 승진하는 셈인 거잖아요?

그렇죠. 한 단계 승진하는 거지.

그거를 받아들이게 되면, 어떻게 보면 회사 측 입장하고 더 가까워진다고 받아들이셨던 건가요?

그렇죠. 뭐 계장을 하게 되면 조합원 자격도 없어지는 거고, 다 없어지는 거죠. 감독까지도 [자격이] 안 되는 걸 억지로 만들어 놨는데. 감독 이상 되게 되면은 조합원 자격이 없었거든요.

4. 사북항쟁 발발과 고문 피해

◇ ◈ ◇
1980년 4월 18일 예비군훈련장 소요와 21일 집회 허가

좀 전에 얘기하셨던 예비군훈련장은 직장 내 예비군훈련장인 거죠?

그렇죠.

젊은 사람들, 예비군들이 모이는 훈련장일 테고. 근데 왜 이재기 씨가 와서 얘기를 하죠?

그때 내가 없었기 때문에 확실한 얘기를 모르는데. 하여튼 예비군훈련을 하게 되면은, 여기는 사람이 많기 때문에 예비군연대를 했다고, 연대. 동원탄좌 예비군연대. 그래서 사람이 많아요. 예비군 인원이 많은데, 그 사람들이 오게 되면은 뭐 회사에 대한 사정이라든가 특강 비슷한 식으로 연설하는 게 있어요. 어떤 과장이 나온다든가. 그런데 저길 보게 되면은, 여기 또 있는 게 있어요.[2] 이게 그 지역발전연구소에서 만들어낸 건데, 잘못된 문항도 많이 있는데. 일자별로 보게 되면은 여기 그 부분이 나온다고. 4월 15일 날 이원갑, 신경 등 25명이 전국광산노동조합에 항의하기 위해서 상경을 했다. 그 다음날, 그러니까 우리가 밤에 올라갔으니까 16일 날 광산노동조합 위원장실을 점거하고 지부장 선거 재선거를 요구하며 계속 농성하고 이래 했다. 그 다음날 9시 30분에 농성단이 재차 광노에서 할 적에, 사북광업소 현장에서 대화하기로 했다는 게 나오고 그 다음에 이제 틀린 게 있어요. 지역발전연구소서 만든 그건데. 여기 보면 4월 18일 날 말이야. 4월 18일 날 14시, 2시단 말이야. "이원갑 등 광부 50

---

2 정선지역발전연구소, 『1980년 4월 사북』, 2000.

여 명과 지부장 대화 시작." 이제 이게 아니라고. 나는 그때 없었단 말이야. 신경이가 있었다고. 이게 예비군 훈련 날이라. 4월 18일 날이. 이래가지고 14시에서 17시 돼서 결렬되니까 이재기 지부장이 사북지서에 신변보호를 요청하고, 사북지서에서 계엄령하에서 불법 집회다 해가지고 막 이래 해서 했던 거예요. 이게. 그리고 틀린 게 좀 몇 개 있어. 똑바로 고칠 게 그 뒤에도 많이 있더라고.

이때쯤이면 회사나 이재기 씨도 분위기가 심상치 않다는 건 알고 있었던 거네요. 뭔가 터질지도 모른다고.

그렇지. 이재기는 항상 불안한 거죠.

이때까지는 경찰들도 회유를 한다거나 하는 적극적인 방안을 고민하기보다는 그저 세게 나가면 다들 흩어질 거라고 생각했던 것 같아요.

그치. 이재기는 그냥, 관에서는 뭐 적극적으로 자기를 지지하고 있으니까. 노조 맹비[조합비] 가지고 다른 데 이렇게 출장비 주고 뭐하고 뭐하고 하니까, 돈은 있잖아요. 그러니까 다 회유되고. 또 국가에서 그 당시로 봤을 적에는, 탄만 많이 캐면은 전부 다 기업주 편이니까. 기업주도 정부하고 같이 이렇게 되어 있으니까. 그래가 노동조합이 광부 편이 돼야 되는데 노동조합이 기업주 편이니까. 이건 뭐 일사천리로 그냥 그대로 넘어가고 계속 유지하는 거예요.

아침에 예비군훈련장에서 사건이 벌어지고, 사북으로 돌아오셨더니 이제 신경 씨가 잡혀갔다는 얘기를 들으셨던 거예요?

그렇지. 내가 그 자리에 있었다고 그러는데 나는 없었고. 내가 있었으면 내가 잡혀갔지, 신경이 잡혀갔거든. 그리고 이제 신경이 석방하라 하고 말이지, 경찰서 막 때려 부순다고 하지. 지서 때려 부순다고 야단이 난 거예요. 그때 내가 내려온 거예요, 서울서. 그날 저녁에 내려오니까 역 앞에 사람들이 왔어. 야단이 났다. 신경이 잡혀 있고 말이지. 광부들 한 백여 명 모여 있어요. 깜깜한데. 밤인데.

그때 바로 지서로 가서 서장 만나셨어요?

그렇죠. 들어가가지고 지서장보고 얘기를 했죠. 가니까, 신경이만 붙들어다가 논 거예요. 그래서 내가 가가지고 지서장보고 얘기를 했지. 신경이를 잡아 놓으면 뭐하느냐 이거야. 근데 불법 집회다 이거야. 그것은 계엄하이니까 모여 있는 자체가 불법 집회라고 해가지고 붙들어 놓은 거예요, 지금. 그러면, 불법 집회면은, 그럼 대화를 하자고. 광노 갔다 왔다고 신경이를 잡아 놓는다 그러면, 여 32명 우리 갔다 왔는데 그 사람들 다 잡아 놓든지 해야 되지. 그러면 예비군 훈련하는 데서 시비가 붙어서 했다 그러는데, 상대 이재기는 안 잡아 놓고 왜 신경이만 잡아 놨느냐 이거야. 말이 안 되는 얘기 아니냐 이거지. 그러고 이제 바깥에 사람들이 한 100명 넘고 나중에 저녁때쯤 돼서는 한 300명 정도 됐어요. 한 이삼백 명 됐어. 그러니까 바깥에서 막 소리를 자꾸, 이제 충동질하는 거죠. 그래야 뭐 일이 해결되니까.

밤은 어두워져, 바깥에서 "와와"는 하지, 막 돌 들고 말이지. 타당, 타당 들어오고 막 이러니까. 그래서 이제 결국 "신경이를 석방해 주고, 석방만 해 주는 게 아니라 어제 오늘 대화를 못 했으니까 대화할 수 있는 시간과 장소를 만들어 줘야 될 거 아니냐. 그래야 되지, 뭐 그냥 신경이가 부른다고 이 사람들 다 가겠느냐?" 이거지. "대화를 하다가 말았는데, 그럼 대화를 끝낼 수 있게끔 대화의 장소를 마련해 줘야 할 거 아니냐." 결국 이제 그렇게 해 주겠다. 그때가 계엄하이기 때문에 계엄사령부에서 집회 허가를 맡아야 돼요. 4월 21일 날 오후 2시로 한다는 게, 그날 딱 못을 박아서 지서장이 얘기를 한 거라. 그랬는데 이제 우리는 말로만 말이지, 그래 오후 2시에 해 준다고 해가지고, [말로만 하는 것은] 우린 못 믿겠다. 지서장이 그럼 꼭 그렇게 이행하겠다고 각서를 써 달라. 그 당시 지서장이 어윤철인데, 그 어윤철 거[이름으로] 된 각서를 받았어요. 4월 21일 날 오후 2시, 시간까지 정해서 오후 2시에 집회 허가를 책임지고 내주겠다 해가지고 이제 바깥에 나와서 다 해산이 된 거예요.

각서는 지금 없어졌지요?

　각서는 없어졌죠.

각서 받은 후에 밤에 해산하고. 그 다음날에 다시 항의농성이 있었던 걸로 지금 기록이 돼있는데요.

　이 날짜별로 보면 모르겠는데, 집회허가를 내준다고 하고는 농성을 한 적이 없어요. 그래가지고 4월 21일 날 모인 거야. 거 4월 21일 날 이렇게 이렇게 하자, 이런 작전을 짜져 있는 거지. 그때만 해도 우리는 폭력적인 어떤 시위를 할라고 그런 생각을 안 한 거예요, 사실.

그때 요구사항은 지부장 선거를 빨리 다시 하자는 거였나요?

　그때는 이제 종합적인 게 나온 거지. 지부장 선거 빨리 하고, 그다음에 안전시설 문제, 복지후생 문제. 그다음에 임금 문제, 상여금 문제. 이런 게 많았지. 그걸 가지고 모였는데, 이제 4월 21일 날 사람들이 가니까, 전투경찰들만 쫙 포위를 하고 있고. 그러니까 사람들은 못 오게 하는 거예요. 왜 못 오게 하느냐 그러니까 집회 허가가 보류됐다 이 얘기라. 나중에 알고 보니까 말이죠, 집회 할 수 있게끔 허가를 내준다는 걸 지서장이 오히려 내주지 말라고. 책에 보면 써져 있어요. 그게 하지 말라 그랬다고 그래요. 그래서 거기서 뭐 사람들이 하나 둘 모이기 시작하고, 퇴근하는 사람들 오고 뭐 이러다 보니까 사람들이 한 1,000명 정도 이래 많이 모였어요. 그런데 거기서 형사들이 와서 뭐 이래 막 동향 살피고 있었는데, 그런 사람을 보고 당신 여기 뭐 하러 왔느냐 광부하고 시비가 된 거예요. 그러니까 사람들 말이지, 막 "야, 저 새끼 죽여라." 사람들 많으면 군중적인, 대중심리가 그렇잖아요. 그러니까 이게 도망을 와가지고 지프차를 타고 갈라고 그러니까 앞에서 광부들이 막는 거예요. 못 가게. 그러니까 그거 치고 갔다는 게 인쟈 폭력적인 발단이라, 그게.

◇ ◈ ◇
항쟁의 전개

21일에 모였을 당시에, 회사 안에 귀빈실 같은 데가 있어서 거기를 먼저 들어갔다는 얘기도 있던데. 혹시 알고 계세요?

그러니까 4월 21일 날 오후 2시에 집회 허가를 내 준다 그러니까, 집회 허가 났겠지 하고 우리 다 올라간 거야. 그 전에, 이제 줄기로 얘기하면은 우리가 원하는 조건이 달성 될 때까지 무기한 투쟁을 하는 거다. 그리고 우리가 대책을 세웠댔다고. 우리가 밤에 말이지, 있다가 보면은 사람들이 술을 한 잔 마실 수도 있고. 며칠을 견디다 보면 또 기물이 파손된다거나 여러 가지 있을 수가 있는데. 유리창이 한두 장 깨지는 건 몰라도, 그러다가 방화를 한다거나. 예를 들어 그런 사태가, 사람이 많으면 어떻게 될지 모르니까. 거기에 대해서 우리가 사전에 얘기할 수 있는 그런 조도 짰다고. 오래 투쟁할 거 생각하고 그런 거를 예방할 수 있는 사람들도 이래 이래 다 짰는 거예요. 그래가지고 이제 4월 21일 날 하나 둘 씩 모이기 시작해가지고 했는데. 그 사건이 일어나고, 그러니까 경찰차가 사람을 쳐가지고 말이죠. 이제 그 다음에 알게 됐는데, 그 오후 2시에 집회 허가를 내준다고 그래 놓고는 올라가니까 전투경찰들 300명이 노동조합을 쫙 둘러싸고 있고. 그러고 있는 것은 눈에 보이잖아요.

그런데 사건이 이제 폭력적으로 발발하자 얘기한 그 뭐야, 귀빈실이라고 안 그러고 뭐 하여튼 그 귀빈 영접하는 곳이야. 이제 장성경찰서장도 거기 있었고, 중앙정보부 요원도 와 있었고. 또 거기 모여 있는 사람이 우리 재판 1심 판결문에 보면 나와요. 그게. 그래 그 사람들이 있는 데 가서 먹살을 잡고 말이지, 귓방망이를 때리고 이랬다. 이렇게 나오는데. 그럼 그 사람들은 하마[벌써] 그 오후 2시에 무슨 일이 일어날 걸 가상을 하고 있었던 거죠. 장성경찰서장이 여기 뭐 하러 와요, 여기에. 태백에 있는 사람이, 경찰서장이. 그다음에 뭐 정선경찰서에 있는 사람들, 이런 사람들이 와서 회사에 그 귀빈실에 와가지고 대기하고 있었는 거야. 그러면 자기들도 짐작은 했다는 얘기에요. 그게. 그렇게 했을 적에는.

아까 선생님 장기 농성으로도 갈 수 있다고 생각했다 하셨잖아요.

그건 계획을 그렇게 짰는 거예요. 이제는 우리가 마지막 투쟁이라. 이렇게 사느니 차라리 죽는다는 각오를 가지고, 이제부터 투쟁을 하자. 그렇게 됐던 거예요.

그때도 여전히 그 20여 명, 서울 광노에 가셨던 분들이 주축이 되었던 거예요?

그렇죠, 주축은 그렇게 됐는 거죠.

그러면 투쟁 장소는 정확히 어디였어요?

그건 뭐 노동조합 사무실이지. 노동조합 앞에서 하기로 했어.

조합 앞에서? 그럼 필요한 것들이 좀 있었을 거 아니에요. 장기 농성을 계획한다고 하면 필요한 물품도 많고. 적어도 마실 물이나 먹을 거라도 좀 있어야 될 텐데. 그런 것도 준비가 되어 있었던 건가요?

그런 것은 우리가 장기적으로 할 거를 계획했을 적에 어떻게 했냐 그러면은, 전체적으로 상황을 봐서 A, B, C 3개 조로 나누자. 그래가지고 이제 한 팀이 갔다 오면은 3분의 1이 빠지게 되잖아요. 사람 모인 중에 3분의 1이 빠졌다가 다시 오면은 한 조가 나가고, 또 한 조가 나가면 이짝 조가 나오고 이런 식으로 이제 충당을 하자. 일단 계획을 그렇게 짰는 거예요.

일은 계속 나가면서요?

　아, 일은 안 나가고.

그럼 나간다는 건 무슨 의미예요?

　총파업은 시작되는 거고.

집에서 쉬고 온다는 말인 거예요?

　아니, 식사를 해야 될 거 아니여. 그 많은 사람을 우리가 식사를 댈 수가 없잖아요. 며칠을 두고.

집에 가서 밥 먹고 오고, 몇 시까지 오고 이렇게? 농성하는 곳에다가 먹을 걸 쟁여 놓거나 이런 거는 아니네요?

　그쵸. 음료수라든가 이런 거야 준비를 할 수 있지만은 식사를 그 많은 사람을 대접을 할 수는 없잖아요. 그리고 전부 다가 같이 앉아서 그럴 수는 없으니까.

아, 그러니까 돌아가면서 식사 같은 걸 해결하고 들어와라 이렇게 되는 거네요?

　밤낮으로 계속. 이제 뭐 잠도 거기서 자고 배길 판인데.

그러니까요. 그때도 체계가 잡혀 있었네요.

　그러죠, 그런 것도 하고. 그다음에 사람들이 그렇게 모이니까 이제 주민들한테 피해 안 가야 될 거 아니에요, 첫째는. 주민들이 피해가 가게 되면은 우리가 투쟁하고 있는 이 의미 자체가 좀 희석될 거 아니에요. 그러기 때문에 주민들이 피해가 안 가야 되니까, 자치방범대라 그래가지고 우리가 사람을 인제 이렇게 조를 또 짰어. [조를] 짜 가지고 니는 시내 쪽, 니는 저쪽, 사택 쪽 뭐 이렇게 다 해가지고. 시민들한테 피해가 안 가게끔 했다고.

그것도 자체적으로 조를 짜 만들어 가지고 한 거네요?

　그래, 주민들이 이제 피해가 가면 안 되니까.

A, B, C로 나눈 조의 전체 규모가 어느 정도 됐었던 거예요?

이제 우리 생각으로는 이렇게 투쟁을 하게 되면은 아마 반은 나올 거다 이렇게 생각했거든요. 반이다 그러면은 한 1,500명 내지 한 1,600에서 1,700명 정도에서, 하여튼 1,500에서 1,800 고 사이에 있는 거라. 반이 나올 줄 알았단 말이에요. 그렇게 되면은 이제 뭐 한 500명씩 빠졌다[고 해도] 1,000명은 계속 있고, 이래 교대를 할 수 있거든요.

그렇죠. 계획상으로는.

할 수가 있는데, 나중에 투쟁을 하고 보니까 말이죠. 이건 뭐 사람이 4,000명, 5,000명이 되는 거라. 그러니까 또 그렇게 할 수가 없는 거예요, 이제는. 나중에 보니까. 처음 생각은 그렇게 핸 거야. 사람이 와 봤자 한 1,500명 정도는 될 거다. 이렇게 봤는데, 의외로 사람들이 모인 게 막 4,000명, 5,000명, 6,000명 막 이렇게 되니까. 이건 그 계획조차도 감당 못한 게 나중에는.

처음에 계획이 짜여 있었을 때는 선생님이 앞에 나가서 뭔가 설명을 해야 되잖아요. 그런 거는 어떤 방식으로 이루어졌었어요?

그냥 뭐 단상도 없고. 그냥 뭐 판자 붙은 거, 이런 거 우에 서가지고 얘기하는 이런 방법밖에 없는 거예요.

그때도 뭔가 다독이는 말이라든가, 우리가 지금 파업을 왜 하는가에 대해서 선생님께서 좀 말씀을 하셨어요?

그렇죠. 그리고 내가 얘기도 하지만은, 사람들이 자기들이 겪은 일이니까 더 잘 알아요. 막 이제 그 투쟁을 하다 보니까 부인들도 다 나오는 거야. 전부 다. 자기 남편 나왔으니까 나왔겠지. 그러니까 부인들도 사실 어렵게 살고 우리가 고생한다는 걸 스스로 알아요. 그러니까 스스로 동참을 하는 거라, 이제. 누가 나오라 나오라 하기 이전에 스스로 나오는 거예요. 그래서 투쟁을 하니까 지금까지 쌓였던, 말도 못하고 그 쌓였던 한이 말이죠. 응어리 졌던 게 많이 풀리니까 기분도 좋고, 이제.

다 같이 모여 있고 그러니까.

　우리가 이렇게 하는 게 참 옳은 거다. 언젠가는 해야 되는데, 이제 하는구나 하는 심정에서 말이죠. 사람들 전부 다 스스로 동조하는 거예요. 제일 처음에 하는 주된 멤버들이야 뭐 한 20명 정도에서 이래 이래 하지만, 그 사람들이 각 개소별로 이렇게 있으니 연락은 서로 되는 거예요. 그렇지만은 사람들이 그렇게 많이 동조할 줄은 우린 생각을 못 했는 거라. 한 1,500명 정도는 될 것이다 이렇게 봤는데. 나중에 보니 4,000~5,000명 되니까. 예상외로 사람이 많기 때문에 나중에는 감당이 안 됐다고.

그리고 또 부인들 중에서도 반상회하는 분들 계셨었잖아요.

　그거는 광부들 사택촌에 부인회장이 있다고. 바로 이명득이 같은 경우. 그다음에 저 김○연 같은 경우 그 이제 사택에 부인회장이 됐다고.

그분들도 모여 있었을 때 "같이 가서 방송을 해라." 이런 지시 같은 게 따로 있지는 않았었어요?

　그런 건 전달하지요.

처음에 계획하셨을 때 뭔가 체계가 잘 잡혀 있었던 거네요.

　아, 체계야 오랫동안 계획 했는 거니까, 그게 체계는 잡혀 있죠. 각 개소별로 사방에 흩어져 있으니까, 거기에 있는 사람들이 한두 사람씩은 다 우리 멤버에 속해 있어요. 그러니까 손만 쫙 뻗치면 전체가 다 연락이 되게 돼 있다고.

그때 제일 중요하다고 생각하셨던 건 뭐였어요? 사람이 일단 모여야 되는 게 중요했는지, 뭔가 이렇게 원칙이 있잖아요, 사람을 이렇게 모으려고 하면은.

　아까도 얘기했지만은, 처음에는 그렇게 많이 모일 거다 생각을 안 했단 말이에요. 근데 의외로 사람들이 많이 모인 것은, 자기 안에 있던 불편 불만의 응어리가 한꺼번에 우리하고 같이 터진 거예요. 그러니까 같이 동참을 한 거라. 오라 소리 안 해도 오는 거예요. 그러니까 이제 많이 모이게 되는 거죠.

그때 사람이 너무 많이 모여서 겁나지는 않으셨어요?

아이, 겁난 게 아니라 좋죠. 기분이 좋죠. (면담자, 구술자 웃음)

잘하면 이번에는 진짜 성공하겠다는 생각도 드셨어요?

그때만 해도 생각이 '이제 바로 바꿔지면서 탄광에 새로운 역사가 쓰여질 거다.' 이렇게 생각을 했거든요? 근데 역사가 쓰여지기는 맨걸[웬걸]. (모두 웃음)

예상하고는 조금 다르게 진행이 되다 보니까, 미리 세웠던 계획이 맞지 않게 될 수 있겠다는 생각을 하셨어요?

그래요. 처음 계획은, 제일 처음에 지부장 선거. 인금 인상 무효, 그다음에 임금 30프로 감봉한 부분. 그다음에 복지후생 문제. 그다음에 뭐 이제 사택에 수도도 없는 데가 많았어요. 그래가지고 우물물 길러[길어] 먹고 이랬으니까. 추운 겨울에는 말이지, 우물물이 한 동네에 한 개 밖에 없으니까 물동이 갖다 쭉 놓고 막 줄을 서 있는 거예요. 자기 차례 돼야 물 퍼 가니까. 그리고 화장실은 공동. 각자 개인 집에 화장실이 없고, 사택이란 데는 그러니까 공동화장실이 이렇게 한 군데 있어. 그러면은 급한 사람 바깥에서 똥 싼다니까! 그것도 사람이 들어갔다 나가야 들어갈 거 아니에요. 화장실도 줄 서 있어. 사택이라는 곳에 열 집이 살아. 돼지우리처럼 이렇게 해가지고 열 칸이 쳐져 있는데, 여기가 한집이여. 그러니까 여 부엌 있고 방 한 개 있고 이렇다고. 그렇게 있는 데다가 저쪽에 공동화장실이 한 개가 있는 거예요. 공동화장실 같으면 칸이 두 칸 정도 있는 거예요. 그러면은 식구가 예를 들어서 한 집에 너이라 그러더라도, 열 칸이면 40명이란 말이여. 그쵸? 40명이, 또 왜 대소변 보는 것도 시간적으로 아무 때나 막 있는 게 아니라 보통 보면 아침쯤에 가장 급하잖애. 아침엔 출근도 해야 되고 학교도 가야 되고, 뭐 애들은 이렇잖아요. 그럼 그 시간 되면은 그 40명이란 사람이 화장실 한 개 보고 살아가는데 얼마나 불편하겠어요. 뭐 이런 문제. 어떤 사람은 똥 싼 사람도 있다고 그런 얘기도 들었는데, 그게 그럴 수밖에 없는 구조고.

또 여자 분들도 말이지, 광부들한테 시집오면 편하다는 게 저 경북 같은 농촌 집에 알려져 있어요. 사실 뭐 편한 건 맞아요. 농촌에 있으면 말이지 하루 종일 가서 여자도 일해야 되잖아요. 근데 여서는 뭐 일할 게 없는 거라. 그러니까 남자 그냥 탄광 가서 탄 캐다가 나올 때까지는 자기 자유 시간이고, 애들만 키우면 되는 거예요. 그러니까 농촌에서 일하는 거보다는 쉽잖아요. 편하잖애. 그러니까 그 당시 광부들 있는 데 시집을 오는 것은 편할라고 오는 거예요, 이제. "광부한테 시집가면 편하다." 하는 게 소문이 났어. 와서 보니까 자기가 생각했던 편한 그거는 그런데, 남자들은 말이지 들어가서 탄을 캐니까 탄 캐게 되면은 얼굴이 시커매지는 것도 있고, 탄이 막 쏟아지[고] 우에서, 굴이니까 전체가 탄인데 쏟아지고 하니까 얼굴 다 시커멓잖아요. 그러면 목욕탕이 있어요? 그대로 집에 와가지고, 시커먼 그대로 집에 오는 거예요.

집에 와가지고 집에서 물 떠가지고 씻는데. 그것도 수도나 있는 데는 다행이지만은 수도도 없는, 우물 길러다가 먹는 집들은 말이지 그걸로 물 데워가지고 거다가 씻고 이러는 거라. 이제 세수하는 것도, 보통 이래 보믄 탄이 이런 데 들어가잖아요. 그럼 얼굴 시커매. 겨울 같을 적에는 여자들이 물 바케스로 길러가지고 뭐 이래 하는데. 그러니까 저녁에 가면 말이에요, 남자들이 그냥 얼굴 세수만 여러 번 막 씻는 거예요. 머리하고 세수. 그것 보고 여서 고양이 세수한다고 그런다고. 이렇게 씻고 내일 가면 또 시커매지는데 뭐. 그러니까 애기 낳으면 시커먼 애기 낳는 거 아니냐는, 옛날에 그런 속설도 있었다고. 그렇게 이제 살아가니까 불평불만이 얼마나 많아요, 여자들도. 그러니까 여자들이 자랑스럽게 시집왔는데. 그 다음에 친정에서 "야, 너희들 우예[어떻게] 사는지 함 가 볼란다." 그러면은 오지 말라 그래요, 우리가 나갈 테니까. 그게 보이기 싫은 거라, 이게. 그런 모습을 보이기 싫으니까. 여자들 그렇게 해서 살았으니까 얼마나 참 여자들도 불편한 게 많았겠느냐 이거지. 그러니까 같이 동참하는 거예요. 그런 누적적인 불평불만은 이것을 얘기하게 되면은 이 지방을 떠나야 되고, 이 지방에 살라면은 아무 소리 말고 입 다물고 가만히 있어야 되는데. 못들은 척 하고 입 다물고 가만히 있어야 되는데. 이거 얘기할 수도 없었는데, 한 번 터지니까 말이죠, 고마 이게 한 번에 응어리가 분출되는 거예요. 그러니까 투쟁에 이렇게 스스로 참여하는 거라, 이게.

우리가 4월 21날 우리 사건이 일어났는데, 4월 22일 날 아침 여덟 시가 됐는데 강원도지사하고 경찰국장이 수습대책위원으로 여 와 있었다고. 여 와 있었는데. 사북은 치안 공백 상태니까, 경찰들 다 쫓아내고 없으니까 이제 고한지서에다가 본부를 만들어 놨댔단 말이야. 그래서 거꾸로 날 좀 보자고 그래. 누구인데[한테서] 연락이 왔어. 그래가지고 뭐 우리가 계속 이러고 있을 것도 아니고, 협상에 좋은 조건이 있으면 해야 되지. 그래 내가 올라간 거야. 올라가니까, 올라가자마자 경찰국장이 내보고 "당신이 이원갑이요?" 그래. "예, 그렇습니다." 이랬더니 도지사가 이래. "저 새끼 갖다 잡아넣어." 이러는 거야. 그러니까 하마[이미] 형사들 둘이 대기하고 있고, 그러니까 형사들인데[한테], 둘이인데 내 끌려가지고 삼척탄좌 객실에 와가지고 연금돼 있었다고. 아침 여덟 시 됐는데. 그래 있었는데. 그래 나를 연금시켜 놓고 이제 전투경찰 300명을 데리고 진압하러 내려온 거야. 자기들 생각에는 나를 잡아넣게 되면은, 그 당시만 해도 광부들이 경찰들을 겁낼 때란 말이야. 그러니까 가면 다 도망가니까 내려가자. 그래서 내려간 거야.

내려오니까 웬걸 안경다리에서 말이죠. 거기서 이제 최루탄 쏘면서 막 들어오는 거라. 그런데 그때 얘기를 들으면은, 보통 이런 데 바람이 말이죠. 우로 치분다고[위로 치솟아 분다고] 이렇게. 보통 보면 다 치불어. 치 부는데 그때는 해필 바람이 내래[내리] 불은 모양이라. 그러니까 최루탄 을 쏘니까 이제 전투경찰 있는 쪽으로 막 온 거야. 그다음에 안경다리라 고 저[저기] 봤잖아요, 철길이라고. 철길에는 자갈이 꽉 찼잖아요. 철길 놓은 데는 전부 다 자갈이야, 여기에. 그러니까 안경다리 그 위에서 광부 들은 아주 요새지 이제. 돌 가져올 것 없이 던지면 되는 거라. 그래가지 고 그 안경다리로 들어올라고, 안경다리에는 이렇게 동발로 바리케이트 를 쳐가지고 아래로 못 들어가니까 할 수 없이 일로 기어 올라와야 될 판 인데, 위로 올라오질 못하는 거라. 우에선 돌 막 던지지 이러니까. 거 있 는 돌 다 던지고 없어가지고 말이지, 여자들이 말이에요, 돌 주워다가 던 지라고 갖다 주고. 행주산성처럼 말이지. (웃음) 그렇게 이제 했다고.

그렇다 보니까 그 돌에 맞어가지고 경찰 한 명 죽고, 결국은 경찰들 산 으로 막 도망가고 뭐 야단이 난 거야. 그래 다 도망가고 나니까. 이제 거 광부들하고 부녀자들도 다 나온 거예요. 가족이 다 나왔으니까. 그러니 이제 "왜 사건이 이렇게 됐는데도 지부장이 안 나타나느냐. 지부장을 찾 으러 가자." 그래갖고 지부장 집으로, 지부장 집이 그 동원탄좌 안경다리 에서 요렇게 쳐다보면 고 앞에 있었다고. 그러니까 약간 요렇게 경사가 졌는데. 그래 이제 지부장 찾으러 올라가자 그러면서 부녀자들하고 광부 들 몇이하고 쭉 올라간 모양이야. 올라가니까 지부장 집에는 사람이 아무 도 없고, 그 이웃에 도망간지 모르니까 찾아보자 그러면서 이웃에 찾으니 까, 그 뒷집에 가가지고 누가 이래 보니까 말이죠. 침대 밑에 사람이 이래 숨어 있단 말이야. "야, 저 숨어 있다." 이제 이렇게 되니까 사람들이 글 루 쫙 몰려가 "끌어내." 그래가 인제 끌어 낸 거라. 그래가지고 끌어내 보니까 이제 지부장 부인이란 말이야. 그래가지고 그 "지부장 부인을 우리 거다 데려다 놓으면 지부장이 나타난다. 데려가자." 이래가지고 갖다가 붙들어 매놓은 거예요.

그렇죠.

그러니까 붙들어 갔는데. 우옛튼 이거는 뭐 잘한 일이 아니고 우리 사건에 대해서 오점의 하난데. 죄가 있으면 지부장인데[한테] 있지, 지부장 부인인데 죄 있을 일은 없는 거거든.

그때 당시에 그분들이 지부장 부인이라는 걸 알고 있었어요? 얼굴을 알았어요?

그건 알죠. 그래서 이제 그날 오후 4시쯤 됐는데. 난 연금돼 있다 보니까 경찰국장하고 전국광산노동조합 위원장 최정섭 씨하고 내려온 거야. 최정섭 씨도 이제 일이 그래 되다 보니까 헬리콥터를 타고 여 내려왔다고 그래요. 그래 왔어요. 와가지고 내보고 이재기 부인이 묶여 있는데 도저히 풀 수 있는 방법이 없다 이 얘기라. 경찰, 그 공권력이 못 들어가니까 풀 수 있는 방법이 없죠. 그 게시판에다 이래 묶어 놨는데. 그러니까 풀 사람은 당신밖에 없으니까 당신이 가서 좀 풀어 달라 이거야. 나는 이제 못 한다고 그랬어요. 왜 그런가 하면, 나는 사실 하루 종일 갇혀 있으니까 오기도 있고. 내가 내려 가가지고 하라 그러면 괜찮지만은 "당신들 하지 마시오." 그러면 난 맞아 죽습니다. 난 못 합니다. 이런 거예요. 사실은 못 하는 거보다도 오기가, 하루 종일 지금 연금돼 있는데. 그래서 뭐 광노 위원장도 자꾸 얘기하고 그래가지고 내려왔어요. 알았다고. 내려와 가지고, 그날 바로 내려와서 이제 풀어 줬어요. 사람들한테 "이러면 안 된다. 죄가 있으면 지부장이 죄지. 부인이 뭐 죄가 있다고 사람을 이래 묶어 놓고. 이러면 말이지 우리 이미지만 나빠지는 거다. 풀어 주오." 그래가지고 풀어 줬어요. 풀어 주고 이제 협상을 하는데, 협상도 별로 없어. 그 전까지는 협상이 별로 없었어요.

◇ ◇ ◇
협상 결렬과 공수부대 투입 정보

처음에 농성 계획을 세우고 조직을 짤 때, 바로 회사에서 협상하자고 안 했어요?

　이 사람들은 협상이란 건 없어요. 협상이란 건 없고, 무조건 진압. 이제 일어나면 진압이지, 협상이란 게 없다고. 그 4월 22일 날 내가 아침에 연금돼 있다가 4시에 풀려나왔다 그랬잖아요. 풀려나온 것도 이재기 지부장 부인, 그러니까 김○이 씨가 매달려 있기 때문에 날 풀어 준 거지 안 그랬으면 나는 이 사태가 끝날 때까지 거서 못 풀려났어요. 사람들이 이재기 처를 갖다 붙들어 매 놨기 때문에 내보고[나더러] 가서 구출해 주라고 풀어 준 거지, 안 그랬으면 나는 끝까지 못 나왔어요.

진짜로 그럴 수 있었겠네요.

　그런 거예요. 그리고 그때 나올 적에, 풀어 줄 적에 내가 이야기했던 게 뭔가 하면 "김○이를 우선 풀어 준다. 내가 가서 풀어 줄 테니까, 그러면은 무슨 협상을 해야 될 거 아니냐?" 말이지. 무조건 가서 풀어 주고 또 투쟁해야 되냐 이거야. 그러니까 이제 얘기가 뭔가 그러면은 광노 위원장이, 내려가서 협상안을 해가지고 올라오라 이거야. 그럼 풀어 주고, 그것도 "일단 풀어 주고 올라오라." 이거야. 그래가지고 이제 내려왔어요, 내려 와가지고 이재기 마누라 풀어 주고.

　그리고 이제 사람이 뭐 한 5,000명 이상 모여 있는데 거기 서서 협상안을 뭐 어떻게 도출해요? 평소에 우리 원하던 게 있잖아. 생각한 거 있을 거 아닙니까. 이제 우리 몇 사람들 하고 해서 다 쓴 거예요. 한 20개 정도 조항이 된 거야. 지부장 선거 문제, 임금 문제, 복지후생 문제, 그다음에 안전관리 문제, 뭐 이런 주제 한 거지. 전부 다. 상여금 문제, 뭐 이런 거. 그래가지고 이제 몇 가지 해가지고 내가 올라갔다구요. 안을 쭉 가지고.

그래가지고 가니까 도지사하고 경찰국장하고 앉아가지고 이래 보디만은 [보더니만] 말이여. "이거는 되고, 이거는 안 되고, 이거는 뭐 곤란한데." 뭐 이러면서 저희들이 이래 [줄을] 긋는 거예요. 그럼 대체적인 게 임금 문제하고 처우 문제에 달려 있는 거야. 그러면서 이제 자기들이 그 안건 중에서 된다는 것만 고른 거예요. 된다는 것만 이래 체크를 해가지고, 요거는 요렇게 해서 할 수 있으니까 그러면 요걸 가지고 내려가서 사람들을 설득을 해라 이거야. 아니, 이 문제가 거의 임금에 대한 문제, 그다음에 광부들 처우 개선 문제 뭐 이런 건데 도지사님이 앉아가지고 이거는 되고 안 되고 하는 얘기가 아니단 말이야. 이거는 회사의 책임 있는 사람이 나와서 같이 얘기를 해야 되는 거지 말이지, 이거 도저히 말이 안 되는 얘기 아니냐. 그리고 내가 지금 현재 도지사님하고 경찰국장님이 된다는 대로 요거 가져와서 하게 되면은 뭐 협상을 해 왔다고 얘기가 되느냐 말이지. 나는 이거 못 한단 말이지. 나는 이거 내려가서 도저히 이건 못한다 그러고 난 내려와 부렀어.

내려와가지고 이제 뭐, 솔직한 얘기로 충동질한 것이지. 이제 막 해야 된다. 더 해야 된다밖에 방법이 없는 거 아니냐. 그래 이제 그렇게 내려왔는데 그 21일[3] 날 저녁때 돼가지고 풀어 주고 올라가서 "난 더 못한다"고 내려온 거단 말이에요. [그렇게] 내려왔는데 23일 날, 자기들이 된다던 부분 고 부분만 이렇게 찌라시를 만들은 거야. 그래가지고 사람이 못항게 [못하니까] 헬리콥터로 지나가면서 막 뿌린 거예요. 헬리콥터로 사람들 있는 데다 가서 이렇게 막 뿌린 거예요. 그래 이제 뭐 더 야단이 나는 거지. 그때부터 뭐 더 막, (웃음) 이제 과하게 되는 거야. 그렇게 될 수밖에 없잖아요, 어쨌든 관철하기 위해서는. 그런데 내가 이렇게 내려오는데 사북읍사무소 있는 데서 어떤 사람이 말이죠, 그 당시 봤을 적에 한 30대쯤 되는 것 같애. 근데 내보고 딱 이래. "나 좀 보자"고. 그래 사북읍사무소

_____

3 22일을 잘못 말한 것.

있는 데로 가니까 "오늘 12시에 공수부대가 내려오는데, 그렇게 아십시오." 하는 소리만 하는 거라. 그래서 내가 물었지. "당신 누구신데 내한테 그래 고마운 얘기를 해 주느냐? 다음에라도 우리 인사를 해야 될 텐데." 그러니까 "그건 나중에 알게 될 테니까 그냥 그렇게 아세요." 이런 거요. 그 사람을 지금도 난 못 찾았어요. 못 찾았는데. 우리가 민주화운동으로 인정되고, 막 방송에 나고 이랬을 적에 속초 있는 데서 한번 전화가 온 적이 있는데, 받았더니만은 "다음에 다시 전화할 테니까 저 끊습니다." 이러더라고. 그리고 난 다음에는 그 이후부터 소식이 없는 거예요. 내가 보기에는 아마 중앙정보부 요원 같애, 그 당시에. 그런데 우리가 하도 불쌍하니까 그렇게 얘길 했는지 모르는데, 하튼 고마운 사람이야.

그래가지고 그 얘길 듣고 우리가 오늘 밤에, 23일이지 그러니까. "오늘 밤에 12시에 공수부대를 투입한다니까 준비를 해야 된다. 이렇게 당하고 있을 수 없지 않느냐?" 그러니까 그렇게 하고 있는데. 그럼 이제 어떻게 공수부대 들어오는 것을 막아야 되느냐. 그래서 연구 끝에 "그럼 방법은 무기를 탈취하는 방법밖에 없다." 그럼 공수부대에 같이 대항해 싸워야 된다는 얘기야. 그래서 우선 사북지서 무기고, 동원탄좌가 예비군연대니까 연대 무기고, 그다음에 다이너마이트를, 채굴하기 위해서 다이너마이트를 써요. 다이너마이트 화약 보관돼 있는 화약고. 화약고가 뭐 그 당시 얼마가 매장되어 있는지 모르겠는데, 나중에 신문에 보게 되면 1,000톤이 매장되어 있다고. 그렇게 해가지고 사람들 배치를 싹 시킨 거라. 지서 무기고, 회사 무기고, 화약고. 그러니까 사람들이 패를 나눠가지고 이래 한 칠팔십 명씩 막 무기고로 가고, 화약고로 막 올라가고, 폭발시킨다 이래 버리고 야단이 난 거예요. 그런데 이제 그 얘기는 했지. "절대 가서 폭발을 시키면 안 된다. 공수부대가 쳐들어올 때까지는 절대 못 하게 해라." 근데 그것도 왜 그러냐 하면, 며칠 동안 투쟁을 하다 보니까 지친 사람도 있고, 술 먹고 뭐 이런 사람도 있고 그러니까 갑자기 불의의 사고가 일어날지도 몰라요. 그래 이제 철저하게 아주 붙들어 놓는 거라. 그래서 "절대 뜨면 안 된다. 별도 지시가 있을 때까지는. 공수부대가 쳐들어오거나, 별도 지시가 있을 때까지는 절대 무기고 뜨지 마라." 이렇게 해 놓고 나니까 막 이제 사람들이 말야 무기고로 가고, 화약고 가고 이래가지고 화약고 터줏는다[터트린다] 이러고 야단이 났는 거야.

이거를 누가 보고를 하냐 그러면은 그 당시 이제 외지에서 온 형사들. 외지에서 온 형사들이 동원탄좌 작업복 입고 같이 댕기면서 돌 던지면 같이 돌 던지고, "야" 하면서 같이 댕긴 거예요. 그러니까 얼굴을 모르잖아요. 광부들도 서로 얼굴을 몰라요. 하청도 있고 직원도 있고 이러다 보니까 얼굴을 몰라요. 동원탄좌 작업복 입고 같이 댕기면 동원탄좌 사람인줄 알아. 그렇게 해서 그 사람들이 보고를 하는 거라, 일일이. 같이 따라 댕기면서 봐야 보고를 하니까. 그리고 야단이 났거든, 공수부대 쳐들어온다고. 이제 폭발하고 이런다 그런다 이러면서 올라간 거야. 그러니까 이제 나를 다시 부르는 거야. 그래서 도지사하고 경찰국장이 하는 소리가 뭔가 하면은 "절대 공수부대를 투입을 안 할 테니까 화약고하고 무기고하고 폭파하지 마라." 어제 내가 얘기를 했잖느냐 이거야. 이거 가지고는 안 되니까 회사에서 책임 있는 사람이 나오고, 그러고 어떤 협상을 해야 되는 거지 말이지. 이거 되고 안 되고 이런 식으로 하니까 결국 이와 같은 게 나타났고, 결국 그렇다 보니까 사람들이 더 폭력하게 되고 이제 투쟁이 자꾸 격화된다 이거야. 그러니까 이제는 어떤 방법을 여기서도 만들어야 할 각오를 해야 될 텐데, 광부들은 지금 공수부대 들어온다 해서 격분돼 있는데 그럼 뭐 어떻게 할 것이냐 하고 얘기를. 그래서 끝내 그 얘기가 나온 게 뭔가 하면, 내가 얘기를 했어. "자, 내하고 둘이 지금 막 할 일이 아니고. 내가 가가지고 각 개소마다 대표자를 구성해 오겠다. 대표자를 구성해가지고 올 테니까 거기에서 협상을 하자."

그런데 공수부대가 쳐들어온다고 그랬을 적에 무기고나 화약고를 우리가 접수하지 않았다 그러면은 무자비한, 아마 광주보다 더한 그런 비참한 일이 일어났을 거예요. 왜 그런가 그러면은, 광주는 광활하게 넓잖아요. 일루 가도 되고 절루 가도 되는데 여기는, 탄광은 골짜기라. 공수부대 여기서 내려오게 되면은, 여기서 쏘면 다 죽어요. 다 죽을 거 아니에요, 골짜긴데. 어디 이 옆에 도회지처럼 터진 게 아니라 산이 이렇게 돼 있는데 여기다가 공수부대 내려오게 되면은 밑에서 화약고 폭파시키고 총 가지고 쏘면 다 죽는 거예요. 공수부대도 다 죽어. 광부들도 많이 죽겠지만은. 우리가 그런 대비를 했기 때문에 공수부대가 안 들어온 거야. 우리가 공수부대가 들어오는 데 제일 걱정되는 게 뭔가 그러면은, 지금까지 한 3주간 말이지 계속 이렇게 투쟁을 하고 있는데, 이게 공수부대가 들어와서 무자비하게 광부들만 살상이 일어나고 이렇게 되면은 아무런 의미도 없어지고 이게 참 이상한 투쟁이 되는 거다 이거야. 그 걱정 때문에 적극적으로 우리가 방어를 했던 거예요.

그래가지고 우리가 사실 그 비참한, 이제 신문지상에도 나와 있고 그 이후 조사에도 나와 있어요. 그 비밀 공수여단 여 와서 대기하고 있었고. 뭐 이런 게 다 나와 있고. 그 다음에 이 공수부대를 어디로 투입해서 이동을 할라 그러면은 그 작전권이 미 국방부에 있기 때문에 미국 국방부 문서에서도 나와요. [KBS]《인물현대사》60회[2004]에 보게 되면은 "사북 광부 이원갑"이란 게 나와요.《인물현대사》60회에 내가 나온다고. 거기에도 나와 있는데, 그렇게 해서 우리가 그런 참사를 막은 거라. 그런데 우리가 그 사건이 끝난 다음에 가만히 생각해 보면 말이죠. 우리가 그런 작전을 안 세우고 있었을 적에, 그냥 무자비하게 광부들이 그 공수부대[한테] 당했다 하면은 우리보다 한 달 뒤에 일어난 광주는 어땠을까 하는 생각도 사실 들어요. 이래 보면 말이죠.

조금 전에 공수부대 들어온다는 거를 우연히 전해 들으셨다고 하셨잖아요? 그 사람은 아직까지 못 찾으신 건가요?

아직까지 못 찾았지.

그 얘기를 처음 들으시고 동료 분들과 어떻게 해야 될까 논의를 하셨던 거예요?

그렇죠. 신경이랑 전부 다 불러가지고. 이거 어떻게 해야 되느냐, 이렇게 하자. 그러니까 내 생각에도 이 방법이 뭔가 그러면은, 공수부대 내려오면은 이건 같이 총 쏘는 방법밖에 없는 거예요. 다른 걸로 뭐 도망간다고 될 일이 아니단 말이에요, 이게.

이게 거짓 정보라고 판단할 수도 있는 거잖아요. 알 수 없는 사람한테 들었으니까. 거짓 정보일 수도 있다는 생각은 안 해 보셨어요?

그런데 그 사람이 얘기를 하는데, 이렇게 보니까 말이죠. 사람이 깔끔하게 생겼어요. 그러는데 얘기를 하는데 "그렇게만 알고 계세요." 이래 얘기를 하는 거 보니까, 아무래도 '뭐 저 사람이 내한테 거짓말하지' 싶은 이런 생각은 안 들고, '저 사람 얘기는 맞구나', 어떤 확신이 들더라구요.

그 사람은 선생님이 누군지 알고 접근한 거겠네요.

그렇죠. 그 사람은 나를 알지.

그때도 투쟁을 접어야 되는 것 아니냐고 하는 분들은 혹시 없으셨어요? 무기고를 일단 점거해야겠다는 것에 반대하는 의견은 없었어요?

그런 사람들은 없지요. 공수부대 쳐들어오는데 우리도 대항해야 되지 않느냐 그러니까 전부 다 찬동이지. 반대하는 사람들 있겠어요?

공수부대가 들어오고, 무기고가 이쪽 광부들 손에 들어오면 갈 데까지 간 거잖아요. 너 죽든지 나 죽든지 하자 이 정도로 되는데.

그렇죠, 이젠 마지막이지.

겁내거나 빼거나 기세가 수그러들거나 하는 건 없었어요?

그땐 뭐 그런 생각까지도 없고, 공수부대 들어오면 우리도 죽을지도 모르는데 어차피 죽는 판에 우리도 싸우다 죽잔 말이지. 뭐 이런 각오야. 그리고 그 당시 화약고에 1,000톤이라는 다이너마이트가 매장돼 있다는데 그 1,000톤이 터지면 사북이 지형이 변해요.

경찰에서도 적극적으로 최루탄을 쏘면서 대응을 했었잖아요. 그런데도 사람들이 흩어지기보다는 많은 숫자가 유지되고 있었던 거였어요?

그렇죠. 그니까 전경들하고 투석전, 이제 최루탄 쏘고 해서 투석전이 벌어졌다가 경찰 거기서 한 명 죽고 다 산으로 도망가니까. 도망가고 뭐 그렇게 되니까 결국 이제 에, 뭐라 그럴까, 이래 우리가 이겼다는 승리감 같은 것에도 좀 도취해 있을 거 아니에요, 그죠? 그러니까 단결은 더 잘 되는 거예요, 이제. 사북 지역 내에는 바리케이트를 전부 다 사방에다 이래 쳤기 때문에 사람이 통행을 못했다고. 그러니까 광부들 세상이지.

광주에서는 공수부대가 들어온다는 말이 있은 후에 시민군들 중 일부가 빠져나갔잖아요. 근데 여기는 전체가 남을 수 있었던 분위기랄까 이유는 어디에 있을까요?

그러니까, 그게 어떻게 보면 말이죠. 광부들 구성 자체가 없는 사람, 배우지 못한 사람 그거하고도 거의 연결이 돼요. 왜 그러냐면은 이 계엄 하에서 우리 사건이 터진 것만 하더라도, 사실 그 당시 지식인들은 다 꼬리를 내리고 피했을 때다 이게 그 얘기죠. 그러면 우리는 무식했기 때문에 더 용감했는 거야. 무식이 밑천이라고, 사실. 무식한 사람이 화나면 물불을 모르잖아요. 사리 분별 잘 못 하고 물불 못 가리는 것처럼 말이죠. 무식했기 때문에 용감했는 거야.

그게 역사를 만들었네요.

사실은 어떻게 보면 우스운 얘기지만, 무식했기 때문에 용감했다고. 그 무식이라는 게 없고 전부 다 유식했으면은 다 피하고 없었다고요.

그렇죠. 그럼 선생님 혹시 그런 생각도 있으셨어요? 어떻게 보면 경찰을 물러나게 만드신 거잖아요. 공수부대가 온다고 해도 해볼 만하다는 생각도 있었나요?

그렇죠. 그 당시로 봤을 적에는 뭐 어떻게 피하고보다도, 내 죽는 거 아니면은 니 죽을 판인데. 그러니까 우리 죽일라 그러믄 우리도 같이 대항해야 될 거 아니야. 어차피 죽는다 이거야. 어차피.

◇ ◈ ◇
4월 24일 협상 발표와 사건 종결

협상에 나설 대표자라는 건 각 무기고에 있었던 사람들 말하는 건가요?

아니. 각 개소라는 것은 작업 장소 전부 다 해서 대표자를 한두 명 씩 뽑는다 이런 얘기라.

대의원으로는 안 되는 건가요?

대의원은 뭐 벌써 신임을 못 받고, 한 번 대의원들 다 도망간 거예요. 여 같이 투쟁한 데는 없었어. 우리하고 같이했던 대의원들만 여기에 남았지. 나머지들은 싹 다 도망가고 없었어요. 그래가지고 이제 내려와 대표자를 구성해가지고 올라간 거야. 한 저녁 6, 7시쯤 됐는데, 23일 날 올라간 거야. 올라가니까 고한읍사무소 요 우에, 사북은 치안 부재 상태니까 거기는 뭐 아무도 없었어. 거는 광부들 세상이야, 거기는. 거기에 올 수 없으니까 할 수 없이 고한읍사무소라. 옛날 고한읍사무소 자리에, 지금은 옮겼으니까. 거기에서 협상이 시작됐는데. 이제 회사에서 유한규 소장이 나오고, 그다음에 경찰국장, 도지사, 광노 위원장, 그리고 이제 우리. 그때 한 30명 정도 됐을 거예요. 구성했는 사람들이. 그래 그 사람들끼리 해가지고 밤새도록, 23일 날 우리가 한 7시부터 시작해가지고 24일 날 새벽 한 4시 반 됐을 적에 협상이 끝이 난 거야.

그래 끝이 나가지고 그 이튿날 아침에, 이제 날이 밝으면은 내려가가지고 협상이 이렇게 됐으니까 발표를 하자. 그런데 우리가 가서 발표를 하면은 광부들이 좀 이상하게 생각하지 않느냐. 그러니까 책임 있는 사람이, 도지사나 경찰국장님이 가서 협상안에 대해서 발표를 해라. 그래야 지금까지 투쟁했는데 대해서 어떤 체면이라도 유지해 주는 게 아니겠느냐. 그래서 얘기하니까 경찰국장은 "난 못 간다." 이거야. 그 당시에 강원도지사가 김성배고, 경찰국장은 유내형이라 했던가 그랬어. 도지사 김성배가 "내가 내려간다." 이거야. 이 사람들 제일 겁내는 게 뭔가 그러면 신변을 겁내는 거라. 광부 몇 천 명 되는데 "와!" 그러면[소동을 일으키면] 맞아 죽잖아요. 하여튼 "신변에 대한 건 내가 책임지겠다. 내려갑시다." 그래서 내려왔어요. 내려와가지고 광부를 모아 놓고 도지사가 합의된 사항을 발표를 하고. 지금까지 투쟁은 형사 처벌하지 않겠다는 막 이런 거 하고 다 포함돼 있어, 요구조건에. 그래 이제 도지사가 발표하고, 내가 부수적으로 "이렇게 됐으니까 우리 이제 투쟁을 중지하고 우리 작업대로 돌아가자." 하는 걸로 얘기해서. "그 자리에서 어질러 놨던 모든 것 우리가 다 청소하고 가자." 그래서 다 정리를 하고 그런 건 신문에서도 나와요. 그렇게 한 다음에 사건이 끝이 났는 거죠.

◇ ◇ ◇
사건 당시 노조 간부들의 행방

협상 들어가셨을 때 이재기 씨는 어디에서 뭐 하고 있었어요?

이재기는 그다음에 얘기 들으니까 영월 어디 가서 피신해 있었다 그러고. 나중에 경찰들이 오라 그래가지고 왔다고 그러는데. 내가 연금돼 있다가 풀려날 적에 광노 위원장하고 경찰국장이 올라와가지고, 이재기가 이제는 안 하겠다고. 자기 사표 내고 다 했으니까 그거는 이제 염려하지 말고, 다른 문제나 협상하고 얘기하자고 그러더라고. 그러니까 난 뭐 보지도 못했고. 그리고 이제 뭐 사표 냈다고 그러더라고.

협상 과정에서도 그 뒤로는 만난 적이 없으셨어요?

그 과정에선 만난 적이 없죠. 만난 적이 없고, 그리고 우리 사건 때도 만난 적이 없고. 그리고 한 번도 못 만났지. 근데 이제 1군사령부, 그러니까 우리가 정선경찰서 유치장에 있다가 거기가 합동수사본부였댔다고. 거기 있다가 1심에 넘겨지면서 1군 계엄군법회의에 갔을 적에 영창에 가니까, 우리가 한 이틀 있다 보니 이재기가 잡혀 들어왔더라고. 그 영창서 처음 봤어요. 사장 이혁배하고 이재기하고 붙들려 갔는 거야. 1군 헌병대 영창에서는 같이 있었다고. 방은 다르지만은.

원주에서요?

원주. 그래.

아까 협상할 때도 사장은 안 나오고 소장이 나왔다고 하셨잖아요. 이혁배 사장은 그때 안 내려왔었어요?

사장 안 내려오고 유한규 소장이 내려왔지.

나중에 영창 갔을 때 보셨던 거였고?

그렇죠.

그럼 이재기 씨는 그 사이 어디에 계셨는지는 모르시는 거네요?

몰라. 우리는 모르지.

그때 부인 잡혀가기 전부터 이미 도망갔던 거잖아요.

그렇지. 사건 일어나자 이재기는 바로 도망갔고, 그 회사의 간부들도 다 도망갔고, 회사 사택이 싹 다 비었댔다고. 거 노동조합 뒤 고개까지 계장들 사택이거든. 거기 있었는데, 계장 놈들 사택에도 다 비었고. 그러니까 다 도망간 거예요. 전부 다. 사실 이재기 도망가길 잘한 거예요. 그 당시 있었으면 맞아 죽어요. 그건 살아나지 못해. 도망가길 잘한 거야.

다른 간부급들도 다 도망갔어요?

예. 도망갔죠.

아, 그런데 간부들은 같이 힘을 좀 보태는 게 아니라 왜 도망을?

광부들은 쌓인 한이 많잖아요. 그 사람들이 있는데, 그러니까 미운 짓만 골라 다니면서 이제 그러는 거라. 그러니까 회사 간부들도 다 도망가고 없지 뭐.

그때 이재기 씨는 부인을 데려갈 수 없었나요? 부인이 화를 입을 걸 분명히 알았을 텐데요.

이재기는 아마 부인이 뭐 그렇게 될 거다 하는 것까지는 생각을 못 했겠지. 자기가 그냥 도망가 있으면은 되는 거지 뭐, 집까지야 사람들이 그렇게 할라고 하는 생각을 아마 안 했을 거예요.

간부들 부인들은 다 집에 남아 있었어요?

뭐 있는 집도 있고 그랬다 그래요.

◇ ◇ ◇
연행과 고문

협상안을 받으셨고, 도지사가 발표한 다음 이야기부터 좀 들려주세요.

사건은 뭐 그렇게 해서 우리가 깔끔하게 뒤 청소까지 다 하고 그러고 이제 끝이 났죠. 그리고 처벌하지 않겠다는 그게 이제 신문지상에도 나와 있어요. 뭐 경찰국장이 직접 얘기한 게 나와 있다고. 한동안 이래 잠잠했어요. 우리는 그래도 염려는 하죠. 경찰 한 사람 사망은 하고 이래 됐으니까, 뭔가는 있을 거다 하고. 안 잡아간다고 그러지만은 우린 잡혀간다는 것을 생각은 하고 있었어요. 언제 잡혀가냐는 것만 문제지. 그런데 4월 24일 날 사건이 마무리됐는데, 한 일주일간 조용하게 있었어요. 있다가 이제 5월 3일 날, 80년도 5월 3일 날 "그 후속 대책을 협의를 해야 되니까 고한읍사무소로 대표단을 데려오고 올라온나." 연락이 왔어요. 그래가 '잡혀가는구나' 하는 생각을 했죠.

이미 알고 있으셨네요?

예. 그래 이제 올라갈라 그러니까 다 안 간다 이거야. 그래가지고 안 올라가니까 5월 3일 날 끝나고 5월 6일 날 또 연락이 왔어요. 올라오라고. 그래서 내가 이제 사람들보고 얘기했지. "자, 어차피 잡혀갈 텐데 하나하나 잡혀가는 거보다도, 뭐 일단은 같이 가는 게 좋을 것 같다. 그러니까 안 갈 사람은 안 가고, 가는 사람은 가자." 그래가지고 이제 13명이 그 사무소로 올라갔어요. 올라가니까 읍장이 나와 가지고 "지금부터 회의를 시작하겠습니다." 이랬는데, 막 사방 문에서 말이죠. 계엄군이 막 총을 들이대고 "불법 집회로 전원 체포한다." 이러는 거예요. 바깥에는 벌써 버스가 와 있고. 그길로 바로 계엄군한테 붙들려가지고 버스를 탔는데, 그 버스 들어가니까 의자에 못 앉게 하고 전부 다 통로에 꿇어앉으라 이거야. 그래가 통로에 전부 다 꿇어가지고 엎드려 있고, 꿇어앉아 있는 거예요. 그러니까 군홧발로 말이지, 막 일루 막 사람들. (발로 밟는 모습을 재연하며) 그 계엄군이 막 돌아댕기는 거예요, 이제. 그러면서 "새끼들. 새끼들." 막 뒤에서 차고 그러는 거예요.

그래 이제 13인이 처음에 붙들려갔는데, 고한서 출발을 해가지고 사북쯤 갔는데, 누가 "이원갑이 누구야?" [하고 물어서] 저라고 이제 대답을 하니까 "그럼 나오라 그래." [해서] 나가니까, 왜 버스에서 보면 승강장에 이렇게 붙드는 고리 있잖아요. 이 서서 있는 사람 붙드는 고리에, 거기다 대고 수갑을 딱 채워가지고 매다는 거예요. 양쪽 수갑 채워가지고 이래 매달아 놨어. 그래가지고 "이 새끼 때문에 사건이 나고, 경찰도 한 명 죽었다." 이거야. 막 찍어 차고 야단이에요. 그렇게 하면서 어디로 가는지도 모르지 뭐. 그래 이제 정선경찰서를 들어간 거예요. 어딘지 모르고 그냥 들어간 거예요. 딴 사람들도 들어 간지 모르지 뭐, 다 바닥에 꿇어 엎드려 있으니까. 그래 들어가니까 대번에 군복을, 이제 빤쓰까지 싹 다 벗어라 이거야. 그래가지고 군복만 입혀 놓은 거라. 그러고는 이제 1차로 물고문을 시작하는 거라. 이유도 없어. 이유 묻는 게 아니고 그냥 무조건이야, 무조건. 그 야구방망이 같은 이런 빠따를 가지고 "나이 몇이야?" "예, 40입니다." "이 새끼 40대!" 나이대로 맞아야 된다 이거야. 그래서 이제 때리는데, 한서너 대 맞으니까 다 쓰러지지 뭐. 다 쓰러지고 야단이 난 거야.

그래가지고 이제 정선경찰서 유치장에 다 들어가 있었어요. 그래 있다보니까 이튿날부터 고문이 시작되는데, 고문조가 따로 있어. 이유 있게 고문을 하는 게 아니고, 막 기를 죽이는 거라, 처음부터. 그리고 자기들이 24일부터 자기들끼리 좀 조사를, 그러니까 누구는 어데 가담했고, 누구는 뭐하고 누구는 뭐하고, 이제 수사에 대한 각본은 다 짜져 있는 거예요. 그러니까 자기들이 했던 그 각본에다 갖다 때려 맞추는 거예요. 근데 이제 내 같은 경우는 가장 힘들었는 게 뭔가 그러면은 경찰 죽었는 거, 그다음에 이재기 부인 매달린 거. 이게 전부 다 이원갑이가 시켜서 했다는 걸로, 돌도 이원갑이가 시켜서 던졌고, 지부장 부인도 이원갑이가 달아매래서 달아맸다 이렇게 각본을 짜놓은 거예요, 그거를. 갖다 맞출라니까, 내가 그 당시 연금돼 있었거든. 연금되어 있기 때문에 자기들이 암만 맞출라 그래도 내가 연금된 시간 내에 거기 있었단 말이야. 내가 연금이 안 돼 있었으면 그까지 다 뒤집어썼어요. 근데 연금이 돼 있기 때문에 사실 그게 풀린 거라. 그것까지 다 뒤집어썼으면은, 잘못하면 사형까지 갔을지도 몰라. 그런데 묘하게도, 내를 봐서는 연금돼 있었던 게 큰 덕이라. 연금이 안 돼 있었으면 그것까지 다 씌웠어요. 그러니까 죄를 씌울라 씌울라 하다가 결국 못 씌운 거라.

이 사람들이 씌울라 그러면요. 아주 그 뭐야. 그러니까 회유 작전. 이제 증인을 세우는 거예요. 예를 들어서 얘기를 잘 안 하게 되면은 증인을 데려와. 증인은 회유된 거야. "니 내보내 줄 테니까, 저 사람 했다고만 그래라." 그러는 거야. 그러면은 그 사람 데리고 온다고. 데리고 오면은 "이 사람 뭐 했지?" 이러면 이제 안 한 거를 거기서 했다고는 할 수 없고, 그 내보내 준다는 것 때문에 이래 고개만 끄덕 끄덕거리는 거예요. 이러면은 그게 그만 증인 하나야. 그 사람은 이미 했다는 증인이라고. 그러니까 갖다 씌우는 것은 말이죠, 자기들이 입맛대로 갖다 씌울 수 있어.

그리고 물고문을 해가지고 정신이 없어. 정신 잃고 이래 있으면, 물을 갖다 확 부으면 말이죠, 부으면은 그러면 정신이 조금 들어. 그러면 까무러쳤다 일어나니까 정신이 가물가물한 거야. 이래 있으면 "뭐 했지?" 그러면 "예! 예!" 이러는 거야. 정신이 없이 이러는 거야. 이렇게 하면은 그냥 자기들 조서 닦아 놓고, 손 끌어다가 [지장을] 찍는 거야. 그런 거를 보면 말이죠, 우리나라 대통령까지 한 김대중 씨 같은 경우 사형 선고 받았잖아요. 그 사람 조서상에 보게 되면은, 당연히 사형당할 만한 조건이 조서 안에는 들어가 있을 거란 말이에요. 그러니까 김대중 씨도 사형 선고까지 받았던 거 아니냐 이거지. 그러니까 그거는 자기들이 만들라 그러면 얼마든지 만들 수 있는 거예요.

그때 공간이 오픈되어 있어서 다른 분들 고문 받고 이런 것도 볼 수 있었다고 하던데, 어떠셨어요?

그러니까 붙들려간 사람 숫자가 많으니까. 조사실은 사무실 한군데서 할 수가 없고. 그 당시 붙들려간 사람 대략 한 40명 정도 되는데 강당을 개조해가지고, 기역 자로 해서 칸을 쳐가지고 조사실을 만들은 거예요.

저짝 안쪽에 수사관이 앉고, 이쪽 바깥쪽에는 이렇게 우리가 앉아 있으니까. "아악!" 소리 나고 말이지. "살려 주세요." 막 그러면 사람이 자연적으로 고개 이래 돌아간다고. 이래 보면 말이죠, 여자들도 전부 다 들어가자마자 빤쓰도 안 입히고 그냥 군복만 입힌 거예요. 군복을 입히면은, 남자들 군복이 허리 맞춰 주는 것도 아니니까 여자들은 걸어댕길 때도 이래 붙들고 댕기지. 안 그럼 옷이 내려가뿐다고, 허리가 크기 때문에.

그래가지고 이제 물고문은 기본이야, 그거는. 고문조가 따로 있어. 이래 댕기면서 고문을 하는데, 뭐 정신이 없고 말이지, 막 이래 되면은 물 갖다 확 붓죠. 그럼 그다음에 발로 막 이래 이래 질질 굴린다고. 굴리면 여자들은 바지가 크니까, 정신은 없는데다가 바지 크지, 물 뿌려 막 차지 그러니까 바지는 막 이래 내려가고. 이거는[상의는] 막 걷어져가지고 이러니까 뭐 완전히 나체라, 그거는. 그러면 그 사람들은[고문관들은], 내가 이래 보기에는 말이지, 아마 그 고문을 하면서 희열을 느끼는 거라. 여자들 그런 거 보고 말이야. 이래 유방 같은 거도 발로 이 지랄하고. 아이고, 보면 말이죠, "살려 주십쇼." 말이지. 차라리 죽여 달라는 사람이 없나. 막 "악" 거리죠. 아비규환이라는 게 있잖아요. 나는 책에서나 봤지. 나는 아비규환이 어떤 건지도 잘 몰랐는데 '야, 이게 정말 참 아비규환이구나.'

보면서 느끼는 게 또 뭔가 그러면은, 군 보안대 그러면 뭐 얘기 들어서 알잖아요. 그 사람들은 고문 기술자들만 모인 거라. 외부적으로 어떤 상처를 안 남긴다고. 골병만 들게 하는 거지. 때리는 것도 말이죠, 고무호스 이런 게 있어. 큰, 아주 두꺼운 고무로 된 호스. 그걸로 때리면 휙휙 감기면서 이게 이제 등을 때린다고. 희한하게 막 때려도 이건 뭐 골병만 드는 거지. 이걸로 뼈가 부러지는 게 아니니까. 그러니까 사람이 골병만 드는 거여. 그런데 이거 안 맞아 본 사람은 몰라. 맞기를 전부 다 여[상체를]를 맞았는데, 저녁이 되면 있잖아요, 이 시커먼 멍이 일루 내려와. 다리로. 다리는 맞지도 않았는데, 다리까지 말이죠, 새카맣게 퉁퉁 부어. 그렇게 고문을 받는데, 고문을 받으면서 생각해도 말이지 같은 인간으로서 이럴수가 있나 하는 생각이 드는 게, 고문을 받으면서도 분개하고 말이죠, 분노가 막 치미는 게, 막 벌벌 떨리고 그렇다고. 그때 그 고문으로 인해가지고 지금까지도 병원의 치료를 받는 사람도 있고, 그 고문 후유증으로 인해가지고 오랫동안 고생하다가 사망한 사람도 있고. 또 억울하게 옥살이를 하다가, 옥살이 때문에 가정이 파탄 나가지고, 자식은 자식대로 마누라는 마누라대로. 나이가 지금 70이 돼가지고도 말이죠, 혼자서 그저 살아가는 그런 어려운 사람들도 많아요. 그러니까 고문 기술자들이 고문을 하다가 어떻게 잠깐 실수를 함으로써 지금까지도 남아 있는 상처가 보이는 거지. 안 그러면은요, 여는 골병만 드는 거지 외부로 나타나지 않아요.

내 같은 경우도 보면 말이죠, 이거는 자기들이 고문하다가 잘못돼서 이렇게[손가락이 휘어짐] 되는 거라. 각목으로 때려가지고. 여가 이 이래 저 뭐야, 그 조사 받는 탁자 위에 각목 이런 걸로 손 매달고 막 때린 거야. 학교서 아들 회초리 때리는 것매이로[처럼] 말이죠. 책상이 이렇게 됐는데 여기를[손등을] 팍 때리니까 막 대번에 확 터져가지고, 이런 현상이 일어나는 거라. 이래 이래 때리다가 마지막 아프니까 [손을 움추려서] 찍힌 거라, 이게. 결국에 찍혀서 이렇게 된 거라. 그래갖고 군홧발로 막 찍어 차니까, 지금 이 같은 경우, 여[여기] 봐요. 갈빗대가 이렇게 (튀어나와 있음) 됐어. 고문을 하는 중에 잘못 돼가지고 이렇게 된 거라.

그 고문이라는 게 특이한 그게 없게 되면은 이런 외상이 안 나타나요. 그러니까 골병이 들다 보니까, 결국 그 후유증으로 인해가지고. 이건 어디 가서 고문으로 인해가지고 골병이 들었다 하면 진단은 없어요. 어데가 부러졌다. 어데가 막 내처럼 이렇게 있다. 이런 것은 이제 고문으로 인정을 하는데 "나 고문 받아가지고 골병들었습니다." 하는 진단은 없어요. 그렇게 되니까, 이런 거는 민주화[보상]심의위원회에서 고문에 대한 보상을 할 적에, 일차적으로 우리가 가서 병원에서 진단서를 받아가지고 민주화[보상]심의위원회에 내요. 그러면 민주화[보상]심의위원회에서 지정된 병원이 있어. 지정 병원에 가서 다시 진단을 받아야 돼. 고문으로 한 게 맞느냐 아니냐를 확인하는 거라, 이제. 거기서 맞다 그래야 민주화[보상]심의위원회에서 하는 보상에 해당이 된다고. 보상 돼 봤자 뭐 2백만 원, 3백만 원, 뭐 5백만 원. 내 같은 경우 그래도 이거, 내 갈빗대가 지금 이래 보믄, 갈빗대가 아니라 명치뼈를 요롷게 있잖아요. 명치뼈가 이쪽으로 돌아가가지고 여 가 있다고 지금. 그러니까 이제 이런 거 해서 내 같은 경우는, 그러니까 1,600만 원. 이게 노동력 상실 정도에 따르고 이런 거겠지. 나 지금도 이쪽으론 못 누워요. 여가 찔리니까 눕지도 못하고 이러는데, 그러니까 사람들이 그 고문 후유증으로 인해가지고 얼마나 고생을 했겠나 이거지.

그리고 그 사람들이 고문을 받고 나와서 몸이 안 좋은데, 거다 대고 [거기에다] 배운 게 없고, 뭐 노동력밖에 없으니까. 그러니까 사람들이 전부 다 어디 가서 월급쟁이를 하는 게 아니라, 사북사태에 가담된 사람이다 이러다 보니까 그저 뭐 하루 품팔이, 그저 뭐 일용직밖에는. 어디 가서 막노동판밖에는 일할 데가 없어요. 그러니까 그 골병 든 몸을 가지고, 그런 힘든 일용 노동 근로자로 일하면서 살았으니 얼마나 고생했겠어요. 사람들이 말이지.

그 이후로는 재판 넘겨져서 판결 받으시고. 그 후 영등포구치소에 수감되셨던 거죠?

우리가 잡혀간 거는 5월 6일 날 잡혀갔고, 구속 영장이 떨어진 것은 5월 21일이니까 한 15일 동안 불법 감금된 거예요. 요즘 불법 감금 그러면 그 사람들이 형사 처벌 감이라 그래요. 5월 21일 날 구속 영장이 떨어지고, 5월 26일인가 1군사령부 헌병대 영창으로 넘어가가지고 거기서 1심을 받고. 그다음에 항소했을 적에 영등포, 그러니까 고척동에 있는 영등포구치소에 가서 있다가, 거기서 이제 고등군법회의에서 항소 기각이 되니까 상고를 했어요. 대법원에 상고를 하니까 청주교도소로 보내가지고 청주교도소에 있다가 내 같은 경우는 일부 원심 파기가 되다 보니까, 계엄이 해제된 상태에서 다시 영등포구치소로 와가지고, 그다음에 서울고등군법회의, 서울고등법원에서 [징역] 2년에서 3년간 집행 유예 받고 그렇게 나왔죠.

상고심에서 파기 환송됐던 게 아까 말씀하신 인감 문제 때문에?

예. 인감 위조 및 동 행사.

그것 때문에 오히려 형이 좀 줄어든 건가요?

그렇죠. 당연하죠.

파기 환송되면서?

그리고 나는 구형에서 10년을 받았거든요. 그다음에 1심에서 5년을 받고. 군법회의에서는 뭔가 하면, 계엄 적에는 계엄사령관 확인 조치라는 게 있어요. 예를 들어 형을 10년을 받더라도, 계엄사령관이 가석방시켜 줄 수도 있고. 계엄사령관 권한이 엄청 커요. 거기서 계엄사령관이 다시 2년을 깎아 줬다고. 그래서 나는 3년, 신경이하고 조행웅이는 2년 받어가지고 이제 같이 또 상고를, 상고를 대법원까지 갔단 말이에요. 대법원까지 갔는데 나는 인장 위조 부분이 일부 원심 파기가 되면서 서울고등법원을 넘어가서 나왔지만은. 같이했던 신경이나 조행웅이는 그냥 그거 기각이 되니까, 대법원에서 기각이 되니까 그대로 2년을 살았어요.

원심대로 그냥 받은 거네요.

예. 그 2년. 그니까 내 같은 경우에는 형을 더 많이 받았는데도 대법원에서 그 인장 위조 건이 원심 파기가 되면서 일찍 나오게 되고, 더 작게 받았지만은 신경이 같은 경우에는 내보다 더 2년을 살았으니까 더 오래 살았죠. 나는 1년 6개월 만에 나오고, 신경이는 2년을 다 살고 나왔으니까.

형량이 왜 그런 차이가 생겼는지가 궁금했었어요. 그런 사연이 있었던 거군요.

5. 사북항쟁 이후의 삶과 명예 회복 과정

◇ ◇ ◇
석방 후 회사의 회유

이제 민주화운동 명예 회복과 관련한 질문 좀 드려야 될 것 같은데요. 2000년부터 정선지역발전연구소에서 책자도 내기 시작하고, 선생님 국회에도 올라가셨잖아요. 이러한 활동을 해야겠다는 계기로는 어떤 게 있었어요?

그래 이제, 내 좀 얘기하면은, 우리가 저 징역을 살고, 내 같은 경우에는 1년 6개월을 살고 나왔어요. 나오니까 동원탄좌에서 홍금웅이가 지부장이 되어 있드라고요. 홍금웅이를 시켜가지고 광업소 소장이 날 좀 보자, "올라가자." 이래. 올라갔어요. 가니까 "아직도 당신을 추종하는 세력들이 많이 있으니까, 이 고장을 좀 떠나 달라." 하는 얘기예요. 그러면서 이제 "돈을 1,000만 원을 줄 테니까 이 고장을 좀 떠나 주면 좋겠다." 그랬어요. 나는 못 한다. "나는 안 가고 여기서 그냥 살 겁니다." 그래 이제 안 될 줄 알면서 "아, 그 복직시켜 주면 안 됩니까?" 내가 그랬지. (웃음) 그러니까 이거는 너무한 얘기 아니냐. 이렇게 됐어요. 그리고 그날은 내려왔는데, 다음에 또 불러서 또 올라갔어요.

가니까 1,500만 원을 줄 테니까 떠나 달라, 이사까지 다 옮겨 준다 이거야. 그러니까 이 고장을 좀 떠나 달라[는 말이었지]. 그래 내가 얘기했죠. "내가 동원탄좌에서 돈을 받을 만한 일을 했으면은 내가 당연히 받아가지고 가겠는데, 그게 아니고 나는 오히려 동원탄좌에 피해를 끼친 사람이지 득을 끼친 사람이 못 된다. 그리고 내가 할 일은 다 했다. 내가 여기에 조합원도 아닌데, 내가 무슨 일을 하겠느냐. 그러니까 앞으로 나는 동원탄좌 욕 안 한다. 그리고 동원탄좌에서 어떤 토도 안 달 거고 하니까,

동원탄좌에서는 앞으로 내가 살아가는 데 방해만 하지 말아 달라." 그렇게 이제 얘기를 하고 "난 이 고장에 살겠다. 사실 당신들이 얘기하는 것처럼 아직도 나를 추종하는 세력들이 여기 있기 때문에 떠나라 말라 그러는데, 내가 어떻게 그 많은 사람들이 우리가 뜻을 같이해서 투쟁을 했는데 그 사람들을 배신하고 내가 이 고장을 떠나겠느냐. 나는 그건 못 한다. 그리고 앞으로 난 동원탄좌 욕 안 하고, 그 사람들 내 추종하는 세력이 있다 그러더라도 난 그 사람들 충동질 안 하겠다. 그러니까 내 살아가는 데만 방해하지 마라." 그러고 이제 나와서, 그리고 내려와서 사는 게 지금까지 살아요.

혹시 그때는 복직을 좀 원하시진 않으셨어요?

복직은 안 될 줄 알죠. 내 안 될 줄 알면서 그냥 던져 봤는 얘기지. 뭐 안 되는 거는 이제 당연한 거고. 당연한 게 아니라 해 줄 리가 만무한 거고. 떠나라 그러는 판에 뭐 복직까지 해 주겠어요? 그건 안 되죠. 그러고 내려와서 지금까지 사는데, 내가 그동안에 사북에 유지라는 사람들 말이죠, 찾아댕기면서 얘기를 했어요. "자, 당신들이 보다시피 이래 이래 했는데, 동원탄좌 사실 잘못된 것 많지 않느냐. 이거 시정할라다가 이렇게 됐는데, 우리 사실 억울하다. 그럼 우리 좀 구제를 해 달라."는 식으로 부탁을 많이 했다고. [그렇게] 했는데, 사북에 그 당시 유지라는 게 뭔가 그러면은 돈 많은 사람이 유지라. 이 탄광촌에, 유식해서 유지가 아니고 돈 많으면 유지예요. 그러니까 돈이 많은 사람은 동원탄좌하고 다 거래가 돼 있어. 뭐 하청을 한 개 한다든가 무슨 물품을 댄다든가 이래. 그러면 그 사람들도 얘기가 그래요. "당신들이 정당하고 잘했다는 건 아는데. 우리가 어떻게 당신들 구제해 줄 방법이 없는 거 아니냐." 그게 이제 뭐 목구멍이 포도청이란 얘기하고 같은 얘기예요. 그래서 해도 해도 안 되고. 또 우리는 힘이 없어서 안 돼요. 왜 그런가 그러면은, 광부 구성이 얘기했지만 무식하고 말이죠. 못 배우고 없는 사람들이 말이지 힘이 뭐가 있어요? 그러고 모든 일은 저 뒤에서 후원해 주고 도와주는 사람이 있어야 쉽게 풀리는 거지. 지 힘으로 일을 쉽게 해가지고는 참 어려운 거예요. 그래서 죽은 듯이 그냥 이렇게 살았어요.

◇ ◈ ◇
2000년 민주화운동 관련법

민주화운동 관련자 인정은 어떻게 된 거예요?

살다가 보니까 2000년도에 이제 민주화법이 제정 공포된 이후에, 이제는 우리가 법으로라도 구제를 받아야 되겠다 하고 2000년도에 그 민주화 관련 법이 정해진 다음에 사북민주노동항쟁 명예회복추진위원회라는 걸 만들었어요. 만들어가지고, 그때부터 이제 활동을 하기 시작했는데. 그때 마침 다큐멘터리 이미영 감독이라고 있어요. 거기서 어떻게 우연히 찾아와가지고, 어떻게 좀 다큐멘터리 제작하고 싶으니 협조를 좀 해 달라는 식으로 해가지고. 그래서 우리가 전부 다 같이 협조를 하고 그래서 다큐멘터리 영화《먼지, 사북을 묻다》를 만들었어요. 그래가지고 그것을 대학교, 시민단체, 종교단체, 그 부산국제영화제 여기까지 다 나갔어요. 그런데 그게 대학교 같은 경우도 "우리 대학교에 와서 좀 해 달라." 하는 데 가가지고 했는 거지 우리가 찾아가서 할라 그런 건 아니고, 어디서 초청하면 갔어요. 가가지고 그 시사회 끝나면은 끝에 가서 뭐 그 토론회도 하고, 이제 이렇게 했어요. 서른두 군데를 댕겼다고, 전부 다. 국회 앞에서도 일주일간 천막 농성을 또 했어요. 그때 명예회복을 하기 위해서.

그래서 제일 처음에는, 2001년도에 우리가 이제 신경이하고 조행웅이하고 내하고 서이서[셋이서] 명예회복 신청을 했다고. 우리가 그렇게 했던 이유는, 이제 결과 어떻게 나오는가에 대해서 조금 생각을 했던 거예요. 우리가 되게 되면은 그 다음 다른 사람도 다 될 수 있으니까. 그래서 일차적으로 함 해보자. 그 당시에 그거 할라 그러면은 대전, 육군본부가 대전으로 옮겨져 있거든요? 그러니까 거도 갔다 와야 되고, 뭐 여러 군데 댕기면서 경비도 좀 들어요. 또 뭐 공사판에 댕기는 사람들 일도 빠져야 되고. 여러 가지 그런 게 있어서 될지 안 되는지도 모르는 일을 가지고, 괜히 경비 써라 하면서 이렇게 하기가 굉장히 어렵잖아요. 그 사람들한테 부탁하기도. 나중에 안 되면 원망만 듣는 거예요. 괜히 일 빠지고 돈만 쓰고 이랬단 소리 들을 거 아냐. 그래가지고 서이[셋이] 해보자. 그래 이제 했는데, 그래 2005년도에 민주화운동으로 인정을 받았어요. 그때 받은 다음에 바로 2차로 여러 사람들을, 그러니까 지역 사는 사람들, 그 사람들을 명예 회복 신청을 했어요. 해가지고, 우리가 신청했는 사람들 중에서 두 사람이 안 됐어요. 안 된 이유는 뭔가 그러면은 김○이 린치 사건에 가담된 사람들 두 사람만 안 됐어요. 다른 사람 다 되고. 안 된 사람이 여자 한 사람, 남자 한 사람, 두 사람이라. 안 되고 딴 사람 다 되고. 그 다음에 또 빠진 사람들을 찾아가지고 3차로 이○형이하고, 그 저 성남 있는 그 장분옥이, 그 차에 치인 사람, 그 이름이 뭐인지 기억이 안나.

원일오 씨.

아, 원일오. 원일오 죽은 다음에 명예 회복 신청을 했어요. 그래가지고 이제 총 20명이 명예 회복 신청을 받았고, 징역을 산 사람은 27명인가 그러는데 딴 사람은 못 찾아요. 어디 가서 죽었는지 뭐 우예[어찌] 됐는지 찾을 방법이 없어서 명예 회복 신청을 못한 사람들이에요, 나머지 사람은. 그래 명예 회복을 신청해서 다 받았는데, 우리 같은 경우 1차로 신청한 사람 중에 내가 2005년도에 명예 회복됐다고 그랬잖아요. 그러니까 민주화 관련자 명예 회복을 받았는데, 그때 또 김○이 측에서 민주화[보상]심의위원회를 상대로 취소해 달라는 소송을 제기한 거예요. 이건 민주화운동이 아닌데 왜 민주화운동이라 그러느냐 해가지고 취소해 달라고 이러는데 그 소송이 2년간 돼가지고, 2007년도에 이제 이의가 없다고 각하가 돼가지고 명예 회복 신청을 2007년도에 또 받았어요. 그러니까 2005년도에는 그 민주화 증서를 받았는데, 2007년도에 또 한 번 받았어. 그래서 두 번 받았다고. (웃음) 두 번 받은 거예요. 그렇게 이제 됐고. 어쨌든 그 사람들은 이제 자기 아버지에 대한 것도 있지만은 자기 엄마에 대한 것도, 그 게시판 기둥에 묶여 있는 데 대해서 원한이 많은 거죠, 그러니까.

2000년에 관련 법이 만들어졌다는 내용들은 어떻게 정보를 얻게 되셨어요? 그동안 계속 관심을 가지고 계셨는지.

민주화 관련 법은 여하튼 테레비도 나오고 뭐 이랬잖아요. 그것도 나오고, 또 황인오가 그때는 뭐 시민단체 관여돼 있으니까 일찍 알아요. 그러면 연락도 해 주고 그랬어요.

황인오 씨와는 그전부터 연락을 주고받았었나요?

황인오는 어디에서 만났나 그러면은 사북서. 그러니까 황인오 아버지하고 내[나]하고는 감독을 같이했어요. 내보다 [황인오 아버지가] 나이가 한 서너 살 더 많아요. 그랬는데 사북에서 우리 민주화 항쟁이 일어났을 적에, 그때 내가 바쁘게까지 막 돌아다니는데 왜 그 젊은 사람이 말이지 "아저씨, 아저씨, 나 좀 봅시다." 그래. 그래 이래 보니까 "저가요 황중연 씨 아들이래요." 그러면서 얘기가 나온 거거든. 뭐 종교단체인가 어디에, 하여튼 우리 연락을 좀 하자 이런 얘기라. 나도 급한 통에 막 뛰어 댕기니까 "그래, 뭐 니가 생각해 보고 좋은 일이면, 하여튼 그럼 연락을 해라." 해가지고 "좀 같이 협상했음 좋지." 이렇게만 얘기하고, 그냥 계속하고. 사북사건 끝나고 그러고 본 적이 없어. 못 만났어요. 근데 뭐 그 자초지종을 잘 모르겠는데 하여튼 내려오기는 내려왔어, 종교단체 사람들이.

여 내려와서 보고 그랬는데. 그러고 난 다음에는 어디 있는지, 뭐 만나질 못했어요. 우린 지역 가 있고 뭐 이랬으니까.

그랬는데 청주교도소에서 대법원에 상고했을 적에 재판을 받으러 나갔는데, 지도 이렇게 묶여져서 나왔어. "아, 자네 어쩐 일이야?" 이러니까 "나도 끌려왔어요." 뭐 이러는 거여. 그래 거서 교도관들이 끌고 댕기는데 우리도 그렇고 갸도 그렇고 뭐 자기 사는 얘기할 수도 없고 기냥 뭐 이래. "그래?" 왜 왔는지도 우린 모르지 뭐. 그러고 난 다음에 우린 나오고. 지가 이제 나와 가지고 여기 내려왔어. 와가지고 만났어요. 만나가지고 뭐 이런 얘기 저런 얘기도 하고. 뭐 지가 이제 시민단체 있는 쪽에서 일한다고 그러더라고. 그래 "앞으로 연락도 잘 하고 그러세." 그러니까. 이제 자기 아버지 일도, 포천인가 이래 가 있었어요. 포천 저 대광리 쪽 어디 가 있었다고. 저 전방 쪽에. 그래서 이제 거기하고도, 아버지하고 또 연락을 하고 그렇게 지냈죠. 그러다 보니까 서로 황인오 씨하고 그렇게 연락을 하게 되었어.

국회에 가셨을 때는 몇 분이 함께 모여서 가신 건가요? 농성하셨을 때는 어떻게 모아서 가셨나요?

그래, 그렇죠. 우리 중에서 좀 하고, "야, 국회 앞에서 우리 농성하는데 갈 수 있는 사람들 다 좀 모이라고 해 봐. 그래서 갈 의지가 있는 사람들은 가자고 해라. 며칠 걸릴 테니까." 그래 이제 모아가지고 같이 올라간 거지.

그때 몇 분 정도 계셨어요?

우리가 나오니까 한 40명? 한 4, 50명 정도 됐어요.

여기 안 사시는 분들도 많으셨잖아요.

그렇죠. 그리고 그 사이에 죽었는 사람들은 이제 자녀들도 나오고.

그게 동지회를 만드는 어떤 시초가 됐던 건가요?

이제 우리가 사북노동항쟁 명예회복추진위원회를 만들어가지고 시작을 했으니까. 그러믄 2005년도에 명예 회복이 되면서, 명예 회복이 됐는데 명예회복추진위원회를 계속 둘 필요는 없다. 그러니까 2005년도부터 명칭을 바꾼 게 사북민주항쟁동지회로 바꾼 거예요.

어떻게 보면 개편이 된 셈이네요. 명예 회복이 되고 난 뒤에 이제 동지회로.

◇ ◈ ◇
항쟁 후 사북의 변화와 생계 수단

선생님이 계속 여기에 사셨으니까 몇 가지 더 여쭤볼게요. 사건 이후에 정부에서 여러 기관이나 목욕탕 같은 것을 설치했다고 하고, 약간의 변화들이 있었던 것 같은데요. 장학금 얘기도 잠깐 하셨는데, 이런 변화들에 대해서는 어떻게 보세요?

그러니까 하여튼 이 광부들은 정부라든가 기업주 측에서 인간 취급을 안 했어요. 사람하고 누가 같이 가면 말이지 "어떤 사람하고 광부 한 사람하고 가더라." 이렇게 취급 받을 정도로 말이야. 그러니까 인간 대접을 못 받고. 노예처럼 취급하기 때문에 그들의 의식 속에 없어요. 그냥 일만 시키면 시킨 대로 하는 노예처럼 부리기 때문에 그런 게 없었거든요. 사북에서 우리가 그 투쟁을 하면서, 사북민주항쟁이 일어난 이후에 가장 큰 거라 그러면, 정부나 기업주의 의식 속에 '광부도 사람이다. 함부로 다루면 안 된다' 하는. 그들의 의식 속에 어떤 광부도 함부로 하면 안 된다는 말이죠, 그런 인식을 깊이 심어 준 게 가장 중요한 거예요. 인간 대접을 받을 수 있는 그런 계기가 됐다, 그것이고. 그다음에 그 사건이 일어남으로써 우리뿐 아니고 전국에 있는 광산 업계의 기업주들도 정신을, 다시 광부를 생각해야 되는 그런 생각을 가졌던 거예요. 그래서 임금 관계라든가, 상여금 관계, 이런 것도 다 높이 올라갔는 거고. 동원탄좌 같은 경우 250% 하던 상여금이 400%가 됐거든요. 우리 투쟁이 400%로 해 준다고 합의서 자체도 나와 있어요. 그러니까 이와 같이 250%가 400% 될라면 노동운동 10년 해도 그렇게 못 올려요. 그게 한 번에 될 수 있었던 것은 그 임금 관계, 그리고 그들의 의식, 그러니까 기업주들의 의식 속에 광부라는 것을 다시 생각할 수 있게끔 심어 준 의식 자체가 중요한 거야. 그럼으로써 마음씨 바뀌어지니까. 임금 문제, 그다음에 장학금 문제, 그다음에 복지후생시설 문제. 복지후생시설 문제도 사실 목욕탕 없던 게 갑자기 목욕탕 들어서고.

전두환이 왔다 갔다고 하던데 선생님도 혹시 보셨어요?

우리 징역 살고 있을 때 왔다 갔으니까 못 보죠.

아, 그러니까 되게 빨리 왔던 셈이네요.

그러니까 전두환 씨 대통령이 된 다음에 제일 첫 나들이가 여기에요. 몰라, 뭐 어떻게 보면 자기 대통령 되는 데 우리가 첫 번째 기수로 손을 들어줬다고 그러는지, 구실을 줬다고 그러는지 몰라도 우옛든 간[어쨌든 간에] 첫 나들이 여기로 온 거예요. 왔다간 다음에 복지재단이 만들어지고, 그다음에 현재 있는 뿌리관, 그게 목욕탕으로 원래 만들어진 거예요. 목욕탕하고 매점 이런 걸로 만들어졌는 거거든요. 전두환 대통령이 정책적으로 다른 데서는 정치적으로 욕을 먹을지는 몰라도 동원탄좌에, 여기와서는 말이죠, 우옛든 간에 복지재단도 만들어 줬고 그런 것도 했는 데 대해서는 뭐 하여튼 공적이 있지요.

지역에 있는 분들 가운데도 그렇게 생각하시는 분위기 같은 게 있나요? 전두환 대통령에 대해서는 그래도 지역이 변화되는 데 공이 좀 있다고 보는?

뭐 저, (웃음) 그렇게 생각하는 사람들은 없는데 하여튼 지장산에, 지금도 강원랜드 그 앞에 카지노 옆에 보게 되면은, '대통령 오신 마을'이라고 이런 큰 비석이 서 있어요. 사실 대통령이 탄광촌 여기 올 일이 없잖아요. 우리 그 사건 없었으면 뭐 하러 여기 옵니까. 다른 데도 바빠서 못 갈 판인데. 하여튼 전두환이가, 대통령이 왔다 감으로써 그런 복지시설이라든가 이런 게 조금…. 이제 그 장학금 제도도 사실상 정부에서 안 하면요, 그게 하기 힘든 거거든요. 그러니까 정부에서 장학금 제도, 광부들 장학금 제도도 만들어 주고. 뭐 이런 데 대해서는 우엣든 뭐 공적이 있다고 생각하는 거고. 그렇다고 말이지 뭐 전두환 씨가 우리나라 정치사에 길이 남을 좋은 사람이다, 이런 생각은 가진 사람이 없어요.

아까 유지들을 계속 찾아다니면서 말씀을 했다고 하셨는데, 선생님이 당시에 원하시는 건 뭐였어요?

그거는 우선 이제 복직 문제도 얘기했고. "우리 잘못한 게 없다. 그냥 앞으로 입 꽉 다물고 일 잘 할 테니까 우리 복직 좀 시켜주시오. 당장 먹고 살아야 되니까, 복직 좀 시켜 주시오. 그 회사에 좀 얘기해 주시오." 이 얘기고. 가장 중요한 거는 그거지 뭐. 우리 억울하다. 이제 그 복직 문제고. 그다음에 아파가지고, 막 고문 받아가지고 그런 사람들도 많이 있었어요. 이런 사람들에 대해서는 하청 사장 중에서도 몇 사람들이 얼마씩 도와주는 경우도 있어요. 그런 건 있는데, 그것도 이제 쉬쉬하면서 얘기하지 마라 그러고. 그 얘기하면 안 되니까. 나도 처음에 나와가지고 할 게 없는 거라. 군대 갔다 와가지고 계속 탄광 생활만 했지 다른 거 해 본 게 아무것도 없잖아요. 경력 증명에서도 보다시피 뭘 할 게 없는 거라.

그렇다 보니까 내하고 동창 되는 애가, 우○조라고 태백에 제일생명 소장을 하고 있었다고. 이제 그래가지고 "니 그렇게 노느니 보험회사 외부사원을 한번 해 봐라." 이거야. 그래가지고 제일생명 외부사원을 했어요. 제일 처음에. 그래 외부사원을 했는데 외부사원을 할라니까 이제 모집을 해야 되잖애. 보험 모집을 해야 되는 거라. 그런데 전부 다가 나를 보믄 말이죠, 사람들이 다 이래. 내가 가는 거, 오는 거 보면은 고개 이래 돌리고 가요. 왜 그러냐 그러면은 나를 아는 척하고, 내하고 친한 척 하면 회사에서 쫓겨날까 봐. 그게 그 사람들은 염려라. 보험 얘기하면 "저녁 때, 저녁때 살짝 와요." 이런다고. 그럼 저녁때 가면 말이죠, 다 들어 줘요. 보험을 들어 줘. 그래가지고 82년도에 남자 보험모집사원으로서 우수 1등사원이 된 거야, 제일생명의. 그러니까 본사서 이래 보니까 말이죠, 아 보험업계에 혜성 같은 사나이가 나타났다 이거야. 이래 봤는 거라, 이제 본사에서는. 그러니까 나 가면 보험 다 들어 주는 거야, 사람들이.

그럼 당시 그 사건 있을 때부터 계속 업무에 복귀해서 다니는 분들이?

다닌 사람들도 있고. 같이 투쟁 갔던, 뭐 투쟁했을 땐 다 같이 나왔던 사람들이니까. 그러니까 가면 다 [보험을] 들어 주는 거예요. 그러니까 먹고사는데 "야, 보험 한 개 들어 다고." 하면 말이지 다 들어 주는 거야. 그런데 보험을 들어 줘도 낮에 댕기면은, 역시 내 보믄 고개 이래 돌리고 이러는 거야. 회사서 쫓겨날까 봐. 내가 감독했다 그랬잖아요. 같은 감독들도 날 보면 말이지, 이래 고개 돌리고 가. 모가지 떨어질까 봐.

그런데도 여기서 계속 사시게 된 이유는 뭔가요?

그러니까 우선은 먹고 사는 게…. 먹고 사는 것도 문제고. 그리고 또 떠날라 그러니까 한이 남는 거라. 떠나기 싫은 거야, 아주. 사실 어쩌면은 그 1,500만 원 준다 그랬을 적에 그냥 가면요, 중소도시쯤 가서 집 한 채 샀어요. 웬만한 집 한 채 샀다고. 그 정도라고. 지금 같으면은 아마 받고 갔을지도 몰라요. (웃음) 그런데 그때는 나이도 젊고, 또 내가 이래서는 안 된다. 내 후대까지도 욕먹이는 일이니까, 아버지로서. 그래서 난 이 고장을 떠나기 싫은 거라. 어쨌거나 여기 어떻게 했든 붙어서 한다 말이지. 그 마음 가지고 살다 보니까 외부사원 하고. 외부사원 하다 보니까 82년도에 가서 전국 모집사원 1등을 한 거여. 그러니까 혜성 같은 사나이가 나타났다는 식으로 간 거여. 그래가지고 83년도에 사북 제일생명 영업소장으로 발령을 해 주는 거야. 83년도부터 제일생명 사북영업소장을 했어요. 이제 사북 소장 하다가, 고한 소장 하다가 그래가 이제 83년도부터 92년도까지 소장 했어요.

이제 92년도에 회사를 그만 뒀는데, 사실 뭐 그만둔 것도 이제 애길 좀 하면 경리사원이 사고를 낸 거라. 금전 사고를 낸 거여. 그래가지고 책임을 지고 소장을 그만뒀어요. 그 경리사원은 징역 갔고. 그래서 그만두게 됐는데, 그리고 난 다음에 먹고 살아야 될 게, 할 게 없어. 그래가지고 옷 장사를 했어요. 여기서 하질 못하고 저 경남 쪽에 아는 사람이 있어가지고, 그 지방에 가가지고. 서울서 이제 여기 동원탄좌에 같이 다니던 친구가 하나가 어떤 백화점 있는 데 영업 관리를 했어. 그 사람 그래가지고 좀 싸게 옷을 내려보내 주고 나는 팔고. 이래가지고 장사를 한 3년 정도 했어요. 하고 난 다음에, 그것도 뭐 하다 보니까 잘 안 되고 이래가지고, 그래서 다시 여기 들어와가지고… 아니다, 고 부분이 좀 다른데.

그럼 보험회사 그만두시고, 경남에 잠깐 가서 옷장사 하시다가 사북으로 돌아오신 거예요?

어어. 사북으로 돌아와 가지고. 지금 강원랜드, 그러니까 스키장이 있는 거기가 옛날에 물한리골이라고, 거기서 신토불이가든이라고 장사를 시작했다고. 횟집이라 이제. 송어회, 향어회 이런 건데. 그래 횟집을 했는데, 장사를 하다가, 그때가 99년쯤 됐겠다. 강원랜드가 그때 들어왔다고. 들어오면서 거기가 이제 스키장이 됐는 거예요. 스키장이 되면서 그것도 보상받고 나와가지고 일로[이곳으로] 이제 2000년도에 이사를 왔죠. 그때 올라오니까 나이도 많고 해서 이제는 뭐 조용히 살아야 되겠다 하고 지금까지 살아 왔는 거죠.

선생님 나이가 좀 있으시긴 했지만 강원랜드에 취직하거나 뭐 그런 생각은 혹시 안 하셨어요?

그 나이가 한 50 얼마 되면 몰라도 (웃음). 뭐 70, 80 이래 됐으니까. 또 뭐 가서, 예를 들어서 보험회사 소장도 하고 우옛든 나가면 모르는 사람도 거의 없는데 거기 가서 뭐 쓰레기나 줍고 청소하는, 사실 또 시켜 줘도 잘 못하고. 아무튼 뭐 자존심이라 할까 이런 것도 있고 해서 그냥 있었어요. 그다음에는 애들한테 내가 얘기를 했어요. "야, 너들 전부 10만 원씩 다 부쳐. 그리고 아들은 니는 20만 원이다." 그러면 이제 아홉이니까 100만 원 아니에요? 그죠? (웃음) "그 10만 원씩 너들이 보내 줄 형편이 못 되면 내가 20만 원 보내주겠다. 그러니까 꼭 부쳐." 그러니까 그래 생활비를 100만 원씩 주잖아요. 그걸로 먹고살고 이제 그렇죠.

◇ ◇ ◇
'민주화운동' 인정의 의미

이제 2005년에 명예 회복이 되셨지만 그 이전에는 '이게 민주화운동이다'라는 생각은 그다지 해 보신 적은 없으셨을 것 같은데, 어떠세요?

그 전까지도 우리가 뭐 잘못해서 징역 갔다는 생각은 안 했기 때문에, 억울하다는 그런 마음만 가지고 있는 거니까. 2000년도에 민주화 관련 법이 제정되면서 법으로라도 구제를 받아 봐야 되겠다 해서 우리가 투쟁을 하고 시작을 한 거기 때문에, 그러니까 민주화운동이란 거보다도 명예를 회복해야 되겠다 하는 그거죠. 그러니까 민주화운동이라는 것은 그 기준이 뭔가 그러면은, 다른 투쟁도 겸비하지만은 정부 상대, 아니면 정부기관과 합쳐진 [곳을 대상으로 한] 투쟁이 아니면은 민주화운동이라고 인정을 안 해 줘요. 그러니까 관과 싸워야 돼. 관의 부당함을 지적하고 싸워야 되는 거거든요? 그러믄 이제 민주화운동으로 인정을 받는 거라고. 하여튼 그 당시 정부, 기관, 기업주, 노동조합, 전부 다가 한 뭉치였으니까. 다 미운 거 아닙니까. 그 기관이 광부들을 못살게 구는 기관인데. 그러니까 그 사람들하고 같이 투쟁을 했는 거예요. 제일 먼저 쫓아낸 게 바로 거기 있거든요. 사북에서 경찰 나가라. 우린 너희들 필요 없다 말이지. 치안대란 게 너희들 필요 없다 하고 투쟁을 핸 거거든요. 그래 이 부분이 인정이 된 거예요.

그때 이미 회사하고 경찰, 정부가 유착이 돼 있어서 거기에 대항해 싸웠다고 하는 거죠?

그렇죠.

그렇다면 사람들이 많이 모여서 봉기가 일어났던 그 부분이, 그게 곧바로 민주화라고 보기는 좀 어려울 수도 있는 건가요? 어떨까요?

처음에 우리가 투쟁하는 거는 '이게 민주화운동이다' 뭐 이런 걸 생각하는 게 아니고. 그냥 우리의 불편한 점, 광부도 인간답게 살아야 된다는 그런 투쟁, 삶의 질에 대한 투쟁이죠. 글로부터[그것으로부터] 시작된 게 끝에 가서는 이제 그런 투쟁이 됐고. 결국 그 당시로 보게 되면은 처음에는 광부들만 투쟁을 했지만은 나중에는 지역에 있는 지역민들도 참여했어요. 다방에서는 양동이에다 말이죠, 이래 커피 잔을 띄워가지고 바깥에 내놔요. 이거 먹고 하라 그러고. 그 뭐야 국수집이나 그런 집에서는 국수도 한 그릇씩 그냥 막 주고, 막걸리 술잔도 이래 바깥에 내놓고 막걸리 떠먹고 댕기라 그러고. 그렇게 같이 협조를 했어요. 그러니까 지역에 있는 사람들이 거의 동원탄좌 다니던 사람들이라 그 사람들도 자기들이 처절하게 살고 광부들의 뼈아픔을 알기 때문에, 자기들이 실지로 경험을 했던 사람이기 때문에 우리가 거리 투쟁할 때에는 같이 나와서 손도 흔들어 주고 같이 투쟁했어요. 그러면 결국 광부들의 투쟁이 끝에 가가지고는 말이죠, 사북에 대한 민중항쟁으로 번진 거라. 그렇게 된 거예요.

아까 처음에 명예회복추진위원회 만들었다고 하셨을 때, 그때는 민주노동항쟁이라고 이름 붙이셨던 거예요?

그렇죠. '민주노동항쟁 명예회복추진위원회'. 제일 처음에 만들 땐 그렇게 했죠.

최근에 와서 '노동'이라는 말이 빠지게 된 거네요?

예. 제일 처음에 2000년대 우리가 구성할 적에는 그렇게 구성을 했는데. 2005년도에 우리가 명예 회복이 되면서 민주화운동으로 인정을 받으니까, 그래서 이제 우리는 민주항쟁으로 하자 해서 민주항쟁으로 하게 됐는 거예요.

명명을 그렇게 하게 됐던 거군요. 사건 직후에는 투석전 과정에서 경찰을 누가 죽였는지를 찾으려고 지역민들한테 누가 그랬는지 이름을 대라고 하고, 같이 끌려갔을 때 그런 일들이 있었잖아요. 그 이후에 지역에 계셨던 사람들끼리 조금 마음이 상하거나 그런 것들도 좀 있지 않았어요?

그런 거는 뭐 없죠. 근데 그 돌을 던져가지고 그 경찰이 맞은 것은, 몇천 명이 언덕에서 돌 던졌는데 누구 때문에 맞은 거는 가리기가 힘들어요. 그러니까 그 부분을 씌울라 그랬던 게 이제 내인데[나인데], "니가 돌 던지라 그래가지고 결국 사람들이 돌 던져서 저 사람이 죽었다." 이렇게 씌울라 그러는 게 결국 못 씌웠거든요. 그러니까 어떻게 보면 말이죠. 이게 그 법원으로 봤을 적에는 인감 위조 행사 됐는 거, 그게 아니면 내 일찍 못나왔어요. 그리고 그 시간에 내가 연금되어 있었기 때문에 [못한 것이지] 어떤 방법이든지 내가 돌 던지라 그랬다 그러고, 그다음에 내가 김○이 붙들어 매라 그랬다는 것을 내한테 다 씌울 수가 있어요. 하여튼 우연찮게, 그것도 운명적으로 보면 말이죠, 인감 위조 때문에 일찍 나왔지. 나를 연금시켰기 때문에 내가 안 뒤집어썼지.

김○이 씨 아들들이 소송도 했었는데. 그 화해라고 할까요, 그런 과정이 그 후에 있었잖아요.

예. 그거는 이제 탁경명 기자가 책을 쓴 게 있어요. 그래가지고 내가 읽어 보니까 가당치도 않는 얘기를 써 놨는 거라. 그래가지고 소송을 했어요. 소송을 할라면은, 그 당시에 탁경명이가 춘천에 살았단 말이에요, 그 주소지에다 해야 된다고 그러더라고. 그래가지고 춘천에 가서 소송을 했는 거예요. 명예 훼손으로. 명예 훼손 해가지고 이제 소송을 했는데, 우예 됐는지 하여튼 뭐 불기소 정도로 처분을 받은 거예요. 그래가지고 내가 재심 청구한다 이렇게 됐는 거지. 그때 탁경명이가 좀 보자 그러더라고. 그래가 만났어요. 탁경명이하고 만나가지고… 그전에도 내하고 친하진 않지만 알아요, 서로가. 누가 누군지 안다고. 그래서 "내가 글 쓰다 보니까 그런 것도 있는데, 이렇다." 그래[요]. 내가 그랬지. 그럼 책이 팔려 나갔는데, 지금 있는 부분에 대해서는 그렇다 치더라도 나도 이제 합의할 수 있는, 뭐 합의보다도 그냥 이제 뭐 좋게 할라는 그런 마음도 있었어요. 그래가지고 "그러면 다시 책을 더 발간은 하지 마라. 그리고 당신들이 잘 못했다고 [해라]." 그러니까 "내가 인정을 한다." 그래가지고 다시 소송을 안 하겠다 하고 끝을 냈어요. 끝을 냈는데, 그래 언제 또 있다 보니까 전화가 왔어. "그 김○이 씨하고, 뭐 이래 화해를 하자 그러는데 어떻게 생각합니까?" 그래.

그쪽에서 먼저 화해를 하자고 얘기를 했다는 건가요?

탁경명이 얘기가 화해를 하자고 그러는데, 자기가 얘길 했다 이거야. 화해하는 게 안 좋겠느냐 하고 얘기를 하니까 그쪽도 좋다 그러더래. 그러니까 내 의견은 어떻냐, 이 얘기라. "아, 좋죠. 뭐 우리가 원수스럽게 할 일도 아니고, 뭐 내하고야 원수질 일도 아니고. 화해를 하는 게 좋지 않느냐. 나도 그 당시 참여했던 사람으로, 사북민주항쟁 투쟁에 참여했던 사람으로서 나도 그 사람에게 미안한 것도 있다. 괜히 지부장 잘못 한 거 가지고 부인이 매달리게 된 거에 대해서는 나도 미안하게 생각한다." 이렇게 된 거야. 그래가지고 이제 자리를 마련해 수원에서 그 한식집에 가가지고, 그쪽에서는 김○이 씨하고 아들 서이[셋]하고 며느리 한 사람이 나오고. 탁경명이하고 내하고 이렇게 만났어요. 만나가지고, 그래 뭐 화해하고. 앞으로 서로 이래 연락도 하고 뭐 이러면서 지내자고 이렇게 잘 했는데. 식사 값을 내가 내고 나올라 하니까, 벌써 나오니까 아들이 계산을 했드라고. 그래서 이제 화해는 그렇게 했고 끝이 났는 거죠.

그럼 그 뒤로는 그 아들들하고 소송 문제나 이런 것들이 없었던 거였어요?

그러니까 그쪽에서 소송을 했던 게 그게 있고. 이제 우리 민주화운동 취소해 달라는 게 있었고. 그다음에 내가 KBS하고 인터뷰를 했을 적에 내가 4월 21일[4] 날 오후 4시에 풀어 줬다는 게 있잖아요. 그거를 가지고 "나는 4월 21일 날 안 풀렸다." 이거야. 24일 날 사태가 마무리 진 다음에 나왔다 이 얘기야. 그래가지고 소송을 또 한 거라, 이제. 했는데, 그거는 사실은 그 저 인터뷰에도, 합의한 저기도 나와요. 《인물현대사》 거기도 나오고 《먼지, 사북을 묻다》[5]에도 거기서도 한 번 나올 거야. 강원도지사가 나를 풀어 준 다음에 4월 21일 날 오후 4시에 풀렸다는 것을 행정안전부하고 청와대까지 보고를 핸 게 나와요. 자기가 했다는 게 그 인터뷰에 나온다고. 그게 나오는데, 이제 우리 변호사가 증거 자료로 갔다 낸다는 게 뭘 갔다 냈냐 그러면은 저 사북사건 자료집. 정선지역발전소 거 나오는 데 보면은 4월 24일 날 나온 걸로 쓰여져 있어. 그래서 법원의 판결은 뭔가 그러면은 "증거 자료에 의하면" 이러는 거라. 그런데 도지사가 매스컴에 인터뷰한 거 하고 도지사가 청와대까지 보고를 했다고. 그게 다 문건에 나와요.

그러니까 내한테 500만 원을 물어 주라는 식으로 판결이 떨어진 거예

---

4 22일의 오류.
5 다큐멘터리 영화 《먼지, 사북을 묻다》, 이미영 감독, 2002년 작.

요. 그래가지고 판결 떨어지니까, 나는 이제 가만있으니까 이제 내 주소지에 자기들이 내 걸 차압을 해야 돼. 재산 차압을 할라고, 돈을 안 주니까. 재산 차압을 조사를 해 보니까 내 게 한 개도 없거든요. 집도 와서 보니까 내 거는 한 개도 없는 거라. 이 집도 우리 식구 앞으로 돼 있고. 그러니까 처음 살 때부터 그렇게 돼 있고 그 사이에 옮긴 것도 아니니까. 내가 잘못해가지고 어떤 차압이 들어오게 되면은 이거는 내 명의로 된 것만 필요한 거지 가족 명의로 된 거는 차압을 못 해요. 예를 들면은 은행에서 돈을 빌리더라도, 내가 개인적으로. 그러면 은행에서 돈 빌릴 적에 제일 중요한 게 뭔가 그러면은 "어디다 사용합니까?" 가정에서 살기 위해서, 사업용이라든가 뭐 이래서. 그래 이거는 안 주면은 부인 것까지 다 차압을 할 수 있는데, 개인이 잘못해가지고 있는 것은 개인 재산만 필요한 거지 식구들한테는 해당이 안 돼요. 그래가 와서, 집 와도 없거든. 내 앞으로 된 건 아무것도 없거든요. 그래가 이제 못 받은 거라. 그래 그 이후에 화해를 했는 거야.

아, 그거 끝나고 나서?

　이제 화해를 하니까 뭐 그다음에 달라 소리도 안 하고. 그래 끝이 났어요.

도지사가 보고했다는 게, 풀어 줬다는 그 얘기가 실제하고 어떻게 다르게 됐던 거였어요?

　아니죠. 도지사 얘기가 맞는 거죠. 내가 풀어 줬어. 이제 4월 22일 날 오후 4시에 풀어 줬단 말이에요.

아, 김○이 씨를 선생님이 풀어 줬다 그 얘기를 도지사가 했다는 거였어요?

　풀어 줬다는 것은 4월 22일 날 나를 연금됐을 적에 풀어 주면서, "가서 우선 지부장 부인부터 풀어 줘라." 그러잖아요. 그래 이제 내가 풀어 줬어. 풀어 줬단 말이에요. 풀리니까 연금됐던 김○이가 풀렸다 하는 것을 행정안전부하고 청와대에 보고를 했어요. 도지사가. 그게 그 저 인터뷰에 나온다니까.

김○이 씨 측에서는 그걸 인정 안 하는 거죠?

예. 안 하는 게, 이런 게 있어요. 풀어 주고 나는 막 그다음에 바쁘니까 왔다 갔다 그러는 판인데. 풀어 주고 저쪽 내려가는 거 봤어. 보고 그다음 "뭐 좀 불편하시면 병원이라도 가세요." 이러고는 난 그냥 사람들 있는 데로 올라온 거예요. 올라 왔는데, 이제 이웃에 있는 사람들이 말이죠. 아주머니가 아침 한 10시쯤에서 4시쯤까지 묶여 있었으니까 그렇잖애. 집에 가서 좀 쉬다 가라고. 그 배급소에 있는데, 배급 주는 배급소 있는 데가 있어. 그 옆에. 가서 그 아는 아주머니들하고 같이 앉아 있은 거라. 있었는데 이 사람이 이제 가만 보니까 혼자 갈려니 겁도 나고, 뭐 매달려 있다 오는 판이니까 겁도 나고 이러니까 배급소에 계속 있은 거예요. 아는 사람들도 있고 거기서 밥도 먹고. 우리 투쟁이 시작됐을 적에는 우리가 밥솥을 갖다 놓고 거기서 밥을 했다고. 우리가 밥을 하고 국 끓이고 해가지고 투쟁하면 밥 주고 그랬거든.

배급소에서?

어. 그 현장에서. 투쟁 현장에서. 그러니까 밥도 먹고 이랬단 말이에요. 그래 거기서 이제 뭐 그렇게 하고[서는] 하여튼 24일 날 나왔다고 그래. 그러니까 나는 풀어 준 다음에 어디 갔는지 모르지 뭐.

아. 그러니까 24일에 나왔다고 그쪽에서 그렇게 주장을 하는 거구나. 배급소에 있었던 걸 모르고.

내가 얘기하는 거는 4월 22일 날 오후 4시에 김○이가 묶여 있던 걸 풀어 줬단 얘기고, 저짝 얘기는 그러니까 사건이 끝나고 풀렸다 이게 이런 얘기라.

나올 수가 없었다?

　그러니까 자료집에 보게 되면은 4월 24일 날 풀렸다고 이렇게 돼 있다고. 나는 묶였던 것 풀어 줬단 이 얘기고. 이게 이렇게 된 거라. 그러면 사실은 내가 4월 22일 날 오후 4시에 김○이를 묶여 있던 걸 풀어 줬다는 거는 도지사 인터뷰에서 나와요.

그렇게 보면 선생님은 김○이 씨를 풀어 준 건데 굳이 화해를 한다는 게 무슨 까닭에서 그런 건가요? 탁경명 씨는 그런 자리를 왜 제안을 했을까요? 소송 때문에 그런 건가요?

　소송도 소송이고. 우옛든 그 김○이 씨가 봤을 적에는 내[나] 때문에 사북사태가 일어났다 이 얘기라. 그건 또 그 사람들 주장이 얘기가 맞거든요. 내 아니면 사북사태 일어날 일이 없어요. 그 당시 안 일어난다고. 그런데 유별난 놈이 나타나가지고, 아니 이렇게 사북사태를 일으켰으니까. 자기 남편도 다 쫓겨났죠, 자기는 묶여 있지 그러니까 나를 탓할 수밖에 없잖애. 그러니까 내한테만 원망하는 거지. 그 사람들은 누구를 원망할 사람도 없는 거예요. 그렇다 보니까 이제 화해한다는 게 바로 그런 데서 얘기가 나온 거죠.

그 건으로 인해서 실제로 처벌 받은 분도 있었잖아요. 그분들하고 김○이 씨하고는 이후에 만나거나 그런 건?

　그런 건 없죠. 없고, 그 린치 사건으로 가장 크게 처벌 받은 사람이 신○이라고. 신○이라는 사람이 있는데, 이제 내가 10년 구형 받고 그 사람 9년인가 받았어요. 그 사람이 제일 중한 걸로 이제 돼 있었는데, 그러니까 거기에 여자들 같은 경우 "니도 했지? 니도 했지?" 뭐 이래가지고 죄를 씌워서 했는 사람도 많아요. 공소장에 보게 되면은 억지로 만들어가지고 막 갖다 씌운 사람도 있고 이래. 억울한 사람들 있다고. 그러면 지금 민주화운동으로 신청했을 적에 안 된 사람이 신○이하고, 아 신○이는 아예 신청을 안 했고. 신○수하고 노○옥이 같은 사람은 말이죠, 노○옥이 여자인데 이 두 분은 지금 그것 때문에 민주화운동으로 인정을 못 받았단 말이에요. 근데 그 사람들 지금 얘기로는 나는 사실 안 했다 이거야. 안 했는데, "니 이거 했다 하면 내보내 준다" 그래가지고 얘기했다 이거지. 그런데 그거를 누가 인정을 하느냐 이거야. 본인 진술이 했다고 그러니까. 하여튼 그래가지고 모진 고문을 받고 지금까지도 병원에 댕기는 사람도 있고. 그 후유증으로 고생하고 있는 사람, 그리고 후유증으로 앓다가 사망한 사람도 있고. 또 우리 사건으로 인해가지고 가정이 파탄 나가지고 지금까지도 홀애비로 말이지, 70이 넘어가면서 그렇게 참 병중에 살고 있는 사람들 보게 되면 말이죠, 이거는 참 어데 가서 누구한테 하소연 할 데도 없고, 또 이거는 참 치유되지 않는 천추의 한으로 남는 거라. 그 사람들의 삶이 말이죠. 삶이 온통 통째로 무너지는 거예요, 그게. 이런 게 사실은 억울한데…. 그러니까 우리가 생각하는 것은 바로 그런 사람들을 치유하고 위로해 줄 수 있는, 또 뭔가는 삶에 보탬이 될 수 있는, 또 병든 사람은 치료해 줄 수 있는 이런 기회가 와야 되지 않겠느냐 그런 생각이고.

◇ ◈ ◇
향후의 구상과 바람

이번 38주년 기념식 때, 강원도지사가 국가가 폭력을 저지른 것에 대해서 사과를 했잖아요. 그다음 기념사업이나 보상에 대해서는 어떻게 구상을 하고 계시는지요?

이제 우리가 민주화운동으로 인정을 받으면서 개인적으로는 명예 회복이 됐다고. 됐는데, 사건 전체가 민주화로 인정을 받은 거는 아니다 이런 얘기다 말이죠. 그 역사를 봤을 적에, 그러니까 징역 살았는 사람들이 우선 민주화운동으로 인정을 받았다는 얘기는, 그러면은 사건 전체도 민주화운동이다 하는 얘깁니다. 그죠? 그래서 우리가 민주화운동으로 인정을 받으면서 개인의 명예도 되찾았고. 그러니까 참 자식들 있는 데도 말이지. 우리 아버지 빨갱이란 소리 듣고 그렇게 살았는데. 아버지가 민주화운동으로 인정받았다 그러니까 자식들도, 이제 자식들 다 컸지만은 자식들 있는 데라도 아버지로서 명예 회복도 있는 거고. 또 '폭도의 땅' 그러던 이 사북이 말이죠, 민주화운동이 일어났던 곳이라고 하는 지역의 명예도 되찾은 것 아닙니까. 그렇죠? 그렇다면은 이와 같은 것을 공식화 될 수 있는 그런 기념일로 우리가 만든다는 게 중요한 것인데….

그래서 이번 강원도지사님이 우옛든 간에 우리 사건에 대해서 관심을 가지고 앞으로 같이 협조를 하겠다는 것은, 사실 뭐 힘없는 우리로 봤을 적에는 구세주를 만난 것처럼 반가운 것이죠. 그래고 우리 광부들은 말이죠, 사실 힘이 없어요. 그러다 보니까 사람이 크게 소리를 질러가지고 말이죠, 내가 소리를 크게 질렀을 적에는 내가 소리를 지른 만큼 이거에 대한 메아리가 내 귀에 들려와야 되는데, 소리를 암만 질러도 허공에 사라지고 없으니까 이건 소리 지르나 마나라. 그와 같은 현상이 지금까지 있었다 이런 얘기에요. 바로 그 후원자가 없고 했기 때문에. 세상에 독불장군도 없단 식으로 혼자 암만 떠들고 발버둥 쳐도 안 돼요. 그래서 이번에 어찌됐든 도지사님이 말이죠, 그 관심을 가져 준 데 대해서는 고맙게 생각을 하고.

우리가 원하는 것은 뭔가 그러면은 첫째, 국가에서 사과를 해라. 국가의 사과는 일방적인 우리의 얘기가 아니고, 과거사정리위원회에서도 이거는 국가에서 사과할 만한 자료가 있기 때문에 결정문에 나와 있어요. 결정문에도 국가에서 사과를 해라 이런 얘기야. 사과를 해야 되는 것이고, 그러고 우리는 이제 기념사업회를 만들어가지고, 우리가 사북민주항쟁기념사업회를 만들게 되면은 사건 전체를 민주화할 수 있는 이런 그거를[발판을] 만들 수 있다. 그리고 모든 사건을 다시 재조명할 수 있는 좋은 기회가 되지 않겠느냐, 이제 그거고. 그다음에 민주화기념사업회가 만들어진 다음에, 고문 후유증으로 인한 치료라든가 또 생활 지원 같은 것을 해 줄 수는 있겠다. 그 사람들이 다 이제 나이가 많은 사람들인데, 죽기 전에 다만 얼마라도 말이죠. 마음에 위로나마 안고 갈 수 있는 이런 좋은 기회가 됐으면 좋겠다. 이제 이렇게 생각하는 거죠.

지금까지 많은 얘기 들려주셨는데요. 이루어 낸 것도 있었던 거잖아요? 그래서 그 부분은 어떻게 생각하시는지 궁금하구요. 그리고 지금 선생님이 그 요구하는 것들이 잘될 수도 있고, 아니면 정부에서 그걸 또 잘 안 받아들일 수도 있잖아요. 정부에서 잘 안 받아들인다면 그 이유는 뭐라고 생각하세요? 린치 사건 때문이라든지.

근데 그 린치 사건을 얘기하면, 그 신문지상에 '린치', '린치' 이래서 그러는데 사실상 이제 게시판 기둥에 묶인 거거든요. 그러는데 우옛든 우리 사건의 오점으로는 남습니다만은 그래 뭐 얘기를 한 것처럼 지부장이 죄가 있지 부인이 뭐 죄가 있겠어요. 그래 그거는 잘못된 일이라고 생각을 하는데, 우리가 '사북민주항쟁'이다 하는 이 근본 근거하고 그 린치 사건하고는 다른 거예요. 왜냐면 그 사건에 대해서 가담된 사람은 처벌을 받았어요. 형사상으로도 보면은 처벌을 받은 거고. 이 사건 원래의 진상하고는 다른 거예요. 이 진상을 자꾸 린치 사건에 가담을 시켜가지고 진실을 왜곡한다는 것은, 그것은 있을 수 없는 일이거든요. 그리고 이제 이재기 쪽에서도 "사북민주항쟁이 아닌데 민주항쟁이라 그러느냐. 사북사건이라 그래라." 뭐 어쩌고 좀 얘기를 하는데, 그것은 그 사람들하고는 해당되는 일이 아니에요. 린치에 대해서, 그 당시 묶였던 그 사건은 그대로 그 사람들 다 처벌 받았고. 그러니까 이 진상하고 그것을 같이 결부해서 한다는 것은 얘기가 안 되거든요.

당시에 수천 명이 있었다고 하셨잖아요. 그럼 선생님 생각하시기에 그분들 전체가 이 민주항쟁의 주인공이라고 생각하세요? 아니면 선생님하고 약간 이거를 이끌었던 분들이 계시니까, 이분들이 그래도 좀 더 역할을 많이 했다고 보세요?

우리 사건은 사실 어떻게 보면 말이죠. 사람이 오륙천 명이 모였는데, 우리 같이 하는 사람들이 한 20명 있다 그래가지고 그렇게 모인 건 아니거든요. 스스로 참여한 거예요. 우리가 아까도 얘기했지만 우리 계획으로는 한 1,500명 정도는 안 모이겠느냐 하고 생각한 게 6,000명이 됐다 그러면은 우리 상상 이외거든요. 그러니까 그 많은 사람이 자발적으로 나온 거예요. 자발적으로 우리 투쟁에 참여했고. 이게 민주화운동으로 우리가 인정받는다고 그러면 그 사람들이 다 민주화운동을 위해서 투쟁한, 자발적으로 나온 사람들이에요. 억지로 끌려가고 우리가 부탁을 해서 나온 사람이면 모르는데, 그게 아니거든요. 자발적으로 나온 사람들이기 때문에, 그 사람들 전체가. 누가 주모자라고 하는 거보다도 자발적으로 나온 사람들은 다 주모자래요. 자기 스스로 나와서 투쟁한 사람들이 자기들 주모자 아닙니까. 누가 나오라 그랬냐 이거지. 자기 스스로 나온 거면 그것도 주모자거든요. "이원갑이가 주모자다." 하고 뭐 이렇게 얘기를 하는데, 그게 아니라 '모든 참여했던 사람이 다 주모자다' 난 이렇게 생각을 해요.

그리고 2012년도에 우리가 재심 청구를 했어요. 신경이하고 내하고 둘이 이제 했는데, 이것도 왜 둘이 했느냐 그러면은 재심 청구하자면 돈이 많이 들어가요. 변호사비하고 뭐 뭐 이렇게 들어가는데 이것도 해 보고, 우리가 해 보고 되거든 또 하자. 이제 이렇게 해서 둘이 청구했어요. 했는데, 신경이하고 내하고는 인제 2012년도에 재심 청구를 해가지고 2015년도에 무죄를 받았어요. 법원에서 무죄를 받았단 말이에요. 그런데 신경이하고 내하고는 죄명이 뭐가 있냐 그러면은, 계엄포고령 위반이라. 이거 두 가지만 남아 있단 말이에요. 나는 그 인장 위조했던 게 이제 없어져 버리고, 요 두 개만 있거든요. 계엄이나 계엄포고령만 가지고 있는 사람은 무죄를 받기 쉬워요.

그러는데, 예를 들어서 이제 들어오는 데 돌 던진 사람들 있잖아요. 그 폭력 행위 등 처벌에 관한 법률 위반이에요, 돌 던진 사람은. 그러면은 이 사람은 폭력 행위 등 다른 게 섞여 있기 때문에 무죄가 안 되는 거예요, 신청을 해도. 그러면은 그 많은 사람들, 경찰이 최루탄 쏘고 들어오는데 돌 안 던진 놈이 나쁜 놈이지 돌 던진 놈은 정당한 방어를 한 거여, 그게. 그게 말이 안 되는 얘기거든요. 그래서 재심 청구를 할 수 있는 사람은 우리가 다시 살펴보니까 얼마 없어요. 그러니까 뭐 회사 물건, 그때 가서 장화 신는 거 하나 가져왔다 [등의] 절도죄 이게 들어가 있는 거는 무죄가 받기 무지하게 힘들어요. 그래서 아직도 다른 사람들을 무죄 신청 못하고 있어요. 변호사도 얘기해 보면 그거 살펴본 다음에 굉장히 어렵다 이거야. 우리가 직접 [재심을] 받아 보니까 무지하게 어려운 거라. 조그만 거 좀 다른 범죄가 끼면 말이죠. 거의 전부 다가 폭력 행위 등 처벌에 관한 법률 위반이라. 그래고 뭐 절도 있고 말이죠. 조그만 거 하나 들고 갔다 그래가지고. 뭐 이런 것 때문에 다른 사람 다 못 받고 있어요. 그 사람들 억울하죠. 그러고 무죄를 받으면은 형사 배상이 있고 민사 배상이 있어요. 근데 민사 배상을 청구를 할 수가 없어.

아, 그때 보상금 받으셨던 거 말씀인가요?

민주화 관련 그 보상을 받을 적에, 1일당 4만 원을 받았거든요. 징역 1일당 4만 원이에요. 그것도 생활지원금으로 1일당 4만 원을 줬는 거예요, 명목이. 재산이 5,000만 원 넘거나 사업자등록 있는 사람은 민주화운동으로 인정을 받아도 보상을 안 줬어요. 바로 이제 저 밑에 윤병천이 같은 경우. 그런 사람은 민주화운동 인정을 받은 데도 징역 1일당 4만 원 못 받은 거라. 그냥 공짜로 민주화운동으로 인정만 받았지. 공짜로 그냥 징역 살은 거예요. 이제 또 4만 원 받았는 사람도, 그러면은 죄 없는 놈 갖다가 징역 막 살려도 하루에 4만 원만 주면 된다는 얘기랑 똑같은 얘기예요. 그게 말이 되는 얘기냐, 이런 얘기야.

2015년에 무죄 판결 받으시고도 민사 배상 청구를 못 하신 건가요?

못 하는 게 아니라. 그게 뭔가 그러면, 민주화 관련 법 16조 2항에 보게 되면은 이 보상을 1일당 4만 원 주는 거, 이 보상을 받음으로써 국가하고는 화해했는 걸로 보는 그런 애매한 조항이 있어요. 그래가지고 대법원에서 그걸 근거 삼아가지고 전부 다 기각을 시킨 거예요. 그래가지고 헌법소원을 냈는 게, 우리뿐만 아니고 다른 사람들도 다 그래요. 그래가지고 헌법소원을 냈는 게 한 6년 넘어요. 근데 아직도 판결이 안 나고 있고. 국회에서도 지금 그 법이 계류돼 있는 걸로 아는데, 16조 2항을 삭제만 하면 되거든요. 그거 삭제만 하면 다 받을 수가 있어요. 민사 배상을 청구할 수 있거든요. 그러니까 이제 그것도 국회에서, 현재 그 법안 참여한 국회의원이 누군가 있었는데 그 사람이 낸 게 아마 계류 중에 있을 거예요, 현재. 그것도 뭐 국회 통과 안 되니까 그냥 있고 그런 상태.

이제 마지막 질문이 될 것 같은데요. 아까 후원자가 없고 또 힘이 없다고 하셨잖아요. 지금은 좀 어떻다고 생각하세요? 그래도 사회 분위기가 바뀌었는지, 혹은 후원자라고 얘기할 수 있는 분이 있다면 말씀해주실 수도 있고. 우리하고 뜻을 같이한다 이렇게 생각하시는 사람들이 있으신지.

그러니까 현재 봤을 적에, 2001년서부터 지금까지 우리 기념식을 했는 것도 공추위[6]에서 후원을 해서 이렇게 해 줬거든요. 가서 내가 부탁을 했죠, 사실. "이렇게 이렇게 해야 되는데 우리 돈도 없다. 그러니까 기념식은 해야 되는데 어떡하느냐" 해서 지금까지 공추위에서 맡아서 해 주고 있어요. 이제 강원랜드에서 지원은 해 줘요. 강원랜드에서 행사를 지원해 주는데, 그래가지고 지금까지 이어져 가고 있고. 2001년도부터 시작해서 계속 했을 거예요. 하여튼 이제 지역 사회가 같이 함으로써 요새 도지사님도 관심을 가져 주는 거죠. 강원도지사가 이번에 두 번째 내려왔댔어요. 내려와가지고 또 다시 약속을 하고 그랬는데, 적극적으로 관심을 가져 준 것에 대해서는 고맙게 생각하고.

그리고 우리로 봤을 적에도 뭔가 그러면은, 문재인 정부에서 이게 해결되지 않으면은 굉장히 요원하다. 이제 어렵다고 생각해요. 정치적인 얘

---

6 정선 고한·사북·남면·신동 지역살리기공동추진위원회

기가 여기 가담돼서 안 되겠지만, 정선군수도 같은 계열이고, 강원도지사도 같은 계열이고, 또 이와 같은 것을 바로잡아 줄 수도 있고 이 진상을 바로 이끌어가지고 민주화운동으로 인정하는 민주화기념사업회를 만들어 주는 것도. 이게[민주화기념사업회를 만드는 게] 돈이 들어가요. 돈이 어느 정도 들어간다 그러면은, 그냥 사단법인체로 만든다 그러더라도 돈이 한 5억 정도 들어가요. 기념사업회 정관을 만들어서 신청할 적에 통장하고 같이 보내야 돼요. 돈 한 개도 없이 그냥 정관만 내가지고는 통과가 안돼요. 그러니까 돈이 한 5억 정도 들어간다 그러면은, 이걸 이제 후원을 받게 되거든요. 그러면 도지사님이 관심을 적극적으로 가져 주시게 되면 강원랜드도 있고, 강원도도 있고, 정선군도 있으니까 그건 아마도 쉽게 해결될 것이다 이렇게 보고 [있어요]. 또 이것을 우리가 기념일로, 국가기념일로 제정을 할라면은 강원도 조례를 바꿔야 돼요. 강원도 조례를 제정해야 된다고. 이번에는 도지사님하고 뜻을 같이하는 도의원들이 많으니까 그거는 쉽게 해결될 거라고 생각하고. 도지사님 큰 관심을 가져 준 데에 대해서는 고맙게 생각하고. 잘 이렇게 원하는 바가 이뤄질 것이라고 생각을 하고 있습니다.

네. 오랜 시간 동안 선생님 말씀 잘 들었습니다. 감사드립니다.

신 경

1941년 일본 효고현 출생

1945~68년 경북 거주, 4H 활동

1969년 동원탄좌 사북광업소 입사

1972~79년 화절항 파업 주도, 해고와 복직

1980~82년 사북항쟁 참여로 고문 및 수감

1982년 만기출소 후 경주 이주

2007년 민주화운동 관련자 인정

2015년 계엄포고위반 재심 무죄 판결

1. 유년기 경북 집성촌 생활

◇ ◈ ◇
출생 후 경북 지역 거주

태어나신 곳은 일본이라고 하셨는데, 어린 시절에 대한 이야기부터 해 주시면 좋겠습니다.

일본서는 병고현(兵庫縣, 효고현)에서 태어나가지고. 우리 큰집, 그러이 아버님 형제 두 분 계셨는데, 큰집이 일본에 먼저 머물고 그다음에 아버님께서 거 가셔가지고 생활 좀 해서, 나는 거서 태어나가지고. 해방 이후에 경북 영덕군 강구면 소월이라는 곳에 유래했어요. 큰집은 달산면이라는 데 하고, 우리는 소월이라는 데서, 그 이제 강구면 강구 항구하고 가차운[가까운] 데 거기서 아버님이 장사를 시작했어요. 내가 아주 어릴 때 신발가게 하고. 그 이후에 6·25사변 겪고 뭐 이래가지고 살림도 뭐 다 망가지고. 6·25사변 때 뭐 다 불사질러지고 안 망가진 거 있어요? 그 이후에 돈을 좀 마이[많이] 모았어요. 내가 어릴 때 점포도 한 서너 개 갖고 있었는데, 사라호 태풍 때 동네가 다 떠내[려]가고 참 어려웠어요.

그 동네는 구성이 요즘도 그렇지만, 집성촌이[에요]. 우리 평산 신가들이 한 40호 살고, 또 외손들이, 인동 장씨들이 살았어요. 그 외손들 살고 있는데, 거기도 동리가 옛날에 그 뭐 반촌(泮村)이니 민촌(民村)이니 역촌(驛村)[1]이니 카고 이래 했거든요? 그 동네는 참 유별히, 아주 훌륭한 선생님들이 두 분 계셨어요. 아랫동네는 천진 선생이라고 전국 백일장 글 1등을 한 그런 선생님이 한학을 가르치고. 그 위에 우리 신가인 덕 자 휴

---

1 각각 양반들이 사는 마을, 양인들이 거주하는 마을, 역(驛)을 중심으로 형성된 특수 촌락을 의미.

자라고[신덕휴] 그 어른이 옛날 천석꾼이었는데, 그때 후학을 많이 가르쳤어요. 그래서 그 동리에서 어린 시절 자라면서 한학을 배우고, 학교 다니면서 어린아이들도 [한학을 배우고], 나이 들어가지고 결혼할 처녀들은 거의『맹자』까지 읽고 거의 터득을 해가지고 결혼을 하고, 반촌이라는 곳에 다 주자학을 공부하고 이랬는데, 완전히 유교적인 테두리 안에서 살았죠. 그러니 좀 천진하게 산 셈이지요. 우리가 다른 것보다도 세수(世守)하고 응대(應待), 진퇴(進退) 이런 데서는 다른 어디 가가지고도 모범이 됐어요. 효자 소리는 못 들어도, 열심히 부모 섬기고 동리에 귀감이 되는, 부모에게 누를 안 끼치고 이런 생활을 했는데.

사라호 태풍에 [다 떠내려가자], 그때 살림이 좀 있고 이러니 어른들이 여기서는 살 곳이 안 되끼니 대전이나 멀리 좀 가가지고. 그때는 옛날 사람들이 그거를 많이 믿었어요. 다음에는 이보다 더 큰물이 온다든지…. 그래서 거[기] 가가지고 집을 짓고. 그때는 기와집 짓는 게 굉장히 힘들었어요. 그래서 기와집 지어가지고 3년쯤 됐는데, 참 뭐 부럽지 않게 이래 살았는데 갑자기 내가 열아홉 살 때인데 이사 가자고 이래가지고. [경북] 청송 진보라는 데, 거기 퇴계 선생 영정이 있는 곳이라요.

청송으로 이사하신 건가요?

예. 청송으로. 거기서 가가지고 보이[보니], 처음 살던 곳에서 이주를 하다 보믄 세상이 많이 달라요. 그때는 살림 있든지 없든지 [미리 준비를] 해가지고 어디 가야 되지, 어중간하게 가면 굉장히 고생을 해요. 뭐든지 풍속도 좀 붙고, 뭐 지역적으로 보믄 옛날에 집성촌이 사는 데 이래 가 보면 좀 세라는 게 있어가지고.

텃세가 있죠.

예. 텃세. 그래가지고 거기서 한 2년, 기후도 안 맞아요. 춥고, 눈도 내리고 뭐 아주 안 맞아요. 이래가지고 그때부터 이 어른이 자전거를 타고 안동 일대고, 좋다 카는 데는 다 다녔어요. 요산요수 찾으러, 돈을 가지고. 한 5년 동안 헤맸는데, 내가 그때 스무 살쯤 군에 갈 나이 다 돼 갈 무렵에, 다니다가 어디냐 카면 저[저기] 요즘 포항서 한 4킬로[미터] 가면 유금이라는, 경주시 강동면 유금이라는 동리가 있는데, 경주 손씨들 서원이 있어요. 동강서원이라고 그곳에 있는데, 아산 장씨들이 살아요. 그렇다 보이 지질학자도 있고 국회의원도 있고 이런데, 거기서 5 · 16 혁명 이후에 군인들이 저[정치를] 하는데, 군 중위인데 그 사람이 면장을 하고 있더라고. 면장을 출마했는 그 한 사람이 또 그 옛날 만석꾼 집터라 카면서 집터하고 산을 내놔가지고 그 집을, 우리는 몰랐는데 어릴 때 샀어요. 터를 사고, 또 집도 돈 주고 사고, 뭐 좀 있으이[가진 게 있으니까] 토지도 구입하고 했는데, 그때만 해도 논 한 30마지기면 부자였어요.

이랬는데 촌에 뭐 부자라면 다르겠어요? 먹고살고 이러면 되는데. 아무것도 모르고 지형질도 모르고 이랬는데, 거기 가 보이 저 형산강에서 큰물이 지면 물이 침투돼가지고, 포항서 뭐 한 20리 가다 보면 양산맥이라고 있는데, 양산목이 있어요. 형산면부터 훅 나와가지고 거[거기] 와서 갑자기 좁아진 데였어요. 요즘은 터널을 뚫어가지고 차가 이래 다니는데, 해마즘[해마다] 큰물이 져가지고 농사를 실패를 해요. 물이 덮쳐 뿌고[버리고], 농사를 좀 추수할 때쯤 되면 물 덮쳐 뿌고 이래가지고 3년을 흉년을 맞았는데, 그때는 이제 63년도 군에 입대를 하고. 뭐 참 어려워했어요. 왜냐하면 산도 빨갛고, 뭐 벌목이고 땔나무도 없고 그런 게 어려운 시절이었거든요.

◇ ◇ ◇
군 입대와 제대 후 생활

그래 거그서[양산목에서] 군에 입대를 하고. 이사를 가고부터는 친구도 만날 수 없고, 학교고 뭐고 어디 발붙일 수도 없어요. 뭐 어른이 한 번 흔들리기 시작하이끼네[시작하니까]. 우리는 그때 그저 순종하고 따라다니는 거고. 그래 군에 가가지고 있다가 제대할 무렵에 형님이 편지가 왔어요. 다음에는 그리 가지 말고, 내가 큰집으로 와가지고 같이 가자고. 또 뭐 작은아버지 이사를 했었다 그러는 [거죠]. 그래 요즘 살고 있는 홍천마을이라는 데, 아주 빈촌이라요. 안강읍에서 제일 빈촌 중에, 41개 동리에서 첫째 둘째 가난한 동리에 갔어요. 그 동리에 가가지고, 처음 기와집에서 잘살고 소도 여러 마리 있는 거 잘살다가 점점 점점 줄어들어 초가집[에 살고] 있고, 들어갔는데 보이 형편없어 막. 눈물 나는 그런 지경이라, 제대하고 가 보이. 그때는 한참 시절은 좀 지내고, 뭐 살림을 줄으코[줄이고] 고생을 하고 이러다 보이, 아들[애들]은 커 가고 굉장히 어려운 환경에 있었다고.

그랬는데 그때 제대하고 다른 거 할 일이 없어가지고, 농촌에 그때는 인제[이제] 산업화 카고[그러고] 이런 거 참 초창기였거든요. 4H[2] 생활이라고 거기 몸을 두고 열심히 좀 해 봤어요. 요즘이나 그때나 농경 사회에서 정책이란 건 아직도 그렇습니다요. 뽕나무 심으라 캐가지고[해서] 뽕 딸 때쯤 한 5일쯤 되면 또 캐라 캐요[캐내라고 해요]. 이래가지고 안 맞아 드가요[들어가요]. 정부 시책이 안 맞아 드가거든. 그래가지고 양계를 뜩[딱] 시작을 했는데, 양계를 시작하고 그런 거 보면 참 요즘 걸이[같이] 이렇게 뭐 사료가 많이 나오는 것도 아니고 조 사료 가지고, 집에 있는 농사

---

2 Head(두뇌), Heart(마음), Hand(손), Health(건강)의 네 단어의 첫 글자를 딴 농촌계몽운동으로, 19세기 말 미국에서 시작되어 1947년 경기도 군정관으로 재임하고 있던 찰스 앤더슨(Charles A. Anderson) 중령과 구자옥 경기도지사에 의해 한국에 처음 소개된 바 있다. 각 지역에는 4H클럽이 조직되어 4H 운동을 주도했다.

[곡식] 가지고 뭐 이래 하고 이랬는데, 숫자가 좀 많지는 않았지. 한 700 수 이래 해가지고 하면서 근근이 생활했는데, 사료 값은 올라가고, 주로 밀 가지고 [했는데] 밀 값 올라가고 계란 값은 떨어지고 이러면서 수지를 못 맞춰요. 어려워가지고 그게 고민을 하고 그때만 해도 좀 열심히 해 보겠다고 젊은 [사람들이], 요즘은 같이 70대 마카[모두] 늙어 가는 [처지이지만]. 아가씨들도 있는데, 뽕나무 가지고 접붙이는 거도 갈치고[가르치고], 또 메탄개스 가지고 집에서 하고, 또 시범도 오고. 또 계란 그거 부화한다고 군을 다니면 군연합회 회장을 맡아가지고 나름대로 뭐, 참 코에 피가 나도록 다녔지요. 이웃에 없는 사람은 보리도 갈아 주고 이래야 했는데, 점점 어려워지는 거라, 과정이. 아들은[애들은] 커 가지.

그래서 마음먹고 올라온 게, 제대하고 내하고 같이 군에 있던 사람이 채의숭 씨라고 충남 보령에 사는데, 그분 3형제가 건국대학교 학생회장을 했어요. 맏이부터 채의중이, 채의숭이…. 그 3형제가 하면서 채의숭 씨라고 대우건설 본부장까지를 했어요. 그분이 국회의원 출마해가지고 낙선되고 이후에 장로, 웃대부터 교회 장로 출신들이라. 그 사람 부인이 김○정이라고, 그 건국대학교 옆에 자양동 있는데 거기 있는 그 아가씨하고 막 친해가지고 이럴 때, 채의숭 씨가 그때 ROTC 4기라. 그때 중매 역할도 하고 편지 역할도 하고 이래가지고 다녔거든. 그래 다니면서 참 친했는데, 그분이 내보다 한 해 늦게 제대를 해가지고 시험을 쳤는데, 중앙일보하고 삼성에 시험을 쳐가 다 합격이 됐어요. 이제 울산에 있는 그 비료 공장에[서 일어난] 사건³으로 뭐 정부에 헌납하고 뭐 이랬거든요. 그 무렵에 거 있다가 그 사람이 서울로 올라오고, 자기가 나를 뭐 문지기라도 시킨다고 애썼거든. 그러니 그 얘기를 듣고 무작정 올라와가지고 수원을 들러가지고 양계하는 데 가서 일 좀 도우다가, '도저히 안 되겠어.' 이래가지고 친구 찾아 강원도로 가는 거죠.

---

3 1966년 사카린 밀수 사건으로 추정.

한학 공부와 4H 활동

강구에서 한학을 배우셨다고 말씀하셨는데요. 학교를 다니시지는 않으셨어요?

으응, 학교 다니면서 [한학 공부]하고, 강구서 중학교를 졸업을 했어요. 중학교를 졸업하고, 나는 공부는 별로 못해도 좀 열심히 이래 하는데, 구도가 어느 집안이든 그 집안에서 한두 사람을 가지고 키워가지고 동리를 이끌고 문중을 이끌어 나갈 그런 주손(冑孫)[맏손자]들, 주손은 아니지만 주자학에 보면 그런 게 있어요.

장남을 잘 키워서.

행사(行使). 시집가고, 장가가고 뭐 하는 얘기하는 거, 세수, 응대, 진퇴 물러나고 하는 그런 거, 사람 손님 대접, 이런 걸 가지고 가문에서 그걸 제일 우선 해가지고 그런 사람으로 키울라고 나를 한학을 좀 가르쳤는데 배우기도 좀 싫고…. 원래 이모부가 안동에 사범학교를 보낼려 했어요. 고등학교 있는데, 농고에 2학년쯤 다닐 무렵에 가금, 닭 키우고 그래. 양계를 제가 저기 했잖아요. 그거 때문에 거서 주로 제가 양계를 했는데, 학교를 다 못 다니고 이 한학을 전공을 했는데, 뭐 다 내 아는 것도 아니고. 『사서삼경』은 몰라도 『사서』는 다 배우고. 주로 중점으로 배운 게 『중용』이라. 『중용』을 배웠는데, 여기서는 뭐 거서만 배우는 게 아니라, 지금 세 군데 이사 가는 데서 선비 어른들 다 따로따로 만나가지고 주로 배우고 이래 했어요. 아침하고 저녁 10시까지 한문을 조금. 그래가 『소학』부터 『명심보감』, 『소학』부터 시작해가지고 뭐 『맹자』까지 이래 배운 사람 조금 있었지. 그래 있다가 내가 떠뿌고나이끼네[떠나고 나니까], 요즘도 그 사람들 마카 나이 70 돼 가지골라가 마지막 배운 게 있든 없든 그때 한 자씩 배운 게 고맙고 생각난다 카고. (웃음) 그래 그렇지.

4H 하실 때도 학교를 다니고 계셨던 건가요?

으으응[아니], 4H는 그때는 하마[벌써].

군대 제대하고?

학교. 그리고 스물여섯 살 제대하고 난 뒤에. 4H가 이제 서른 살까지 되는데, 스물여섯 살 때 무렵에. 그때가 스물세 살에 군에 가기 전에부터 청소년반 카는 거거든 그게. 그래 스물여섯 살 때 돼가지고는 이제 완전[어른]이지. 그때는 뭐, 요즘 나이 스물여섯 살 때보다 그때 스물여섯 살은 좀 장년이었다고. 그때부텀 이래 좀 추스릴 줄 알고 이랬는데, 그게 한 3년은 동리를 위해가지고, 지역을 위해가지고 쪼깨 노력했지요. 뭐 효과 있든 없든, 그때는 뭐 있는 게 최선이끼네[최선이니까].

4H 활동하실 때 주로 마을에서 하셨던 일들이 어떤 게 있었어요? 마을 가꾸기 이런 거 하시고?

주로 그때는 누에 먹여가지고 뽕나무, 그거 죄[다] 해가 뽕나무 접붙이는 거. 주로 그 얘기고. 보리보다 밀이 수확이 많으이끼네. 예전에는 농촌교도소[4]라 이렇게 그랬다고, 요즘 뭐 농촌공사로 있는데. 그때 상시로 우리한테 와가지고 [하라고 하는데], 그거 참 돈도 안 돼. 그 매탄개슨가 하는 거는 저 우사 같은 데서, 그때는 소 한두 마리 먹이고 이러거든요. 그런 데서 폐기물이 나온 거.

그걸 채취를?

분뇨 그거를 썩하가지골라가[썩혀서] 연료하고 하거든요. 사실 그게 얼마 안 있어 개스렌지 하나면 다 되는 걸 가지골라[가지고]. 그걸 가지고 와가지고 동네, 그거 뭐 군에 누구, 부녀회장, 4H 회장 불러가지고 그거 전시한다 카고. 요즘 제가 보이 굉장히 어리석어요. (면담자 웃음) 그

---

4 현재의 농업기술센터로, 농촌교도소에서 농촌지도소, 농업기술센터로 명칭이 변경.

기 또 얼마 못 갔어요. 그래도 그걸 가지고 큰 저거라고 불나고 하이끼네. 그러이 농촌이란 건 아직도 그래[그렇게] 후진성을 면치 못해요. 내가 지금까지 요즘 쌀농사만 짓고 이래 있는데, 사실 요즘 커피 이거 한 잔 3천 원 주고 하면, 요즘 쌀 참 눈물겨울 때가 있어요. 내가 그걸 요즘 왜 느꼈냐 하면, 저 사북 있을 때 커피 한 잔 먹으면 연탄 석 장을 산다 캤거든. 그러이 하루 밤새도록 그 방을 때우는데, 고거 한 잔 가지고 홀랑 마셔 뿌만[버리면] 못 때요. 그래 요즘도 사람들이 그래요. "야, 쌀 한 가마에 12만 원, 13만 원 하는데." 어디 부조 할라 카면 쌀 반 가마 가지골라[가지고는] 못 해요. 요즘 기본이 5만 원이라.

5만 원인데, 웬만한 부조 할라 하면 쌀 한 가마니 팔아야 부조한다. 그러이 농사, 요즘 이래 있으면 거의 별 관심이 없고 마지못해 짓는다고요. 참 농자천하지대본이라고 말을 그래 해도, 전에는 지게 지고 가다가 싹이 하나 떨어지면 그걸 줏어가지고 또 간다고요. 그런데 요즘 식당에서 밥 내버리는 거 보면 아직도 그런 마음 들어요. '아, 저거 진짜, 쌀 하나 저거 가지고 몇 싹을 뚜드려가지고 해야 저래 되는데, 저걸 막 그냥대로 허옇게 다 내버린다고 막.' 그런 게 좀 마음에 많이 거리끼데요.

군대는 육군으로 입대하셨어요?

예. 육군 만기 제대했어요.

그 당시에는 군에 안 가려고 하는 사람이 많았었잖아요. 기피자가 많았는데.

거의 안 그런데, 그때는 영장이고. 그때 당시에는 전방에 근무하는 사람은, 첫째 시골에 있으면 먹는 게 좀 어려웠거든요. 군에 가면 여기보다 먹는 거는 나았어요. 쌀밥 주고 이래 하이끼네[이렇게 하니까]. 보리밥 좀 섞지만도. 그렇지만도 못 걸려 놓으면, 그 정량을 못 얻어걸려요. 우리는 그래도 쪼매 한 자 배웠다 해가지고 사무실 본부에 근무하이끼네 조금 이제 나았겠지. 그거는 찾아 먹고 이래 했지만도. 그때만 해도 군에도 부정이 많았지만, 무척 많았어요. 많고 이랬는데, 제일 험한 데 걸리고, 전방에 제일, 방카[벙커] 짓는다고 세멘[시멘트] 한 포 같은 거 메고 가면, 산 위에 600고지 이래 가면, 그게 방카 만드는 데 한 포 메고 가면 한나절 걸려요. 배고파. 전방에 가는 건 다 촌사람들이야. 농사짓는 사람, 뱃가[어촌]에 있는 사람. 그러고 뭐 좀 이래 저거 하는 데는 거의 후방에, 배경 있고, 그 끗발이라는 게 있어요. 끗발 있는 사람은 전부 후방이고 좀 낫지. 그때 보면 농어촌에 있는 이런 사람이 군에서 다 제일 전방에 가갖고 고생을 많이 했지요.

몇 사단으로 가셨어요? 어디로 배치받으셨어요?

나는 그때는 처음으로는 27사단으로 가가지고, 그게 병과 잘못 돼가지고 505병기단으로, 춘천에서 근무했어요.

그때는 부대에서 글을 아는 사람이 많지는 않았었죠?

그러니 편지 대신 써 주고 [했죠]. 저 주력에 호남 사람이 많거든요. 그러면 뭐 첫째는 '부모님 안녕하십니까?' 해놓고, 몇 줄 써 놓고는 마, '아이고, 돈 몇 푼만 보내 주소.' (웃음) 그런 편지, 주로 전라도도 고창, 무주 저런 사람들이 제일 좀 저 했지요. 뭐 무식꾼들도 많았거든요. 그때는 신체검사 해가지고 갑종 이카고 뭐 이래가 막 다 보내 삐렸으이끼네. 그때는 의무이끼네. 그게 우리나라에 병역 의무이끼네 누구든지 가고 해야 돼요. 뭐 배경 있는 사람은 자꾸 빠지고, 빠지고, 그것도 요령 부리면. 이거 뭐 촌에 사는 사람은 세금 내라 카면, 요즘도 그래요. 뭐 3천 원짜리 뻘건 딱지만 하나 와도 겁을 내가지고 막 이러는 게 촌사람이거든요. 이런데 그거 할 때 보면 큰 도둑놈 따로 있는데. (웃음)

◇ ◇ ◇
집성촌 문화와 가치관

어렸을 때 청송에 퇴계 영정 있는 데도 잠깐 사셨고, 또 집성촌 사시니까 주자학 공부를 하는 분위기에 계셨는데, 한학 배우는 게 어떠셨어요? 많이 배워야겠다고 생각하셨어요, 아니면 새로운 걸 뭔가 해 보고 싶다는 생각하셨어요?

　근데 배우는 건 나는 마지못해 가지고. 어른들이 관습적으로 내려오는 하나의, 그[걸] 유지하기 위해가지고. 가문을 유지하기 위해가지고 이런 것이고, 나는 자꾸 신세대를 갈구했지요. 왜냐카면 이게 틀에 박힌 일이 아니다. 그래 내가 그 이후로 이따금 책을 읽는데도, 예를 들어 그 송시열 그때 그분 있을 때도, 그 요즘에 교황이 와 그런 얘기를 하잖아요. 뭐 "당신 말은 조금 다르지 틀린 것은 아니다." 이런 얘기 있었잖아요. 그때도 보면 바른말 하고 이런 사람들이 반대 말하는 사람들은 사문난적이라 해 가지골라가 완전히 이래[배척] 했거든. 그러니 좀 받아들여야 되는데, 동학난 때도 그렇고. 내 이런 걸 가지고 굉장히 조금 [안 좋게 생각하거든]. 동학난 때도 이래 보면 피난을 쫓겨 가면서도 보리 씨앗을 뿌려 주고, [왜 그러냐고] 물으이끼네 "그래도 이거는 우리가 못 먹어도 후세가, 우리 자손들이 먹는다." 참 이런 마음 가지골라가여 하고, 이래 다스려. 이런 게 참 사람이 살아가는 저건데[도리인데], 어느 한 귀족들은 어느 하나의 단체에 속해가지고 그들만 사는 거[야]. 그래서 우리가 조선 때 늘 보면, 뭐 역사학을 가지고 많이 연구해서 알지만 노론, 소론, 대북, 소북하고 막 천지[무수히 많아]. 우리 안동 저 분야에 내 늘 가지고 염증을 느낀다고.

　좋은 거는, 퇴계 선생의 그 성리학은 내가 알겠지만, 다 같이 계시지만 그 성리학을 공부하는 [분들] 중에서도 나는 그래도 양명학을 공부하는 이이 선생을, 퇴계 선생에 비하면 굉장히 좀 숭상해요. 왜냐면 좀 개방적이고. 그래서 이제 좀 양명학을 공부하고, 그래 지방(紙榜)을 써도 [원래는] 처사라 쓰는데, 이이 선생은 마카[모두] 학생으로 쓰고 있거든요. 나는 그래도 좀 젊어가 정주해야 되는데, 참 이 양명학, 왕양명의 학이 조금은 개방적이다 카는 그거를 좀 일찍이 알았을테면[알았다면] 그 길로 좀 나갔을 텐데. 워낙 틀에 박힌 생활로 하고, 또 그 우리 친구들이 한학을 좀 배우려고 하는데 마카 너무 순진했어요. 틀에 박혀가 저항을 모르고. 뭐 이거 거부권 [행사할 줄도 모르고] "예." 무조건 "예." 순종이고. 어디 틀린 것도 "예예." 카고 막 이랬는데, 그래야 그기 효자 소리 [듣는데], 효자 가문에 인간 안 난다고. (웃음) 이게 완전히 그때 당시에는 "아이고, 저거는 그래도 효자다. 효자." 근데 그게 좋지 않애요. 마 "아이씨더[아닙니다]." 카고 막, 요즘은 노(No) 할 줄 아는 그런 시대인데. 그거[반항을] 하면 뭐 이기 완전히 "저 노마[놈] 쫓아내라." 뭐 이런 식이었다고. 어느 어른 하나 있으면 "아이고, 자[저애]는 버릇 없데이. 저거는 뭐 함부래[아예] 어디 저 안 보이는 데 보내라." 카고. 그러이 사람을 가지고 자기 마음에 안 들면 막 난도질을 해 버려.

집안에서는 선생님한테도 그렇게 해야 된다는 요구를 하셨겠네요? 장남이었으니까.

아, 클 때? 성장 과정에서는 난 그때는 안 먹어줘도 따르는 사람이 많았어. 왜냐카면 우리는 가만 보니 이게 내보다도 우선 남을 우대해 주는, 이제 요즘 와가지고 더 절실한 게, 우리가 성경을 예를 들면 무조건 봉사하라 해가지고 봉사가 의무라 이래[이러]거든요. 그걸 내가 참 열심히 [했어]. 사람이 남이 기뻐하고 이래 하면 내가 배가 좀 고파도 굉장히 흐뭇해요, 나중에도. 남에[게] 주는 거 주고 또 남에게 뭐 해가지고 자기 덕분에, "아이고, 참 신경이 덕분에." 그러면 "선생님 덕분에." 카고, 이런 얘기 들을 때는 참 막 날고 싶어요. 막. (웃음) 그런 게 자꾸 마음이 와 닿을 때가 많고, 그런 게 자꾸 매일 즐거워하는 때가 많은데, 그게 봉사에서 나오는 거라. 다 그게 헌신하고 봉사에서 나오는 건데.

어릴 때 집안에서 그렇게 가르치시거나, 어머님께서 말씀을 하신 것들이 있으셨어요?

그거는 없고. 내가 이리 성장할 때 스무 살 전에서 있는 한 분이 그 내가 한학을 배운 덕 자 휴 자 그 3형제 분인데 막내가 그때 시대에 일본서 와세다대학, 그라이께[그러니까] 조도전(早稲田, 와세다)대학을 나와가지고 농림부 차관인가 이래 한 번 하고, 가차운[가까운] 광산에 가가지고 소장을 해가지고 집안사람들을 마카 그래 합격시키고 했는데, 그분의 영향을 조금 많이 입었어요. 해방 전에, 내 초등학교 다닐 때 뭘 배웠나 카면 '고장 생활'이라고 책이『고장 생활』. 요즘 사회생활처럼 고장 생활에 일본 사람하고 싸우는 저게[내용이] 나왔는데. 뭐가 나왔나 하면 한국 사람들은 이제 바지저고리 입고 지게 짝대기 짚고 딱 쥐고 있고, 그 일본 사람은 총 들고 딱 이랬거든요. 야, 이게 싸움이 되나 카면 싸움이 안 되는 거라. 싸움이 안 되는 거라.

그렇죠. 싸움이 안 되겠죠.

그래가 뭐 그게 오래됐는데, 뭐 저 양반이라 해가지고 그게 되는 것도 아이고, 참 그래가지고, 이거 참 보기에도 딱하고. 이때 저 사람이, 좀 인간이 나야 돼. 인간이 배우고. 참 뭐든지 깨쳐 주는 사람이 딱 있어야. 그래도 그 당시에는 희생이 되고 하지만도 '아, 그 말이 참 맞아 드가구나[들어가는구나].' 카고 이러는데. 요즘 제일 급변한 게 뭘 급변했나 카면 유교 사상에 배우는 장례 문화, 제사 문화 이게 완전히 달라져 뿟[버렸]어요. 장사도 거의가 우리가 매장 문화였는데, 화장이라고 하면 아주 불경으로 생각하고, 아주 전염병, 몹쓸 병이라도 혹시 걸린 집 아니면 절대 없었거든. 그 때문에 우리가 맏이로서 어디 이사를 가고 다니면 제일 걱정하는 게 매장지라. 부모 돌아가시면 묻을 자리. 그 자리가 제일 맏이로서는 책임감을 갖고 있었거든요. 근데 그게 요즘, 뭐 아주 근년에 한 10년 이후부터는 거의 화장 문화가 그래. 거의 한 80프로를 차지해, 우리나라에서. 그러이 그게 변하고, 제례 문화도 다 변하거든. 그래 내가 처음 쓸 때 남의 축[축문] 써 주고, 제사 주고 그러다 보이 뭐 그거 부모를 위해가, 죽은 사람 위해가 세월 다 보내는 거라.

아, 선생님 보시기에 그렇게 생각이 드셨어요?

예. 그렇고 또 사실 많이 되면 다 그래 해가지고 못 살아요. 그거 살 수가 없는 게, 뭐 천날[맨날] 길흉사 때문에 가야 되고, 막 이래가지고. 내 때문에가 아이고 남의 이목 때문에서 하는 거라.

그래야 효자 소리 들으니까.

예. 그래 그거를 자꾸 "이건 이래가 안 되니더." 카마[하면] "아이, 저 거 저, 저거. 저런 얘기 해가[해선] 안 되는데." 카고 막 이런 얘기 엄청 많이 듣는 거라. 하지만 아인[아닌] 거를 가지고 다 자꾸 이래 카이[이렇게 하니], 그러니 그 사람들이 한두 사람 죽고, 나도 여 있어 동네 초상 났다 하면 제일 [먼저] 날로[나를] 불러가[불러서], 불러가지고 내 뭐 '유세차(維歲次)' 카고. 그러니 '유세차'가 사람 잡는다카이[잡는다니까] 막. (웃음) 내가 '유세차' 하고 뭐 이러이, 참. 다른 사람 모르이끼네 그거를 이제 내보고 안다고 오라 하이끼네[하니까], 안 가면 또 어이구. 가니 뻔한 거라 뭐. 했던 말 하고, 묶어가지고 '유세차' 뭐, 옛날부터 흘러온 그 시대에 또 오늘 이날을 맞고 보니 뭐 어떻다 하는 뭐, (웃음) 내[언제나] 뭐 그런 말 그리 하는데. 아이, 그걸 자꾸 반복하고 뭐 이래싸이끼네[이러니까] 사람이 발전이 없는 거라.

그러이 여가[여기서] 하나 딱 끊고, 좀 새롭게 돼야 되는데, 이 새 마음 갖고 새 정신을 가져야 되는데. 박정희 같은 사람들이 왜 각광을 받나 카면 남이 뭐라 카든 가지고, 이게 가난 때문에 탁 끊은 거라 모든 걸. 우리나라 법에 제일 안 지키는 분야가 이 상례법이라. 가정의례준칙에도 있어요. 그게 부모도 다 돌아가시면 한데[한꺼번에] 제사를 모시고, 2년, 조부 이상 명운을 하고, 딱 하는데 안 지켜져요. 또 장례도 6평 이상 카는데, 재벌가들이 6평이 뭐고. 다 그게 신고, 죽으면 신고하고 장사하라 카는데, 장사 다 해 놓고 신고 누가 해요? 안 해요. 그게 법이 안 지켜지는 거야. 이게 맹법이 다 있다카이.

노동법도 다 있고, 뭐 노동 3권 다 있지. 내가 제일 가슴 아픈 게 노동 3권이라. "당신들은 산업 전사다. 산업 역군이다." 정치인들도 와가지골라 막 선거 때 되면 야단 지기[부리]거든요. 뭐 천[전부] 융자받아가, 저거는[정치인들은] 앞에 서가지고는 좋은 성[척]을 다 하고, 융자받아서 다 정치 자금 대고 뭐 이러면 [만족스럽겠지요]. 촌에, 아까도 내가 얘기했지만도 단칸방에 세 사람, 네다섯 사람만 베니다[합판] 아주 얇은 거예요. 그거 딱 쳐가지골라가 뭐 뽀시락거리면, 옆에 가가지고 밥 먹는 숟가락 소리가 다 나는데. 그거 가지고 다 생활하도록 해 놓고. 물이 어째요, 물이? 목욕탕이 어디 있어요?

그 '먼지, 사북' [《먼지, 사북을 묻다》]서부터 그것도 하고, 그 저기 이원갑이 하고 우리 막 나왔는 거 그거 《인간시대》고 뭐고,[5] 그[거기] 나왔대. 그거 보면 공동화장실 해가지고 가마니 가지고 갖다 짜가지골라가 화장실도 해 놓골라가[놓고서는]…, 겨울 되면 그거 얼마나 추운데. 요즘은 안 추워요. 추워가지고 소변 해 뿔면은 그게 쌓아 쌓아 올라가지고 앉을 데가 없어요. 그러이, 아후. 그렇게 해가지골라 원시적인 생활이 저 지랄이야. 그래 놓골라가 산업 역군, 산업 전사라 카고 저녁만 되면 사람이 죽어가지고, 그 따[때]문에 오면 사람 뜩 갖다 놓골라가 흥정하는 거라. 아, 주위 해가지고 누가 있나 없나 [보고] 흥정 해가지골라가여 장례비 90일분 하고, 이제 천 일분 주면 그거 가지고 또 사람들 가지골라. 주위에 사람 있으면 장례비라고 90일분 좀 찾는데, 안 그러면 저거가 거서[장례식에서] 촛대 샀다 뭐 샀다 해가 다 없애 뿌고 말아 버려요. 그리고 또 뭐 순

---

5 이원갑이 나온 KBS《인물현대사》를 지칭하는 것으로 보인다.

경이라도 하나 누가 있으면 거가 또 흥정해가 돈 좀 얼매 대 주고 뭐 이랬는데, 이 사람들이 완전히 무법천지라 거기서.

그러이 그런 것도 말 한마디 해가지고 좀 더 찾아 주고, 조합이라 카면 대신 해 주고 이래 해야 되는데, 이게 뭐 영 없어가지고, 어용이 돼 가지고 막. 완전히 불만이. 그러이 하나하나 가지고 사람이 깨쳐 나가고 이래야지. 하나하나 자꾸. 이제 다른 데 있던 사람이 오이끼네[오니까] 그거는 1차 뭐 이래가지고 말이 전하고 이러이끼네, 사람이 자꾸 뭘 들어야 돼요. 뭐 강의도 듣고, 책을 듣고 "아, 다른 데는 하는데 왜 안 하노?" 그 저 부모들도 그러거든. "다른 집에는 해도 괜찮은데 왜 우리는 안 됩니까?" 이런 얘기도 하거든요. 그래가지고 자꾸 새것을 가지골라가 찾아야 되는데, 그거이 『대학』에 보면 일일신(日日新) 카는 게 있어요. 일일신우일신(日日新又日新) 카는 거. 자꾸 새로워지고 또 새로워져야 되는데. 이게 그렇다카이.

그러니 우리가 어디 가든 늘 중용을 찾아야 [한다고 하지만], 하이고마, 이것도 아이고 저것도 아이고, 그 중용만 찾는 거도 [문제가 있어]. 사람이 다 "니도 좋고 나도 좋은데." 황희 정승 말따나[말마따나 그렇게 한다면], 아니, 며느리도 좋고 시어머니도 다 좋은데 그게 구심점이 없는 게라. 다 좋긴 좋은데, 뭐 나아가야 되는데. 그러니 화합 차원에는 좋은데, 발전 카는 거는 없어져요. 그러이 이제 노사 카는 거 이런 것도 보마, 그 저 공생할라 카면 저 사람들도 조금 이득이 좀 있고, 노사라는 거 이기 돈만, 이 사람도 기업 아냐. 기업이라는 거는 인력 플러스 자본인데, 이게 있어 가지고설라 서로 좀 나눠져야 되는데, 다 달라는 건 아니고, 노동 3권 카는 게 있다고. 우리가 뭐를 [이유로] 잡혀 갔나 하면 노동 3권 단결권, 단체행동권이 [있는데].

단체행동권.

　행동권 그거를 제약을 해 뻐리는 기라. 그러이끼네 그거 법 다 찾다 보면 가지고 굶어 죽을 판인데 뭐. 그러이 나서야 되지 뭐 우예야 돼요? 그래가지고 싸워가지고 이런 게 되는 건데. 사북은 이제 항쟁 카는 게, 참. 지금 세월이 흘러가지고 이런 얘기하지, 사북사건 나고 한 10년 동안은 그저 숨도 못 쉬고 살았어요, 다. 그 엄혹한 시대에 누가 뭐 좀 뜩 하면, 고문을 안 당해 본 사람은 "그거 뭐 세월 보내면 되지." 카는데, 고문당해 본 사람은 자기 한 번 빡빡 죽었다 저거 하면, 새도 한 번 혼난 골짜기 안 간다는데, 그 누가 하겠어요? 그래가지고 바른말 다 은폐하고, 아닌 것도 기라[맞다고] 카고, 이래 산 거지 뭐.

아까 말씀하신 농림부 차관 했다가 광업소 소장 한 분은 성함이 어떻게 되세요?

　신삼휴.

집안 분이세요?

　난 일가지.

그분하고는 인연이 있으셨어요?

　인연이 없죠. 없어요. 우리 연령 차이도 많고, 고마 우상처럼. 우리가 아주 어릴 때, 초등학교 다니고 이럴 때이끼네. 그분은 그 옛날에 한 천석 넘게 하고, 거서는 좀 저거 했어요. 새벽 4시 되면 첫닭이 울면 막 글소리가 나요. 집집마지[마다] 그래가지고 이 스승이 일찍이 두루마기 입고 동네를 이래 한 바퀴 돌아요. 글소리 나고 안 나고. 그런데 한학이라는 게 다른 거는 외워야 되는, 그날 배운 걸 가지고 그 이튿날에 외워야 돼요. 암기를 해가지고 그래야 되지, 못 외우면 그날은 못 배워요. (웃음) 못 배우고 이랬는데. 엄하게 배우고. 첫째 행동이지, 행동. 이래 배우고 이랬는데, 그때만 해도, 음… 그런 공부만 열심히 했으면 요즘 좀 괜찮을 텐데,

무슨 공부든지 공부를 가지골라가 저한테는 참 굉장히 하기 싫어요. 나중에 후회하지만도. 그래도 그때 하기 싫어도 좀 배우고 이래 한 게, 좀 요즘은 무슨 책을 읽고 하면 이해하기가 쪼매 쉬워요. 예.

2. 동원탄좌 입사와 노조 대의원 활동

◇ ◇ ◇

사북 이주와 대의원 시작

처음에 동원탄좌 들어가신 게 69년인가요?

69년도.

친구 하나 삼대독자 있는데, 가 보이 지금 카지노 있는 그 골짜기라요. 제일 위에, 거기는 해발 1,030메다[미터] 되는 데. 그래 거기 좀 머물고 있다 보이, 우선 일할 자리는 조금 있었어요. 언제든지 일할 수 있는 그런 여건은 됐는데, 하루 이틀 머물고 있다 보이 참 아득하더만은. 배운 기술은 없고 농사짓는 그거밖에 없었는데. 그래 거기서 일 시작했는게 한 해만 한다고 한 게 그래 안 되대요. 그래 한 해, 두 해 있심[있으면]또 아들이 [학교를 가고], 거기서 학교가 한참 내려가는데, 동네 아들 열둘이가 이래 공부 같이하고. [자식] 가르치고 또 그 나름대로 재미도 있더라고, 뭐 소득도. 그때는 아주 심부 채탄이 아니고 900메다[미터], 700메다만 드가도 탄이 나오고 굉장히 [채탄을 많이] 했는데, 농촌에 농사짓는[데] 비하면 굉장히 소득도 괜찮았어요.

그때는 캐프램프[6]도 없고, 이래 막 간드레[7]카는 거 들고 이래 했거든요. 뭐 위험 부담 카는 거는 이거, 외국 사람 우리나라 요즘 와 일하듯이 뭐 험한 일 다 하고 하는데 복지라는 뭐 그런 개념 없고 [그런 것과 마찬가지에요]. 우선 막 내가 노력해가지고 소득 있이만 얼마쯤 이래가지고

---

6 캐프램프(cap lamp)는 조명용 전등을 헬멧 전면에 장착한 것으로, 갱내(坑內)에서 쓰는 휴대용 전기등으로 고안되었다.

7 카바이드 등. 캔들(candle)의 일본식 발음.

한 달은 [살 수 있다], 그 마음으로 있었는 기라. 가만 보이, 한 해 있고 두 해 있다 보이 그게 아니라요. 꼭 1년만 있자 카는 게 그래 안 되더라고. 그래서 그 사람들이[랑] 생활도 같이 해 보고 얘기도 듣고 회사 같이 가는데 자꾸 마음 잘 돼[맞아]요. 그래 이 조합에 대의원이라는 걸 처음 했어요. 그때는 광산이 좀 잘 나갔어요. 광산에 가 보면 없는 사람[가난한 사람], 장사하다 실패한 사람, 껄렁껄렁한 사람, 온[갖] 사람이 다 와요. 그래서 광산에 있는 광부가 우리나라 직업 중에 넝마주이 다음으로 간다는 굉장히 험한 직업이라요. 왜냐카면 바다 사람은 배 타는 게 아침밥이 할 일이라 카는데, 여기는 보면 아시겠지만 가면 시체가 막 어디 죽어서 나오고 이래 했거든요.

그러니 그때는 결혼 갓 해가지고, 68년도에 결혼해가 가지고 여기에 부인 고생 안 시키고 저거 한다고 뭐 (웃음) 약속을 하고 갔는데, 뭐 떨어져가지고 시부모들 또 그 밑에 7남매 다 묵고[먹이고] 키우고 하는데, 마음이 항시 거기 집중되는 거라. 사람이 좋고 나쁘고보다도 결혼해가지고 책임을 져야 되는데, 첫째 관심이 있어야 되고 책임을 져야 되는데, 참 내 그 마음이라. 조금이라도 벌어가지고 이리 가야 되겠다는 게 있었었는데. 아유, 그래 안 돼요.

처음에 탄광 가셨을 때 거기 있는 분들 중에서는 선생님이 그래도 글을 알고 있으신 편이었던 거예요?

예. 거서는 뭐. 아[애]들이 입을 통해가지고[소문을 듣고 와서는] 어디 그 얘기를 좀 듣자 카고, 또 스스로 오고, 또 그 부모들이…. 거기서 있는, 못 배운 사람이 좀 많았지요. 그냥 아들 맡기고, 어떤 데 가가지고 내가 숙식 제공할 모양이끼네 여 와 달라 카고 뭐 이런 [상황이었지요]. 그러이 나는 내가 즐거워가지고, 그때는 굴진[8]을 6시간 하면 시간이 있고, 그다

___
8 광산에서 탐광(探鑛), 운반, 통풍 등을 목적으로 갱도를 파 들어가는 작업.

음에 8시간은 3교대거든. 그럼 낮 시간에는, 뭐 그때 젊을 때이끼네 시간이 있으면 [애들을 가르쳤어]. 자꾸 그게 즐거움이 되고 아[애]들이 따라주고 하이끼네. 첫째 배우는 게 실천으로 옮기는 거, 뭐 그런 공부 좀 많이 하고. 뭐 어데 더하기 보태기 이런 거보다도 주로 그런 교육을 좀 많이 시킨 거지.

처음에 작업하실 때는 심부 채탄 안 하고 있었던 거군요?

예. 고구찌(こぐち)[9]라 카는 데. 처음 내가 갈 때는 1,300[미터]에서, 거는 광산을 높은 데 세워가, 사북은 1,700 저거부터 내려갔거든. 근데 50메다 간격으로 굴을 뚤버요[뚫어요]. 굴을 뚤버가지고 거기서 캐 먹고 내려오거든. 그러면 탄맥이 가다 보면, 탄이 나면 거서부터 노보리라고, 승(昇) 그거 있는데, 노보리[10] 이래 올려가지고 탄을 캐 먹거든. 그게 어느 정도 맞추면 거기 서가지고 그 '케이빙(caving)' 해가지고 다 캐 먹고 나와요. 딱 나오는데. 그래 내가 여기 흉터가 있는데. 내가 보안요원으로 거기 그래가지고, 사람 갇히고 이래 하면 그걸 구출하러 드가고. 그래가지고 저거 했는데, 아직 탄 자국이 있는데, 보안요원으로 있으면서 어디 사고 났다 카면 제일 먼저 드가는 거야. 그 보안센터가 황지, 태백에서 교육받고. 그래가지고 그걸 생활을 했는데, 하마 굴진카는 게 탄을 캐가지고 돌 뚫고 들어가는 거, 그 작업부터 제일 먼저 했지.

그럼 보안요원은 언제부터 하셨어요?

보안요원은 그거 하면서. 늘 보안요원 언제든지. 고거 하고 나서 한 2년쯤 있다가 그 교육을 받고 거기서 [했지]. 내 10년 있었거든.

교육은 누구를 대상으로 하는 건가요? 뽑혀서 가신 거예요?

---

9 건설 용어로는 횡단면을 말하나, 광산에서는 갱구(坑口)를 일컫는 용어로 사용.
10 노보리는 경사진 면을 올라가면서 채탄 작업하는 갱도를 말한다. '올라감', '오르막길'을 뜻하는 일본어 '노보리(のぼり)'에서 나온 말이다.

예. 그럼. 대의원 중에서 거의.

몇 년 만에 대의원이 되셨던 거예요?

대의원 이게 2년 임기인데, 내가 항을 옮길 때마다 그래도 나를 대의
원을 시켜 주더만은. 근데 그것도 항시 그 회사 표가 따로 있어가지고, 회
사는 돈을 대가지고 하고.

그때도 동원탄좌는 규모가 되게 컸었던 거죠?

컸어요. 제일 컸지요. 매장량도 많고. 그때 이 회사가요, 돈을 번 게
저기 다른 탄광에 비해가지골라 매장량도 많았지만도, 또 이 탄질은 뭐
좀, 그 메탄가스가 거의 없어요. 다른 데는 막 굴을 뿌르코[부수고] 굉장
히 하거든. 여는 그런 방향이 좀 쉬워요. 지상탄이라가 좀 쉬워요.

◇ ◇ ◇
노사위원 활동과 1972년 파업

노사위원은 어떻게 시작하셨어요?

조합 있다 보이 이게 구조를 알겠어요. 회사가 늘 이윤이 많고, 사람
들이 늘 와가지고 정치인들이 오면 뭘 가지고 보조도 하고 이래 하는데,
광부들한테는 완전히 뭐 착취라. 이 사람들이 임금은 고정돼 있고 이래가
지고, 이걸 구조를 좀 [바꿔야겠다]. 그래가지고 조금 열심히 한다고 해
가지고선 노사위원으로 내가 선출이 됐어요. 4명인데, 그때 조합원이 한
3,700명 이래 됐는데. 노사위원으로 선출돼가지고 턱 가 보이, 예나 요즘
이나 기업 중에 바른말 하는 사람은 모난 돌이 정 맞는다고, 가가지고 뭐
바른말 하면 말이 안 통해요. 처음 가면 이 사람들이라 카면 약점을 많이
알아요. 이 사람이 좀 가진 거 없다, 뭐 이래 보면 주위에 사람들도 없다
이런 거를 제일 먼저 알거든. 그래서 뭘 하면 이 사람들이 제일 약점으로

삼은, 처음 노사회의에 들어가기 전에 어디라 카면 가기 전에 하마[이미] 술집 이거는 사북에 가면 16번, 18번 카고, 회사에서 고정적으로 가는 여자들 나오는 그런 술집이 있어요. 거기 가가지고 술대접을 하는 거라. 술대접을 하고 웬만하면 있으면 마 그대로 가가지고, 그 사람 뭐 일 때문에 주고 뭐 그 사람 사연이나 좀 들어주면 조합원들 얘기는 조금 뒷전에 하고, 임금 몇 프로 카는 그거는 이 사람들이 하마 딱 자기들 회사에 있어가지고 임의적으로 정해 놓은 그 선에서 오르내리지를 않애요. 그래 한 사람이 반대한다고 되는 것도 아니고.

그걸 한 4, 5년 되고, 이렇게 내 이 구조를 알잖아. 안 되네. 이 사람들 딱 "너거 하기 싫으면 가라." 카면 해고라. 그래도 열심히 대의원회 가서, 네 번을 하면서 대의원 하면서 회사에 가지고 구조는 조금은 파악을 하고 있었지요. 근데 그 저항 카는 거는 굉장히 힘이 들어요. 혼자 힘으로는. 그래서 제일 처음에 여기 사북사태 나기 전에, 그 전에 72년도인가 「국가보위에 관한 특별조치법」이 있었는데, 그거 때문에 내가 처음 적용이 됐을 거예요. 파업을 했는데, 왜 파업을 했냐면 그때는 처음 축전차가 들어와 가지고, 여건이 하나도 안 나았는데[나아졌는데] 임금을 내려 버렸지요. 한 2프로. 그러니 사람들이 불만이라. 왜 불만이냐 카면 현재 조합에 불만이고, 대의원들한테 얘기했는데 그게 조합[으로] 얘기하면 제2의 어용이 되어가지고 조합에서는 그게 해결이 안 돼요. 그래서 '아, 이걸 하나는 좀 고쳐야 되겠다.' 싶어가지고 책임지고 한 3일간 파업을 한 번 했어요. 부분 파업을.

그 백운하고 화절항하고 중앙항에 이래 있었는데, 우리 화절항에서만 딱 하고 이 회사에서 생전 없던 파업이 항에도 보이니 막 보통일이 아니지요. 그래서 해고됐지. (웃음) 해고돼가지고 그때부터 인제 투쟁이라. 집은 고사하고. 집은 와야 되는데, 처자식[이] 날[나를] 다 기다리는데, 파업하고 영창 살 판이고 법원에 오라고 뭐 이래 저거 했는데. 그거는 어쨌든 나중에 [징역] 1년, 2년에 3년 집행유예 받고는 나왔는데, 그래도 안 물러섰어요. 사택도 안 비키고. 계속 투쟁하는 거야. 왜냐카면 정당방위로 이래 했는데 해고는 못 시키고, 해고는 시켜도 하청은 하니까 하청 감독을 받았어요. 하청 감독을 보면서, 사택을 비우라고 했을 때 못 비켜 준다고 [했지]. 내가 뭘 잘못했냐, 회사가 잘못이 더 많지. (웃음) 그래[그렇게] 간 큰 짓 했지요.

그래[그때]부터 어렵게 어렵게 하다가 복직이 됐는데, 왜 복직이 됐냐카면, 이 사람들 사회에 자꾸 말이 퍼져 나가는 거라. 회사의 모순이라든가 회사의 좀 잘못된 게 자꾸 퍼져 나가이끼네 입을 막을라고서는 복직을 했어요. 다른 사람은 거의 복직을 못했어요. 네 사람, 다섯 사람은 못 하고 내가 혼자 복직을 해가, 그 이후로 광산을 떠나지 못하고 있었는데 이게 쌓이고 쌓이고 이래가지고. 이게 회사가, 이 동원탄좌라는 게 광구가 아주 큰 광구지만, 우리나라에서 민영 탄광에서는 제일 큰 저거[회사]라요. 이연[11] 사장이라고, 그분이 회장도 했지만도. 그 사람 아들이 이혁배 씨라고 서울상대 나온, 그 사람이 내보다 한 살 위엔지 동갑인지 그래요. 그래 이 사람한테 저거[복직] 받고, 이 사람이 그때 장영자 사건[12] 나가지고 장영자보다가 돈이 더 많다 이랬거든요. 지하 돈이. 이 사람도 맹[마찬가지로] 호남 출신인데. 이 큰 부자가 왜 이러나 싶은 게, 제일 문제가 그 간판에 우예했나 카면 '노사 공영'이라고 이래 해 놨잖아. '노사 공영'이라고. 그러면 '노사 공영이 같이 성장하고, 같이 먹고 살아야 되는데. 아이, 이건 참 아니다. 너무하다.' 그래서 계속 싸우지. 나는 회사 편이 못 되고 조합원 편이 되고, 대의원이 한 20명 되면 내 편에 선 사람은 얼마 안 되

---

11 동원탄좌 회장. 1986년~1997년 대한석탄협회장 등을 역임했으며, 2003년 별세했다. 향년 88세.
12 1980년 발생한 금융 사기 사건으로, 주로 건설 업체를 대상으로 현금을 빌려주고 현금의 수 배에 달하는 어음을 받아 이를 다시 다른 회사에 빌려주는 방식으로 7,111억 원의 어음을 받아낸 사건.

고 전[부] 저편이라.

그때 인원이, 광산이 그때 '주유종탄(主油從炭)' 이래가지고 막 광부를 모집하고 이랬는데. 여기는 지상탄이고. 저 다른 장성 같은 데는 다 지하고, 그건 또 좀 이래 위험성이 많고 막 심부까지 내려가지. 힘들었거든요. 그래 뭐 모집하고 할 때 이원갑 씨하고 왔는 게라, 그때. 그때 막 몰려오고, 이 사람들이 큰 회사에서, 대한석탄공사에 있다 보이끼네 그래도 조합의 구성이라든가 조합의 활동은 뭐 이윤에 관한 거지만도, 자기 몫을 찾을라고 각각 소리를 내는 거라. 그때부터 이제 좀 바람이 분 거지요. 저항 세력들이 모이고 막 이래 한 거지. 그 무렵에 지부장들, 요즘 우리나라 대통령들 뭐 좀 이래 부정하게 저거 하듯이 그때 이 지부장들도 참 끝이 좋지 않아가지골라 바뀌고 이럴 무렵이었는데, 지부장 선거. 그때 사실 지부장 같으면 군수보다 낫다 캤어요. 소득이. 근데 순경 한 사람 빽이 보통 힘이 넘었어요. 근데 노동조합에 회의를 뜩 한다 카면 항시 그 사람들이 자리가 따로 마련이 돼 있어요.

순경 자리가 있었어요?

응, 그 순경 자리가 따로 마련돼 있어가지고, 누군지 말을 지대로[제대로] 하는 사람이 [없어요]. 그때도 사실 되게 배운 사람도 없어요. 또 혹시 배웠다 캐도 뭐 노동법을 알고 조합법을 알아가 하는 사람도 없어요. 그냥 하면서 배우고, 하면서 익히고, 또 모르면 국회 회의하는 것도 듣고 보고 자꾸 이래가지고, 이제 그래가 배우는 거지요. 그러니 '아, 이 사람들한테 이길라 카면 뭐든지 알아야 된다.' 그래가지고 조금씩 조금씩 배워 가면서 [했죠]. 뭐 얘기를 해도 그 얘기가 다 먹혀지지를 않고 늘 감시만 당하는 거라 마. 이제 10일 이상 무단 결근이면 우선 해고 사유가 되이끼네. 이런 저런 감시를 받건 뭐 내가 열심히 출근만 하면 되고 이러는데, 나는 얘기가 그러대. 조합원들한테 딱 회의를 하면 "뭣 때문에, 뭣 때문에, 당신들의 의사가 전달됐는데 이게 안 되더라." 이런 거는 조합원들한 테 입항하기 전에 꼭 얘기를 해야지요. 한 30분 시간을 내가[내서] 얘기를 하고 설득을 하고, 우리가 해야 될 일은 뭐고 우리가 찾아야 될 그것은 무슨 사항이다 이래가지고 얘기를 늘 하는 거라. 그러니 공감대를, 늘 하는 얘기가 그러니 소통이 [되고], 그래서 조금 신임을 얻은 셈이지요. 그래 되다 보이 집은 고사하고 막 인제 거기.

조합 활동에 투신을 하신 거예요?

어. 뭐 가지고 자꾸 막. 그렇다고 해서 내가 뭐 될라고 하는 것도 아니고. 그러이 뭐 안 되는 거도 와가지고 내한테 좀 물으러 오고, 와가 좀 해 달라 카고, 뭐 없어가지골라 취직시켜 달라 하는데 뭐 우예요[어떻게 해요]? 그리고 또 공상도, 다쳤다가 이래 돼서, 어떻게 먹고 살기 바빠가 이런데 막 삐끗해가 허리도 아픈데 일은 못 나가는데 막 우예 좀 해 달라 카면. 그 우예도[어쨌든] 조합원 편에 서가지고 우예든지 좀 해 줘야 되고, 또 그게 내 의무지 싶으고 마. 그래서 그런 일로 좀 원치[원체] 많이 했지요. 하다 보이끼네 말을 준 건데, 내가 거서 제일 험한 일 하고 못사는 후산부로 있으면서. 그래도 내 말을 들어 주고, 또 뭐 이래 있으면 좀 대변해가 얘기해 달라 카는 그 말이 고마워가 자꾸만 열심히 하고 싶더만은.

그때 광부를 많이 뽑았다는데 탄가는 왜 낮췄는지요?

사람들이 전에는 인력으로 밀고 드가가지고 탄을 캐가 오고 숫자를 파악했는데, 탄차는 사람 자체가 돌려요. 항시 1톤 2부라 카는데, 이제 1톤에서 저거 2부가 더 붙는 광차를 만들었어요. 갱에서 이만치 이래가 나오면서 줄어들고 이래 하지요. 이런데 거서 또 뭘 하냐면 부비끼(ぶびき)[13]라는 게 있어가지고, 그 안에 뭐 돌이 몇 프로다 뭐다 캐가지고, 이것도

---

13 分引き, 引き. 일본어 원어로는 '할인하다'라는 뜻을 가지고 있는데, 검탄원들이 실제 채굴량보다 채굴량을 적게 깎아 내리는 것을 의미.

선별하는 검탄이라는 게 따로 있어요. 그때도 아무튼 주로 부조리가 많지요. 뭐 탄을 이빠이[가득] 싣고 오는데 가면 8부밖에 안 된다, 7부밖에 안 된다, 검탄요원이 저거 임의대로 [하는 거야]. 그러니 그 사람들은 항시 손해 볼 짓을 안 하는 게라, 사람들이 해 온 걸. 그게 보이 탄은 수요는 많이 되는데, 정부에서 많이 내라 카고 하는데, 시설이 제한돼 있다 보이끼네 이제 축전차를 들여놨는 기라. 그러이끼네 그릇은 적게 갖다 놓고, 사람은 일을 할 수가 없으이끼네 그 임금을 깎는 게라 막. 그러이 이 노동법에도 임금은 저하시킬 수 없는 항목이 있어요. 임금은 저하시킬 수가 없다 이래 돼 있는데, 이걸 뭐 마음대로 하는 거라.

그래서 이 작업 거부가, 그러이끼네 이게 사람 명분을 쌓아야 되거든. 내가 세금을 10원을 낼 때도 왜 내고, 이거 뭣 때문에 낸다는 걸 알아야 되는 거라. 그래가지고 그것도 금방 그거 했는 거 아니고. 이제 어려운 시기이끼네, 뭘 가지고 임금 조정해가지고. 아니, 대우 같은 데는 할 일 없으면 잔디 뜯으라 캐가지고 또 돈도 지불하고 했는데, 그런 본은 못 보더라도 임금을 저하시키면 우예 되나 말이지. 아니, 이게 뭐 촌에 와가지고 후산부 한 사람이 임금 거[그것] 가지고 그래 말이 많고, 뭐 대우니 [뭐니 들먹이면] 끗발이 [안 서지]. 그래가지고 사람 막 참 우습게 돼 버려. 그러니 누가 동조할 사람이 뭐가 있나? 그러니 나는 믿는 게 이제 조합원뿐인 게라. 조합원 자기 이득만 있으면 뭐든지 따라 주거든. 그래 내가 제일 좀 자신감 있는 게 뭐든지 내가 어려울 때 이 사람들이 뒷받침 돼 주고. 그래 돼서 우리 사태 나가지고도 뭐 우예 돼요? 작업 그것 때문에 하는 거 다 따라오는 기라.

대의원이 몇 분 계셨어요?

우리 저 할 때 그때가 19명쯤 됐어요.

그중에서도 또 많은 사람이 사측인 사람들이고요?

예. 왜냐카면 회사에서 돈을 대가지고 일일이 항별로 선별해가지고 내 났거든.

선생님은 어떻게 해서 그때 선별이 되셨던 거였어요?

그거는 이제 내 고집이지 뭐. (웃음) 믿는 사람들, 근로자. 내가 그때부터 같이 호흡하고 얘기하고. 뭐 평소의 유대지 뭐. 그 공감대 형성 카는 거야. 그 사람을 같이 알아줘야. 내 아픔을 같이 알아주고 서로 알아줘야 [해요]. 사람이 거짓말 안 하는 사람이라야 되는데. 사람이 절대로 같이 있으면서 있는 그대로만 가지고 얘기를 해 주면 괜찮아요.

당시에 노동법은 이미 알고 계셨어요?

아니요. 거서 조금 배웠지.

대의원을 하면서요?

예, 하면서 배웠지. 여서 있으면서 노동법 카는 거는 없었지 뭐. 4H, 지덕노체(知德勞體) 그런 거나 알고 했고, 뭐 어디 그랬는데. 그 법이라는 건 영 몰랐지 뭐. 거서 가가지고 보이끼네 '아, 이걸 뭘 알아야 되겠다.' 회의 드가면 저거 하거든요. 요즘도 우리 노인들 어디 회의 때, 내가 여[경주시 안강읍] 농협에 와가지고 대의원을 또 오래 했어요. 오래 하고. 그리고 우리 애들도 학교 회장 하면서 저거 하고 하는데. 이 회의 같은 거 이런 거는 절차도 순서도 알고 뭐 해야 되거든요. 그때도 뭔 말을 하면 누가 아무 발언 한다고 되나? 할 때 해야 되고, 또 뭐 그걸 다 해야 되는데. 그러이 완전히 막 일방적으로 조합장한테 막 그래 나가더라고. 그러이끼네 이게 사람이 뭐 다른 길로, 위태로울 때는 브레이크 밟을 줄 알아야 되는데 그게 없어요. 우리 시절에 뭐 모르이끼네. 우리는 뭐 통통 뚜드려 뿌면 되고. (웃음) 그래서 '아, 자꾸 뭐 배워야 되겠다.' 싶은 그런 마음이 쪼매 [들었지]. 그런데 뭐 많이 못 알아도 '아, 요 분야는 알아야 되겠다.' 그래가지고 이제 교육 받고, 그런 걸 책도 좀 읽고, 남달리 잠 좀 덜 자고 한 번 해 볼라고 애는 썼지 뭐. 해고되고부터 공부 열심히 좀 했어요.

그 이전에는 회의에 가시면서 들으셔서 아셨던 거였고, 해고 후에 공부를 하셨던 거군요. 그때는 재판 과정에도 작업은 하셨던 건가요?

　그거는 이제, 재판하면 처음 겪는 사람은 뭐 이 공소장이 오면, 공소장이 뭔지 압니까? 그거 읽고 뭐 가지고 잘못했으면 징역 산다는 거, 그거 뭐 엄청난 거지. 그런데 그게 이제 1년 돼가지골라가여, 집행 유예로 나오면서부터 간이 커졌어요. 사람이 경찰서 한 번 드갔다 나온 사람은 파출소 가기 우습게 아니데[압니다]. (웃음) 우리는 대법원까지 늘 다니다 오면 요즘 경찰서는 좀 우습게 알고 이런 게. (웃음) 그러니 사람이 뭐 자꾸 겪어 봐야 돼. 사람이 간이 커진다카이.

구속 상태로 재판을 받으셨던 거였어요?

　아니, 그때는 불구속.

혹시 그때는 고문이나 그런 거는 없었어요?

　그거는 없었어. 그때는 또 왜냐카면 떠들면 회사가 더 불리하게 되는데, 그러이끼네 이 사람들이 우예든지 입 막을라고 했고. 그게 엄연히 착취라. 착취고 부정이고. 그러이끼네 자꾸 입 막지. 첫째 있는 사람들이 경찰서에 입을 막고, 어쩔 때는 그때 언론의 입을 막고 막 그러는 거라.

당시에 선생님 말고는 처벌받은 사람은 없었어요?

　네 사람인데, 세 사람은 해고됐어요.

다 대의원이었어요?

　대의원은 내 혼자였어요. 그 사람들은 아니야.

다른 분들은 그냥 종업원이셨던?

응. 종업원인데, 그 사람들은, 저 뭐야, 그때 껄렁패들이었어.

아. 그래서 파업을 할 때 주도를 좀.

그래가지고 소문이 우예 나냐면, 오늘 이리 나오면 뭐 혼난다 이러는 데, 안 하는 말로 "마, 다 살 줄 알아라. 마." 이런. (웃음) 그런 말이 퍼졌는 거라. 그래가지고 이제 사람들이 (웃음) 겁을 먹고. 뭐 이런 데 있지만도 거 기 뭐 친척을 많이 두고 온 것도 아니고, 뭐 그런 사람들. 뭐 6공화국 이카 는데[이러는데], 보면 여러 도에[서 온] 사람. 전라도, 강원도 죽 있는데….

아, 그래서 6공화국이구나. (웃음)

(웃음) 그래 이제 전라도 사람들이 전부 한 3,000명 [일을] 하는데, 700~800명은 전라도 그 저거들서[저기에서들] 왔고. 회장 친인척으로 마카 연결돼가 그래 왔던 [사람들이지].

이연 친인척이요?

예. 그래가지고 나중에 암행어사 카는 사람들도 마카 거서 나왔어요. 그래가 그 사람들한테 잘 비면[보이면] 그거, 요즘도 뭐 청와대 청소부한테 만 잘 비도 "뭐 부탁한다." [하]듯이 맹[마찬가지로] 그런 걸 많이 했었어요.

그 사람들이 암행감찰 하는 것도 있었어요?

그 사람들도 그 암행어사 있었잖아요. 이연 생질들 둘이 그거. 그래 무법천지라 그 사람들. 뭐 주야로 오만 거 다 하는데, 일하고 오면 판잣 집에 겨울에 살기 위해가지고, 바람 들어오면 막을라고 판자 쪼가리 하 나 가[가지고] 오면 그거 가지골라 지적해가지고 해고시킬라 카고, 감봉 시킬라 카고. 감봉도 뭐 시킬 거 있어야지. 그게 단가를 가지고 정해 놓고 하는 건데 그거 감봉시키면 뭐 있나? 도급 단가인데. 그러이 그게 (웃음) 참, 가슴 아픈 얘기들이야.

◇ ◇ ◇
복직 이후의 상황

얼마 만에 복직이 되신 거세요?

복직은 1년 7개월인가? 1년 6개월 때 했어요. 1년 6개월. 74년도인가 그래 복직됐어요. 그래 그 이후로는 거기서 저때 뭐 오는 사람 그때 받아들이고, 그때는 대의원 생활 열심히 하고, 뭐 젊을 때이끼네. 파업 당시에 서른여덟 살이끼네 그때는 한창 시절에 겁나는 것도 없고. 뭐 집은 이제 불효자가 됐고. (면담자 웃음) 마누라 보고 싶어도 마 할 수 없어가지고.

가족 분들은 그때부터 계속 안강에만 계시고?

겨우 있었고. 나중엔 와가지고 내하고 같이 생활하고. 농사 때 되면, 4월 달 되면 모자리[모내기] 할 때 가 있고, 반은 가 있고 반은 오고 그래 했어요. 거기 시부모들 계시고 하이끼네. 거[사북]서는 사택 얻어가 내 혼자 [생활]했고. 그 전에 내 처음 와가지고는 뭐 합숙소나 이래 해가지골라 거서 있고, 내 혼자 있고. 자리 잡거든 이래 캤는데, 나중에 탄광에 와 보이 시커멓게 뭐 해가지고, 뭐 좀 항심(恒心) 좀 구겼지 뭐. 그래 약속이사 "내 어려울 때 좀 많이 도와줄게." 카고 좋은 말 다 해 놓고는. (웃음) 그래도 많이 이해해 줬어요. 이해해 주고, 뭐 대의원 나올 때 남자가 뭐 한 번 한다 카면 막 하라 카고, 밥도 이고 배고픈 사람 밥도 주고. 그때는 뭐 참모들 카고 한 70명 무면[먹으면] 고추장 단지 다 들통나 뿌고 뭐 했거든. 다 열심히 했어. 그때는 대의원이 굉장히 좀 신나는 저거였어요.

처음부터 화절항 쪽으로 가셨던 거였어요?

예. 69년부터.

처음부터 후산부셨어요?

예. 내도록[내내] 후산부로 있었어요.

처음에 오셨을 때는 선택하신 게 아니고, 배치가 돼서?

예. 그때 처음 딱 드가면. 그때는 시험 기간이 없었어요. 마구잡이로 집어가 여었는데[넣었는데]. 뭐 구루마 밀 줄만 알면 되고, 뭐 삽질만 하면 되이끼네, 기계화된 게 거의 없고, 간드레 카는 거 이제 가스 가지고 이래 등불 들고 다니고 그래 됐네. 뭐 그때는. (웃음) 보안이라 카는 게 일체, 낙반 사고 그거 준수하는 그래 돼 있지만도, 없었어요.

뭐 배우거나 하는 시간은 전혀 없었어요?

없어. 그거 없어요. 거기 일하다가 간 사람은 다 할 수 있고 그랬어요.

해고 후에는 공부를 어떻게 하셨어요?

책 보고 그래 했지 뭐. 책 보고 외우고 뭐. 그래가지고 우리가 다른 거 보면, 그때만 해도 내가, 요즘도『조선일보』를 보는데, 다른 공부는 못해도 신문 공부를 좀 많이 한 셈이라. 주로 사설 읽고. 사회면, 국회에서 누가 뭔 발언을 우예[어떻게] 하고 카는 거 뭐 그런 거 쭉 저거 하고. 그때 우리 사건 나고 그 박용만이 하고 국회의원들 와가지고 뭐 대화도 한 번 했지만도, 그거 보면 국회의원들이 어려울 때 어떻게 하더라 뭐 그런 걸 좀 이래 신문을 보고 [배웠지]. 내가 어렵지만도 신문을 우예든지 보고 했어요. 그러이 요즘도 신문을 저거 하다가, 동네 어둡고 뭐 이래가지고 배달할 사람 없다 캐가지고 신문을 배달을 안 해 줘요. 동네에 신문 볼 사람이 없는 거, 이래가지고 우편으로『매일신문』회관으로 [신청]하고, 내 신문은 애들 가게로 해가지고 이중 배달을 하지. 요즘도 신문 보는 사람들이 점점 줄어들어요. 그리고 경주, 우리 안강 같은 데는 온다는 게『중앙일보』하고『조선일보』. 다른 신문은 오질 않애.

그렇죠. 지국이 없으니까 들어오기 어려운 거죠. 하청 감독관 할 때는 전보다 일은 조금 수월해지신 거겠네요?

그럼. 감독하고 위험 부담이 많지만도. 뭐 그 사람들도 내가 대의원 하고 있으면 맹 거서[거기서] 하거든요. 그 인연으로 많이 도움을 받았지. 거[기] 있는 일하는 사람들 도움을 많이 받았지. 많이 받고. 그 이후에 이원갑이를 알고 이래 했는데, 이원갑이하고는 뭐 같이 근무는 안 해 보고. 나중에 대의원 되고, 자기도 처음 대의원 되고 [알게 됐지]. 나는 대의원 그때 3선 때인데, 그 사람 고토일항에서 대의원 처음 됐고.

아까 말씀하신 삼대독자였다는 강원도 친구 분도 같이 가셨어요?

우리는 그 소월이라는 동리에서 좀 여유롭게 살고, 그 사람은 내보다 한 살이 적은데 3년 후배라. 그러니까 중학교도 3년 후배인데.

소월에서 같이 자랐던 분이에요?

예. 고향 친구지.

고향 친구인데 먼저 강원도에?

강원도에 먼저 갔어요. 그 사람 아무 먹을 것도 없어도 전축 하나가 사고 싶어가 갔는 사람이라, 그 사람은. (웃음) 아무것도 없어가지고 참 이랬는데. 자기 조부는 6·25 때는 우리[가] 죽는 것도 봤거든. 기관총 가지고 막 총알에 죽고, 아버지는 배에 실려가지고 바다에 매장돼 뿌고 이랬거든. 굉장히 참혹해요. 그걸 과거사청산[정리]위원회에서도 이번에 저기[조사]했는데, 뭐 결국 증인도 불명확하고 이래가지고 마 보상을 하나도 못 받고 이랬는데. 그 친구가 내가 제일 은혜를 입고 이랬는데, 내 도움도 어릴 때는 많이 받았는데, 늦게는 이래 갈라져 뿌렀어요. 왜 그래 갈라졌냐 카면 내가 붙들려 가고, 그 사람도 내 때문에 붙들려 가가 벌벌벌 떨골라, 내가 합수단 붙들려 저러이끼네 막 사지를 떨고, 반바지에 군복을 입고 이래 떨고 있더라고. 그래가지고 누가 뭔 얘기하거든 천[전부] 내한테다 맡기골라가, 하고 싶은 거 다 맡기고 나가라고 이래 이야기를 했는데, 그 사람이 거 와가지고 고문도 조금 받고는 풀려났어요. [풀려]났는데, 그 사람은 그게 천직이라고 거 있었거든. 거가 아니면 살 곳이 없는 줄 알고 있었는데, 누구보다도 아끼고 누구보다도 참, 항렬로 따지면 내보다 한 항렬이라도, 생일 따지면 한 너덧 달 차이밖에 안 나요. 이런데, 지는 살려골라가 이제 구사요원이 돼 뿌고.

아, 구사대14로 들어갔구나.

구사요원이 돼 뿌고. (웃음) 나는 그걸 몰랐는데 집에 식구가[아내가 알려줬어요]. 내가 재판 과정에서, 김재규가 그때 6명의 변호사가 있었는데 내가 변호사가 6명이었어요. 돈에 잘 구해지지 않애. 내 서울에 있는 동생이, 지금은 고인 됐어요. 근데 민동식 변호사가 대법원장을 했거든요. 대법원에 대법원장을 했는데, 그분이 연세가 많았어요. 그분 집을 짓는데, 그걸 보수해 주고 돈을 준다 카고는 조건부로 선임을 했는데, 군사[정권] 시절에는 대법관에 저게 필요 없었어요. 필요 없는 거보다도 변호사가 안 먹어줘요[먹혀요].

의미가 없는.

예. 그래서 하마[이미] 주범자 누구누구 카면, 정치에 목적을 두골라가[두고] 이래 하는 사람들은 그걸 관철시켜요. 하마 누구누구는 안 되고, 그거는 끝날 때까지 카는 게 있어요. 그래가지고 임광규 변호사라고 있었는데, 그때 지학순 주교가 그 변호사 4명을 육군변호사가 선임을 해가 줬어요. 무료 변론하고 막 이랬는데, 나는 개인 변호사를 두 사람하고 그 사람 해가 6명이 변론을 하고 했는데. (웃음) 그렇게 안 보내 줘요. 우리는

---

14 '회사를 구하는 조직'이라는 뜻으로, 노조에 대항하는 사측의 비조합원 단체.

뭐 변호사[라고] 하면, 우선 뭐 살림살이 어디 없는 거 가지골라가 우리도 사람 죽는다 카이끼네 사람 살리 보자[는 생각에 선임하고] 그러는데, 변호사가 안 먹어줘요. 그래서 이제 재판이 끝나야 되는, 요즘 지나고 보이끼네 '아, 그렇고 그렇구나' 카고 이제 뭐. 신군부가 정권을 잡을라 카는 [것 때문에 그랬구나 알지]. 그때는 뭐 정권을 잡을라 카는지 뭐 하는지 [모르죠].

그렇죠.

　우리 잡아가지고는 뭐, 아무[리] 생각해도 내 잘못한 건 없지 싶은데. 마음은 참. 가면서도, 뚜드려 맞고 있으면서도 절대 나는 이거 뭐 좀 '내가 불행하다. 내가 이거 뭐 가지고 막 잘못됐다'는 이런 마음은 하나도 안 들어요. 틀림없이 뭐가 이거 밝혀질 거다. 밝혀질 거다 이런 마음이 자꾸 들더라고. 근데 낙심되고, 이제 조금 긍정적인 생각, 그러이 마 비참하면서도 틀림없이 뭐가 이거 해결될 거다 카는 이런 마음이 좀 있더라고. 그래가지고 지나고 보이 뭐 어제 겉고, 오늘 이리 뭐 이런 시간도 있지만도. 참 뭐, 세월이 약이라 카더니 (웃음) 지나고 보이 뭐 그런, 참고 견디끼네 좀 그런 날도 있대.

지금 말씀하신 건 사북사건 때 이야기이신 거죠?

　예.

아까 말씀하신 그분도.

　아까 그분은 왜 그러냐 카면 내가 [원주에 끌려] 가 있을 때, 집에 식구가 아들, 막내가 사북서 태어났어요. 80년에 사북서 태어나가 석 달인가. [사북항쟁이] 4월 달이끼네, 한 너덧 달 됐죠. 그러고는 핏덩어리 같은 거를 업골라, 겨울인데, 그 주위 사람들이 진정 받으면 좀 나아진다 캐가 진정서 받으러 다녔어. 쭉 다 다니는데, 가이[가니] 뭐 몰래 진정해가지고 그것도 저거 먹고살자고 고안하는데[궁리하고] 그거 찍어 주는 사람도 있지만 거의 다 많이 받았어. 한 2,700명 이래 받고 했는데, 그 신○○라고 친구 집에 가이끼네 진정서 도장을 안 찍어 주더래. 그래가지고 막 눈물을 집에 식구가[아내가] 많이 흘려가. '그래, 너거도 살아야 되지.' 카고 마 이래 했어요.

그 이후에 그걸 그래 알골라, 그 이후에 나와가지고 친구들 모임이 있어요. 뭐 갑부처럼 좀 잘된 사람도 있고, 사업한다는, 만날 때마다 계속 그런 얘기가 오고가고 했는데, 그 친구 중에 한 사람 대구 매일신문사에서 노동조합도 하고 뭐 이래가지고 좀 똑똑은 친구가 있어요, 신○희라고. 고인이 됐는데, 그 사람도 술도 많이 하는데, 그 사람이 무의식중에 그런 얘기가 있어요. "○○야, 니는 경이 저거 할 때, 니 많이 좀 싸워 줬나?" 얘기가 이래 나오고 했는데, 그래 내가 그거 또 다른 얘기할까 싶어가지고 "아이, 뭐 ○○ 아이면 내가 이렇게 살았나 마."

그러셨어요?

내 계속 묻어 줬다가, 한 10년쯤. 작년에, 친구 하나 그 천진 선생 아들이라고 한양대학교 나왔는데, 그분이 고향에, 자기 부인하고 마카 여놔두골라 고향 지킨다고 와가 있는데 얘기를 해요. 자기 생질이 박근혜 대통령 때 초창기에 창조과학부 장관인가 그거를 했어요. 저저, 최 뭐고? 근데 장관[15]을 하면서 영덕에서, 그 강구 삼사해상공원이라고 있어요. 소월동에 자기 집 앞에 송덕비처럼 해가지고 천진 선생 백일장 했는 비를 동네 앞에 세워 놨거든요. 그거를 추모비로 해가지고 해상공원에 옮길려고 무척 애썼는데 안 돼가, 장관 되고 나이끼네 대번[에] 되더라고. 그래가 그거 서고 난 뒤에, 그 모인 자리에서 이제 얘기가 나와가[지고]. 내가 2007년도에 민주화운동 인정을 받았는데, 이게 2000년도에 받아야 되는

---

15 최문기. 2013~2014년 미래창조과학부 장관.

데, 왜 그러냐 하면 전에 있는 이재기라고 지부장, 그 부인 린치 사건 [때문에] 이카고.

김○이.

예, 김○이. 이 사건에 연루돼가 그 아들들이 뭐 신문사 기자도 있고 이래가. 이 사람들이 반대해가지고 저거, 그거 뭐고 재판소, 저걸 했어요. 이의 신청을 했어요. 이의 신청해 2년이나 걸렸어요. 그래 나중에 판결이 7대 2인가 7대 1 이래가지고 승소를 해가 우리가 인정을 받았어요. 그래 이명박 대통령 때 인정을 받았는데, 쉬운 게 없어요. 하나하나. 근데 이것도 우리가 모르고 있었는데 황인오라고 알지요? 황인오가 좀 배워가지고 좀 머리가 깨인 사람이야. 그러니까 그 사람이 이제 뭐 소위 재심 청구도 한번 해 보라 카고 이래가지고 해 보고 했지. 우리 뭐 어디 무죄 판결 이런 거보다, 그저 풀려나가지고 목숨만 붙어 있는 거만 다행인 줄 알고 이래 지냈는 거라.

친구 분에 대한 것도 다 덮어 주셨는데, 그 얘기가 또 나온 거네요.

그래 [얘기] 안 할라고. 평생 안 할라 캤는데 그 얘기하다가 [나온 거지]. 그래 이제 그 사람이 "경이 니는 그래 살아가 안 된다." 이캐[이렇게 말해]. (웃음) 그래가지고 사람들이 이제 "그러이 혼자 살지 말고, 그 좀 너도 이제 피고 살아라." 카고 해가지고 혼자 "그 광산에 오래 붙어 있어가 계장 되면 뭐 하고, 막 어디 계장 카는 게 그게 어디 뭐 하늘에 별 따는 것도 아니고, 아무것도 안 해도 남의 종을 해도 그거 좀 떳떳하게 살아라. 그거 가지고 뭐, 친구가 중하나?" 내 그랬다니까. "니, 친구가 중하나? 아니, 저 안중근 의사는 그런 게 있잖아. 견리사의 견위수명(見利思義 見危授命)이라고 이를 보면 의를 생각하고 위태함을 보면 목숨까지 주라 캤는데, 그거는 못 할망정." 그래 돼가 우리 막 얘기가 붙으면, 얘기를 하고 그캤는데. 참, 뭐 잘못했다 잘했다 이거보다도 "나는 내 생활이 좁아가 나는 그거 아이면 내가 못 살았다." 그래 얘기를 하더만은. "그래 그 한계가 뭐 더 배우고 덜 배우고 그거보다도, 그 의(義)라 카는 게 그렇다. 항시 늘 우리 안에, 공리라고 생각하는데, 늘 공리를 생각하고 살아라. 사람 일평생 한 70 되면 죽을라[나], 지 목숨 못 살고 마카 이래 저 하는데[죽는데], 그 죽고 사는 거 그거 가지고 얽매여가지골라가여 자꾸 친구 저버리면 평생 후회한다." 우리 이런 얘기 조금 했거든. 근데 어떤 때 보면 좀 매정한 얘기 겉고 이래지만도 뭐, 할 얘기는 좀 하고, 친구라도. 뭐 그러고 지내고 싶고. 잘 지내고 있어요. (웃음)

◇ ◇ ◇
1970년대 노동자 모집

77년도인가 회사에서 노동자 모집을 했잖아요? 그때 노동자 수가 늘어나서 노조 관계가 복잡해졌거나, 그 관점에서 사회관계가 복잡해졌거나, 문제가 생겼거나 그런 일은 있었나요?

모집하는 거는 좋았는데, 회사에서 모집할 권리도 있고 정부에서 이제 주유종탄으로 탄을 [더 캐라고] 독려를 하이끼네. 인원이 모지라이끼에 와가 해야 되는데 첫째, 시설이 사람을 수용할, 작업할 구조가 [없었어]. 말하자면 열 사람 드가가[들어가] 할 거를 스무 사람 왔으면 그만치 기구가 있어야 되고, 또 공구도 있어야 되고, 또 시설도 뭐 숙박시설도 있어야 되고, 모든 걸 갖춰 놓고 그걸 했으면 좋았는데 모집해 놓고 하이끼네, 한 사람이 여덟 시간 일할 거 가지고 세 시간도 못하고 일할 게 없는 거라. 왜냐카면 탄 담을 그릇도 없재, 또 축전차 이것도 시운전을 해야 되재. 그러이끼네 시설부터 해 놓고 모집을 해야 되는데 마 욕심에 사람부터 우선 공고를 붙여 놨으이끼네 사람은 모여들고, 이래 놨더이 이 사람들이 이제 동요될까 봐 싶어[서], 그때는 계엄 당시라가지고 동요될까 싶어가지골라가 자꾸 보안 교육을 시켰는 기라. "당신들 일하러 왔으이끼네, 일할 때 회사 얘기만 들어라. 너거 일 할라고, 돈 벌러 왔는 거 아이가? 회사 얘기만 들어라." 그래[그런데] 우리가 보는 관점은 그렇지 않은 거라.

같이 왔으면 일할 그런 환경을 조성을 해야 되는데. 그러이 제일 미비한 게 보안 시설이 제일 미비한 기라. 그런 사람 모아 놓으면 한 일주일, 그라면 언제 좀 회사에서 돈을 주더라도 믹여[먹여] 가며 보안 교육을 시켜야 되는 기라. 안전 교육을 시켜야, 안전 교육. 안전 교육을 시켜가지고 "당신들이 어느 광산에 있을 때는 어떻게 했을 건데, 여기 지침은 이렇고. 최우선 순위가 안전이고, 당신들의 건강이고, 당신의 목숨인데, 돈에 앞서 이렇다." 카고 이런 교육을 시켜가지고, 그게 무엇이 우선이라는 걸 인식을 시켜야 되는데, 오직 생산, 탄만 파면 된다는 말을 가지고 모집해 놓고 사람이 수용을 제대로 못 하이끼네 문제가 생긴 거 아이냐 그거, 하이고.

이거 뭐 오기는 왔는데 보이끼네 그거 단가가 도급 단가거든. 도급 단가이끼네 일은 하는 대로 돈을 주이끼네 임금은 적은 기라. '우리 생각보다 돈도 적구나.' 뭐 이러이 자꾸 불만이 생기는 거라. 우리가 일 쉬러 가는 게 아이라, 가이 일할 여건이 그래밖에 안 되는 거라. 그래 우리가 안 하는 말로, 곡괭이가 열 자루밖에 없는데 사람이 스무 사람 오면, 그러면 곡괭이가 그거 열 개는 모지래는 거 아이요? 그러이 시설부터 해 놓고, 여건을 마련해 놓고, 첫째로 교육을 시키고. 우리가 이 세상하고도 사람 목숨을 안 바꾼다는데, 사람 죽고 사는 걸 가지고 아무 문제시 않골라가[않고서는] 그저 뭐 1,090일 그거 돈만 주면 된다는 식으로, 하마 마음조차 그래 먹는 그 사고방식이 [문제인 거야]. 업주가 잘못이라, 업주가. 업주가 그래 시키는[시킨] 거 아이어도 아랫사람을 잘못 부렸는 거라.

그때 사람들이 많아지니까 고향에 따라서 사이가 갈린다거나, 아니면 석공 출신 아닌 사람 이런 식으로 갈리는 건 없었어요?

아이죠. 근데 배경 있는 사람은 아마도 그게 있다고. 돈 될 자리 안 될 자리 다 알거든요. 오면 돈 될 자리 있는 사람은, 자기가 뭐 좀 반장이라도 알고 어디 고향이라도 아는 사람은 직호도 바로 가요. 요즘 우리 취직하면 마카 그러듯이 그대로 가요. [연줄이 있는 사람은 그렇게] 가는데. 대다수 사람이 모르는 사람이 오면, 무더기[로] 가면 다 그래요. 교육부터 시키고 해야 되는데, 안전 교육 안 시키고 그대로 가고 이랬으이끼네. 근로자를 사용하는 데는 '안전이 최우선이다.' 이거를 중요시하고, 교육을 먼저 시키고, 여건을 조성해가지고 사람을 수용해야 되는데, 사람 부려먹골라가 마구다지[마구잡이로] 그거 도급 단가를 역이용한 거라. "너거는 너거 하는 대로 돈을 주는데 뭐 카노?" 그 도장을 찍어야 되거든, 도급 단가. 입직원서에 찍고 하이끼네 "일하는 대로 돈 주는데 뭐 할 말이 많노. 너거 일했는 거 그거뿐인데." 이래가지고 그거를 근로자들한테 전가시키는 거라. 저거가 잘못이 아니고 일하는 대로 돈 줬다고.

◇ ◈ ◇
광산 재해와 대처

당시 탄광에서 사고가 많았는데, 회사에서 산재 처리를 해 주는 경우는 있었어요?
　사고는 나고, 안 죽으면 공상 처리가 되지요. 요즘은 산재 처리, 산업재해 보상이 들어가지고 처리가 되는데, 제일 저거 하는 거는 아까도 얘기를 했지만 사람이 죽었을 때. 내가 거 쪼만한 데[작은 사택] 있을 때 한 여섯 사람이 그 사택에서 죽었어요.

화절에서?
　화절. 그 신사택에서만. 내가 그때도 그랬지만, 이 사람들이 금방 같이 일하고 와 아침을 묵고 같이 얘기하고 막걸리 한 잔 묵던 사람이 밤에 싸늘한 시체로 넘어올 때는 마, 천지가 아득하고 마 이랬는데. 그 마카[모두] 시설이 잘못돼 나도 거[기] 한 번 갇혔댔고. 내 보안요원으로 있으면서 구출 작업도 하고 이랬는데, 사람이 갇혀 있으면 뒤에 무너질까봐도 [무너진다는 것도] 미처 생각 안 한다카이, 앞에 하기가[앞에 있는 사람이 생각하기를]. 우리가 한 번 두드리는데, 인력으로 마카 이 기둥을 잡아가지고 이래 하던 걸 탄 캐가지고 폭발하고 이러면 전체가 땅이 지진이 일어나듯이 지압이 1차 지압, 2차 지압이 있어요. 그러이 광산에 드가면 지주를 이래 해 났는데, 지압이라도 그거는 여물게 해가지골라 바로 세우니 부러져도 괜찮은데, 막 틀려지는 게 있어요. 비틀어지는 거는 10메다, 20메다쯤 그대로 붕괴돼 버려요. 그래서 광산에 다니는 사람들은 장화하고, 면 수건을 늘 가[가지고] 다녀요. 근데 굴 안에는 항시 물이 흐르고, 또 뭐가 있나 카면 저기 파이프가 연결돼요. 그 에아 파이프(air pipe)가 있고.

가스 빼내는 거예요?

어. 바람 넣고 뭐 이래 하고. 그러고 또 철 레일이 밑에 있고. 이래 있는데, 사고가 나게 되면 수건 같은 거는 파이프에 딱 대고 숨을 쉬면 조금 많이 나아지고, 또 이 면을 가지고, 불 같은 거 나면 이제 면이 좀 덜하거든. 그래고 광산에서 제일 또 눈여겨보는 게 이제, 물 좀 나고 하잖애. 물이 고였다 터지는 수가 있거든요. 그래가 그때 제일 굉장히 힘이 든다고. 근데 쥐를 유심히 본다고, 쥐.

아, 쥐 움직이는 걸.

예. 쥐가 지압이 딱 오고 뭐 한다 카면 쥐가 막 이동을 한다 밖으로, 그게 이제 [눈에] 불이 새파랗게 해가지고 막 간다고. 그걸 가지고 여물게 [단단히] 보고. 또 지압이 많이 날 때는 계속 물이 뛰는데, 보면 이게 자꾸 내려가고 그게 굉장히 힘을 많이 받는다고요. 근데 그런 데 조심을 해야 되고 그러는데, 그게 이 광산에서도 사람을 중시[중하게] 여겨야 되는데 매장량, 물건에만 욕심을 내가지고 탄 캐다 보이 보안 시설을 전부 안하는 게라. 시설 투자 웬만치 해 줘도 '아, 이거 위험한 곳에는 좀.' 이래 가지고 이거는 중지를 하고 이래야 되는데. 아, 자기 나름대로 이제 책임량이 있는 게라. 오늘 얼마까지 달성하라는 게, 그게 있어났디끼네 "우예 오늘쯤이야 [괜찮겠지]." 카고. 설마가 사람 잡는다카이. 그래 이래가지고 사람이 죽어 나오면, 죽고 나면 다 죽는 사람이 죄를 덮어쓰고 가는 게라. 지가 잘못해 죽었다 이거라.

아, 그렇게 되는 거네요.

그러이끼네 죽은 자는 말이 없는 거라. 죽는 사람도 죽어가지고 똑바로 다 찾아야 되는데, 아까도 얘기했지만도 90일부 카는 장례비가 나오는데 그게 거의 회사 임의대로 쓰는 거라. 그러이 구조 자체가 회사가, 옳은 사람이 옳은 기업을 하는 사람 겉으면 그래 안 해요. 줄 거는 주고 [그러지]. 또 더더구나 죽은 사람한테 그걸 또 [떼먹진 않지]. 그것도 이제 회사 사장이 시키는 게 아이라 그 밑에 사람들이 다 그거, 뭐 간신 아닌 간신들이거든. 완전히 그게 옳은[올바른] 그 회사원이 아이라[아니야], 그런 사람들은요. 그렇잖아요? 뭐 회사 투자 해가지골라가여 시설 투자도 하고, 뭐 보안 교육도 열심히 시키고, 조합원들 위험한 곳은 또 제끼기도 하고, 선보안이고 후생산이어야 되는데…. 그거 아이라 뭐 돈만 된다 카면 무조건 뭐, 사람 하나 죽으면 또 돈 몇 푼 주면 되지 카는. 그러이 이 세상하고도 안 바꾸는 생명을 가지골라가여 마구잡이 이용하이, 그게 뭐. 그래 우리나라 기업들이 그런 것이 참 많아요. 요즘은 사람들이 다 깨이고 배워가지고 좀 덜하지만도 그때 상황은 더 했지요.

선생님 손을 보니까 손가락에 부상 입으신 게 있는데, 그건 언제 다치신 거예요?

요거는 내가 감나무 전지를 하다가 톱에 해[베어]가지고 의사를 잘못 만나가 [이렇게 됐어요]. 요거를 119를 불러가지골라 갔는데, 이 사람들이

119는 어느 병원에도 가면 되는데, 포항 가면 큰 병원들이 많거든요. 내도록 전화를 해가 "가까?", "가까?" 응급환자라 카이끼네 "아, 우리 병원은 [사람이] 차고", "우리 병원은 많이 있다." 다 이래가지고, 그거 돌려가지고 동대병원[경주 동국대병원]에 가이 2시간 이상 걸렸어요. 거 가가 처음 사진 찍으이끼네 여[기 신경] 살아 있는 거 살릴 수 있다 카더라고. 그래도 옳은[제대로 된] 의사가 아이고 뭐 조금 인턴이가 뭐 이래가지고, 이거 걸터앉으이 "아이구, 시커멓네." 카더이마[그러더니만] "잘라야 되겠습니다." 카는 기라. 그래가지고 잘랐는 거고, 여거는. 이거는 지금 틀어지고 부러지고 하고, 이거는 마 퇴행성 관절염이 와가지고. 내 이짝 전신은 한 7, 8년은 거의 못 썼어요. 이제 조금 저거해지는데[움직여지는데], 이 마비 상태가 오래됐었죠.

사람이 고문을 [당]하고 나중에 못 일나서이끼네[일어서니까], 하도 안 돼가지고 그랬는데, 그래가지고 이거 와가지고 [치료를 받았죠]. 그래 이제 고막이 나가 뿌려가지고 보상 신청을 했는데, 그게 오래돼가지고 [안 됐죠]. 그때 상황에 [대해서] 의사들 [찾아] 가지고 증명을 띠[떼어]오라 카는데, 그때 의사가 어디 있고? 그거 하마 30년 됐는데 그게 어디 있어요? 그거 하이끼네 증거 미약 뭐 카고 이래가지고 안 해 주더라고. 그래서 이짝 한쪽 거의 마비고 어떤 때는 이게 막 절려[저려]가지고, 굉장히. 그래가지고 내가 무척 [열심히] 운동을 해요. 아침에 저수지 있는데 가가지고, 새벽에 가 가지고. 교회에 갔다가 나오면, 그 4시에 갔다오면 6시부터는 한 시간은 어떠한 일이 생겨도 운동을 한다고. 자꾸 움직이라 카드라고. 그래 움직이고 운동하고 이러는데, 이 후유증 카는 거는 하루 이틀에 적어지지도 않아요. 이 피멍 들고 이런 게 이래가지고 한쪽은 이게 이만치 안 올라가거든. 다 이래 안 올라가고 이러는데, 뭐 고문 당하고 이런 거 [예전에는] 우리보다 더 한 거 [많았는데], 요즘은 그래도 괜찮다 싶어.

책을 읽어 보이 그거 뭐, 말 네 마리 가지고 4각을 띠고 하는[16] 그런 데 비하면 이거는 아무것도 아이라. 한국 사람들 뭐 별별 거 자랑을 하는데, 자랑할 거 아무것도 없지 싶어요. 전부 사색당파고 뭐고 보면, 그거 참. 사문난적이고 뭐 저기 이래 할 때 보면, 저거[자기들] 눈에 잘못 비[보이]면 이거는 가혹하게, 뭐 인두 가지고 배 지지고 하는데, 요즘은 그거는 안 하잖아. (면담자 웃음) 아이, 그거 4각을 띤다 카는 게 그거 어딘교. 손발 다 묶어가 말 채찍해가지고 니는 니대로 가고, 그거 째 뿌는[찢어 버리는] 거 아인교 그게. 다른 나라에서 그거 알면 어떡하겠어요. 그거.

광산에서 일하시다가 다치거나 부상 입으신 적은 없으신가요?

많지. 구조대원이거든요, 내가. 사람 묻히고 못 나오면 이제 그걸 빼내고 이래 하거든요. 죽을 고비야 몇 번 넘겼지. 갇혀가지고 그렇지만도, 사람이 구조하다 보면 뒤에 무너지는 것도 몰라요. 그리고 발파하게 되면 지압이라는 게 1차 지압이 있고 2차 지압이 있거든요. 탄 덩어리 그거 공간이 커가지고, 크게 있으면 그게 바람에, 폭풍에 사방 한 10메다, 20메다 그대로 비틀려가지고 문에 구멍을 막아 뿔 수도 있고, 뭐 그렇거든요. 또 어떤 때 우리가 제일 저거한 거는, 사람이 거서 같이 하다가 죽었는데 어떤 게 있냐 카면, [수당이] 도급 단가로 나와가지고 이제 그 시간 안에 몇 메다를, 10센치를 하든 1메다를 하든 2메다를 하든 그 시간 안에 메다 뛰기를 하는 기라. 7×7 가설 같으믄 사방 7×7 가설 가지고 굴진을 하는데, 그걸 이제 스물세 구멍을 뚫버가지고 그 시간에 자기 걸 하고 이래 하는데, 가다 물이 떨어지든가 뭐 이래 하면 그대로, 먼지 나는 그대로 코가 막혀 뿌려 어떤 때는. 하여튼 착암기 가지고 하다 보면 마, 그게 우예나 카면 마지막 구멍을 뚫버야 되는데 물 부족하고 이러면, 안 그러면 그 헛돈 버는 기라. 그거 뭐 메다 없이 도급 단가이끼네, 도급 단가 해가지고

16 능지처참형을 말하는 것으로 보임.

기준 쪼매 얼마 준다 카는 이래 돼 있거든.

그래가지고 그걸 시간 내에 하이끼네, 시간도 지나 뿌면 그것도 뺏겨 뿌러요. 뺏겨 뿌는데, 그걸 마지막 하고 굴로 달고 나오는데 기다려야 되거든. 이제 그거는 간드레, 그때는 간드레 카는 거예요, 간드레. 캐프램프가 아이고. [간드레] 불로 [도화선에 불을] 붙이고 나오는데, 이게 불이 잘 안 붙으이 기다리거든. 신유기 카고 가운데부터 붙이고, 또 후마이 제일 늦게 붙이고, 이제 덴바리 일찍이 붙이고 이러는데, 그거 하다 보이끼네 [불이] 꺼지고 이래 뿌이 시간이 이래 돼 뿌러. 그래가지고 10메다도 못 나오다가 터져 뿌렸는데, 그러면 그거 그대로 죽어 뿌지 뭐 우예요. 그것도 사람이 안 나오이끼네, 발파 소리 나재 틀림없이 사고 났다 싶어가 지골라 막 더듬는 기라. 막. 발파해 놓으면 그 먼지에 화약에 아무것도 안 보여요. 그래도 사람 안 오이[나오니] 마 더듬어 가는 기라. 그때는 천정에서 부석이 떨어져가 그대로 죽을 수도 있고 막 이래요.

그렇지만 막상 안 나온 사람이, 그게 위급해가 우에 거는 생각이 안 나는 거라. 그러이 이 보안 사항 가지고, 이 시설 보안에 대한 관념이 이 회사에서 거의 없었어요. 보안계원이 와가지고 교육도 시키고 뭐 했는데, 그거 완장만 지[쥐]고 한 바쿠 도는 거지, 일체 그게 없었다 아이요. 그리고 그 나무도 규격대로, 그거 보안상 규격대로 좀 하고 뭘 해야 되는 건데, 그게 요즘 같으면 직무 유기라, 다. 그런데 그걸 그래 이행을 안 했으이끼네 뭐 그러고 했어요.

그렇게 다치시거나 돌아가신 분들이 꽤나 많았을 텐데, 회사에서 그런 분들이나 가족 분들한테 보상 같은 걸 했나요?

내가 살던 사택만 해도 열 개 동이 있었는데 거기서 죽은 사람이, 내가 그거도 책에 기술도 했는데, 그게 한 여섯 사람인데 네 사람을 내 저거 해났다고. 그 사람들이 보면 딸만 있어가지고[남기고] 죽은 사람도 있고, 이

달만 하골라가여[하고서는] 고향 간다 카는 사람도 있고, 뭐 성주 사람, 저 어디 사람. 툭 하면 같이 밥 먹고 뭐 이런 사람이 시체로 싣겨[실려] 나오고 이러는 기라. 그러면 죽은 사람이 말이 없다고, 죽은 사람한테 다 그거 책임이 가요. 회사 잘못은, 보안상 잘못은 거의 없고 이 사람이 잘못해가[잘못해서라고] 귀책사유를 죽은 사람한테 저거[전가] 하는 기라.

그래서 1,000일분 보상이 나오면, 1,090일. 90일은 이제 장례비인데, 90일비는 임의적으로 회사에서 가지고, 수습될 때까지 써요. 원래 죽은 사람 유가족들이 그걸 쓰고 해야 되는데, 이 사람들이 뭐 절차상 [그렇다고] 카골라가여[하고는] 쓰는 기라. 뭐도 사고, 뭐도. 그게 어디 소명도 안 밝혀요. 어디어디 썼다 카고 막. 그리고 그때부터 한 며칠간, 4~5일 간 동향을 살펴요. '아, 이 집 가족 사항에 공무원이 누가 있다. 경찰이 누가 하나 있다.' 하는 이거를 살피거든. 고거는 고충 담당이라고 또 있어요. 있는데, 이걸 살펴가지골라가 '아, 이 집에는 이쯤 해가 되겠다.' 싶으면 [그렇게 하는 거야]. 그게 원래 민보상을 다 해야 되는데, 합의 볼 때 해야 되는데, 없어요. 그거 사람 봐 가며 경중을 [판단]하고, 일괄적으로 법대로 처리하는 게 아이라, 사람을 봐 가며 있고 없는 차이를 거서 매겨 뿌려요. 그러니 그게 하나의 비리죠. 제일 큰 비리라. 그리고 인명을 경시한다 카이끼네.

왜 그러냐 하면, 보안이 잘못돼가 회사 책임이 거의 귀책사유가 80% 이상이라. 100%는 못 저기해도 있는데, 이거는 회사가 잘못이다 카는 게 평생 없거든요. 돈 몇 푼 주면 된다. 지금 여기 포스코나 풍산금속 같은데 그래요. 죽으면 소리도 없어요. 왜앵~ 그러고만 가는데, 어떤 때는 폭발 나가지고 유리가 다 나가도 아무 사고 없었다 카거든요. 이거 방위산업체고, 다 요즘도 아직 그렇다카이. 그래가지고 돈 가지고 해결 다 해 뿌려요. 돈 얼마 가지고.

당시에도 산재보험이니 의료보험이니 있기는 한데.

있지요. 산재는 있지. 산재는 산재 처리를 하지요. 산재 처리 70% 가는 거는, 산재는 처리되요. 왜냐카면 법적으로 하는 그거는 다치면 저거 하는데. 주로 산재 처리도 일주일 이상 저거 되는 사람이 산재 처리를 하는데, 일주일 이내 되는 거는 자체 처리 캐가지고 이제 공수(工數)로 여어[넣어] 주는 게 그게 있어요. 있는데. 그거도 조금 잘못 비[보여] 놓으면 안 돼요. 어렵다 카이. 그게 왜냐카면 어련히 해 줄 것도 사람이 밉고 고운 걸 따진다카이. 일하는 사람을 근로자로만 대해야 되는데, 평소에 뭐 회사에 불만을 좀 [가지고] 있다 카면 이 불만 때문에 그걸 가감시킨다 카이끼네. 거기다가 이제 암행어사를 넣어가지고, 누가 회사 비방이나 하고 뭐 하드라 카면 그 집에는 뭐 나무쪼가리 하나도 찾아내가지고, 그놈 끌고 가가지고 회사[에] 그거 보고해가지골라 징계 처리하고. 그러이 가진 자의 횡포라. 그게 좀 잘 돼야지. 대우 같은 데는 근로자들 할 일 없으면 와가 잔디를 깎아라 카고 그래도 임금 주고 막 이래 했다고. 좋은 것을 본을 좀 봐야 되는데, 이게 이제 막혀 있는 세계라. 저기 뭐 있는 사람은. 돈 한 푼 줘가지골라 입 띤[뗀] 사람은 보내 뿌고, 또 뭐 저거 한 사람은 유화 작전해 뿌고, 그러이끼네 죽어 나가는 거는 근로자죠.

광산에서 누가 죽었다라고 하면 주변에서 같이 일하시는 분들이 화내거나 이런 분위기가 많았나요?

화 그것도 안 내. 왜 그러냐 하면 으레히 '저것도[저렇게] 실려 가는구나. 아이고, 우리도 저런 모습인데.' 늘 근신하는 거지. 우리는 저러지는 말아야 되겠다. 우선 안 죽어야되겠다. '저러지 말아야 되지.' 카고. 반항 의식이 항시 있다고. 그런데 사람이 어느 쪽이든 만족해가 있으면 그만도. 광산 카는 거는 목숨을 걸고 저거[일]하는 거기 때문에, 늘 위험을 안고 입항을 하는 거라. [위험을 안고] 하는 거 때문에 늘 조심은 하지만도, 죽고 사는 데 보면 참 안타깝지요. 죽어 뿌면, 꺼멓게, 시커멓게, 탄 파가지고 코고 뭐고 다 이래가지고 시커멓게 싣고 나오면, 밖에 나오면 그거 가족들이 푸고[퍼내고]. 어떤 때는 한 번 발파 사고 났는데, 한쪽 다리가 절단돼 뿌고 그대로 피가 나는데 막 그걸 집고 나왔대. 그러이 그 부인이 기절하더라고, 나와가지골라가여 보골라가[보고서는]. 그리고 낫자마자 고향 갔어요. 저[기] 보면 비참해요, 비참해. 지금은 좀 나아질 만하이끼네 폐광돼 버리고 뭐.

3. 사북항쟁 전개

◇ ◇ ◇
1979년 지부장 선거와 진정서 수합

79년부터 이원갑 선생님은 대의원을 하신 건가요?

그치, 처음이었지. 고토일항에서.

선생님이 오히려 더 오래 계셨는데 지부장 선거 나간다는 생각은 왜 안 하셨어요?

그런데 나는 그[거기]까지는, 지부장이고 뭐고 조합의 임원이 된다는 그런 마음은 요만치도 안 먹었어요. 안 먹고. 그거 참, 요즘은 참 인권이라는 게, 사람이 이 얘기를 전달할 수만 있으면 된다 했지 내가 뭘 해 보겠다는 건, 그런 마음은 없었어요. [그런 마음은] 없고. 이제 대의원 선거가 끝나고, 그 뭐 부정 선거가 들통 나고 1년 동안의 역할을 내가 조금 많이 했습니다. 왜냐카면 이원갑이는 당사자고, 출마한 사람이고, 나는 그게 아니니 진정서 받았지. 진정서 받는다는 게 굉장히 힘이 들었어요.

그거는 왜냐카면 형사들이 내 뒤따르고 이랬는데, 엄한 시대여가지고. [그래도] 나는 감행을 했어요. 다른 사람은 머리에 핏대를 [세워]가지고 "내 고소한다" 캐 놓고, 어느새 갑자기 그 이튿날이마[이면] 뭐 회사 돈 한 보따리 뚝 [받고는] 가 뿌고, 가 뿌고 했는데. 그래 마지막 보루가 낸데, 종업원들이 나만 보고 있는 거라. 그래가 있는데 공고 붙이지 마라 해도 공고 붙이고, 뭐 그래가지고 형사반장이 내[항상] 내한테 붙어 있고 뭐 이러더니 "이거 간 큰 짓 한다."[고 말하는 거야]. 나는 "간 큰 짓 하고 안 하고 뭐 내가 잘못했으면 잡아가면 될 거고." 카고. 공고 붙이고 투표함 만들고 다 이래 했는데. 아, 이 지부장이 인수인계를 안 하는 거라.

앞에 직무대리 했던 분들이 그냥 다 가 버린 거예요?

예. 다 가고 또 인수인계를 안 하는 게라. 회사라는 게 그만치 정부하고 하마 돈도 주고받는 게 있어가지골라 그게 무너질 수가 없어요. 그때는 지역별이 아니고 전국광산노조가 돼가지고 이제 중앙으로 가면 광노에서 해결 다 하고 했는데, 광노에서도 해결 못 할 정도로 이만치 사람이, 배경이 든든했다고 여기서. 그래가지고 깨는 거는 요즘 말하자면 "마, 이게 싸움뿐이다." 투쟁. 누가 코피가 터져야 뭐가 일이 생기지 안 그러면 절대로 이게 해결될 일이 아니거든. 정치적으로는 절대로 해결이 안 돼. 그래가지고 거서 중간 역할을 많이 했어요. 제주도를 제외한 전국에 이제 비상계엄이 내렸는데, 어디 집회 허가가 안 나이끼네 회의를 어디 가냐면 저 제주도 가가 회의를 했어요. 신제주. 거 가서 회의를 했는데, 거가 회의가 깨졌어요. 왜냐카면 지부장 다 저거 하는 데는 안 되고 해가지고, 저거 사람들 이제 우에서 모여가지고 합의로 이원갑이를 지도위원으로 앉추고.

이재기 씨가 지부장이고?

어, 어. 지부장 그대로 하골라 나를 그 사이에 뭐 상무로 하나 넣는다고 막 이런 조건을 저거 나름대로 했어요. 그래 내 의사는 전혀 뭐 무시하고, 물어 보도 안 하고 그런 얘기가 돌았다고. 그래가지고 이원갑이는 이제 근무를 하고, 나는 일상생활을 가지고 뭐 탄 캐고 이래가 했는데, 그때부터 싹이 트기 시작했는 기라. 이제 그 밑에 그 대검찰청 뭐 카고 진정서 넣고 다 해가지골라가 우리는 절차를 밟아가지고. 그때부터는 뭐 융합 이래버리고, 나는 지금 카지노 있는 그 아래 화절항에 있었고, 이원갑이는 을호(乙號)사택 카는 고[거기] 있었는데, 그때는 뭐 서로 얼굴 안 지도 얼마 안 되고 막 그랬어. 이원갑이하고 내하고도 성격상도 [잘 안 맞아요], 우리는 조금 내성적인, 보수적인 그런 저게 있어가지고 뭐 가정적인 데서는 뭐…, 이원갑이는 좀 와일드해요.

네. (웃음)

그래가지고 참 타협이 안 되는 거라. 그래 이제 조직을 하고 뭘 할라 카면 좀 내조하고 뭐가 내부가 좀 있어야 되는데, 우~ 팔만 든다고 되는 게 아이라카이. 어떤 사람은 저 사람이 되면 이재기보다 더 못하다 카는 사람도 있거든. 없는 게 아이라. 어디든 반대 세력이 있다카이.

그럼요.

어. 그래가지고 있으이 "저래가지고 사람을 다 포용 못한다." 그래. (웃음) 진정서 받고 뭐하고 하는 거는 거의 뭐. 그렇게 해가지골라가 형사 따라와도 모르구로[모르게] 막 여 안에, 팬티 안에 옇고[넣고] 이래가 가고. 형사가 저 증산까지 따라 올라가가 수 좀 알려 달라고 [해서] "뭐, 숫자는 아무것도 없다. 봐라 마." 이래가지고 가가지고 보이 참, 스탬프[도장] 다 이래 해가지고. 뭐 그 재판 과정에서도 1년 전에 한 번 다 했나 하지만도, 그때 용기가 나더만은. '뭐 우예 되든 간에 내가 조합원 편에 선다. 조합원 편에.' 참 이 시대의 구성원으로서 '아, 이게 참 이래가는 안 된다.' 이래가지고 뭐 용기를 갖고 하기는 했는데, 나중에 붙들려 가고부터는 (웃음) 마 정신이 조금 없었지.

그래도 끝내 마음은, 나는 조합원의 편에 선 그 마음이 굉장히 용기를 얻었어요. 그 어느 한구석에서도 이 사람들이 나를 걱정할 거라 카고, 그런데 아는 사람이 혹시 붙들려 오면 저게 또 내 때문에 다칠까 봐, 우예 되나 싶어가 걱정도 되고. 그 뭐 내가 어디 깜이[지도자감이] 돼가지고, 어디 내가 끗발 있어가 그런 거도 아이고, 인간으로서 그렇더라고. 그래도 내가 조금이라도 좀 도움을 줄라 캤는데, 내 때문에 오히려 저 사람 안 다고 해가지골라 피해 안 보나 싶은 그런 마음도 들고.

선거가 있고 난 뒤에 광노에서 선거 무효를 결정했잖아요. 당시에 상황이 그렇게 돌아가고 있다는 거는 다 알고 계셨던 거예요?

그럼요. 그게 왜냐카면 이의 신청할 때 우리가 개입하고, 우리가 만나고 이의 [제기]하고, 그게 이제 경위 보고를 가지고 그래 해야 되이끼네. 뭐 집중해가지고 우리가.

서류를 다?

해가지고, 옮겨 주고 그 사람들하고 얘기를 해야 되이끼네. 광노 규약에 몇 조 몇 항에 뭐 어떻게 해가지고, 그걸 가지골라가 이 사람들한테 [가서] 우리는 그걸 가지고 거서도 회의 해가지고 결정을 내리고 하지. 근데 문제는 법대로 안 지켜진 거라. 그게 이제 부정이라. 안 지켜지는데, 왜 안 지켜지는가 카면 이건 배경 때문이라도 해야 되는 거야. 이거는 누가 보면 시국 때문이라 카고, 뭐 또 안보적인 차원에서. 뭐 이 차원이라는 게 어디 뭐 영적인 차원도 아이고. (면담자, 구술자 웃음) 아이, 내 참 답답할 때도 있고 그 말이 안 될 때가 많지 뭐. 그러이 이거는 하고 싶어도 못 하는 뭐 그런 장벽이지.

왜냐카면 이 정치적으로 할 라인이 있어가지고 그걸 깨야 되는데, 개인으로서는 깰 수가 없는 거라. 이게 뭐 어느 하나든 있다 해도, 이 사람들 생각하는 어느 부분인데 "마, 그거 잠잠하더라. 몇 놈만 가지고 뚜드려가지고 말아 뿌라. 그다음에 돈 한 푼 줘가지고 보내 뿌라." 뭐 이러거든. 그래서 이 사람들이 뭐 몇 천만 원 받골라가 직무대리 한 사람 보따리 싸[서] 가고, 그 이튿날이면 띠 돌리고 앉아가 농성하던 사람이 갑자기 뭐 어디 사라져 뿌고 없는 기라. 그러이 그 조합원들이 "조합을 위한다 카는 놈들이 저 모양이다." 카고.

그래서 나중에 나도 근로하는 그때 쓸 때 그랬다고. 이 사람들한테, 나를 믿고자 할 때 내가 마지막 보루라고 생각하는데, 이 사람들이 나를 보골라가[보고선] 있는데. 내쫓아가지고 부소장이 와가지고 "마, 퇴직금 해가지고 집에 농사나 짓도록 할 모양으로 한 푼 주께 가라." 이러는 거야. 그거 몇 푼 받고 가가지고, 거[집에] 가가 논 여남은 마지기 산다 캐가지고 내가 평생 그거 우예 살아요? 못 살지. 사람이 살믄 그래도 어디 가든지 '저 사람' 소리 들어야지, "아이고, 저 자식이 저 있구나." 카면 그거 자식을 우예 키워요? 그게 평생에 그런 사고방식을 가지고 어디 가도 고생을 해요. 떳떳이 살지도 못하고, 자식들도 빛도 못 봐요. 나는 내 아들한테 "내가 고생은 시켰지만도 나는 떳떳하다." 얘기는 한다고. "내가 바르게 살라고 애는 많이 썼다. 그렇지만도 고생해가지고 마 이렇다만은, 내가 바르게 살아야 된다. 내가 잘 배우고 못 배우고보다도 열심히. 너거 배우는 데까지 내 가지만도, 그건 내 한계가 있으이끼네. 나중에 원망하든 안 하든 그거는 너거 몫이고, 내 몫은 내가 열심히 하꾸마." 그래도 요즘은 아들[애들이] 잘 따라 줘요. (웃음)

진정서 모으실 때는 선생님이 직무대리 하고 계신 때셨어요?

　　예.

그게 건수가 되게 많던데.

　　2,700명.

어떻게 모으셨어요?

　　그거는 우예 했나 카면, 이제 조직원들이 있어요. 사람들이 분야별로. 저녁은 갑반, 을반 동원해가지고 찍어가지고 취합하고.

그런 것들이 체계가 좀 잡혀 있었던 거네요?

　　예. 그게 이제 왜냐카면, 이 속 씬[진정서에 서명한] 이들은 아주 겁을 내가[내서] 하면서도 우리가 싸우고 있다는 걸 알거든. 정부가 엄혹한 시대에서 계엄, 다 알고 있거든. 알면서도 그래 끈끈함 가지고 늘 소통을 [하고]. 우리가 살아갈 길인데 이것도, 우리가 알 권리가 있고, 우리가 또 찾아야 할 것 이것이다. 뭐 노사란 거이 어떤 것이다. 아주 인식을 조금 많이 시킨 셈이지요. 뭐 내가 안다고 한 게 아이라, 내가 살아 보이 그렇더라. 뭐 우리가 좀 이해해야 안 되겠나. 뭐 그런 거지. 그때도 마카 그 젊은층이고.

그래도 각 반별로 담당하는 사람들을 교육시켜야 되지 않았어요?

그럼요. 그거는 뭐 교육이 아니라, 광산에는 제일 딱 필수 요건이 술이라요. "아, 오늘은 살았다. 탄가루라도 씻어 내야 되겠다." 카고. 이래 가지고 술집에서 늘 적어도 거의 한 시간, 그러면 한 30분 이상은 거 머물러요. 그래서 그 대화가 거서 거의 이루어져요. 보면 보통 시험 칠 때, 시험 치고 나면 화장실에 가가 얘기 다 하듯이 거 와가지고 얘기 다 나온다고. 그럼 뭐 이 얘기도 듣고, 저 얘기도 취합하고. 해결하기 힘든 이야기들 그걸 열심히 들어야 돼요. 하기 쉬운 것은 누가 못해요? 그러이 열심히 듣고, 한 번 계속 또 두들겨 보는 거지 뭐. 이 사람들도 다 알고 있다고. 회사 다 알고 있다고. 하마 눈에 가시라는 거 알고 있지. 알고 있으면서도 자꾸 나는 결격 사항이 없게끔. 왜냐면 내가 회사에, 또 우리 조합 규정에 벗어나지만 않으면 이 사람들 무턱대고 해고시키지 못 하는 거라. 그리고 또 사람이 대적하면 좀 조심을 한다꼬요. 아무것도 없어가지고 뭐 땡비마이[땅벌마냥] 웨엥거리면 사람이 겁내듯이, 이것도 막연하게 안 좋아한다카이. 그래서 뭐 좀 외로움도 있고, 또 뭐 가정은 좀 어려워지고.

네. 그러셨겠네요. 79년 무렵부터 다른 데서 사람들이 많이 들어왔었나요?

예. 모집했어요. 79년이 아니고 77년 후반부터 계속 모았어. 그때는 저쪽에 큰 광업소는 마카 사양했고, 그거 이제 심부 채탄이 힘들어요. 수직으로 들어가는 게.

그렇죠. 오래되어서.

　예. 그러이 일로 오이끼네 임금도 괜찮고 하이 일로 오는데, 처음에 딱 오이끼네[오니까] 숙박시설도 부족하고, 한테[한데] 모아가지고 집단 관리했다고. 집단 관리하고, 뭐 우리 같은 말 가지고 나오면 "듣지 마라." 카고 막 이런 교육시키고 이래 했다고. 그 어떤 데 가 보면, 문 열고 가 보면 사람이 막 몇 십 명 있는데 "여러분들이 여기 뭐 일하러 왔지. 노동조합 하러 온 거 아이잖습니까?" 막 이런 얘기 다 하고, 회사에서 하고 막 이래 한다고. 그러면 그 말이 또 그런 양 싶고 뭐 막 그렇지. 그런데 이제 그 가운데 진실로 그 말을 듣는 사람, 또 오래된 사람은 "저거 뭐 회사서 하는 말이다." 카고. 처음에는 순종하듯이 하지만도. 그래도 여 하마 자리 옮긴 사람들은 조금 깨어 있는 사람들이야.

주로 석공 광업소에서 오는 분들이 많았나요? 아니면 다양했었어요?

　근데 모집해가 오는데, 주로 회사 경험 있는 사람들 그때는 또 선별했다고. 회사에서 선별을 해가 좀 힘들고 이래 했다고.

그럼 아주 다양해졌겠네요? 출신도 그렇고, 경력 있는 분들이 또 들어오게 되고?

　예. 또 그 가운데서 노동조합 한 사람들이 많이 있었어요.

아, 대의원 하셨던.

　예. 대의원 하골라가여[하고서는요], 파견 대의원 한 사람들도 있고.

처음 오셨을 때는 이원갑 선생님도 모르셨고. 누가 대의원 출신이란다, 그런 얘기가 혹시 있었어요?

　근데 지방에서 온 사람들은 거의 알고, 거의 좀 인연이 있지요. 들어온 사람들은 좀 낯선 사람이 많고 이런데, 회의 딱 해 보면, 하마 출마 해가지골라 이래 하면, 선거 과정에 "이거는 회사 표다. 누구 거다." 카는 게 똑 기름하고 찬물하고 겉이[같이] 갈라져 있어요. 하마 노골적으로 돼 있어요. 근데 그게 명분이 있는 거는 뭐냐 카면, 전라도 사람들이, 그러이 호남 사람들이 한 600명에서 900명 캤거든요. 거의 한 3분의 1 좀 못 돼도, 이 사람들은 고정표라, 늘. 그러니 고정표고, 뭐 이래가지고 알고 있는데, 주로 회사 편에서 많이 돼요. 왜냐카면 이 난장패들, 또 뭐 사무직, 기계 계통, 이런 사람들이 전[전부] 뭐 회사에서 [압력을 넣죠]. 안 그러면 그 사람 짤려 뿌이끼네[잘려 버리니까]. 그러이 뭐 회사 편 아닌 사람이 되기가 좀 힘이 들지.

그랬겠네요.

많이 힘이 들지.

그래도 선생님은 종업원들 지지가 좀 있었던 거였어요?

뭐 내가 하는 지역에서는 좀 오래됐으이끼네, 뭐 내가 잘나가보다도 거짓말을 좀 안 한 셈이라. 말한다고, 사실 그대로 얘기를 해 주고. 뭐 역할을 가지고 다는 못해도 노동조합이라는 게 이런 곳인데 [하는 거를]. 또 무슨 회의 가면, 회의 뜩 한 달에 한 번 나가면, 뭐 보통 회의 얼마 안 해요. 그 노사 회의는 한 달에 한 번 해도 일반 회의는 저기 대의원 돼가지고 한 서너 번, 한 번 놀러 가고…. 한 서너 번 회의하는데, 뭐 알아야 되[는]지 와가지고 뭘 알아야 되[는]지 모르이끼네 뭐 술 한 잔 주골라가여, 뭐 아가씨 술 한 잔 받아 주는 데 가면 좋다 [하고] 빠지고 뭐 그러고 끝나 뿌는 게라. 내 표도 끝나 뿌는 게라. (웃음) 그러이끼네 그게 조합이 뭐 될 리도 없고, 조합장 마음대로 얼마든지 하지 뭐. 그러이끼네 견제 세력이라는 게 항시 있어야 돼요. 그러이 견제 카는 거는 좀 알아야 돼요. 밥을 무[먹어] 본 사람이 뭔 밥이 좋은지는 이제 알아야 돼요. 밥 해 본 사람 다 알아야 돼요.

예. 진정서 모아서 서울 광노로 가시는 계획 세우시고 올라오셨던 거였잖아요? 그 과정에서도 형사가 계속 붙었다고 하셨는데, 아예 선생님을 담당하는 사람이 있었던 거예요?

예. 박 형사라고 있고, 또 그 차석이 항시…. 내가 직무대리 할 때는 인수인계를 안 해 주이끼네, 뭐 매달려들고 해도 "니 멋대로 해 봐라." 카는데 뭐. 안 지켜주는데 뭐 우예 해요? 그래 개인집이었으믄 그거 했지 뭐. 항시 거는[거기는] 가면 하마 이 차석이 떡 와가, 한 사람이 주재하고 있는 거라. 그러이 일거수일투족을 이 사람들이 다 파악하고, 뭐 말 한마디 하는 거 다 캐고. 그러이 웬만한 사람은 못 버티고 있어요. 그 각오 안 하고는 안 돼요. 그러니 우리는 사람이 헌신해 자기[가] 죽어야, (웃음) 한 알의 밀알이 돼야[지]. 안 되면 싹이 안 나.

그때 심정이 어려움이 있어도 자신감이 좀 있으셨다고 하셨잖아요? 그런 거는 종업원들이 지지한다는 배경이 있어서 그런 건가요?

그래 되지. 왜냐카면 사람이, 이 진실이라 카는 기, 거짓말은 시간이 지나면 다 드러나요. 드러나는데, 애 쓰다가 간 사람이 있으면 또 사람들이 "아, 그때 누가 가드라." 그래. 내가 아까도 얘기했지만은, 어디 가도 '그 사람' 소리 들어야 되지 '저 자식', '저놈아' 소리 들으면 마 사람이 잘 못 산다[산 거라]. 잘못 산 손가락질 [당하고]. "아, 그래도 참 그 사람 있을 때가 뭐 얘기 한마디 있었구나." 그래도 그 사람이 있으믄, 사람이 있 잖아 일상생활할 때도 그래 돼요. 누구 있으면 그래도 좀 이 시간에 해결할 거라. '그 사람'이라 카믄, [다른] 사람이 찾을 수 있는 그런 사람.

그때 그런 의지가 있으셨던 거였어요? 형사한테 감시받고 그러면 그만해도 사실은 뭐라 할 사람은 없었을 텐데. 다른 직무대리들도 많이 떠났다고 하셨잖아요.

예. 내가 마지막이었어요.

아까 말씀하신 '최후의 보루', 그런 걸 선생님 스스로도 느끼고 계셨어요?

예. 나는 다른 거 이래보다도, 지금 와가지고 그런 얘기가 아니라, 떳떳하게 생각하는 거는 '아, 저 사람들[이랑] 똑같은 사람은 안 돼야 되지.' 싶다고 [마음먹은 거예요]. 왜냐카면 내가 조합원한테 여태까지 해 온 얘기가 있고, 또 사람은 말을 하면 그 말에 책임을 져야 되끼네. 책임 못 질 말은 그거 거짓말이야. 성경에도 사람이 믿음이 아무리 좋아도 행함이 없으면 그건 다 무덤이라 했니데이[했어요]. 사람이 영혼이 없으면 이 육신은 앙꼬메이라예[비어 있는 것이나 다름없어요]. 정신적으로 살아 있어야 되지. 아무리 멀쩡하면 뭐 하노, 사람이사 멀쩡하다만도 저게 헛빠졌구나 카면 아무것도 안 돼. 그래가지고 (웃음) 사람이 말은 못하고 좀 우둔하고 무식해도, 행동할 줄 아는 사람이 [되어야 해]. 뭐 불에 들어가면 타 죽을 줄, 그거 누가 모르나. 그래도 불 끌 줄 알아야 그게 소방관이지.

(웃음) 그때 선생님은 직무대리라고 하면 그걸 해야 된다고 그런 생각을 하셨던 거네요?

그렇고. 또 주위에 사람들이, 내가 관리하는 사람이 한 70명쯤 됐는데, 내가 몇 년을 두고 그 사람들 길흉사고 뭐고 거 가 보면 적어도 그때는, 내가 참 우스운 얘기지만도 그때는 구식 혼인할 때가 있었어요. 근데 홀기라는 게, 요즘 뭐라 카면 주례사지. 주례라. 그 홀기 읽어 주고, 주례 해 주고, 그게 이제 아무개는 뭐 '서지부가 주인출영(壻至婦家 主人出迎)' 카고 뭐 이래 하잖아요. 그걸 내 스물일곱 살 때부터 좀 하고 이랬는데. 뭐 사람이 없어가 하는 거라. 왜냐면 나만 [그걸 할 줄 아니까]. 우리 세대 이후에는, 다른 데는 있었는지 모르지만 우리 세대 이후에는 거의가 없어요. 그것도 우리는 마지막 그런 풍속이지만도, 그걸 그때까지 우리가 좀 지키고 했는 거지.

작업장에서도 그런 거를 봐주시고 그러셨어요?

그래 저 예천까지도 가고 이래 했어요. 거기 산[골]까지. 그때는 마다 안 하고 와서 부탁하면 다 해 줘요. 그리고 주로 고충 처리. 그런 거를 좀 마이[많이] 하고.

어떤 것들이 있었어요?

이제 조금 아파 가지고, 웬만한 아픈 거는 3일간 저거 하는데, 뭐 회사에서 인정을 안 해 준다고. 그라면 우예든지 치료해가지골라가여 [출근하는 거지]. 근데 그때 3일간 뒤에 공수 카는 게 있거든. 하루 일당. 출근을 해가지고 현장 담당자한테만 얘기를 하면, 그 사람한테 하면 되거든. "형편도 이렇고 이런데, 이 사람이 뭐 묵고사노? 그러이끼네 1번만 여어[넣어] 주면 되이끼네." 그 감독이라는 게, 그게 반장이 하는 얘기가 도랑 치는 것도 할 수도 있는 거고 얼마든지 할 수 있거든, 예외로. 또 해 줘야 되고. 그런 걸 가지골라가여 "도입시다[주세요]." 하고 올 때, 혹시 내한테 뭐 꼭 된다 카는 거는 없어도 "그럼 내가 노력 한번 해 보꾸마." 카고 우야다가 이래 해가지고 하면[성사되면] 그 사람이 평생 안 잊어 뿌러. 그러면 그 사람 입을 통해가 고마운 걸 다른 사람한테 전하고 막 그렇더만.

◇ ◇ ◇
전국광산노조 상경 전후의 상황

서울 상경하셔서 광노 가셨을 때는 어떠셨어요? 광노 조합장이나 부조합장 다 만나셨어요? 최정섭 씨, 김규벽 씨 그런 분들.

어. 그 김규벽 씨. 그때는 아마 대의원은 몇이 안 갔어요. 안 가고, 내가 좀 알고 이제 이원갑이 알고 하는 이런 사람들 모아가지고 갔는데, 사람들이 뭐 자발적으로 거의 갔지만서도 우리가 얘기하이끼네 마지못해 [간 사람도 있어]. 사실 겁도 나고 이라지, 계엄 때이끼네. 가기는 갔는데, 사실 뭐 이원갑이는 서로 한다 카골라가여 거서 빠져가고. 그 공소장 보면 내가 인솔해가 갔다고 이래 놨는데, 내가 그랬어요. "내가 인솔한, 내가 대의원 하면서 광노에 몇 번 가 가지고 길을 아이끼네, 내가 들고[데리고] 갔다. 가가지고 얘기를 했다."

왜냐카면 우리는 노사 관계를, 아무리 계엄이라 캐도 노사 문제를 가지고 가는데, 그것도 뭐 우리가 제약을 받으믄 할 수 없고. 우리도 먹고살기 위해 잘못된 건 잘못됐다고, 우리의 상부 기관이끼네 우리가 가가지골라 만나가 얘기를 했다. 그러이 뭐 위원장도 만나고 김규벽이도 만나가지고 "책임을 여불져라[물어라]. 어, 뭣이 안 되면, 1년 동안 임명만 해 놓고 봉급도 안 주고 말이야. 이래가지골라가 무슨 지부장 직무대리를 시켜놓고 광노에서 이래 해가 되나? 너희 위원들 그거 해결해라. 안 그러면 우린 못 내려간다. 응? 우리 보골라가 3,000명 조합원들이 다 이래 쳐다보고 있잖아. 이게 사회문제가 되고 이러는데 이거 뭐하노? 월급만 받고 이 광노에서 뭐하노?" 이래가지고 거서 뭐 좀 시끄럽게 했다. 뭐 사실 그대로 다 얘기를 했지요. 그래가지고 나중에 법정에서 다 인정을 하더만은. 알고 길 찾아가는데 앞서는 거 그게 뭐 인솔이라 카고. 인솔이라는 게 뭐 어디. (웃음)

그러게요. (웃음)

　　내가 선생도 아이고 무슨 인솔해가지고. (웃음)

예. (웃음) 다 어른들이고. 광노 가시는 길에도 분명히 또 형사가 붙지 않았었어요?

　　갈 때까지는 거서는 몰랐지. 우리는 밤에 제천서 자고 갔으이끼네. 형사는 여[제천] 갈 때까지는 이 사람들이 파악하고, 우리는 가만히 갔으이 저거들은 몰랐지. 그래 우리 가고 난 뒤에 하마 여서는 야단났지 뭐. 그래가지고 조합에서 막 올라오고 뭐 야단 지겼[부렸]더만은. 전부 하마 여기서 했는 게 이제 정보로 해가지고 경찰서로 다 보고가 올라가고 막 이래 했거든.

이미 상경하시는 과정에서 그게 다 보고가 들어갔어요?

　　우리 거[서울] 가 하룻밤 자고 오는 날, 그 이튿날 하마 다 알고 올렸어. 그러이 회사도 "뭐하노? 그 하마 광노에 가가 시끄럽게 한다는데 뭐하노?" 카이 여서 부랴부랴 또 조합에서 와 가지고. 둘이 올려보냈더만은.

사북에서도 바로 광노로 다른 사람들을 보냈어요?

어. 이제 노동조합에서 부위원장하고 또 저기 보안부장인가 둘이서. 둘이 와가지골라 "우예든지 가가지고 우리 해결할 모양이다. 내려가자." 카고. 그래가지고 왔잖아. 그래 이제 (웃음) 와가지고부터 뭐 계속 해결은 안 되고.

광노에 막 가셨을 때도 광노는 협조가 잘 안 되고 있었던 거예요?

거기는 해결은 안 돼. 왜냐카면 거기는 노력은 하는데 회사에서 안 들어주이끼네. 그때 와가지곤 법적으로 하는 수밖에. 협조문을 가지고 올라 와가 공문을 뿌려도 안 되이끼네. 이거는 형사 고발로 하든지 뭐든 해가지골라 해야 되는데, 그거 노력하는 중이라 카고. 여기는 하마 1년 돼도 이래 있으이끼네, 조합이 마비 상태 되이끼네. 최종적으로 광노가 책임을 져라 카는 거고. 가정에[서] 안 되면 "아버지 책임지소." 카듯이. 그 아버지 이제 저거 하나 하겠지 뭐. (면담자 웃음) 그거 그때 생각해야지. 우리가 할 수 있는 거는. 왜냐카면 광노라고 다 해결이 되는 거는 아니지만도, 그래도 우리 상급 단체이끼네 수순은 밟아야 돼. 진정서도 [제출하러] 다녀야 되는 [거지]. 그러이 이제 대검찰청, 보안사령부, 뭐 어데 다 여[넣]었다고. 그 세 군데 다 여어가지고 수순은 다 밟은 거지.

네. 당시에 기록을 보면 광노에서는 황한섭이라는 분.

황한섭? 예. 조직부 차장.

예. 그분이 그래도 좀 사태 파악을 잘하고 있어서.

그분 인맥이 이원갑이 하고 뭔 선후배 간이고, 또 장성광업소 거기도 같이 있었고.

장성에 또 같이 있었던 거예요?

어, 같이 있었고. 그 후에는 뭐 신협조합장인가 이래 하고 했는데. 황한섭 씨는 조직부 차장으로 있었어요. [조직부 차장으로] 있어가지고, 인맥이 원래 최정섭 씨하고도 마카 그쪽 장성광업소 출신들이라.

광노위원장하고 광노 간부들이?

예. 김규벽 씨는 여 고한 출신, 고한 삼척탄좌. 안동 사람인데, 아직 살아 있어요. 뭐 마카 보면 그 인맥들이 그래 있어요. 그때 상황을 봐도 이 사람들 맥을 못 추대요. 그게 군사 정권 때는 법은 차지[차치하]고, 군인들 말 한마디면 다 돼. 박정희 때도 중위가 뭐 면장도 하고 이래 했는데.

그렇죠. 그 당시에 선생님하고 이재기 씨하고 같이 연행되셨는데, 이재기 씨는 어디로 갔는지 알고 계셨어요?

아, 그때는 우예 했나 카면, 이 사람들 노동조합에서도 와가지고 같이 오라 캐가 다 내려왔거든. 내려와가 날짜를 정해가지고, 그때 4월 18일인가 이래 해가지고 "자리를 마련해 주꾸마." 카고 했다고. 그때 민방위 날인가 했는데, 그날 모여 가지골라가여 그 얘기를 했니더[했어요]. 뭐 사태 설명을 하골라가[하고서는], 우리는 알기를 부정 선거를 해가지고 여 [지부장이] 궐위 상태인데 여 자꾸 버티고 있으면, 뭐 누가 인정을 해 줘야 조합장이지 무조건 그 자리만 지키가 되나. 그러이 뭘 해명을 하고, 조합원 한두 사람 있는 거 아이고 한 3,000명 넘는 조합원들인테 서 가지고 내 위치가 어떻고 뭘 앞으로 어떻다는 걸 얘기를 분명히 해 줘야 될 거 아니가. 그거 가지고 얘기를 하는 거라. 주로 이제 얘기는, 내가 좀 과정을 알고 선후를 아이끼네 내가 얘기를 하는 거지. 다른 사람도 또 얘기를 하라 카고.

그래 얘기 하골라가 뭐 있는 중에서, 형사가 그쪽에 뭐 왔드만. 원 형사 카는 그 사람도 아주 그래. 회의 때마지[마다] 와가지골라 하고, 뭐 어디 가든 따라다니면 돈 얻어먹고 막 이래 하거든요. 또 회의 때 오면 딱 가가지고, 조합에서 일부분 그 사람들 수입을 줘요. 돈을 주고. 회사에서 주고. 그걸로 먹고사는 거라, 그 사람들. 거서 다른 사람 다 안 해도 순경이 하나 부탁하면 다 들어줘요. 그건 마치 사람이 약점이 있을 거 겉으면 이 순경이 그렇게 해가지고 굉장히 약하게 해요. 그러니 그 사람들이 항시 거 와가지골라가여 주재하듯이 위화감을 조성하고 이래 하는 게라. 그러이 조합원 대의원이라도 가가지고 할 말 제대로 못 하고, 마 또 어떤 때는 좀 위협도 가하고, 이런 거 있지. 뭐 "당신, 돈 벌으러 가지, 여 와서 뭐 똑똑은 척 하고." 막 이래 얘기가 나왔는기라.

그러이 거 친인척이 있나 뭐 있나? 나가라 카면 당장 아 들고[애 데리고] 나가야 되는데, 돈 버는 거 있나 우예노. 그러이 우선 마지못해 가지고 뒤통수 긁골라가 가가 생활 하고. 그러이 사람들이 가정이든, 일을 하든, 뭘 하든 자기가 마음이 있어가지고 하면 열심도 되고, 또 능률도 오르고. 뭐 화합들이 되는데, 사람이 불만이 가득 차가 하면 사고도 많이 나고. 이 불신이라는 게 얼마나 무서운지를 몰라요. 내가 고용할 거 같으면 사장이 참, 아이고, 어디 가도 자랑하고 싶고, 또 내가 저 한 사람 있으면 그 사람한테 가가지고 진짜 자랑하고 싶고, 그 사람 보고 싶고, 나와 가지고 일하는 사람도 같이 "아이고, 오늘 참 반갑구나." 카고. 이래 뭐 해야 되는데, 이거 뭐 성난 시어마이처럼 만나가지고 막 이래 얘길 하면, 이거 막 세상이 하루가 열흘 같다카이.

그러이 그런 과정이 없구로 회사하고 조합원들하고 늘 공영이 돼야 돼, 같이. 그 나눠 먹는 게 어디 똑같이 나눠 먹자 카는 게 아이고, 그래도 어느 수긍이 갈 만치[만큼], 우리도 벌어먹을 자리, 일자리로 왔으이끼네. 이 사람들은 뭐 내 회사 내 마음대로라 카지만도, 조합원, 종업원들 없으면 저거 회사가 어딨노? 그런데 모순점이 여[사북]뿐 아이라 우리나라 구조 상태가 다 그랬어요. 그리고 요즘에 나오는 복지 후생, 그때는 말조차 그런 게 없었어요. 사북사건이 나고 난 뒤에 이제 복지 후생 카고 그게 말이 나와가지고 복지기금도 주고, 장학금도 주고 막 이래 했지, 그런 게 어디 있어요? 그 전에는 뭐 있었나 카면, 이번에 나왔는 도시산업선교회 카는 게 그게 굉장히, 그때 김문수라든지 심상정이라든지. 이분들이 한참 잡고 있을 때거든. 위장 취업해가 있을 때인데. 도시산업[선교회가] 가면 그 회사 거의 망할 때 됐어요. 왜냐하면 독단적으로 안 되이끼네. 그런 과정이 많았어요.

교회에서 도움을 좀 주셨나요?

우리한테는 그런 거 없었어요. 그게 안 왔어요. 뭐 외세 개입하는 것도 그게 나중에 사건 나고, 막 간첩이니 뭐 카고 있는데. 전효덕이라고, 그 사람 지금 죽었는데 그 사람이 간첩 누명을 쓰잖애. 간첩이라 카고 그랬거든. 이런데 자기가 진술하는기야. "나는 내 이름자도 제대로 못 쓰골라가여 잉? 내가 지도도 볼 줄 모르는데 무슨 놈의 간첩이라 카노?" (웃음) 그 사람이 전에 대통령 출마하던 전진한[17] 씨 재종 동생인가 그래요. 문경 사람인데, 근데 그 사람이 그러잖아요. 니기미 욕을 이래 해도, 그 얘기를 하더라카이. "마, 난 빤쓰 바람으로 있는데 이놈 자속들이 와 가지고 마구잡이로 잡아가는데, 이놈 자속들 몽둥이로 패는데 뭐 우야노?" 카고. 뭐 육두문자를 막 쓰고 이라는데, 그래도 바른말을 하더라고. "내가 지도도 볼 줄 모르고, 아무것도 모르는데 내가 무슨 간첩을, 그런 간첩이 어디에 내려오나?"고. (면담자 웃음) 아이, 참. 지나고 보면 뭐, 여러 사람 있으면 여러 말도 나오고 막 그래요.

---

17 일제 시기 전국협동조합총본부 등을 중심으로 노동운동을 펼쳤으며, 해방 후에는 대한독립노동총연맹 위원장을 거쳐 정부 수립 이후 대한노총 위원장을 지내기도 했다. 1948년 총선에서 당선되어 제헌 국회의원에 재임했으며, 초대 사회부 장관을 역임하기도 했다.

그때도 임금이 제일 중요한 문제였었던 거죠? 신협 문제도 있었던 것 같고요.

아, 조합에서 뭘 하는 거는 다 믿고 하는데, 신용조합이라고 또 하나 있었어요. 그게 부정 유출이 되고, 그게 조합에서 운영하는 게 (웃음) 그 우예가지고 "다 막 도적질하는 거가, 마?" 이래 돼가지고 평이 나빴지. 왜냐카면 내는 조합비가, 우리가 0.5프로[인]가 1프로 이래 되는데, 그게 1억이 넘었어요. 그 조합비를 거둬가지고 조합원한테 되돌려주는 게 뭐 있나 이거라. 그라면 생명을 열심히 지켜 주는 뭐 보안 시설로 하든지, 보안 요원을 육성을 하든지 뭘 하나 해가지고 해야지. 기껏해야 회사하고 어불려가지고[어울려서] 작업복 하나 하골라가여 수건 하나 돌리는 거, 그걸 가지골라가 다 하고. 조합장 얼굴도 모르는 사람도 많은데 그게 우예가지고 조합을 위한 거고?

막 그러이끼 임금 카는 것도, 그 노사위원들하고 대의원들하고 돼가지고 하마 결의도 없이 혼자 임의대로 [정하는 거라]. 전국적으로 몇 프로 카는데, 지 혼자 20프로 이카고 마, 아주 독단적으로 해가지고. 지는 와가지고 방 한 칸이라도, 뭐라도 하나 뜩 얻고, 지 실속만 차리고. 제일 큰 기업이 뭐 어데 남보다 더 달라 소리는 안 해도 남에 거기에 맞춰가 해야 될 거 아니가. 제일 잘사는, 이윤이 많다는 동원탄좌에서 얼마 선을 내놓으면, 군소 기업에서는 그 뭐 죽을 지경 아니가? 그러이끼네 여서 신중을 기해가지고, 마지못해가 광노에서 42.75프로 카는 그 프로테지를 내 낳으끼네, 거기에 준해가지고 어느 정도 해야 되지. 그 뭐 20프로 카골라 뜩 해 뿌렸이끼네, 그거는 일방적이라. 그거는 합의가 없는 [거지]. 조합이라 카면 여러 사람 합쳐가지고 어울려지는 장이 조합장인데, 조합장 마음대로 할 거 같으면 말[뭐 하려고] 조합을 구성하노? 니 혼자서 뭐 고시 시험 치는 것도 아이고. 아이, 뭐 하냐고. 이게 문제라.

그러이 회사에서 어용 카는 건, 거의 거기뿐 아이라 다 그랬어. 그때 시기에는. 그러이 그게 구조적으로 자꾸 아픔이 있어야 자꾸 처방이 된다

카이, 아픔 없으면 처방이 안 돼요. 사북 같은 것도 이래가지골라 뭘 해야 지. 나중에 이 사람들이 조합을 겁을 내가지고 밤에 야반도주하고, 사택 다 비[비워] 놓골라가 도주하는데, 가이끼네 [버려두고 간] 그 좋은 거 [갖다 바친 사람이] 누고 카면 조합원들이 다 그 중간에 날 좀 봐 달라고, 돈 잘 버는데 좀 봐 달라고 이래 주고, 갖다 주고 그거라 다. 우리는 구경도 못한 그거 전신에[전부] 가가지골라가[가져가는 바람에]. 뭐 어떤 사람은, 최은선이라고 이 사람 우옜나 카면, 냉장고를 여이끼네 맥주 두 병하고 뭐하고 있는 거 그거 [가져갔다가] 절도로 걸려가지골라가 고생을 산 만 치 했어요. 사실 절도고 뭐고 하기 [어렵지]. 뭐 고추 한 근 훔쳐 무도[먹어도] 절도고.

맞아요. (웃음)

　뭐 소 한 마리 훔쳐도 절도인데. 참, 그 문제가 많아요. 왜냐카면 나라 전체 가지골라가 한 반쯤 이상 팔아먹어도 그것도 절도고, 그거 맥주 한 병도 절도는 절도라. 절도인데, 그걸 사람들이 좀 인식을 잘 해야 되는데, 뭐 장발장 같은 사람도 절도 아이라요? 정권을 잡고, 기득권자는 뭐든지 있으면 자기들 유리한 쪽에서 해석을 한다고. 합법화시키고. 잘못된 건 잘못됐다고 인정하는 법이 없고 우예든지 자기 했는 말을 그걸 합법화시켜가지골라, 약자의 말을 그저 뭐 없는 걸로 하골라 다음에 카고, 자꾸 일방적으로 이래가지고. 그런 기업은 어디 가도 들통이 나든 들통이 난다고. 우리[랑] 같이 있던 삼척탄좌 같은 데는 조금 나아요, 우리보다는. 이 복지 후생 사업이라든가, 또 임금도 좀 앞서고 다 그렇지.

당시에도 덕대권[18]을 사고팔고 그랬다는 얘기를 들었는데요.

　그러믄. 그거는 이제 회사서 조광권[19]을 줘가지골라가 일체 직영에서

18　광산의 소유자로부터 얻게 되는 채굴권과 운영권을 포함한 광산 경영에의 제반 권리.
19　타인의 광구에서 그 광업권의 목적으로 되어 있는 광물을 채굴 혹은 취득할 수 있는 권리.

하고, 조금 덜 했는 걸 가지고 주면 그 사람들이 그걸 해먹고. 그래, 하청 카는 게.

하청까지 다 연계가 됐어요?

그런데 조합원은 하청까지 합쳐가 조합을 만드는 거라. 그러니 직영 조합원 있고, 하청 조합원이 따로 있어요. 부정 선거 저거 한 것도 하청 조합원 200명 단위로 한 사람인데, 그 숫자상을 잘못 파악해가지고 우예[어떻게] 그 사람을 뽑아가지골라가 대의원 투표를 해가지고 부정선거가 났는 거라.

대의원도 하청하고 직영하고 따로따로 뽑았어요?

그건 따로따로 뽑는데, 권한은 똑같지 뭐. 권한은 똑같으이끼네 이제 하청은 직영에서 볼 때는 숫자를 우리가 파악을 못해요. 몇 명 카는 거 모르는데, 나중에 보이 그 사람들이 이름을 나름대로 조작하고 뭐 그래 했는 거지.

하청도 직종별로 나뉘어져 있었어요?

맹[여전히] 그거는 뭐 선산부, 후산부만 나눠지고 관리자는 한두 사람뿐이끼네. 이제 반장하고 뭐 덕대, 이제 여거 말하는 '오야'지.

거기도 조직은 똑같은 형식이네요?

그럼. 동원탄좌 안에서 저거 하면 덕대라고 이래가지고 있어요. 그래서 한완수라고 조직부장이 그때 그걸 총괄하고 있었어요.

그 한완수 씨가 하청 전체를 다 총괄하고?

예. 그게 덕대.

덕대로. 그 분도 그럼 대의원이었어요?

한완수는 그거 해가지고 광노에서 자리 차지하고 있었지.

광노 전체에서도 나름 역할을 하고 있었던 거였어요?

예. 12명인가 이래 있는데. 위원장, 부위원장 두 사람, 김규벽이하고 권 뭐 있는데 그 두 사람하고. 그다음에 하청 덕대지. 문경에 하청 덕대로 있는 담당자가 있고, 태백 지역에 있는 담당자 있고, 이 사람들도 이제 광노에 가가지고 임원으로 있었지.

광노에는 또 그렇게 연고가 있는 사람들이 많이 모여 있었다고 하셨었는데.

그 사람들이 거기 있다 보면, 돈 있는 쪽으로 마카 좀 쏠리는 거라. 이제 편안하고 말 없으면 그대로 있고, 이제 문제가 나면 은신해 뿌고, 그거 뭐 돈에 따라 가는 거라. 어용 카는 게 거의 돈에 따라가는 거지. 조합법에도 이게 노사 공영을 원만히 하기 위해 가지고, 그 권익을 보호하기 위해가지고 노동 3권을 보호하기 위하는데, 그기 단체권[단결권], 단체행동권, 단체교섭권인데. 이제 단체행동권을 마비시켜 뿌면 그 우에[이외의] 거는 쓸모가 없는 거라. 교섭권하고 단결권은 그대로 있으면 유지가 되는데 그게 무슨 소용[이고]? 노동 3권에서 행동권을 제약하면 있으나 없으나 한 거지 그거는. 그러이 사람의 힘으로 안 될 때는 행동권 해가지고 우리 뜻이 이렇다는 거가지고 반영을 해야 되는데, 그건 이제 계엄법에 이래가지골라가 또 묶어 뿌고.

72년에 작업 거부하실 때는 광노에 진정하거나 그런 거 없었어요?

그때는 그런 시간이 없었고, 그런 체계도 몰랐고. 그때는 또 광산에 노동조합 카는 걸 가지골라 처음 우리가, 좀 오래된 거지만 69년 이후에는 거의 미미했어요 그게. 그 우리가 노동법상 조직이 돼가 이래 있지. 그저 일하고, 그래 말없이 됐는데. 분쟁이 생기고 나이끼네 자꾸 이래 되요. 그러이 그때는 조합장들 한다 카는 거는 거의 지금 말하자면 껄렁패들[불량배들]. 이것도 아이고 저것도 아인 사람들이 와가지고 장악해가지고, 힘으로 제압하고 그래가 돈은 이제 주인한테 한 푼 받고, 문제 되는 사람은 지적하면 제거시키고. 그래 이제 외래에 와가지골라 묵고살라고, 장사하다가 없이[빈손으로] 와가 묵고살라 하다가 위협을 느끼면 있지를 못해요. 학교 아[이]들도 왕따 당하면 학교 가기 싫은데, 생각해 보면 나이 저거 한 사람 식구들 있고 이러만 그 일 하겠어요? 그러이 마지못해 일하는 기라. 이제 그 불만이 속으로 막 끓어오르지만도, 생업을 위해가지고는 할 수 [없이] 하는 기라. 그러이 그때 조합의 힘이 있어야 되는데, 도움이 있어야 되는데, 조합이 그래 운영되고 나이끼네 볼 게 뭐 있어? 그러이 조합비만 내고 불만이 자꾸 쌓여 가는 거라요.

최정섭 위원장이라든지 광노에 있는 사람을 알지는 못하셨던 거예요?

그때는 광노에 마카 처음이지. 나는 다 처음이라요. 대의원 생활해도 광노에 있어가지고 뭐 처음 그거 하는 사람도 [파견 대의원뿐이지]. 파견 대의원이 이제 1년에 한 사람 있거든. 거가[광노에서] 파견되는 게 아이라, 회의할 때 거[광노에] 가가지고 회의하러 가는 그게 파견 대의원인데, 그런데 이제 파견 대의원으로 가가지고 하루쯤 인사하고 이랬는데 다 알수는 없는 거고. 또 거도[파견 대의원도] 임원 재선되면 또 저거[바뀌기도] 하고. 보통 산하에서 가는 사람들이 숫자가 많으이끼네 다 기억도 못하고 그래요. 가도 오래 머물지도 못하고. 그때는 광노 카면 상부 기관에 [이라] 모든 걸[게] 해결될 줄 알고, 해결한다는 그런 인식으로 있지. 그래서 여서 우리가 부정 선거 뭐 했다 카고 자료를 올려가지고, 몇 조 몇 항에 의해가지고 부정 선거다 카고 올려놓으면 당연히 될 줄 아는데, 거 가면 또 그래 안 돼요.

그것도 있지요. 우리가 요즘 병역법에도 그렇잖아요. 만 2년을 한다 캤는데, 늘 단서 때문에 그러고. 변호사들이 벌어먹는 게 순 단서 때문에 벌어먹는다 카거든요. '할 수 있다. 단,' 뭐 이것 때문에 하이끼네. (면담자 웃음) 아, 이거 뭐 2년 딱 하는데, 유사시에 카이끼네 또 줄았다가 늘았다 가[줄였다가 늘렸다가] 이게 이제 문제라. '할 수 있다'만 딱 해 뿌면 되는 데, '있을 수도 있다.' '할 수도 있다.'[라고 하니까]. 할 수도 있다가 할 수 도 없는 거 아입니까? 우리는 마 그거를 '아이면 아이다.' 이랬는데, 법이 그래 모호하게 그렇다카이. 그것 때문에 법을 개정하자 카고 뭐 하자 카 고 이래 하는데, 그 개정이 잘 안 돼요.

왜냐면 숫자가 많아야 되는데, 정관 수정 같은 거 할라 카면 그래도 3 분의 2 이상 동의를 하고 이래 해야 되는데 할 수가 없어요. 왜냐카면 대 의원들 숫자가요, 회사 편이 더 많으이끼네. 어느 회사든, 큰 회사는 다 그래요. 어용이 될 때는. 마카[전부] 그 사람들이 매수하고, 술값을 주든 뭘 주든 돈 줘가지고 된 사람[이기] 때문에 따라가야 되요. 그래야 우선 지[자기] 하는 동안에는 그 사람들이 누리는 거라. 그만치 누리고. 저번에 우리 사태도 7형제파라 카는 게 있었거든요. 그 사람 말은 다 들어줘요. 이런데 우리 말은 굉장히 힘이 들어요. 그런데 사건 딱 나고 이 사람들이 다 도망을 가 뿌렸는 게라.

7형제파 그 사람들이요?

어. 다 도망을 가 뿌렸는 기라. 왜 도망갔노 카면 자기들 한 행위가 있 으이끼네. 그때는 회사를 등에 업골라가여 뭐 그 약함을 알거든. 근로자 가 약한 걸 알거든. 친인척이 있나 뭐 있나. [그래서] 여 와가지고 있는 걸 다 알거든. 그러이 뭐, (웃음) [대의원이라면] 마지못해가지고 어렵게 사 는 사람 보호해 줘야 되는데, 이거는 어디 조직에 편성돼가지고 회사에, 한쪽에 힘을 주고 이래 하이끼네 이제 저해 요소지. 그게 가만 보면 없어 야 될 건데, 그런 조직이 항시 있어요. 여뿐 아니라 저 국회에도 가 보면 마카 그런 게 다 있어요.

당시에 선생님 말고 뜻을 같이하는 다른 대의원 분은 없으셨어요?

　그때는 권오 뭐라고 있었는데. 그 사람도 고문할 때, 그 군홧발에 이게 막 찢겨가지고 진물 나고 이래가지고 있는데, 그 사람이 떠났어요. 떠나고, 또 이학재라고 [있었는데] 마카 죽고. 죽은 사람 한 대엿[대여섯] 사람 돼요. 그리고 나이 들어가지골라가여, 마 보따리 싸가 간 사람도 있고, 다 거의 갔어요. 가고, 한 번 회사에 저거하면 다시 복직할 생각이 없어요. 왜냐카면 어디 가가 좀 빌어먹어도, 장사 같은 데로 글로 가지. 사람이 어느 직장이든, 돈이 적든 많든 마음이 가야 돼요. 마음이 안 가는 곳에는 가면 능률도 안 오르지만도, 하루가 지여버요[지겨워요]. 세월이 지엽다는 거는 그만치 싫증이 난다는 거거든. 그러이 그거 오래 못 있지요. 스스로 가고 [그렇게 되죠].

광노에서 상경하셨을 때 좀 큰소리도 냈다고 하셨었잖아요.

　뭐 큰소리보다도 할 말 [했지]. 다른 사람들은 경험이 좀 없으이끼네. 나는 그래도 대의원이라도 몇 년 해났이끼네, 좀 누가 뭔 책임 있고 뭐 하는 그거는 알거든. 그러이 자꾸 말하는데, 그 얘기하라카이 얘기를 해야 되지 뭐 우예요. 그래서 얘기를 한 거고 이런 거지, 뭐 내가 똑똑하나 하는 거 아니고. 사람이 어디 갔으면 가가지고 얘기는 하고 와야 되는데, 이뤄지든 안 이뤄지든 내가 문제는 전달하고, 그걸 해결하고 하는 거는 그 사람들 집행부에 달렸지 내한테 달렸나. 그래 자꾸 그거를 촉구하고, 이런 시정을 해 달라고 얘기를 분명히 해야 되지. 그래야 조합원들한테도 "뭐 했노?" 카면 이 얘기는 몇 날 몇 시에 가가지고 분명히 했다, 뭐 그런 이야기도 소명을 해야 되지. "너 거 뭐하러 갔더노? 거 가가 술 한 잔 얻어무러 갔나?" 막 이래 되면 못 배겨나요. 조합원들한테요. 막사는 조합원들한테 밉비[밉보여] 놓으면 못 살아요.

그때 같이 가셨던 분들도 선생님이 그렇게 하셨다는 걸 다 알아서 그런 소문들도

나고 그랬었겠네요?

그렇죠. 내가 직무대리로 있다 하이끼네. 인수도 이래 안 하고 하이끼네 이 사람들이 다 아는 거라. 조합원들이. 간 사람들도 고참 되고 좀 오래된 사람이고. 그 사람들이 하마 광산 생활 오래 한 사람인데 [알지]. 몸에는, 마음에는 있는데 혹시 [일을] 못할까 봐 싶어가지고. 마지막까지 여가[여기서] 밥 먹고 살아야 되는데. 말로[말을] 안 하는 기라. 또 말할 용기도 없고. 뭐 우리 같은 사람은 여러 형제라 그런지 "내 하나쯤이야." 카골라 [말]했지만도, 사실 그거 어려워요. 그게.

◇ ◈ ◇

항쟁을 촉발한 사건들

사건 당시에 어윤철 지서장은 사북지서장이에요?

예, 사북지서장.

그분은 집회를 허가한다고 약속을 했었던 거 아니에요?

그게 그 과정에는 4월 21일 허가를 내 준다고. 내가 연행돼 와가지고. 그때는 이원갑이가 서울에 있었어요. 그래가지고 내 혼자 이재기하고 임의 동행해가지고 왔는데. 그때 올 때 회의하다 오이끼네 사람들이 쭉 하니 300명쯤 날 따라오데요. 몰랐는데. 나중에 내가 구치소에 있다 보이끼네 마 사람이 뭐 사오백 명 꽉 차 뿌이[버리니까]. 그 좁은 데 빈틈없이 와 있었어요. 있었는데, 한참 있다 하이끼네, 한 20분, 한 10분인가? 이재기가 어디 가고 없어. 이 사람들 얘기하는데. 그래 내 혼자 뚝 있었는데, 그래 내 이랬다. "잡고 이래 놔둘 게 아이라 저 사람들 보내. 이래 하면 이 사람들 또 얘기 듣골라가 다 오고 하면 당신들 감당을 우예 하겠나? 공연히 이래 하다. 뭐 군중 심리니 영웅 심리니 카고 당신들 말 백 번 하겠지만도, 이래 되면 자꾸 어렵게 된다고. 어렵게 되이끼네 해산시키고 해라.”
카는 [말을 했지]. 그래가지고 해산시키는데는 약속을 해 줘야 [되니까]
“21일 날 집회 허가를 내 주꾸마.” [하게 된 거지].

근데 이 사람들이 집회 신고는 어디 했는 모양이라. [신고는] 했는데,
붙어 있는 데가 아무 데도 없어. 나도 못 보고, 다 못 봤어. 불허 집회가
[되어] 있는 걸. 할 수 없어 그래 나중에 재판 때 보이끼네 어디 뭐 두어
군데 있골라[있거든], 우리한테는 인지를 안 했어요. 그게 허위로, 다 인
지를 안 했어요. 그거를 인정을 했다고 그랬는데, 이 사람들이 그러고 내
한테 각서를 썼어요. 내가 “그리 똑 집회를 보장해 준다 그래야, 이 사람
들 명분이 서야 헤어질 거 아이가.” [하고 말해서].

그렇죠.

응. 그때는 사람들이 하마 막 웅성웅성하고, 뭐 저거 터질 거 같은 [분
위기였어]. 막 웅성웅성하는 게 누가 건드리면, 화나면 하마 터질 것 같았
어. 그래가지고, 내가 “명분을 세워 달라.” 그래가지고 집회 허가를 이래
하고, 그래 허가를 받아가지골라가여 “내 주꾸마.” 그래가지고 이제 보냈
는 거라. 그때 사람이 막 모여들어 틈도 없어. 고 임세에[그 무렵에], 다
끝나고 있는데 이원갑이가 서울서 내려왔다 카더만은. 와가지고 뭐 허인
데[하는데], 그 가운데 말이 뭐 “뭉치면 살고 헤어지면 죽는다.”는 이런
말도 있다 카고. 그때야 뭔 말인지 누가 우예 했는지, 그게 다 말이 막 그
래 나오고 이래 하대. 그거 뭐 오만 얘기 다 나오지 뭐. 사람들 많이 있으
이 뭔 말이 뭐 우예 하는지 우리는 듣지도 못 하지만도.

그래가지고 우리 불들려 가가지고 있는데, 사실 공소장부턴 참 비겁한
게 이 사람들이, 우리가 모이는 자리가여 그저 사람이 한 너이 아니면 다
섯이 앉아서 밥 먹는 자리, 그게 골목집에 뭐 장충당식당 카는 게 뭐고 카
면 사람이 요래 앉아, 너이 앉아가지고 막걸리 한 잔 먹고 주고받는 데인

데 그걸 공소장에서 거 가가지고 모의하고 뭐 하고 [했다고 적어 놓은 거야]. 모의할라면 큰 데 가지 사람 너이 들어가지고 무슨 모의하고 하냐고. (웃음) 공소장은 뭐 아무리 뒤져도 내가 볼 때는 한 게 없어요. 그게 공소장에 보면 앞에 뭐 이거 공백, 다 공백 기간이라고. 공백 기간인데, 사실 이 사건 나고는 굉장히 내가 두려워했다고.

왜냐카면 하룻밤에 차가 여 한 70대가 막 깨지고 불나고 타고 이런 게, 우리가 뭐 예측을 하면 그래도 마음이 가짐이 있는데 상상도 못하게 사람이 막 이래가지고 전체가, 뭐 차도 올스톱이지 이러이. 그것도 계엄 당시라 그렇지. 또 뭐 계엄사 공수특전단이 병산에 내려가지골라가여 포위하고 있다 이러제. 사복 입골라가여, 형사들이 회사복 입고 와가지골라 막걸리 한 잔 권하고 뭐 이래 하면서 "하이고, 고생 많지요? 우리 단결합시다." 뭐 이래가지고 자꾸 얘기 듣는 게라. 그때 여서는 얘기가 "공수특전단 내리면 우리도 화약고가 세 군데, 네 군데인데. 이리 폭발 사건 난 지 며칠 안 되는데 그보다 더한, 이게 막 사북 전체가 다 달아나 뿌는데." 카고 막 위협 주고 이랬거든. 담배 피우고 오면 우리도 같이 터줏는다[터뜨린다] 막 이래 흘러가거든. 그러이 막 공수특전단 내리지도 못하골라가, 이래가지고 저기[투쟁]했거든. 그리 위험한 시기에 있었어요.

그래서 우리도 밤잠 못 잤죠. 밤잠 못 자고. 내 집, 나는 그때 내 혼자 있었는데, [형사들이] 집에 [들어와] 막 뒤질 거 다 뒤져가… 철농 요만한 거 하나하고 이부자리 그거 얹어 가지골라가 [살았는데], 그렇다는 게 뭐 뒤질 게 있어요? 그래 나는 그때부터 지금까지도 내 일기를 계속 쓴다고. 하루 뭐 우예 됐든지 내 일기를 쓸 수 있다고. 근데 이런 거 다 보골라 "하마 이 사람이 각오한 사람이다." 뭐 카고. 이 사람들이[형사들이] 보면 뭐 얘기를 하더만은. 그런데 사실 계획하고 한 게 아이라 누적된 게. 불만이 누적되고 있는 것이지.

이 사람들이 마지막 삶이거든, 여기[가]. 아까도 얘기했지만도 넝마주이 다음으로, 우리나라[에] 2백 몇 가지 직업장이 있다 카지만도. 참 그거 아침에 드가가지고 나와야 한숨 쉬는 기라. 하늘 가지고 뭐. 있다가 원체 생명이 우예 될는지도 모르는데. 생명을 담보 삼아가지고 하는 사람한테 보호는 못하고, [일]하는 임금의 대가는 치러 줘야 되지. 그걸 탄을 가지고 여기서는 한 10톤 카면, 저 망우리 떨어지는 건 15톤도 넘어 뿌러요. 12톤 차 와가지고 1톤, 1.1톤 잡아 봉우리 이래 감아가지고 그[렇]게 하면 3프로, 4프로 더 불어 드가는데, 그거 가지고 검탄에서 깎재. 또 뭐 경석[20] 섞였다 깎재. 뭐 불순물도 좀 있어요. 있지만도 그것도 어느 정도지, 다 캔 걸 자기 유리한 대로 다 해[하]고. 임금은 딱 한 달에 얼마 카는 거 회사에서 [정해]가지고, 뭐 1억 카면 1억 범위 안에서 내들[내내] 장난을 치이끼네 뭐 우예요[어떻게 해요]?

그 검탄원들은 아예 직종이 달랐던 거예요?

　그럼요. 회사에서 임명해가지고, 검탄.

회사 임명직이니까 계속 불만이 쌓여 있었던 거네요.

　그 젠[전부] 불만이지요. 그리고 또 평소에도 일하는 게 불만 아인교? 농사 이런 거 겉으면 이래 하지만도, 생명을 걸어 놓는 거라 그거는. 위험 부담을 걸고, 아주 악조건예요. [갱내에] 가면, 우리 그때 당시에는 조금 나아졌지만도, 간드레 들어오고 이래 할 때는 발파 딱 하면 불이 다 꺼져 뿌러요. 물이 없이 뭐 이래가지고, 물이 말라가지고 깨쓰 없으면 소변을 거다가 막 [보고] 어두운 데 와가지고 그래 불로 키고[불을 켜고 그랬지]. 그리고 그걸 다대보라고 이래 올라가면, 근데 그거를 입에 물고, 나무를 지고 기가[기어서] 올라가야 돼요. 뭐 받혀가 무너지면 그대로 깔려 죽는 거지, 참 비참하이[하게]. 그거 말을 못 해요. 어떤 데는 구멍이 또 요런

────────
20 석탄 채굴 시 나오는 규소 위주의 석탄 부산물.

데가 있어요. 그런데도 가지고 오고, 그 안에 들어 가가지고.

그 이미영 감독도 거 와가지고, 촬영하러 한 번 들어와가지고 막 소름 끼치는 그것도 보고 갔는데, 나중에 개방이 돼가지고 부인들도 항내에 순찰을 한 번 시켰대요. 거의 마카 보따리 싸가 가는 사람이 많았어요. 그걸 한 번 보고[는]. 뭐 밖에 있으이 모르지요. 모르이끼네. 돈 한 푼 주이끼네 모르지만도, 안에 가 보이끼네 "이거 아이라도 어데 가도 산다." 카고 떠난 사람이 많았어요.

아, 그렇겠네요. 그래서 20일부터 사람들이 모이기 시작했었던 거죠?

그럼요. 그때부터는 이제 21일까지. 20일 기다린다골라가[기다린다고] 계속 나오지. "아, 우리 21일 날은 오지. 현장 가가지고 그날 좀 모아 보자." 뭐 좋은 이야기 있을 거라 카고. 사람이 기대가 있거든, 뭐 숙제가 풀릴 것이다 이래가 있거든. 그래가지고 21일 날이 마카 모여가지고 저거 하는데, 이 사람들이 [분노가] 터졌는 거지. 왜 터졌나 카면, 그것도 그대로 있었으면 이래까진 안 했어요. 경찰이, 이 사람들이 지부 사무실에 들어와가지골라 사찰을 했는 거라. 그러이 그 들어올 자리 아인데 들어왔는 거라. 그래가지고 알골라가여[알게 돼서] "뭐고? 우예 됐노? 당신들 경찰들이 여기 우리한테 뭐 하러 왔노?" 술 먹은 사람도 있고 이래하이끼네 [이러니까] 그 사람들이 위협을 느끼고 가다가, 그 가꾸차[짚차] 타고 사람들 가로 막으이끼네 [치고] 넘어가는 기라.

처음에 죽은지 알았지 뭐. 그 죽은 사람을, 다른 사람들 나가 뿌서 내가 두 사람을 그거 차에 신거가지고[실어] 동원보건원에 신고 갔어요. 그래가 그 사람들 지키고 있었는데. 나중에 합수단에 붙들려 가가지골라, 저기[동원보건원]에 최○순이라고 원무과 직원이 있었거든, 그 사람이 나를 지켜보고 있는데 보호자 올 때까지, 자기 근무하는 시간까지 [내가] 거 있었다 소리[얘기]해도 이 사람들이 인정을 안 해요. 그래가지고 재판 과정에 항소장에도 인정을 안 하고 하마 딱 '이원갑, 신경이는 주모자다.' 이래가지고 뿌리박고, 계엄 풀릴 때까지. 세계에서 역사상에 계엄이 2년 이상 진행한 데 없어요. 2년 꼬박 우리가 만기 출소를 했다고. 그 교도소에서도 이 사람들이 처음에 우리를 잡범 방에 여어 났다고, 합수단에서 풀려가지고 일반 교도소, 영등포교도소 갔는데. 거 가가지골라 막 눈알도 뺀다 카고 막 이래. 뭐 사람이 안 겪어 보이 (웃음) 이거 뭐 여거 뱀도 열두 마리 갈렸고, 뱀이 혓바닥 돌리고 막, 이 천지에 또 지옥이 그런 지옥이 없어. (웃음) 거 가가지고 며칠 있다가 [방을 옮겼지]. 그래도 학생들 덕을 많이 봤지.

그때 경찰차에 치이고 다치신 분들은 나중에는 다 치료가 되셨어요?
치료되고, 뭐 병신도 되고 그렇지 뭐.

거기 계셨던 다른 종업원 분들한테도 엄청.
엄청이 아이라 그게 기폭제라. 쌓이고 쌓있는데, 경찰차가 사람 첬다 [쳤다].

그렇게 알려져서.
또 사람 치였는 거 가지고 "사람 죽였다." 막.

아, 그렇게 알려진 거예요?
마 이래가지고 말이 퍼졌는데, 삽시간에 뭐. 참 그때는 한 삼사백 명 됐는데 나중에 뭐 1,000명씩 작업 거부하고, 모조리 다 나와가지고 바리케이트 치고. 그때는 그 표 가지고 양조장에 말뜨기 술 가지고 팔고, 식육점에 와가지고, 지정 식육점이었거든요. 그 사람들도 일부는 동조하고 일부는 겁을 먹어가지고, 고기고 술이고 뭐 무료로 막 주는 기라, 다. 그러이 술 먹고 일부 술 챈[취한] 사람도 있고. 뭐 완전히 해방된, (웃음) 해방

구역이야 해방구. 그때부터는 통제가 불가능해.

선생님도 그거는 전혀 예상을 못하셨던 거죠?

　예측 못했지요, 그거. 우리는 "야, 이거는 이 사람들 이래 하면, 뭐 가지고 법적으로 이만치 했으면 될 거라. 이제 법이 있으이끼네." 막 이 정도였는데 사건이 이만치 커지니. 그 진실은 밝혀져야 돼. 그래야 그게 개정돼가 회사에서 뭐가 조금은 나아지고. 또 이제 조합장 선거도 직선으로 해가지골라가여, 그 때문에 잘되든 못되든 조합원이 인정하는 그런 조합장이 들어서가지고, 그래가지고 뭐 잘하든 못하든 그거는 요번에 해 봐야 알고, 그래 수순을 밟고 될 줄 알았지요. 또 그걸 요구했고. 어느 누구든지 폭력 하는 거는요, 어느 누가 가가지고 뭐 이래 하는 게 없다고. 근데 뭐 유리창 한 장 확 [깨게] 되면 신바람이 [나서] "야~" 카고 하는 기지 뭐.

　데모라 카는 건 그래요. 군중 심리 카는 거는 한 번 저기 해 놓으면, 와 하는 기 있기는 있어요. 있는데, 이거는 불만이 막 투출[표출]된 거라. 이게 [속에] 있던 게, 다 쌓인 게 막, 한을 풀어 뿌리는 게 막 [표출되는 거지]. 한 카는 게 다른 게 있어요? 가이[정] 안 되는 건 이래 돼가지골라가여, 너거는 책임은 누가 지겠지 카고 이 사람들은 막 막무가내지. 그때 주로 해고된 사람들도 많았을 거고, 차 같은 거 이런 거[기물 파손] 거의 다 해고된 사람들이라, 내 생각든 거 보이. 그거 뭐 조합원들이 그럴 리는 없을, 통근차 봐도 유리창 하나도 [깨진 거] 없재 뭐. 제일 운진(運盡) 난 사람은[운수가 없는 사람은] 이제 과장들 이상, 계장 이상 그 사람들. 그 험한 길을 밤에 야반도주 다 했으이끼네. 왜? 죄지었으이끼. 죄 안 지었으면 떳떳하게 가만있지 왜 도망가요? 생각을 해 봐요. 사람이 내가 떳떳한데 뭐 하러 그러고 있어요? 맞아 죽어도 가만[있다] 떳떳하게 맞아 죽지 뭐. 지 잘못 없이 뭐 하는데 도망가요?

◇ ◇ ◇
사라진 전임 지부장

당시에 이재기 씨가 없어지면서 종업원들의 불만이 더 커진 것도 있었던 건가요?

그거는 있을 때부터 불만이 쌓아졌지. 왜냐카면 사태 나기 전까지는 계속 그 사람이 버티고 있었지. 그 1년 동안 우리가 지부장 직무대리를 [임명해]가지골라가 바꿨는데, 지 자리 지키고 월급 받아 묵고 [하면서] 우리는 월급 안 주고 있었으이끼네, 그거는 조합원들도 그걸 안다카이. 나도 월급 안 받고 있었다고. 내 월급 못 받았어요. 뭐 못 받고 나중에 광노에 가서 "당신이 임명했으면 묵고 살아야 될 거 아이가? 왜 월급도 안 주고 임명하고 하노. 그라면 임명이 종잇장 갔다 왔다 하는 거가? 뭐가 행동을 해야 되지." 그러이 저 사람들도 내한테 많이 혼났어요. 조합원 하는 사람 있으면 명분을 쌓아야 되지, 자리에 있으면, 광노에 있으면, 그래도 7만 해가지고 거의 10만 되는 조합원을 대표해가 있으면 책임을 져야 될 거 아이가.

마카 겁을 내가지골라가 그때 부위원장인가 누가 온다카이 겁을 내가 막 숨기도 하고. 어디 뭐 법 앞에 잘못한 거 없으면 떳떳하게 얘기를 해 줘야 되지. 참 문제가, 참 사람이 권력 앞에 너무 굽실거려요. 그리고 또 뭐 하나 장이 된다 카면 책임질 줄 알아야 돼요. 자기가 그 자리 떠나고, 내가 마지막 이 순간 간다손 치더라도 자기 한 말에 책임지고, 조합원들 위해가지골라 뭐 한다 카면 그걸, 공약을 책임을 져야 되요. 그게 이제 빌 공(空) 자가 돼가지고 내들[항상] 막 흐지부지 해뿌이끼네 그렇지.

그 가족들한테도 말이 없었던 건가요? 지부장 부인은 집에 있다가 피신을 해서 문제가 됐었는데.

그때 같이 있을 수 없는 게, 이재기는 자기가 저녁에 뭐 그러고, 저 뭐 어디로 가 뿌렸다 카더라고. 가 뿌고 없고, 부인은 하마 숨어 있었지. 그러이 고마 사람이 막 내들어가지고 돈을 이만치 가지고 도망가더라, 뭐를 하러 가더라. 나쁜 소문이 자꾸 나오는 기라. 이재기는 밤에 누가 보이끼네 "돈을 가지고 어디를 가더라. 집을 어디 사 놨더라." 카는 부픈, 좋지 않은 소문들이 쌓이고 쌓이고 하이끼네. "저게 누고?" 카면 "우리 피 빠진 돈이다. 뼈 빠지게 해가지고 목숨까지 죽어가고 했는 이런 돈 가지골라 다 저거 했는 거다. 회사 돈 가지고 했는 거다." 막 이래가지고 좋지 않는 소문이.

뭐든지 소문이 좋아야 돼요. "그 집에 며느리 들어와가지고, 며느리 들어와 보더니 참 우예든지 그 며느리 좋고, 보기만 해도 그 집 며느리 들어와가 덕이 있더라." 이런 얘기를 들어야 되는데 "아이고, 그 집 며느리 들어오고부터 마 우환이고, 저주가 있고. 아이고, 보기만 해도 사람이 고개를 돌리더라. 마 그 집 발 끊었다." 카면 끝이라요.

지부장에 대한 안 좋은 소문이 계속 있었나요?

안 좋게 나고. 그러이끼네 사람이 자기한테 솔깃한 악언은, 악의 얘기는 자기를 감동시킨다고. 왜냐하면 "야, 참말이구나. 참말이여." [하면서] 진실[은] 안 받아지고, 요게 이제 거짓도 참말로 받아지는 거라. 왜냐카면 소문이 그러이끼네, 그게 진실로 받아들여 가 뿌이끼네, 참말이 돼 뿐다 카이. 그러니 악이라는 게, 성경에서도 말하는데 좋지 않은 그런 얘기는요, 희한하게 파고 들어간다고. 안 된다 카면 그게 돼요. 예, 잘되는 집에는 자꾸 덕스러운 얘기 들어온다카이.

선생님하고 같이 연행됐을 때도, 그런 얘기를 이재기 씨하고 나누거나 하지는 않으셨어요?

이재기하고는 연행돼가 가는 거는, 거서 짧은 시간에, 한 15분, 20분밖에 안 돼요. 붙들려 온 시간이. 지서 가가지고, 또 오는 시간까지는 얘기를 못하는 거지. 얘기를 못하고, 있는 동안에는 내가 그랬다. "우리 인간답게. 어. 이렇게 나도 젊고, 지부장도 젊잖아. 나는 일개 후산부 조합원이고, 당신 조합장 아니가? 조합장 카면 그래도 뭐 웃통 벗어 놓고 나가가지고, 회사 편만 들지 말고 만의 하나라도 조합원한테 한 번 본을 보여란 말이다. 잉? 그거 면피해가지고 뭐 하노. 여서 탄밥 해가지골라, 목숨 걸고 탄 팔아가지골라, 그거 조합비 띠[떼]가지골라가여 그걸 어디 쓰노 말이다잉. 사람이 죽고, 왜 죽었노 카이 조합장 피해가, 장사 한 번 와 봤나? 거 조합장 하는 게 뭐고?" 뭐 이래 이래 대드는 기라.

왜냐카면 내가 권한이 있어 대드는 기 아이라 의무인 기라. 내가 조합비를 내이끼네[내니까] 조합원으로서 얘기하는 거라. 그것도 나는 또 그때 대의원이었고, 막 이래가지고 내 그랬다. "백 번 얘기해도 내 말을 들어야지. 내 말을 다 옳다고는 생각 안 하더라도 내 말을 들어야 된다. 왜냐카면 나는 조합원 얘기를 전하는 거다. 그러이끼네 나를 무시하면 조합원을 무시하는 거 아니가? 그러이끼네 니 하나쯤이야 카지만 니 하나가 문제가 아이다. 사람이 어디 몸이[몸에] 종기가 있으면, 심이 있으면 그 심 빼기 전에는 자꾸 옮는다." 모른다 카이끼네. 사람이 어디가 가시인지 몰라요.

그런 얘기들을 잘 듣지를 않은 거죠?

"니 하나쯤이야." 카는데 뭐. 불만 있으면 전부 없애 뿐다카이.

아, 그냥 선생님을 가리켜서?

그럼요. 그러이 사람이 반감을 사게끔 이런다카이. 쪼매만 들어주면[되는데]. 뭐 이런 얘기 내가 하지만은, 박근혜가 가가지고 전에 비서실장이가 뭐 2주에 한 번 만나고, 일주일에 한 번 만난다 이카더라고. 그래 소통이 안 돼가 뭐 우예 하노 말이야. 그 생각이 그렇다. 그러이 내 말이 그렇다 하면 "참말로 조합원들이 그런 말이 좀 있드나?" 뭐 말이라도 귀 기울일 줄 알아야 되지. 우예 "니는 마 후산부 하는 3,000명 중에 일하는 사람 하나다." 이 정도로 뭐 인정을 안 하는 거지. 그러이 [내가] 나타나면 피해 뿌고, 어디 좀 저 하면 약속 있어가지고 가 버리고, 뭐 회의 가 뿐다 카고. 그래 내가 "왜 그 많은 시간 중에 내만 얘기하면 다 피해 뿌고, 내만 피하노?" 말이다. 회의 들어가면 제일 말 많은 게 신경이라. 왜냐카면 답답하이끼네. 회사 편인 사람은 가만있으면, 시간 되면 수당 주재, 뭐 주재. 말할 거 뭐 있노? 그래가 지금 늘 얘기하지. 모난 돌이 정 맞는다고. 억수로 얘기 많이 하이끼네, 뭐[라] 카이 "아이, 다른 사람은 가만있는데. 왜 혼자만 얘기 여기저기 하오?" [그러는 거야].

◇ ◈ ◇
항쟁 당시 투석전 전후의 상황

연행되셨을 때 경찰에서는 죽은 경찰한테 누가 돌 던졌는지를 알아내려고 했던 거예요?

고거는 사람한테 많이 저거 했는데. 그거를 사진 찍고 뭐 했잖아요. 그 사진을 500메다 밖에서 막 이래 찍고 이랬는데, 거의 그거를 잘 몰라. 그 이덕수 순경이 돌에 맞어 금방 죽고, 그 이튿날에 죽었어요. 그 사람도 학사 출신이라. '탄광에 두고 온 20인의 한'²¹이라는 다큐멘터리를 SBS에서 제작을 해가지고 상영을 할 때, 그 사람들이 얘기를 하더라고. 이덕수 순경의 부인이 가 버렸다. 그래가지고 저기 현충원에 그 사람 무덤, 비 세워 났는 데 갔어요. 우리 그 우에 있는 목사하고 같이 가가지고, 나는 그때 교회 안 다닐 땐데[때라] 나는 절도 두 번 하고 그런데[그러는데 아들은] 그때는 신대원[신학대학원]에 다닐 때기 때문에 절도 안 하고 서가지고 이제 그 광경이 나타나거든. 그랬는데, 이덕수 순경이 그래도 그 학사 출신, 열심히 했는데 부인이 마 가 뿌렸다 카이끼네 안타깝더라고.

---

21 다큐멘터리《탄광촌의 22년의 한》, 대구방송 기획, 부산방송 제작, 2002년 작.

당시에 투석전이 있을 때가 항쟁이 제일 피크로 올랐다고 하는 때라고 볼 수가 있어요?

그때지요. 왜냐카면 경찰이 영월경찰서, 태백경찰서, 정선경찰서 순서로 거의 한 사백 몇 명 카더만 그때. [경찰이] 왔는데, 그 안경다리 밑에 이래 내려가잖아요. 안경다리 거기 서가지고[서 있는데], 저 사람들은 이래 올라오고. 경찰은 오고 광부들은 여기 서가지고, 이제 항목장인데 다 있으이끼네. 그때 바람도 아래로 불고 이래서 이제, 뭐 최루탄 뚝 이래 하이끼네 서가지고 자기들이 덮어썼는 거라. 그러이 이제 다른 게 없어요. 그 철뚝이 이래 있으이끼네, 철뚝에 요런 자갈 있잖아요. 그거 쭉 걷어가지고, 아줌마들이 뭐, 선탄부들 쭉 서가지고 뭐, 몇 백 명이 다 있어가 막 던지지 뭐. 던지끼네 누구 돌에 맞았는지도 모르지 뭐. 그러이 그게 누구 돌에 맞았다고 그거 누가 증언하노? 사람을 모아가지고 저거 하이끼네 "누가 했다.", "누가 했다." 이래 하거든. "니 봤나?" 카이끼네. 그때 다 돌 던졌는데 맞았는지 안 맞았는지 우예 아노 이거라.

그래서 공소장에 보면 방송한 사람들에게 책임을 물었던 거 같아요.

그런데 그런 거는 인정을 안 해요. 제일 중심지가 지금 카지노 들어섰는 거기, 그거 900세대가 있었는데. 중심지로 해발 850[미터] 지점에.

거기가 지장산이에요?

예, 지장산. 카지노 섰는 자리라 거기. 그 자리가 있는데 그걸 다 뜯어내고 거기 카지노를 지었거든. 거기가 제일 중심지였다고. [거기가] 중심지였고, 내가 살았는 사택은 카브(curve) 틀고 올라가다, 요즘 호텔 새로 하나 더 섰다고. 요래 올라가다가 카브 트는 데 우측에 [있는] 그 음지인데, 거기가 열한 동이 있었어요. 그쪽에. 거기 사북신사택이라고, 화절신사택이라고 [했지]. 그런데 그때 당시에는 뭐, 물도 아무것도 없어요. 그게 원시적인 삶이라. 전깃불만 들어왔지 거기에 뭐 우물물이 있나 [뭐가 있나]. 개울물 그대로 [받아]가지고 탄 섞여 내려오는 거 가라앉으면 그

물 먹고, 개울 맑은 물 있으면 그 물 먹고. 화장실 이래가 가마니 쳐 놓고, 가마니 그거 반 쪼개가지고 요쪽에 하마 그거 쳐내 놓고. 요즘은 어디 가도, 아프리카 가도 그런 데는 없을 거야 아마.

그래 놓고 있는데, 그 환경을 이 사람들이 보고 갔는 기라. 합수단들이 와가지고 우리 붙들어 놓고, 집 수색 다 하고, 이렇게 사는 거 다 보골라가, 다 와가지고 봤는 기라. 너무 처참하지 뭐, 사는 게. 그러이 목숨 걸고 그저 먹고살자고 와가지고 탄 파다 저거 했는 걸 가지골라가어, 그게 뭐 폭도니 카고 막 이래가지고 몰아가고 이래 하이. 그거 뭐 처음은, 하수인들은 몰라요. 그저 우에서 뭐 잡아라 카고 뭐 하면, 명령하면 명령에 따를 뿐이지. 문제는 우에 고수들이지 뭐.

신문을 할 때도 거짓으로 이야기하는 분들도 계시겠네요? 아무래도 고문 때문에.

그래 이제 고문 때문에 거짓말하지 뭐. 거짓말하잖아. "봤나 안 봤나?" 카고 막 우기싸이끼네[우겨대니까]. 또 말 안 하믄 이래가지고 한 10분쯤 조지는 기라 막. 때리고 뭐 구둣발 까고 해가지고 사람을 실신시켜 놓고 또 앉히는 기라. 그럼 고개 툭툭 털고 와가지골라 뭐 한다 카면, 나중에 마지못해가지골라가 고개를 끄덕끄덕 하거든. 그러면 "됐재? 도장 찍어라." 카면 이거가지고 찍고 막. 그게 자의적 아니고 고문에 의한 거지. 다 그게.

선생님은 그 전날에 자제하라고 방송하셨잖아요.

예. 목욕탕에서.

그다음에는 걷잡을 수 없이. 선생님도 그건 예상 못하셨고. 그때는 더 이상 자제를 시킬 수가 없는 상황인 거죠?

안 돼요. 누구 개인의 힘으로는 절대 그거 할 수가 없어요. 어느 개인의 힘으로는 불가능해요. 왜 그러냐 카면 저기 위병소에, 군에 위병소가

있는데, 그거 이제 회사 들어가면 정문이 있어요. 정문 그거는 참 굉장히 까다로워요. 보통 사람이 지나가기도 참 하고 하는데[어려운데], 막상 딱 일이 벌어지고 나이[나니] 그게 순간에 막 넘어가 뿌려요. 사람들이 넘어가 뿌고, 순간적으로. 밤사이에[밤새] 차가 칠십 몇 대가 불살라지고 뭐 하는 거는, 누가 시켜가지고는 절대로 못 한다카이. 그게 상상도 못할 일 이지 뭐. 그러이 사람들이 하마 마 영웅 심리, 군중 심리에 막 파도처럼, 막 쓰나미처럼 막 그러는데. 그 요즘 BOQ[22], 저거 객실에 거 들어가가지 고, 이 사람들이 그짝 가가지고, 뭐 술 먹고 담배 피우고 누가 보이 켄트 (ケント)[23]도 나오고[꺼내고] 뭐 하고 있는데, 거기서 덮쳐가지골라가여 권총 뺏어 들고 뭐 캤다 [그러는 거] 아니요.

　그래가지고 조행웅이 카는 사람이, [연행되었을 때] 그놈 경찰서장[이 연행된 사람들을] 가지골라가여 [경찰을] "누가 못에 처박아가지고 돌 던 짔노?" 막 이래 [물었어요]. 이 사람[이 했다], 저 사람[이 했다] 카다가 나중에 조행웅이 이 사람이 남한테 억울하게 누명 덮어쓰고, 우리하고 2 년을 꼬박 살다가 나와가지고 3년인가 몇 년 뒤에 죽었다카이. 죽었는데, 죽을 때까지도, 그거 한 사람들 죽을 때까지도 억울하다 카골라가여[하거 든요]. 고문해가지고 지 죽을라 카는데 거짓말 안 하는 사람 누가 있노? 카이[그러니까] 막 이래가지고 얘기를 했거든. 얘기를 했는데, 사실 누가 죽였는지 몰라요. 그 사람이 여러 수십 명 연못에 넣골라가 권총 뺏고 뭐, 누가 뭐 때렸다고 이카는데[덮어 씌우는데]. 이 사람 들어가 카이끼네 "예, 예." 카고. 저 사람도 "예, 예." 카이끼네, 그런 줄 알고 있으이끼네 그랬다 이거라 마. 나중에 와 보이끼네 아닌데 뭐.

조행웅 씨가 총 뺏었다는 누명을 쓴 거예요?

22 장교나 부사관을 위한 독신자 숙소.
23 궐련의 한 종류.

총 가지고 저걸 때렸다는 기라. 때렸다는 거라, 경찰서장을.

그래서 꼬박 복역을 하신 거네요?

예. 그래가지고 그게 왜냐카면 막 "폭도다. 난동이다." 카골라[하고는] "간첩이 여 있다. 누구 지령을 받았다." 막 이래 되는데, 나는 주로 자금, "누구한테서 자금을 받아가지고 조직을 동원했나?" 이거라. 조직 동원해가지고 할 수가 없다 이거야. 할 수가 없는 일이라 그게. 그게 어디 뭐 단련된 사람들도 아니고, 이름도 성도 모르고, 광산에 들어가 놓으면 자기 항도밖에 사람 잘 몰라요. 그것도 자기 속하는 갑반이면 갑반 사람 보지. 을반 사람들 얼굴 좀 알지. 여러 항도에 있는 사람, 지역이 다 다르고 어디서 근무하는지도 모르는데, 그거 이름을 우예 안단 말이고. 그것도 뭐 해고자도 있을 거고, 거도 뭐 광부회도 있을 거고, 뭐 구경꾼도 있을 거고, 다 있을 거 아이요? 그러이 6,000명이나 되는 사람이 와가 다 있는데 "누가 했다." 카고 우예 그걸 다 인정을 해요?

7형제파라고 회사 쪽에 있던 조직이 있다고 하셨잖아요. 사건 막 났을 때는 광부들, 종업원들 편에 있는 조직은 없었어요?

파는 없고. 저거 우리 운동하고 하던 사람들이 거의 주축으로 해가지골라가여 수습하고, 탄약고 지키고 [한 거지]. 이거는, 우리가 저거 해가지고 탄약고하고 무기고 같은 거는 지켜야 된다, 확산되기 전에 이거 해야[지켜야] 된다 이거는 했었지만, 그다음에는 다 군중[심리] 뭐. 안 나가면, 사택에서 이래 내 방에 [있고], 여기 안 나가면 다 회사 패라 이래 말이 또 돌았었다고요. 그래 났더니 사람들이 다 나왔는 기라 막. 그래 나와가지고 밤새고, 양조장에 술 다 갖다 주고, 식육점에 고기 갖다 주고, 솥다섯 개 여섯 개 걸어가지고 밥 해 주고 뭐 해 주고, 먹고 지대로 취한 사람도 있고, 야간 순찰한다고 다니는 것도 있고. 그러이 이 군중 심리라는 건 여 놔놓으면 다 대장이라. 그리고 어떤 거는 또 경찰복 지가 입고, 지

가 경찰 행세도 하고 막 이러이끼네. (웃음)

안 나오는 사람은 사측이라고 그래서 더?

　　그럼요. 그러이끼네 사택을 비우고 싹 다 나오는 거라. 그러이 제일 [먼저] 도망간 사람은 이제 관리직들이 다 도망가 버리고. 그[거기] 험한 산이라. 그 산에 뭐 맨발로 가고. 그거 요즘 사진 찍어 놨으면 참말 6·25 난리 [같을 거야], 참 난리도 아이라 그때는 막.

투석할 때 선생님도 안경다리 위에 계셨었어요? 그때는 어디 계셨었어요?

　　그때는 그 사무실도 가차이[가까이] 있었는데, 그 광장이지. 거기만 딱 있었어. 다 못 올라가지. 거기는 저런데[좁은데] 뭐. 광장에, 우리는 거 있었고.

아. 그럼 광장이든 다리 위든 사람들이 꽉 다 들어차 있었겠네요?

　　예. 그게 뭐 정말 새카맣게 있었다고 하잖아요. 새카맣게.

그럼 거기서도 누가 마이크 잡고 이야기하거나 앞에 나가서 행동하는 사람은 없어요?

　　없어요. 일체 없었어. 그거는 어디 마이크 잡을 수도 없고, 그때는 누가 가가지고 주도해가지고 한다 카면 그 사람도 또 공격을 당해요.

그거는 왜 그래요?

　　그게 왜 자동적으로 되냐 카면, 큰소리칠 사람이 없어요. 왜냐카면 그 많은 사람 중에 나선 사람이라면, 저 사람이 주동자라 마 이래 되면 밟혀 뿌려요. 그러이 군중의 심리라 카는 건 저거들이 저거 하는 대로 가지고, 흐름대로 가지고 지켜볼 뿐이라카이. 거 가가지고 딱 막는다 카는 기 될 게 아이라. 큰 물결이 지나가도록 기다려야 되지, 못 막아요. 막을 수가 없어요. 밟혀 뿌려요. 사람이 마카 신경이 이래 서가 있골라가[있거든], 적대지. 왜냐면 회사하고 우리하고 싸움이 아니라 전체 싸움이 돼 뿐다카이끼네. 그러이끼네 회사가 사실 우리가 먹는 그 회사 밥그릇인데, 싸울 일도 없고 이래 한데, 문제는 일어나고 보이끼네 이제 잘못된 것만 [생각나지].

◇ ◇ ◇
지부장 부인 사건

당시에 린치 사건에 대해서는 좀 알고 계셨었나요?

　린치 사건요? 일체 모르지. 구경도 못 하고. 그거 사건 이후에 [알았어요]. 공소장 보면 거하고 우리하고는 아무 상관이 없는 거라. 그게 이제 일부 사람들이 붙들어 와가지고, 그거 마 진짜 많이 넓거든요. 넓은데, 그 회사 앞에서 뭐 그래 일이 벌어졌다 그러는데, 그때는 우리가 갇혀 있었고. 그때는 갇혀 있었고, 그 사람 사건이 났는지도 모르고 또 어디서 났다고 그거 누가 보고하는 사람도 없고. 그거 또 보고할 단계도 아이고. 뭐 우리도 전전긍긍하는 상황에서 있었는데, 그걸 알았을 [것] 겉으면 조금 뭐 힘이 됐는지 모르지만도. 내가 대의원 생활을 한 6년 이래 하면서 그 사람들, 이재기는 조금 얼굴이 회의 때 [봐서] 알아도, 그 사람 부인은 얼굴도 몰라요. 그 사람도 내 얼굴도 모르고. 저기 경찰, 형사들은 나를 알아요. 왜냐카면 그간에 지부장 직무대리 하고 대의원 생활하고 [해서], 계엄 때기 때문에 하마 요인물 돼가 내 자유자재를 [빼앗겨] 날만 새면, 출근만 하면 그 사람들이 내[늘] 같이 있어요. 밥도 같이 먹고 뭐 다 해요. 다 하는데. 이 사람들이 뭐 린치 사건 나고 이런 거를 [얘기를 안 해요]. 원갑이도 모르고. 원갑이는 나중에 좀 알골라가여 뭐 수습하러 간다 했는데. 나는 화절이라 카는 이쪽 편에 좀 멀리 있었고, 한 10리 떨어져 있었고, 거는 고토일항에서 좀 가차운[가까운] 데 있고 이래가지고.

지금 생각하면 그 사건이란 게 있어서도 안 되고, 있을 수 없는 일이라고 생각을 하는데.

　　예. 야단나지요.

당시 분위기가 있지 않습니까? 이재기 지부장에 대한 억하심정도 있고, 또 여러 가지 소문도 있었고 하는 상황에서, 만약에 당시 상황으로 다시 돌아간다면 그 사건이 다시 반복될까요? 어떻게 됐을까요?

　　예. 나는 지금도 그래 생각을 해요. 이 군중집회라는 게, 우리가 학교 학생들 단체도 아니고, 그거 어데 전부 다 여러 단체가 마. 하여튼 우리가 거의 6개국 공화국이라 카거든요. 거기가 뭐 지역별로 강원도고, 어디고, 경상도고, 충청도 사람이 좀 덜 먹고, 강원도 뭐 이래가지고 주축을 이뤄가 저거 하는 사람들이 모여가 있는데, 그 가운데는 주로 온 사람들이 사업에 실패하고 온 사람들이 있고, 또 좀 일도 하기 싫고 이래가지고 소위 말하는 깡패들 뭐 이런 것도 [있어요], 전과자들. 뭐 나도 전과자지만도, 이 전과를 갖고 있는 사람들도 있고 이래가지고 있는데, 나중에 얘기가 그렇더만은.

　　왜 그때 자극을 했나 카면 "이재기가 돈을 가지고 도망을 가더라." [하고 소문이 났다고.] 가 뿌고 없으이끼네 이재기 찾다가 행방이 없어요. 뭐 내가 책임지고 있는 사람 같으면 떳떳하게 와가지고 뭐를 잘못했으면 잘못해가지고 있다고, 딱 나타나가지골라 당해 뿌려야 돼. 그래야 되지, 왜 피해가지골라 사람들한테 의혹도 사게 만들고. 심지어는 "돈을 갖고 가더라." 그것도 누가 봤는지 안 봤는지 모르고 그 말이 자꾸 확산되어 뿌렀는 기라. 가 뿌고 없더라. 그러면 이재기 집에 찾아보자 캐가지골라 부인들 하고 막 갔는 기라. 그거 사북에서 그짝 건너에 거기 다른 사택에, 그 사택 나는 어디 있는지도 몰라요. 그래서 찾으러 가이끼네 그 집에는 없골 라가[없고], 정○찬이라고 회사 사원인데 그 사람이 영천 사람이라, 그 사람 집 어디 침대 밑에 숨어 있었다[고] 말은 이래 하더만은.

그래가 거서 끄집어 내가지골라가여, 여자들이 꺼내가지고 붙들고 그래 왔는 모양이라. 그 왔는 과정을 우리가 목격을 하고, 또 사람이 몇 십 명이 가지고[갔기 때문에] 그 사람이 한 줄로 이래 하고 저래하는 게 아이라. 온 데 산재돼가지골라가여, 그 넓은 데, 거기 고토일항 백운항 화절항 카는데 사방 10리나 되는데, 다 산재돼가지고 있는데 어느 구석에 뭐가 있는 거를 몰라요. 또 어느 누가 그랬는지도 모르고. 그래 나중에 보이끼네 신○이라고 나이 많은 사람하고 누구하고가 그랬다고 뭐 이러는데, 그런 사건이 좀 있고. 우리 근저에서 났으면, 숱한 사람 들고나가[드나들면서] 사진 찍고 고문하고 이래가지고[이러고] 있는데 우리 이름이 드러났을 거라고.

이원갑이나 신경이가 누가 시켜가 그랬다 이래 하는데, 나중에 보이 그것도 최후 과정에 그런 사건이 뜩 있[었]다고. 교도소 가이끼네 교도원들이 다 불러내가지고, 재소자들 불러내가 영상으로 이걸 비는[보여 주는] 기라. 린치 사건만. 뭐 "간첩들도 오고, 린치하고, 이런 아주 폭동, 난동을 하고. 도끼 들고, 곡괭이 들고 막 야단 지겼다[피웠다]." 이거를 가지고 다 하이끼네 재소자들도 "야!" 카고. 우리가 거서 왔다 카이끼네 "아이고, 뭐 어디 곡괭이 들고 여자 찌르다 왔나?" 카고 막 이래요. 그래가지고 가이끼네 "임마들 다 눈까리 판다." 카고 막. 이래가 보이, 이거 가만있는데 불똥이 어디 날아와가지골라 이러나 싶은 게, 기억도 하기 싫고마. 사북 카면 아주 마 잊어 뿌고 싶고, 빨리 이 시간을 모면해 버리고 싶고 막 이런 마음밖에 없었다고.

근데 사실 그때 우리[가] 알았을 [것] 같으면, 알았을 [것] 같으면 아마 우리 용기로 가지고는 제지는 했을 거예요. 왜 그러냐 카면 그런 걸 가지고 사람이, 우리는 좀 불의를 보면 마음이라도 조금은 나타낸다고. 가로막을 수는 있다고. 내가 맞더라도 가로막을 수 있는데, 군중 심리라는 건 "와~" 카면 거서 한 술 더 뜨는 기라. "돌 하나." 카면 "나도." 카골라가여. 사람이 약할 때는 "우~" 카다가, 뜩 누가 하마 물러서는 거라. 책임져라 카면 책임지는 사람 없고. 어디 데모라 카는 게 그래요? 가가지고 책임질 사람 있으면 누구든지 '아, 내가 아이[아니]라도 책임질 수 있다.' 카면 그걸로 빽이라. 그게 하나의 무기라. 그게 없으면 사람이 약해져 뿌려요. 그 군중 심리라는 건, 리드하는 사람도 있지만, 누가 이래라 저래라 그거보다도, 중심점은.

그때 문제가 뭔가 카면 첫째, 임금이 문제고, "이 사람이 돈을 가지고 가더라." 이런 문제 때문에 생긴 거라. 왜 생기나 카면, 우리가 내는 1년에 1억 이상 보내는 그 돈 가지고 조합원한테 뭐 했노 이거라. 권익 옹호를 위해가 뭘 했나 이거라. 그래 "그 사람이 돈 가[져] 갔다" 카면 "왜 돈 갖고 갔나? 그 사람 부인도 공모 아니가? 그 사람 부인한테 물어보면 남편 찾을 거 아이가?" 그래가 "너거 남편 어디 갔노? 찾아내라. 니가 거 왜 숨어 있노?" 뭐 이랬는 거지. 그게 보면 뭐 억지고, 당하고 그랬다 카지만도 그때 상황을 봐가지고는 왜 부인들[이] 그랬[는지 이해가 돼]. 부인들도 저거라. 사원이라, 선탄하고. 그 사람들이 1,000명이 넘어요. 아니, 600 몇 명 되지. 그 사람들 다 직원이라. "우리도 먼지 맡아 가면서, 속에 병들어 가면서 돌 가르고 뭐 하고 다 했는데, 우리도 조합비 월급에서 다 제하는 거라요. 뼈 빠지게 해가지고 너거[너희가] 돈 걷어 갔는데, 그러면 그 돈 가지고 너거 어데 썼노? 밝혀내라." 이거라.

그래가지고 붙들려가지고 저거 하는 거지. 하는 행위가 나쁘지만도, 원인 제공이 지부장이 도망가는 거지. 나타나가지골라가 떳떳하게 "나를 잡아라. 잡아가지골라 뭘 하든지 밝혀라." 카고 둘이 떳떳하게 나와 뿌면 끝나는 거라요. 그게. 평생 살았던 자기 부인도 책임질지[줄] 모르는 사람이 무슨 지부장을 하고. 사람은 첫째 책임하고 관심이 있어야 돼요. 그런 일이 있으면 남편이 어디 가도 그걸 모르겠어요? 그거 와가지골라 "날 잡아라." 카고 옷 벗골라 들눕고[드러눕고], 자기 부인을 왜 보호 못하노?

나는 그게 아쉽다고요. 남을 대표하는 사람이, 3,000명을 대표하는 [사람이] 그런 짓 왜 못하고. 비겁하게 덩치 큰 사람이, 그가 덩치는 적은교? 그런 사람이 조합을 위한다 카골라가[하고서는] '노사 공영'이니 카고, "우리 '산업 역군'입니다." 카고, "자부심을 가집시다." 말 가지고 뭐하는교? 말 가[지고]?

린치 사건 당시의 부인들도 사원이라고 말씀하셨는데, 그분들은 이재기 지부장에 대한 원한도 있겠지만, '잘 먹고 살쪘다' 이런 식의 말들처럼 부인에 대한 원한도 있지 않았을까요?

그 원한이라 카는 게 어디 뭐 싸워가 원한이 아니고. 내가 내는, 내가 노력했는 내 봉급에서 나가는 그 회비를 가지고 너거가 독식하고, 착취하는 거 [방관하고], 착복하고. 조합원들 위해가지고, 공익을 위해가지고, 조합을 위해가지고, 후생 복지를 위해가지고 뭐를 하골라[하고] 그랬나? 그래 "우리는 삐쩍 말라 다 죽어가는데, 니는 살쪘구나." 뭐 이런 얘기 아인교? 그거. 그래서 내가 제일 안타까운 건 그렇습니다. 이재기를 나무라고 싶어요. 왜냐 그러면 자기 부인을 보호할 줄 모르는 사람이, 그래도 평생 그 남편을 믿골라가 여태까지 살고, 잘하나 못하나 남자가 아무리 뭐 외도를 하든 뭐든, 그래도 남편은 죽을 때까지 부인을 보호할 줄 알아야 되지. 그런 정신도 없이 뭘 한다고, 거 가가지고 남 대표를 한단 말이고? 백 번 자기가 옳고, 아들이 뭐 기자 아이라 국무총리를 한다 캐도 우리는 그거를 인정을 안 해요. 자기 부인을 하나 저거[못 지키고], 그런 수모를 당하고 있으면서도 한마디 말도 없이 숨어가지고.

그 후 수습해 달라고 요청받고 가셨잖아요. 그때 선생님은 공식적인 대표도 아니었던 상황에서, 수습할 수 있을지 없을지도 모르는 상황에서 '아, 내가 이걸 해야겠구나.' 하는 책임감도 있었을 테고, 아니면 '아이, 진짜 피하고 싶다.' 이런 마음도 있었을 거 아니에요? 그때 심정을 좀 말씀을 해 주셨으면 좋겠어요.

그때 심정은 사실 우옜냐면, 책임감을 많이 느꼈어요. 왜 느꼈나 카면, 대의원을 하면서 1년 동안을 문제돼가지고 계속, 우리가 협상, 투쟁 [을 하며] 계엄사에 계속 접촉을 하고 있었거든요. 실마리가 안 풀려요. 왜 안 풀렸는가 카면 지부장 직무대리를 놔[임명해] 놓고, 1년 동안 놔놓고서 계속 교체하면서 인수인계를 안 했다고. 회사에서 이재기를 바꿔 두고 안 놔[내려]놨어요. 그러이 첫째, 우리가 믿는 거는 법이라는 걸 가지고, 조합이든지 아니면 회사 사규라든지, 법이라 카면 우리가 최소한도로 사람이 안 될 때 그거 가지고 우리가 적용을 하는 건데. 전신에[전부] 위법이라, 이 사람들이 하는 게.

왜냐카면 우리가 생각하는 조합법은 광노에서 결정이 되면 시행이 되고 집행이 돼가지골라 바꿔지고, 그 자리에서 집행하도록 해야 되는데, 안 되고 있는 거라. 그래 할 때는 국민들, 저 조합원들이, 근로자들이 뭐라 카면 '이거는 회사에서 가지골라가 어떤지, 정부에서 뭘 믿고 하는 때문에 우리 힘으로는 좀 어려운 모양이다. 저 사람들.' 뭐 안 하는 말로 '이원갑이나 신경이 저 사람들 힘으로다가는 좀 어려운 모양이다.' 아마 그런 인식은 좀 갖고 있었어요. [사람들이 그런 생각을] 갖고 있을 때 우리는 어디 힘을 도와 달라 소리를 안 하고, 뭘 했나 하면 그 사실만 알려주는 거라. 그 사실만.

그러이끼네 이 사람들이 아무리 몰라도 옳고 그른 건 알아요. 또 내 돈이 어떻게 쓰여질지 알고 싶은 심리도 있고. 내가 당하는 것도 있고, 내가 처하고 있는 형편도 알고. 그거를 다 알고 있는 때문에 이 모임의 형성, 뭐 린치 사건 이게 제일 좀 저거가 있어가지고 문제가 많았는데, 그거는 인권문제 아닌교, 이게. 인권문제 때문에 이게 이래 되는데, 누가 시켜 그랬다 카면 이거는 하마 벌써 우리가 뭘 당해도 많이 당했을 거요. 우리가 안 되는 거는, 하다 안 되면 우발적이다 이카거든요. 사람 많으이끼네. 그거 보면 광산에도 내 얘기하잖아요. 거기서 배운 사람, 장사한 사람, 껄렁패 뭐든지 있다 보이 그 가운데서 한두 사람이 이런 일이 있었는 거라. 그게 뭐 몽땅 캐도 거기 있었는 사람이 한 10여 명, 그 사람들이 저거 하는데, 우리는 안 그래요. 그거 홍수같이 뭐, 보면 허물이다 해도 결국은 저게[저렇게] 되지. 허물이 없을 수가 없어요.

근데 우리가 다 잘하고 못하기보다도 전체가 그렇다카이. 책임질 사람이 있었으면 이렇게 안 저기 했어요. 그렇고 또 우리 개인으로 가지골라가 수습할 단계도 아니고, 개인으로 가지고 일으킬 그것도 아니고. 이제 경찰이 사람 치고부터, 그때부터 사람이 쌓였던 게 막 [터지는 거지]. 경찰차가, 사람을 보호할 사람이 광부를 쳤다[쳤다]. 죽었다. 마 이래 말이 퍼져 나가이끼네 갑자기 뭐 경비실이고 회사고 겁나는 거 없이 막 사람들이, 눈에 보이는 거 없이 그래 한꺼번에 일시에 그런 걸, 그걸 뭐 이래 말로는 표현을 못해요. 그러이 우리로서는 감당 못 해요. 누구든지 그거는 감당을 못 했어요.

선생님께서 곪아 터진 것이라고 표현을 쓰셨잖아요. 지금 생각해 보실 때, 이런 폭행이나 폭력이라고 이야기되는 일들이 없이 일이 해결될 수는 없었던 상황이라고 생각하세요?

이 책[24]을 이래 보면 우리가 똑 유도한 거 같이 그래가 이 책이 서술되고 이래 했는데. 폭력이란 참 최후 마지막 수단인지도 모르고, 사람은 뭐 이성을 잃을 때 저거하는 건지도 모르지만도. 우리 단체행동권 카는 것도 마지막 보루라요, 그게. 협상을 하다하다, 해도 안 되거든요. 안 되는 거 왜냐카면 일방적으로 안 된다 카는 데는, 회담 1년을 끌었어요, 1년을. 우리가 1년을 끌고, 내가 직무대리로 있으면서도 돈을 못 받고, 월급 못 받고 있었어요. 사무실 1년 해가지고, 개인집 얻어가지고 저거 했다고[사무실로 썼다고]. 나는 합법적으로 광노에서 그거 회의 해가지고 결정 나는 대로 그대로 집행하는데, 나는 집행이 하나도 안 되고, 그저 선거 공고 붙이는 거, 투표함 만드는 거, 또 사표 안 내고 그대로 진행하는 거 이랬는

---

24 탁경명, 『80년 4월의 사북: 사북사태와 그 후』, 강원일보사, 2007.

데. 어느 날 갑자기 또 면직 처리가 되고 이재기 앞으로 또 바꿔져 뿌리는 기라. 그러이 우에[위에서]부터 갈팡질팡 다 하는 기라.

그래가지고 우리가 분개해 광노로 올라가가지고도 하고, "으이? 광노에서 하는 일이 뭐고?" 이래가지고. 아니, 법을 집행하면 옳이 집행해야 되지, 1년 동안 가지고. 거는 이 정부가 개입돼 있는 거라. 정부가 개입돼 놨으니 이 사람들 임의대로 못하는 거라. 그러이 그걸 가지고 "아이, 정부에서 못[하게] 한다." 소리 이 사람들도 입을 못 띠는 거라. 안 그러면 보따리 싸가 가야 되고. 그러이 계엄이라는 자체가 모든 언론이 통제돼 있고, 모든 게 제약이 돼 있다 보이끼네 우리는 그 안에서 저거[실패]하지, 그 큰 걸 우리가 몰랐다고. 마 그 사람 탓만 하고, 광노 탓만 하고, 누구 탓만 이래 했지, 자기 주위에서 일어나는 그 압력, 전체적인 흐름, 이거 뭐 군부가 어디 가서 뭐 한다는 그걸 몰라요. 이제 근로자들도 그거는 모르는 거라. [그걸] 모르고 "우예가지고 법이 이래 조합법이 있고 뭐 이런데, 이게 왜 안 되노? 그러면 우리 돈 내는 그 맹비를 줄으코[줄이고] 내지 말자 마." 우리가 불매운동 하다시피 막 그런 얘기가 나왔거든요.

근데 법적으로 제한 여어[넣어] 가지고, 법적으로 내라 카는 돈인데 내야 되재. 그러면 내가 내면, 내가 의무를 다 했으면 내가 권리 주장도 해야 된다 이거라. 그러이 권리 주장한다고 하면 이제 찾을 사람이, 조합장 찾는 거고. 조합장 없어 뿌이끼네 미운 사람은 그 집 사돈 팔촌까지 밉듯이 마누라 찾아가지고 뭐 하고. 그 가운데도 있다 보이끼네 별난 사람도 있고 뭐, 숱한 사람이 있는 거라. 그래가지골라가 "이 사람들 주모자." 하면서 "뻔히 보고도 그거 묵인한 거 아이가?" 뭐 이런 것도 있다카이. "저거가여 얼마든지 시켜 놓골라가여 저거는 지 다리판 뺀다[발 뺀다]." 뭐 이런 거도 혹시 말할 수가 [있고], 이런 작가들은 있다카이끼네. 모르는 거는 모른다 캐도. 그게 또 양심에 비춰 가지고 그래까지는 할 수 없잖아요. [그렇게는 할 수] 없고, 내가 얘기하듯이 나는 백 번 이재기를 나무랬다카이끼네. 잘했든 못했든 떳떳하게 [하라고].

예. 무슨 말씀이신지 충분히 이해하겠습니다.

내가 거기서 살아오골라가여, 1년 동안 우리가여 그 법 테두리 내에서 참 서로 교섭하고 투쟁하고 얘기 들을 수 있는 것까지 듣고 이래 하는 상황인데. 그 우에[위에] 다음이 뭐 있노 카면, 이 계엄이라는 테두리 안에서는 이 우에 사람들도 서로 주고받는 게 있어가지고 통제를 어찌할 수 없어요. 그러이 이 사람들은 볼모가 근로자들이라. 그러이 피해는 근로자들밖에 보는 사람이 없어요. 그러이 조합장이라도 어용이 안 되고 했을 [것] 겉으면, 뭐라도 똑부러져가 "내가 이거 사표 낸다. 나는 내 할 일 다 못해가 낸다." 카고 뚜렷이 자기가 진로 밝혀야 되지요. 뭐 사람이 없습니까, 거기 어디? 그러이끼네 내 기득권을 가지고, 한 달에 얼마 저거 하는 그 돈에 가지고, 그거 사람이 매수돼가지고 회사에 딱 들어붙어 가지고 나오기 싫은 게라. 피 빨아 먹고 있으면, 가만있으면 배부른데 누가 그래요? 그래가지고 지 기득권 놓기 싫어가지고 사표도 나중에 사태 나고 난 뒤에 "사표 낸다." 터지이끼네 사표 내지. 터지이끼네.

사람이 때를 잘 맞춰야, 시중(時中)을 잘 타야 돼요. 사람이 시와 때를 잘 타야. 율곡 선생도 그랬는데 시중을 놓치면 안 돼요. 아무리 사랑하고 뭐한다 해도 사랑할 때 사랑해야지, 실컷 욕 비놓고[욕보여 놓고] 사랑, 그거는 무슨 사랑이 그런 사랑이 있노? 행동하는 게 진짜 중요합니데이. 백 번 알고, 서울대학 아이라 뭐 외국 하바드대학을 나왔다 캐도 행동 바로 해야 되고. 때에 따라가 배고플 때 밥 줘야 되지, 배부른 뒤에 가 백 번 줘 보소, 먹는지. 안 먹어요. 어려울 때요, 그때 다 겁내지만도 우옜든. 내 같으면 그래요. "내 조합장이다. 내가 못했는 거는 뭐든 날가지고 져라 [나에게 지워라]. 내 마누라는 놔라. 내 마누라가 무슨 죄가 있노." 카고 왜 못 나타나요? 그 어디 숨어 있었을 텐데.

당시에 사람들이 많이 모여 있으니까, 김○이 씨 집에 간 사람들이 누군지, 당시에는 사람이 어디에 있는지는 잘 모르셨겠네요? 어디에 누가 가 있는지 아셨어요?

아니, 그때는 우예 됐노 카면, 어딘지 모르고 사람이 한테[한군데]에, 어느 부대 누가 있고 이런 이게 없거든요. 군중이 다 한테 모여 있으이끼네, 이재기가 돈 가지고 도망갔다 카이끼네 "이재기가 어디 갔나?" 카면, 거기 저 사택을 알거든. "저 건너에 있다." 카고, 한번은 부인들하고 해가지고 그쪽으로 가고, 또 누구 찾으러 이쪽으로도 가고, 저거 나름대로 막 가는 거라.

아, 여러 군데로 가서 이재기 씨가 어디 있는지 찾았네요?

그러믄. 예. 그래 가이끼네 누가 지시해가 가는 것도 아이고 마, 끼리[끼리] 가는 거라. 그러이 마 다 가가지골라 '이 조합이 어용이 돼가지고 우리를 이래 만들었다.' 마, 이런 감정으로. 우선 뭐 살고 못 살고보다도, 너거가 옳이[옳게] 했으면 회사가 이렇지 않았다. 이런 기라. 이 반감이라.

잠깐이긴 하지만 처음에 선생님하고 이재기 씨가 같이 연행됐었잖아요? 다른 사람들이 선생님한테 이재기가 혹시 어디 갔는지 모르냐고 묻거나 그러지는 않았어요?

그런데 나는 뭐 갇혀 있고, 저거 하는데. 내 뒤에 따라 온 사람들이 오면서 그런 얘기해가지고, 뭐 "신경이만 붙들어 가면 되나. 우리도 같이 가야 된다." 카고 죽 다 따라오는 거. 그거 따라 와가, 나는 갇혀 있고 군중들 밖에 와가지고 꽉 차는 것만 봤지. 거기서는 얘기할 수도 없고, 안에. 이재기는 같이 와가 한 10분도 안 돼가지고 어디 가고 없더라고. 없고, 내 혼자만 있었지 뭐. 그래 이재기는 어디 피신시켜 뿌렸어요.

그때 선생님은 이재기 씨를 경찰이 피신시켰다고 생각이 드셨어요?

그런 생각이 들지요. 같이 있었는데 없었으이끼네. 순경은 너이가[네 명이] 거 있는데, 파출소 가는 건 한 다섯 명밖에 없었거든요. 그러이 그 사람들 무슨 얘기를 할 수도 없지 뭐. 사람들 꽉 차 있으이끼네, 사람들이 하마 뭐. 그게 좀 겁도 나고, 처음 겪는 일이라가지고, 뭐 안 그래요?

그 당시에는 사람들이 이재기 씨가 없어졌는지는 몰랐었겠네요?

　모르지. 그래 나중에 보이끼네 없으이 "이재기 우옜나?" 카고 뭐. [경찰은] 일 처리됐다 이러고. 그러이 뭐 "왜 도피시켰나?" 막 이래가지고, 그래가지고 책임져라 카고. 날조 책임져라, 각서 써라 이래가지고. 그래가지고 "저 사람들 뜻이 이러이끼네 명분을 세워야 될 거 아이가? 그러면."

그래서 집회 허가 약속을 하라고?

　어. "날짜를 정해가지고, 계엄사 가가지고 승인을 받아가지골라가 언제 집회 허가를 내주겠다 해라." 그래가지고 이 사람들이 막 모여들고, 구름떼처럼 모여들고 하이끼네, 엉겁결에 자기도 자기 권한 밖인데 각서 쓰는 거예요. 21일 날 집회 허가를 내가지골라가여 해 주겠다[고]. 우리는 액면 그대로 들고 얘기를 하골라가[하길] "그럼 20일 날 만나자." [허가 약속을 받은 것이] 18일이끼네, 20일 날인가 그때 만나자 카고, 막 구석구석에 가가지고 술 한 잔 먹으며 "우리 21일 집회 있단다. 그때 가가지고 우리 아마 좋은 일이 있을거다. 한번 가 보자." [해서] 마카 모였지. 그래 그걸 기정사실로 알고, 직장을 가고 어떻게 다 했는 거라. 그래 그게 화제로 막, 그게 다 집중돼. 그 말이 말로 말로 다 전해가 알게 되고, 그러이 '아, 이제 큰일났다. 이거.' 이제 회사 편에 든다고 한 사람들도 하마 내색을 안 하는 기라. 우예든지 동조하는 걸로 하고. 그러이 일사천리로 다 모이고 이러지.

4. 고문 피해와 명예 회복 과정

◇ ◈ ◇
항쟁 수습 시도와 불법 연행, 고문 피해

수습할 때는 누가 적극적으로 나섰어요? 그때 강원도 경찰국장도 왔었고.

그거는 우리 저기 원갑이하고, 내하고 그 둘 얘기가 제일 많았지요. 그리고 부녀회장 카고. 갑자기 구성을 하라카이.

대책위를?

이름도 그거도 모르지, 그러이 대충 그걸 뭐 내력이라도 알고 뭐 한 사람이라야 얘기를 할 수 있잖아요. 그러이 뭐, 광노위원장. 우리가여 사건 딱 나고 이원갑이하고 내하고 딱 붙들려 갔어요. 우옜나 카면 "도경국장이 와가지골라 저 삼척탄좌 객실에서 보자 칸다." 그래가 연락받고 뜩 갔지요. 가이, 이 사람들이 급하이끼네 내보고는 그때, 이제 한참 갇혀 있는데, 이 사람들이 급하이끼네 돈을, 도경국장이 내한테 돈을 5,000원을 주면서 "택시 타고 가가지고 수습을 좀 하라." 카더라고. 그래 내가 수습해가 될지 [알았나 봐]. 자기들이 하이[하니] 안 돼요. 전신에 바리케이트 쳐놓고 이러재. [하지만] 우리가 간다고 될 일이 아이거든, "뭐 우예 함 해보겠습니다." 카이끼네 [보내 주더라고].

병원 입구부터 하마 가로막골라가 안 되는데 뭐 우째 할 수 있어요? 가이[가니까] "니가 뭔데?" 카고 막 이러고. 낯선 사람인데 뭐 내 얼굴을 알아요 뭘 알아요? 아무것도 모르는데. 광산이고 후산부고 아무 존재 가치도 없는데, 누가 뭘 우째 알아요? 나중에 알고 보면 신경이라는데, 그게 신경이라는 게 이름만 신경이지, 뭐 알아요? 이거 뭐, 아무거나 뭐 알아? 그러이 어데 가가 말을 우예 해요? 그래가지고 내 아는 사람이 이제 말도 전하고 이래가 "아, 이제 뭐 수습하라 칸다. 이거 이만치 [일이] 벌어졌으이끼네 누가 이거 책임을 져가 대화는 해야 될 거 아이가?" 그래가지고 제3지대에서 부녀회장 누구하고, 누구하고 이래가지고 거 가라 그래가지고, 여론에 의해 모여 회의를 했는 거라.

그 회의 자리에는 누가 나왔어요?

도경국장. 광노위원장. 그리고 뭐 회사 유한규 소장, 그때는 도의원에 그 뭐 같이 겸해 있었어요.

도의원이었어요?

도의원인가 뭐 하여튼 했어요. 그때 유한규라고, 서울대학 출신인데. 그래하고 그 새마을 뭐 저거.

새마을지도자?

어. 뭐 그런 사람들하고 몇이. 하여튼 사람이 10여 명이 됐어요.

그러면 선생님 포함해서 종업원들 쪽이 더 많았어요?

종업원 쪽이 6명인가 7명 됐어요. 그때 인원 딱.

거의 절반 가량이었던 거네요.

예. 그래가지고 했는 거지. [회의를] 했는데 그게 참, 쫌 어려웠어요. 왜냐카면 그게 어디부터 감당을 해야 될지 모르고…. 우리는 첫째, 형사적인 책임은 우리가 쫌 면하도록 하고 회사 기물을 뭐 했는[파손한] 거는 다 회사가 책임진다, 마 무조건 회사가 책임진다. 그리고 우리가 할 수 있는 거는 임금 인상, 그거. 조합원들이 원하는 거는 임금이거든. 임금 인상하고, 그거 몇 프로 올리겠다고 [약속하라고 했지]. 그 사람들 하마 준비되든 안 되든 막 급하이끼네 200프로 카고, 200프로 해 주겠다 막 소장이 이렇게. 뭐 운짐나이끼네[다급하니까] 뭐 우예노 막.

그러이 그때도 저거 도경국장 말고, 도지사가 그거 위원장이었거든요. 뭐 그런 사람들이 도경국장이 와가지고 얘기를 하고 하이끼네. 처음 회사만 이래 할 때는 하마 전체를 매스컴 타골라가 나라 전체가 '이게 문젯거리다' 뉴스거리 되이끼네 이 사람들이 당황도 하고 겁도 먹고 마 이래가 "우선 좀 수습부터 하자." 이래가 됐는 겉애요. 그래가지고 첫째, 형사적인 건 도경국장이 책임지고, 임금 인상은 소장이 책임지고, 뭐 그래 하자카고. 또 기물 파괴 같은 거는 회사가 책임지고. 그래 우리는 몇이서 현장에 가가지골라, 복귀해가지골라 출근하겠다. 뭐 그래가지고 대충, 뭐 우예가지고 수습을 했는 거지.

삼척탄좌에 그 회의하러 가시기 전에 선생님하고 이원갑 선생님 등이 따로 모여서 합의할 내용을 만든 건 아니었어요?

없었어요, 없었어. 그거는 우리를 감금시킬라고 갔어요. 이원갑이 따로 불러가지고 감금시키고, 나를 따로 감금시켰다고. 왜냐카면, 선동하면 그 군중들이, 조합원들이 더 저거할까[들고일어날까] 싶어. 둘이 [감금되어] 있는데, 수습을 할래도 수습이 안 되이끼네 우리를 풀어 줬는 거라. 데모하는 데 안 가 봤는가? 데모대 가 보면, 거기는 보면 군중 심리라는 거는 뭐 하나 던지면 "와~" 그래, 더 이래[격해]진다고. 그래가지고 이 사람들이 겁도 먹고, 마카 처음 겪는 일이라가지고. 그 난리 카는 게 뭐 다른 게 있어요?

그 수습안은 그 자리에서 회의를 하면서 바로 만들어진 건가요?

그러이 이 말을 이제 누가 말하면 "예, 그 말이 옳습니다." 카고, 뭐 우짜고. 그러이 그거지 뭐. 누가 안을 가지고 그런 거는 [없었어]. 안이 나올 수도 없고, 또 언제 모여가 모의할 수도 없고. 그래서 생각하는 건 우선 진압을 해야 되는데, 첫째 임금이다. 그리고 지부장은 이 시간부터 사표 냈다. 그리고 임금 몇 프로 인상이다. 그래가 우리는 며칠부터 가가지 골라가 정상 작업을 한다. 뭐 그래가지고 형사적인 책임 같은 거, 우선 겁이 나이끼네 다, 뭐 와가지고 붙들려 가고 이러이끼네. 형사적인 책임 뭐 이런 것도 묻잖아요. 광산에 일하러 왔다가 어디 붙들려 가 보이, 그러이 겁이 나이끼네 그런 문제도 넣고. 거기 대해서 여어[넣어]가지고 다 합의 본 거지 뭐.

그때 중앙 정부에서, 서울에서 내려온 사람은 없었어요?

그때 최정섭이하고 이런 사람들 서울에서 내려왔지 뭐.

광노위원장만 오셨어요? 정부에서는 뭐 없었어요?

정부에서는 이제, 도에서는 도경국장이. 도에서만 우선.

도에서만 오구요?

예.

그럼 그때 선생님은 이 사람이 누구고 누군지 다 알고 있었어요?

도경국장하고 우리는 알거든. 그 사람 도경국장이라 카고, 누가 얘기를 하고. 이제 광노위원장 같은 사람 같이 있었으이 알고. 뭐 그거 좀 아는 얼굴들이 그렇지 뭐.

평소에 노조 회의할 때도 형사가 늘 배석한다고 하셨는데, 그때도 군인이나 경찰 감시는 없었어요?

그때는 군인은 없고 경찰들이. 경찰들 2명, 한 2명 아니면 3명씩은 들어와 있었다고. 그러이 이제 그 사람들이 항시 동향 보고를 하는 기라. 동향 보고.

예. 사복 입고 있는 거죠?

사복 입고도 있고, 어떤 거는 경찰 옷도 그대로 입고 있고. 형사들이 주로 많이 왔지. 형사들이 많이 왔는데, 그때도 뭐 계엄 시대이끼네 모든 집회가 금지되고 이런 시댄데, 이 사람들 마음대로지 뭐. 원래 조합 활동은 제약이 없다, 신고하면 어디 집회 허가가 난다고. 왜냐카면 주주총회라든지 회사 운영하기 위해가지골라가 회의하는 거는, 그 집회 허가에서 거의 배제되는 거고. 왜 그러냐 카면 회사를 운영하고 뭐 할라카면 얘기가 나와야, 얘기가 있어야 어디 진행을 하고 하는 때문에. [하지만] 그거조차 적용되는 게 아이라. 그런데 불법 집회하는, 시위 할라고 모인 것도 아인데.

그 회의에 사측에서는 소장이 나왔다고 하셨잖아요. 그때 사장은 이혁배였죠?

예. 이제 이혁배인데, 거는 서울 있었고. 서울에 늦게 와가지고 저랬지만, 그때 이혁배도 같이 붙들려 갔어요. 붙들려 가가지고 뭐 노래 불러라 하니 노래도 부르고, 또 어데 맞기도 좀 하고 했는데, 그래도 돈 40억 내고는, 그러고서는 풀려났어요.

아, 그러고 풀려난 거군요. 이연 회장은 혹시 못 보셨어요?

회장 얼굴도 몰라요. 나는. 이혁배는 거 붙들려 가가지고 그때 같이 그러고.

이혁배도 붙잡혀 와서 거기서 만났던 거였어요?

예.

사건 당시에 나오라고 하는 방송도 많이 나오고 그랬었잖아요?

요즘 카지노 섰는 거가 800세대가 넘게 있었거든요. 목욕탕을 가가지고, 내가 자제해 달라고. "이런 불량자가 있으니 절대로 파괴하고[파괴하지 말고], 우리가 사는 기업이고 우리가 사는 회사인데 절대로 동요하지 말고 자제해 달라."고 방송 몇 번 했어. 그 보증 [할 사람이] 있는데, 그걸 얘기를 듣고 재판정에 와가지골라 "몇 시 몇 분 와가 방송하더라." 이래 해도 하나 안 받아들였어요. 회사에서는. 각본에 짜인 그대로 해가지골라 가여 쌔리고[때리고] 막 고문을 해가지고 그대로 조서를 받아야 돼요. 이 사람들은요.

예. 그렇죠.

각본대로 그걸 받아야 주모자를 저거[검거] 한다카이. 그러이 이래 봐도, 갑자기 일이 터져 났대끼네[놓으니까] 근거를 못 찾는 거라. 그러이끼네 "이게 그 사람들 때문에, 뭐 노노(勞勞) 간의 싸움이 이것 때문이었다. 그때 사람이 누구누구더라. 이원갑, 신경이더라. 신경이 그래도 대의원 너댓 번 넘게 하고, 노사위원도 하이끼네, 저거 가지고 두 놈만 붙들면 된다." 다 아무리 뚜드려져 봐도 신경이 했다 카고 이원갑이 했다 카는 거 없는 기라. 그러이 공소장에도 없는 기라. 단 있는 거는 그간에, 부정 선거 잘못됐다는 거 진정하고 뭐 하고, 알 권리를 알려준 거 그거뿐인데. 이 사람들은 그거 가지골라가여 뭐라 카냐면, 선전하고 동원하고, 이 사람들 데모하는 데 뭐 쇼크 역할을 뭐 했다. 뭐 이런 거 가지고 "그래 했재?" 카고.

이원갑이한테 내가 그랬지만은 "이거 가지고 이해될지 모르지만, 신경이 비는 거 봤나?" [하고]. 절대 내가 [안 빌지], 그 사람들[에게] 침 뱉[어] 뿌고 이랬다고. 막 이 군홧발로 이래가 여기가 막, 살이 여서 이만치 삭[싹] 나가가지고 뼈가 허옇게 해가 [군화] 밑에 살이 붙어가 이래 있는데, 침을 뱉어 버렸다고. 이 사람들이, 사람이 말을 하면, 조사면 조사받는 대로 아인 건 아이다카는데 저거[저희]한테 저거[반항]한다고 막 저래가지고. 제일 처음 많이 저거 하는 거는 자기 나이대로 두드려 패는, 근데지 나이대로 맞는 사람이 어디 있어요? 열 찰[대] 못 넘어가요. 그 5파운드 곡괭이 자루 가지고 패는데 세 찰, 네 찰 패면, 이래 패면, 가운데 패면 피가 턱 나는데, 피가 죽 저거하는데 우예 다 패요? 그래가지고 쓰러지면 바께스[버켓] 물 몇 번 넣어가지고 막, 개 잡아가지고 내던지듯이 내던져 뿌면 그거 찬물로 몇 번 퍼자[퍼부어] 뿌고 잡아가고. 맞는 건 괜찮은데 뒤에 기다리는 사람이 더 죽어요. '내 차례다.' 그러이 뒤처리하는 거라, 그거를. 그래가지고, 하, 이게 사람 사는 거가 싶은 게, 그래가지고 그 이튿날부터는 벽만 보골라[보게 하고] 잠을 안 재우는 거라. 여 이런 누런 바께스 하나 놔놓고[놓아두고] 소변 거 보라면, 우리는 일나도[일어나지도] 못하지 뭐, 그때부터. 뭐 고문하고 있으이 일날 수가 있나.

그래 나중에 있다 보이 이쪽 편에 좌측으로는 마, 피멍이 저런 자주색이 삭 나는데, 꼼짝을 못하고 하는데. 또 한 3일 있다가 문 열고 나가면, 하마 나갔다 들어오면 그거는 기절해가 오는 기라, 그거는. 제일 기본이 보드라운 고춧가리[고춧가루] 물 타가지고 주전자에, 수건 덮어가 저거[물고문]하고, 통닭구이 하고. 그건 기본이라. 마 기본인데, 사람이 겁을 먹어 뿌렸잖아, 하기 전에. 붙들려 오는 사람도 없고, 하마 밝혀가지골라가 이런데. 나중에는 우리가 저[이송] 갈 때 내보고 "원[소원]이 뭐고?" 카더라고. 그래가지고 이거 '야, 인마들이 사형시키나?' 총살시키나 싶어가지고, 내가 열차 타고 가면서 그때 중령이라. 이 사람 보는데 중령인데 "맥주 한 병이 먹고 싶다." 캐가 맥주 두 병하고 오징어 한 마리를 가[져]왔더라고.

그래서 유도를 하는 기라. "회사에서, 누가 제일 여기서 가담을 많이 하고 뭐 하노?" 그때 사무부소장인 공무과장으로 있는 정 뭐라고 있었다고. 정… 뭐, 정 차장이라고 있었는데, 그 사람이 이재기 하골라가 의형제처럼 지내면서 관여를 제일 많이 했는 기라. 그래갖고 그 사람 집에 사람들이 가이[가니] 마 없는 게 없어. 하이튼 뭐 서울에 있는 건 여 다 있었다 캤으이 마. 그래 나중에 그게 나오고, 그 사람도 그걸 보골라가 날 한 번 만나자 캐갖고 내가 몇 번 만났는데, 내보고 말을 못하더라고. 아, 정혜지! 그래서 이 사람들이 뭐든지 부정으로 뭐 하고, 또 자기 잘못하고 이러면 남한테 할 말도 못해요. 바른말 하는 사람한테 자기 뭔 말 한다고 못해요. 하마 우리는 각오가 돼 있어가지고, 뭐가 됐든 각오가 돼 있어가지고 더 이상은 내가 비참할 수가 없으이끼네.

끌려가셨을 때의 상황에 대해 말씀 조금 더 해 주실 수 있을까요?

그때 처음 겪는 것이라가지고. 당하는 건 다 당하지만, 나중에 알고 보면 마카 그런 과정은 그 과정이라. 우리가 10·26 시해 사건 나고, 처음 군중집회였거든요. 그래 났더니 합수단들이 꾸며가지고 적용을, 우리한테 제일 먼저 적용이 됐어요. 근데 광주가 요 한 달 후에 있는데, 광주에서 안 저거 했으면 우리는 더 가혹하게 또 저거[당] 했을지도 몰라요. 꾸며진 합수단들이 전문적인 조사단들이라. 그럼 그 사람들은 사람을 가지골라가여 뭐 우에서 지시하면 "너거 책임져라." 카고, 어데 뭐 여어[넣어]가지고 정해 놓고 거기 맞춰가지고, 그 대답이 나올 때까지 수단과 방법을 가리지 않골라가여 고문을 하는 거라. 그러이 그 보통 심정 가지고 그래 못해요. 어떤 거 보면 막 진이 나가지고 퍽 이래가, 이래도 그 사람 얼굴은 변하는 게 없어, 이 사람들은. 어떤 때 보면 아주 악마를 만난 거 같다카이. 아이고, 그래가지고 참말로 속으로 '어디 이런 데가 다 있노?' 싶은 막 그런 생각들이 [든다고]. 전에 고문 기술자 카듯이, 그런 하나의 특기를 가진 사람들이라.

그래가지고 거기서 빠져 나갈라 카면 굉장히 좀 힘이 들지 싶었다고. 사람이 기다리고, 경과보고 딱 기다리고, 뭐 준다는 게 보리밥 한 술 해가[하고] 소금국에 싹 주면, 그거 가지고 너거야 죽든 살든 명만 붙어가 있는 거, 그 기간이 한 21일간 있어. 우리 갇혀 있었던 기간이. 인제 다 그거 하고 군 헌병대로 넘어올 시간까지 거의 한 달이 제일 어려웠지요. 어려운 게 왜냐카면 견디기가 어려웠지, 나이 젊으이끼네. 다 그때 뭐 서른 대여섯쓱[씩], 일고여덟 이래 되이끼네, 젊음이 있으이 그래도 좀 견뎌냈지만도. 또 억울하게 저거한[옥살이한] 사람은 더 아팠고. 우리 같은 사람이야 뭐 하는 행위가 아무리 생각해 봐도 그런 뭐 당할 이유가 없지 싶은데, 나라를 봐서는 그래. 자기들 혼란을 일으키고 하이끼네 우리한테 해가지고 전가시켜가, 뭐라도 건더기를 해야 저거가 성취할 수 있으이끼네. 군부가 어떻고, 뭐 그때는 상상도 못했지.

나중에 알고 보이 신군부 뭐 얘기가 있더만은. 뭐 전두환이가 서열은 39원가 이런데, 1위까지 올라가자면 뭐 총가지고[총으로] 다 했다고. (웃음) 그래 돼가는[되서는] 최규하도 굽히고 이래 했다 하고 이런데[이러는데], 뭐 무기 앞에 굽실거리는 사람이나, 또 뭐 옳게 보이는 사람이 하나도 없었다고. 정당한 사람 카면서 날 죽여라 카고, 배 째라 카고, 뭐 장태완이 같이 차라리 그래 대드는 사람이 있었을 같으면 참 다행인데, 그런 게 없었고. 보이, 권력 앞에는 마카 가지고 엎드리는 그런 자세더라고.

이재기 씨를 마지막으로 본 게 선생님하고 연행됐을 때이고, 그 뒤로는 못 보신 건가요?

피해 뿌리고 없었지. 없어졌지.

예, 안 보인 거죠?

그러이 "이재기를 어디를 보냈노?" 얘기가 많이 나왔거든. "왜 같이 [붙잡아] 가가지고 신경이는 놔놓골라 이재기는 어디 보냈냐?"고 막 이래가지고 "이재기 내 놔라." 막 이렇게 사람이 얘기할 거 아이요? 그리고 또 개인적으로 혼자 있을 때는 말을 못한다고. 여러 사람 있으면 군중 심리에서 영웅 심리 가지고 막 얘기를 한다고. 와일드 한 사람도 있고 이러이끼네, 얘기를 하고 하이끼네. 감당 못 할, 또 감당한다 캐도 순경 서너댓 사람하고 지서장 있는데, 거 삼사백 명 와가지고 이랬는데, 그거 그냥 아무 말도 못하는 기라. 마 무조건 우예든지 수습해가 내보내야 되는데. 그러이 자기도 그때 뭐 자기 권한이 아닌데 집회 허가 내주겠다고 이래 했는 거, 자기도 좀 오바한 거지. 내가 이걸 가지고 이래 했는데, 뭐 엉겁결에 하고 난 뒤이끼네 이제. (웃음) 그런 게 있었고.

그것도 나중에 허가해 줄 리도 없고, 계엄사에서. 허가해 줘도 그걸 붙여야 되는데, 그거를 뭐 정부에서도 조금 우습게 알지. "너거쯤이야 총소리 한 번 나면 다 헤어질 거."라 카고. 이래가지고 나중에 증언을 하더만은. 도지사도 와가지고, 공수특전단이 원주서 일로 와가지고, 백운산까지 와가지고 어느 수준에서 보내가 진압할 거이끼네, 이게 내 위치에서는 저[명령]할 수 없다고 도지사가 얘기를 했잖아. 그러이끼네 혹여 그 시간에 수습이 안 되면 [군이 투입되니], 그래가지고 걱정이 [크니까] 수습이 됐는 거지. 그것도 왜냐카면 탄약고 있재, 또 칼빈 총이 3천 몇까지 있재, 무기가 있재. 이게 이제 대통령이 된다 캐도 안 된다 캐도 인명 피해 그걸 다 저거[고려]하면 [수습할 수밖에 없는 거지]. 그때 다 알았던 거 우예노 카면[어째서냐 하면] 외신들은 다 보도가 됐는 기라.

당시에 일본에서도 신문 보도가 나가고 그랬었죠.

외신들, 그리고 또 수녀들이 그대로 안 있고. 왜냐카면 가톨릭이라는 게 세계적으로 라인이 쫙 깔려 있어가지고, 그 통신망이라 카는 거는, 뭐 말로도 다 전해지지만도, 굉장히. 또 외신 보도가 여기보다 많이 됐고. 내가 사건 나고 이틀 때야 마지막 부목 간다고 집을 갔거든요. 집에 갔는데, 못자리 한다고 모 고르는데 가니 "난리났다매?" 카고 이래 얘기를 하더라고. 그때는 흑백 TV라가 이런데, 뭐 "'주모자 신경'이 카고 이라는데, 당신 뭐 어떠노?" 카고 이제 [나는] "아무 상관없다. 걱정하지 마라." 카고 그 이튿날 차 타고 올라왔다고.

그때 사북으로 안 올라오시고 그냥 고향에 계셨으면.

그런께. 나는 그때 고향에 가가지고 감 없이 어디 가 버렸으면, 뭐 내가 숨어 있든지 하면 되는데, 나는 전[전혀] 죄의식을 안 느꼈다고. 그리고 조합원들이 여태껏 나를 믿고 하니께, 내가 어디 사람을 죽인 것도 아니고, 회사를 망하자 카는 것도 아니고, 정당한 거 가지골라가여 우리 노력의 대가 받을라 카는 거고. 또 우리가 법이 허용하는 거 가지고, 허용하는 그걸 가지골라가 우리가 요구하는 거지, 더 이상을 요구한 것도 [아니고]. 내가 그런 거 가지고 여태까지 얘기하고, 대의원 생활[하면서] 조합원들한테 늘 몇 년 동안 얘기하고 한 게 [있는데], 내가 그러면 거짓말쟁이 아이가. 그리고 또 사람이 양심이라는 게 조금 배우고 알았다 카면 행동으로 옮겨야 되지, 뭐 난리 났다 캐가지고 피해가지고 요[여기] 와 있으면 우야노. 집에 아무것도 모르고 있었는 기라. 아무 상관없다 카고.

그래 내가 올라와가지골라가 억지로 막 방송도 하고, 그걸 그때 참 열심히 수습을 했는 거지. 그러이 어떤 저거하는 불량배들은, 참, 몽둥이 가지고 이래 막 죽이니 살리니 카고 이런 아[애]도 있고. 그거 다 한 덩어리가 안 되거든. 보면 깨춤 추는 사람 있다고. 오히려 막 때려 부수라 카는 사람도 있어요. 그런데 그거는 일부분이고. 뭐 어디 허물지는[허물이 없는], 어디 뭐 구정물 안 들어간 게 있어? 다 그거 좀 흘러가 내려갈 수도 있다고.

**공소장에 있었던 표현인지 모르겠는데, 당시 이원갑 선생님이 "피를 봐야 된다."
그런 말을 했었다고.**

그거 말은 뭐 우리는 듣지 못하고, 우리가 들을 수도 없고. 뭐 저거 "혁명을 하자면 피를 흘려야 된다." 그게 맥지[그냥] 흘러나온 말이고, 나중에 그거 한 사람도 없어요.

들은 사람이 없어요?

재판장에 가가지고 뭐 한 사람도 없고, 마카 지어낸 얘기고, 막 이러이. 아니, 그때 뭐 혁명 카는 말 누가 했어? 누가 무슨 혁명이니 말 나오고 그거 해요? 그게 말도 안 되는 소리[지]. 어디 뭐 이념적으로, 어디 사상이 달라가 하는 사람이 누가 있겠어요? 그게 상식적으로 생각해 봐요. 그거 뭐 투쟁하고 있는데, 그런데 거기에 피를 흘려야, 어디 뭉쳐야 산다 뭐 카고. 어디 정치 운동하는 것도 아이고. 그리고 막다른 골목에 가가지 골라가여, 억울한 사람이 지 밥그릇 차지할라고 애쓰는데 뭐 그래 말[하지 않지]. 그거는 하마 사상에 밴 사람들이 하는 얘기들이라.

그렇게 좀 엮으려고 했던 거네요.

그럼요. 그러이끼네 간첩을, 뭐 광주도 전신에[전부] 간첩이라, 여기도 간첩이라. 나중에 간첩 한 사람도 없는데, 그놈 가지고. 그러이 벌떡 하면 내[늘] 해가지고 "고정간첩 나왔다." 카골라 크게 막 보도나 하고 막.

그렇죠. 당시에 종업원 광부 분들도 계시지만, 동네에 있는 다른 깡패나 이런 사람들도 많이 들어오긴 했었죠?

동네에 장사꾼들 한 덩어리가 돼서 하는데, 처음에는 우리가 6,000명 카고 이랬는데, 싹 다 와가. 보면 이웃 광업소도 오고, 뭐 다 왔어요. 왜냐카면 광부의 억눌린 건 다 알거든, 그 사연이란 거는. 거기에 종사하고, 거기에 먹고 사는 사람, 거기에 무덤 있고 한 사람들 다 탄 파다 죽고, 탄 파다 피폐해 죽고, 다 병들어 있는 사람인데, 그 병들고 한 사람이 자기의 인고의 생활을 그걸 몰라요? 다 안다고. 아이끼네 그 한마디라도 표출할라고, 행동으로라도 한번 보일라고 [온 거지]. 내 혼자는 못하지만도 여러 사람 있을 때는 나도 뭐 좀 해 보자, 천지 이거지 뭐. 그게 사람이 선동해가지고 돈을 주고 [한다고 안 되고]. 내한테 이 사람이[형사가] 그래. "자금을 어디서 받았냐?" 이거라. "자금을 어디서 받아가지고 어떻게 했나?" 이거라.

아니, "광산 후산부한테 누가 돈 줄 사람 어디 있고, 내 같은 사람인데 어디 가서 돈을 받나. 내 묵고 살기도 힘든데, 그 돈 있으면 이거 가지고 어디 가가지고 논밭이나 사지. 내가 뭐하러 있겠소?" 말이야. 이랬더니 "거짓말 하지 말고. 돈을 얼매 줘가지고 [했나]?", "돈을 줘가지고 사람 이만치 할라면, 돈을 10억이 아니라 1,000억을 줘도 [힘들어요]. 이만치 한 번 모아 보소." 내가 말도 안 되는 소리, 말도 안 되는 소리[라고] 막. 그 때는 두말 하면 무조건 군홧발가지고 막 이리 붕 띄우고. 자꾸 악이 생기 더만. 악이 생겨. 입에 거품이 나고 막 이래가지고 말을 하이[하니] 자꾸 가해가 오고 이러지, 또 말을 안 할 수도 없고. 조금은 젊었으이끼네 버텨 나갔는 거지 뭐. 요즘 겉았으면 (웃음) 조금 뭐, 자살하드라도 뭐, 딱 극단 적인 걸 선택했지만도. 그때는 아이고, 나이 젊고 하이끼네 뭐. 내가 디게 잘못한 거 없으면 이 나라 법이 아직 있을 텐데, 영원한 거 아이끼네 조금 은 세월이 가면 조금은 뭐 안 되겠나 싶은 게, 자꾸 그런 게 있더라고.

맥주 한 병 훔쳤다고 처벌받은 분 있잖아요.

　아, 최○선이라고. 예.

예. 그분은 고문받다가 진술을 그렇게 하니까 바로 기소가 되었던 거였어요?

　그렇지. 그거 거 보면, 공소장 이래 보면 희한하게 뭐 고무신 한 켤레, 그게 이제 장화 그거지. 장화 한 켤레 가지고 간 사람이 그거 들고. 그거 는 지가 말하는 건데, 맥주 두 병하고 뭐 카드노? 그래가지고 그거 하나 하고 뭐 오징어 발 두나[두 개]라 카든가 이런데, 그런 거 가지고 절도로 엮골라가[엮고는] 뭐 이랬대는데. 이 사람[검찰관] 얘기가 이거 가지고, 이거 광부들한테 뇌물 받아먹는 거 [아니냐고 했다는데], 그거 뭐 뇌물 받 아먹는 것도 저거지만 "나는 목 말라 먹었다." 뭐 이러고.

그래도 절도 처벌이 되는 거죠?

　뭐 그래가지고 그 사람 형제간에 다 저래가지고 저기 염색 공장에, 취 직이 안 돼가 내도록 염색 공장에 가가지골라 독한 거 저거 묵고 해가지 고 얼마 있다가 죽었어요. 형제 둘 다 죽었어요. 그리고 거서 나와가 저거 한 사람이 취직이 안 되잖아요. 마카 풀려 나와도 회사에서 안 받아 주고.

또 회사에 압력을 해가지고는 뭐, 그것도 진정 넣어가지고 [회사에] 여어 [넣어]라 카면 아주 험한 곳에, 자기 적응 안 될 자리에 여어가지고 억지로 막 그래가지고 못 버티고 가고. 다 그렇지 뭐, 우리 같은 사람은 아예 생각도 못하고. 그래가지고 마카 뿔뿔이 헤어졌는 거라.

당시에 무기하고 탄약들이 다 있었는데, 그거는 어떻게 유지가 됐었어요?

그거는 조별로 사람들이 가가지고 7명씩, 8명씩 하고. 거기 집행부가 있어, 집행부 있잖애. 우리 편에서 마카 그걸 보호하려고.

조를 짜서 했어요?

그래. 우예든지 유출 어디 [못하게] 해라. 대한민국 국기고, 대통령 사진이고, 전부 그것 때문에 보존 다 됐지. 무기고 같은 데 일체 침범 못 하도록 하고, 그래 올 때는 거짓말도 하고, 막 공수부대 내리오면 우리도 탄약을 터줏다[떠트린다]. 우리 삶을 우리가 해야 된다. 같이 죽어야 되지, 왜 우리만 죽노. 막 이런 거고 막. 그때 그 사람들이, 아까도 얘기했지만, 형사들이 전[전부] 사복 입고 다 그래 와가, 그 얘기를 또 밖에다 전하고, 그래가 뉴스 나오고 막 이랬지.

당시에 무기고 열고 더 격하게 싸우자고 주장하는 사람들은 없었어요?

그거는 없어. 이제 그게 한 사람이, 그 사람도 공수부대 출신인데, 강윤호라고 하청하던 사람이야. 그 사람이 억울하게 갇혀가, 우리가 여기 증언을 늦게 [하게] 되고, 과거사청산[조사]위에서도 우리를 저기[조사]하고 있는데, 이 사람이 무기고 가가지고 무기고를 건들지 말라고 [했다] 이래 쓰는데. 그 사람이 해고됐지만도, 안 뭐라 카는 사람이 [형사들이] 두드려 패이끼네, 무기고 누가 뜯자[뜯자고 했냐] 카이 "저 사람이 뜯는다[뜯자고 했다]." 이래 뿟어.

어머나.

그러이 마, 친한 사람이라도 막, 이 사람이 그냥 "저 사람"이라 캐 뿌리면 마 그 사람이 죄인이 돼 가 뿌는기라. 그래 같이 다 나가고 세 사람이 실형을 받아가지고, 많이 받았는데, 강윤호도 좀 받고. 또 강○자인가 또 여자가 있어요. 거기도 5개월, 6개월 받았는데. 2년 이상 저거[형을] 산 사람은 세 사람이라. 이원갑이하고 내하고, 조행웅이라고 있는데. 조행웅이 사람이 성질이 참, 외동인데 이 사람도. 경찰도 [조행웅이가] 두드려 팼다 이거라. 경찰도 돌로 두드려 팼다고, 증인이 팼다 이카는 기라. 자기는 뭐 그 근방에 가기는 갔는데, 뭐 "이 사람이 팼다." 캐뿌이 마 그 사람이 죄인이 돼가지골라가, 재판 맞으이 억울하다고 막 이래 했는데. 그 사람이 보이 나중에 팬티에 부적을 하나 가지고 와 있더라고. 우리는 떳떳하게 참, 뭐 사람을 패나 뭐나 그게 없어가지고 있는데, 이 사람은 못 배겨나. 같이 이래 있는데, 막 보건체조하고 이래 났는데, 못 배기니까 이래 있는기라. 막 억울하다 이기라 막.

이랬는데 결국은 그 애만 하다가[끓다가] 간암으로 얼마 안 있다가 죽었는데. 내가 제일 안타까운 거는, 이원갑 씨 회갑 때 우리가 마카 모였거든. 모여가지골라가 하면서 모처럼, 그 이후로 오래 돼가 한 10여 년 만에 만났어. 조행웅이 만나이 사람이 새카맣게 다 죽어가대. 그래 날 보고 막 끌어안고 울고불고. 내보다 더 늦게 나왔어. 왜냐카면 나는 2년 해가 7월 7일 날 나왔는데, 그 사람은 늦게 붙들려 가가지고 내보다 한 달 더 살았는데. 사람 한마디 말에 억울한 누명 쓰골라가여 2년 만기 돼가지고 출소를 했는데, 또 아줌마가 보상을 못 받았다고. 왜냐카면 아들이 취직해 있으이, 아들 앞으로 있으이끼네 보상이 해당이 안 돼. 그 아줌마가 참, 내가 집에 식구가 어린애가 있었는데, 저기 1군사령부에 면회 간다고 마카 나물 팔아가 뭐 팔아가 차비 해가 와가지고 있는데, 집의 식구가 애를 데리고 젖을 주이 젖이 별로 안 나오이끼네 "그 조행웅이 부인하고 있다가 국수를 삶아가지고 한 젓갈씩 쥐어 주더라."카미[고 하면서] 요즘도 그런 얘기를 해요. 참 사람들이 그리 알뜰히 살고, 참 선하게 살았는데. 이 사람들 가족을, 참말로 이 정권을 위해가지고, 정치 싸움에 끼[어]들어가지고 온 가족을 완전히 파탄에 [이르게 하고] 그 생명까지 죽이고 막, 참 이래 하는 거 보이 너무 생명 무시고, 내 보니 아직도 참 가슴에 저려 오는 막 그런 게 있더라고.

뭐든 진실은 좀 밝혀져야 되고 하는데, 천[전부] 몽둥이 들고 깡패들이고, 뭐 린치고, 뭐 천[전부] 나쁜 얘기만 다 나와가지골라가 얼굴도 못 들고 그래가지고 10년 동안 숨도 못 쉬고 살았어. 그게 이제 세월이 지나고 하나하나 벗기고 보이끼네, 요즘맨치로[요즘처럼] 이 자리에서 이야기 하지. 그때 어디 이야기해요? 나는 그 길로 나와가지고, 취직이 어디 돼요? 공사판으로 어디 다니면 뭐 좀 해 준다고 이래저래 이래가지고 아들 교육시키는데, 아들 교육은 좀 시켜야 되겠다 싶어가지골라가 참 열심히 [일했죠]. "마, 너거 하고 싶은 대로 다 고마 교육시킸다. 그래도 아들 대학원까지 시켰다." 공부는 하든 못하든 대학원까지 시켜가지골라가여, 그 뒤에사 뭘 하든 간에 내 의무는 좀 하자고 싶어가지고 열심히 했어요. 그래도 떳떳하게 지내는 거는, 내가 뭐 사람을 살인한 게 없고, 남을 어디 괴롭힌 게 없으이끼네 굉장히 자부심이 있더라고. 어디 가 무엇을 하든, 누구 사람 만나이 반갑게 "참, 당신 그때 그래가지고, 고생해가지고 요즘 우리 복지 후생을 해가지고, 그래도 내 자녀도 어디 대학교 나왔다." 막 이런 얘기를 좍 들을 때 막, 야.

24일에는 요구 사항 들어준다고 합의가 됐었잖아요. 그랬는데 왜 또 그렇게 처벌한다고 나온 건가요?

그게 이 사람들은 이제 유도작전이라. 왜냐하면 이 사람들이 하는 거 하고, 우[위]에 있는 사람들하고는 다르거든요. 우에 정치하는 군부 상부에서[는] 수습만 하라 카고. 자기들은 자기대로 진행하는 거라. 근데 이 사람들은 조건부로 "절대로 처벌을 원치 않는다." 뭐 이래 했거든. 그래서 도경국장은 거 와가 증인을 해가지고, 내가 그런 말 하는 것도 녹음을 다 했는데도, 자기는 또 안 했다 이카거든. 다른 사람, 들은 사람 때문에 거 짓말 못 해요. [그런 말] 했고, 자기가 자기 권한을 가지골라 해 주겠다고 이랬는데, 그게 다 위선이죠. 그래 하고 이제 편안하게 마지막 호소문을 내가 작성을 했는데, [처벌하지 않는다는] 증거 있어야 되지요.

그래가지고 3일째 호소문을 쓰는데, 학교 교장을 찾아가이 교장도 피 해 뿌고 없고, 누구 아무도 없어. 그래도 아는 사람이 학교 교장이다 싶어 가 [찾아갔는데]. 그래가 내가 했어요. 막 해가지고 짧은 호소문을 써가지 골라가여, 찍어가 배포했지. 우옛든 뭐 잘잘못은 나중에 하고[따지고], 우 선 정상 출근해가지고 우리의 삶터를 바로잡아가지고, 우선 처자식을 먹 여 살려야 안 되나? 열심히 우리 재건하자고. 이래가지고 그 이튿날 출근 했는데, 출근을 한 87프로 출근을 했더라고. 사람이 일단 그리고 수습하 는 과정에 말을 잘 듣더라고. 고마 그 이후로는 좀 잘했는데, 5월 6일 날 이 비상대책위원회라고 해가지골라가 내가 뭐 부위원장이 되고, 뭐 보사 부[보건사회부]에서 나오고, 새마을지도자 오고 뭐 이래가지고 회의를 뜩 하는데, 갑자기 마 꼼짝 마라 카골라 막 총 들고 붙들고 가가지고 회사 차 에 가가지고 딱. 내가 얘기했지만, 통로에 딱 앉아가 두 다리 피골라가[펴 고서는] 머리 땅에 딱 대고 손 이러고, 헌병 한 사람씩 대검가지고 목 있 는 데 여기 딱 대고, 군홧발 여다가 누뿌고[밟아 버리고], 뭐 한 사람씩 책 임지고.

그 길로 가가지고는 우리가 뭐 무의식 상태지. 평양 가는지 어디 가는 지도 모르고 뭐 그랬지. 그래서 그 이후에 계속 잡아 드가는데, 뭐 얘기 들어보면 저기 천호재 그 사람 이래 보면 출근 갔다가 오면, 밤에 와가 12 시 넘어 1시쯤 되고 나면 막 저승사자처럼 딱딱 끌어가고 막, 막걸리 한 잔 할라 카고 이래 보면 딱 뭐가 나오라 카고. 빤스 바람으로 붙들려 온 사람, 자다가 붙들려 온 사람. 그래가지고 그 이후로부터 저승사자가 온다 캤어. 그래가 3백 몇 명을 다 붙들어 왔으이. 그러이 사람이 공포에 시달려가지고 마, 사는 게 사는 게 아이라. 도망갈 수도 없고. 도망가면 또 헌병에서 잡아가나 싶고. 이래 사는 게 사는 게 아이지 뭐. 그 이후에 삶은 우리가 그랬어. 그 이후에는 다 공포 가운데 살았어요. 그러이 그 이후의 삶은 10년 동안 그게 계속됐어요. 연좌제 비슷하게. 이게 저거하면 한 번 저래 뿌리고 그래 놓으면, 그게 아마 군사 정권이니까 그게 없는 거라. 7년이나 이래 됐 뿌렸재. 박정희 때부터 하마 이래 왔으이끼네 그게 얼마나 오래됐어요? 뿌리 깊어요? 그러이 이 '저승사자'라는 소리가 오래도록 있었지.

5월 6일에 바로 들어가셨어요?

5월 6일 잡혀갔어요. 갈 때는 막 전부 생똥 싸고 막 이랬는데. 사람 두 다리 뻗치고, 여기다, 이거 코 땅에 대고 여다가 군홧발 저거 하고, 대검 뒤에 꼽아[꽂아]가지고 다 하나씩 맡아가 이래 하는데. 그거 뭐 생전 처음 겪어노이끼네 그거 한 시간 동안 그래갖고, 그게 뭐 또 생똥 싸는 사람도 있고 뭐 생야단이지. 아비규환. 나이 먹어가지고 "엄매(엄마)" 소리 하는 사람이 없나, 이러이 그 아비규환이지 뭐.

그때 읍사무소에서 회의하고 계실 때 바로 연행됐다고 하셨는데, 거기 있는 다른 사람들도 몽땅 다 같이 연행됐어요?

다 갔지. 그때는 회사 간부들도 일단 다 붙들려 갔다고. 제1차적으로 내가 제일 앞에 붙들려 가고. 그다음에 이원갑이 하고 다 붙들려 갔는데, 한 차에 그 통로에만 십 몇 명씩 그래 해뿌대. 22명이가? 1차적으로. 그래 붙들려 갔어요.

그 뒤로는 마을 사람들이 계속 붙잡혀 갔나요?

그래 [붙잡혀] 가고, 그때 처음 가가지고 딱 도착하니 어딘지도 모르지 뭐. 가건물인데 거[기] 도착해가지고 내리자마자 자기 나이대로 때리는 거라. 그래가지고 막 물가지골라 퍼부아가 깨고, 한 두어 번 퍼부아가지고 퍼떡[펄떡]거리면 [끌어]내고, [끌어]내고. 막 그러믄 완전히 개죽음이지 뭐. 그리고 난 뒤에 가가지고 앞만, 벽만 보고 딱 있는 게, 앞으로. 안 재워요. 종일 안 재우고, 바게쓰 뒤에 하나 딱 놔놓고는, 뭐 용변 보라고 거다 놔놓고는, 반바지 입히고, 군복 입혀가 그래가지고 있는데.

우리는 한참 있다가, 이틀, 3일쯤 그래 있다가 늦게 우리는 조사를 받고. 이래 다 해 보고 "이원갑이 신경이가 지시했나?" 이런 거 나오면 모아가지고 또 불러가지고 [신문]하고. 또 뭐 사진 같은 거 찍어가지고 하는데, 근데 우리는 사진도 없고 뭐 아무것도 나오는 게 없어가, 그러이 잡을라카이[잡으려고 하니] 뭐가 있어요? 나는 그 당시에 차에 치인 사람 병원에 들고 가, 5시 반에까지 거 있었는데 또 사진에 찍힐 리도 없고, 또 찍을 만한 저거도 없어. 그러이 이 사람들이 찾을라 캐도 찾을 수 없으니 이제 전에 있는 걸 가지골라가 '반대 세력'이다 뭐, '노노 싸움'이다 막 이래 저기 하고, 이거는 "회사를 엎을라 한 사람이다." 막 이래가지고 정보부에서 그 정보를 막 수집해가. 그러니 그래 이제 지부장 직무대리 할 때도 다른 사람 사표 내고 돈 받든 안 받든 갔는데, 아니 광부가 아무것도 할 수 없는데, 무슨 힘은 있노? 그래가지고 나중에 조사가 "자금을 누가 대고 누구 지령을 받았나?" 뭐 그러니. 그때 그 당시에 이래 보면 저기 최정섭 씨 동생인가 누가, 저거 된 사람이 법무부 뭐, 하여튼 이 법무부 쪽에서 뭐 아는 사람이 있다 이래가지고 굉장히 곤욕을 당했거든요.

최정섭 위원장 동생이요?

동생 뭐 되는 사람이 뭐 이랬다고. 그러이 그게 마카 진실인지 아인지 모르고. 뭐 그런 말들이 억지로라도 무슨 [죄목을] 찾아내야 되는데, 사람이 또 억지로 또 얘기를 할 수 없는 거. 그게 이제 나중에 거짓이 되는데, 거짓말해도 잠시는 피하지만은 피할 수가 없는 거예요. 그러이 숱한 사람이 못 견디면 거짓말하는 거라. 마 우선 그거 피할라고 누가 곁에 있었다. 친한 사람 이름 생각나는 대로. 그랬는데 또 그걸 몰래 붙들려 오면 그놈이 또 그거 가지고, 디게[되게] 아프니 또 누가 그랬다 치고[얘기하고]. 그래가지고서는 3백 몇 명을 데려왔는 거야.

그 3백 몇 명 중에는 어머니들도 있었나요?

여자들, 부녀들도 14명인가 됐어요. 부녀회장, 새마을 뭐, 무슨 부녀회 이런 사람들. 또 선탄부, 그리고 그 김○이 린치 사건에 가담한 전○자[등] 몇이[몇 사람]하고. 그런데 그런 사건들 우리는 못 봤고, 목격도 못 하고 사실 저거했거든. 사람이 한 6,000명 이래가지고 주야로 저거[시위]하다 보면, 거기에 집중해가 다 다닐 수도 없고. 그거 일시적으로 가담하는 사람은, 자기가 "누가 책임지시오." 카지만도. 그래도 이 사태를 주시하고 있는 사람은 책임감이 있는 거라, 뭐든지. 잘 되든 못 되든 잘 돼야 되고. 이거 좀 잘 풀어 나가야 되지 싶고. 이 폭동이나 이리 나게 되면 자기한테도 그 책임이 있다는 걸 가지고 인식을 해야 돼요.

왜냐카면 뭐든 누가 해도 이 처음이 있어야, 이제 뭐가 문제가 있어야 할 거 아니요? 그러면 그거 찾아 나가고, 누구누구 카고 이러는데, 뭘 지시하고 막. 원래 그랬지. 하마 곪아 터진 거라. 곪아 터진 게, 그게 오래된 그 불만이 "사람이 목숨 바꿔가지고 저거 하는 걸. 그런데 혜택은 없골라가여 그 돈을 가지고, 우리 세금 내도 명분이 있어야 되지. 그거 뭐요?" 카면서. 그러이끼네 자기도 뼈 빠지게 [일해] 한 푼 보태가지고 맹비 내는데, 이제 조합비를 내는데, 그거 가지고 유용하골라가여. 한 사람 어디 치부(致富)하라고 하는 것도 아니고. 그게 우리 근로자들 권익 옹호하자고 하는 건데. 그거 엉뚱 데 쓰면 가만히 있을 사람 누가 있어요?

그러이 그런 불만들도 [있고], 또 사람이 죽어 가고 다치고 이래 하는 과정에서 이 사람은 근로자들을 완전히 가볍게 여긴 거지 뭐. 하나의 도구로 여긴 거지. 공영, 공영 캐도 '너거는 우리 때문에 있다.' 뭐 이런 마음 가지고. 아니, 회사 사장들 옳은 사람 같으면 정신 바짝 차리고 그렇게까지 하겠어요? 자기가 근로자 아끼고, 누구보다도 생산자를 잘 우대하고 해야 되지. 우리는 그런 불만들이 쌓이고 쌓인 걸가지고[건데], 사장이 어디 시키겠어요? 회장이 시키지 않고, 그 밑에 사람들이 다 잘못해가 그런 거지 뭐. 관리도 잘못하고 뭐, 저거[자기들]만 좀 괜찮으면 되고. 근로자는 아무리 이래 해도 저거 말 듣는다는 식으로. 도급제를 해 났더니 더 해요, 그게. 반도급제 해 났더니. 잘 비야[보여야] 한 푼이라도 더 벌고. 이제 이게 소득이 차이가 많이 나거든요.

조행웅 씨도 그렇다고 하셨는데, 당시에 사람들을 잡아가면 "누가 시켰나? 누가 같이 했나?" 그걸 계속 물은 거죠? 이웃 사람들을 지목하라고.

그럼요. 디게 고문을 당하이끼네, 누구라도 이름을 대야 되이끼네 마 친한 사람 이름 대 뿌고. 또 이름 대 뿌면, 그 사람이 또 다른 사람 물고 드가[들어가] 뿌고. 그래가지고 3백 몇 명이 다 그런 기라. 그러이 데모는 수천 명이 돌 던져가 이 순경이 죽었는데, 누구 돌을 맞았는지 모르겠다 이거라. 그래 "니 돌에 맞았다." 이거라. 그러이끼네 그게 우예 되는교, 으이? (잠시 침묵) 무슨 사건이든지 한 번 나게[크게] 나면 홍역을 치르듯이 면역이 좀 생겨요. 뭔가 잃은 것도 많지만도 가져오는 것도 있어요. 왜냐카면 이 정신 무장을 한다고. 사람이 해야 될 거 안 해야 될 거 분명한 선을 그어 주고, 또 각성을 시켜 주고. 속된 얘기로 우는 아 젖 준다고, 두드려 깨야 이 사람들이 정신, 정보를 준다고.

그 이후로 회사에서 40억 내놓고 하이끼네 돈을 가지고 복지 후생 사가지고[그러면서] 뭐 그래가지고, 이 사람들이 진정 들어가고 이래가지고 우리 생활비를, 계엄사에서 생활비를 대줬잖아요. 그거 십 몇 만 원씩 다 주라고 [했지만] 죄인인데 돈 뭐 하러 주노 말이야, 죄 지었으면. 그러니 그 사람들이 일일이 가가지고 나물 팔아가지골라가. 이원갑 같으면 쌍둥이 있고, 전신에[전부] 밥이 있나 뭐 있나, 옷을 차래[차려] 입나. 집집마다 보이[보니] 사택에 베니다[합판] 하나 있는데 그거 가마니짝 입혀 놓고, 돼지새끼들도 아이고 그 처참하게 사는데, 으잉? 뭐 산업 역군이다 산업 전사라 카고 그럴 듯하게 해가지골라가 노사 공영이라 카고, 실컷 허울 좋은 것가지고 간판만 붙여 놓고.

생활상…. 막상 수사 해가지골라가 집에 찾아가 보이, 깡통이 하나 있나 뭐 철거장 같은 거 하나 놔놓고 겨우 그거 개돼지 같이 살고. 뭐 연탄 부엌 하나에, 공동 우물이 하나 있나 그 흘러나오는 물 먹어 가면서 탄 캐가지고 열심히 하는데, 그거 나라에서 보상은 못 해줄망정 임금 착취해가지고, 그래 사는 걸가지고. 그 사람이 사는 게 인간답게 살라고 사는 건데, 최저 임금이라도 맞춰 줘야 되지. 최저 임금도 미달되는 그걸 가지골라 인명을 경시하골라 그래 사는데 아무도 대답 [안] 하고, 아무도 그거 대변할 사람 없고. 뭐 국회의원이 하나, 뭐 조합장이 하나 누가 하노? 그래도 우리 같은 사람이라도 말해가지고 한 번 소리는 질러 봐야 되지 뭐. 그런 심정으로 사는 거지 뭐. 우리가 여태껏 버텨 나온 것도 그것 때문에 버텨 나왔다.

우리가 보건체조하면, 어디 그 힘 안 드는 게 어디 있어요? 그러면 이를 앙 물고 하는 기야. 또 죽으라 카면 그건 천명이끼네. 인명을 재천이라 카이 죽는 거는 뭐 하늘에 맡기골라, 뭐 그러지. 그래가지고 좀 긍정적인 걸 가지골라가 마음에 있으이 사는 거라. 그러이 죄의식 카는 거는, 우리가 여기 한학을 배우면서도, 한학에도 그런 게 있다고. 『공자가 죽어야 나라가 산다』카고 이런 책도 나왔는데, 보면 순천(順天)이라 카지. 하늘의 명을 순하는 사람은 살고, 역천자(逆天者)는 망이라 카지. 진실을 거스르는 자는 죽어요. 그리고 획죄어천(獲罪於天)이라고 하늘에 죄를 얻으면 빌 바가 없다 그래요. 사람들이 마카 모르골라 이래 산다 카지만도, 다 하늘 그물은 넓어가지고 샘이[샐 데가] 없는, 다 알게 돼 있어요. 이제 거짓 가지고, 사람 인변(亻)에 하 위(爲) 자 한 자가 이게 뭐 되냐면 거짓 위(僞)자라. 사람이 하는 거 다 거짓말이라. 그거 진실이 별로 없어요. 마카 진실 자체가 거짓말이라. 그 사람들 하는 얘기들이.

전에 온누리 사건 봐도, 그 사람이 검찰총장 한 사람이 온누리 사건 거기 봤지요? "하늘에 맹세하고." 하늘 맹세를 뭐 우예 하노? 거짓말[이지]. (면담자 웃음) 참, 우리가 살아가면서 가만 보면, 나는 내[늘] 그걸 인용을 하고 [있어요]. 안중근 의사가 옥중에서, 제일 그 사람이 유언처럼 하는 게 "견리사의 견위수명(見利思義 見危授命)"이라는 [말인데], 그걸. 내가 교도소 있으면서 청주서 나올 때, 출소할 때 집안 고모부 되는 사람이 저기 밀수로 와가지고, 마지막 끌려가지고 서예를 하더라고. 잘 쓰더라고. 그래가지고 그 사람한테 글로 써 달라 캐가지고 그걸 갖고 와가지고 집에 [두고] 한 십 몇 년 동안 그걸 썼는데, 어딜 가도 그 얘기를 많이 한다고. 이(利)를 보면 의(義)를 생각하고, 위태함을 보면 내 목숨까지 주라. 이걸 좌우명으로 거의 살 듯해야 돼요. 왜냐카면 사람이 옛날 속담에, 옛날부터 이래 돼가 있어. 세상인심은 유종가라고, 세상인심은 돈 있는 집을 다 향한다는 기라. 그런데 성경 같은 데 얘기를, 돈을 좇는 거는 일만 악의 뿌리라 캤거든. 내가 일찍이 이런 걸 좀 알았으면 참 좋았을 텐데.

수감 상황

연행된 후에 원주에 있는 1군 사령부 헌병대로 가셔서 20일 정도 계셨던 거예요?

거기서도 좀 있었어요. 이제 거서 재판 다 끝나고 갔으이. 2심 재판까지 받고, 석방 대상하고, 집행 유예 나간 사람 나가고, 우리는 영등포 일반 교도소로 가고 했지. 거기 가가지고도 딱 군인처럼 이래가지고, 이제 반달처럼, 저 남한산성처럼 그래가 있는데, 여서 "점호 번호" 카면 하나도 틀림없이 막 불러야 돼요. 1번, 2번 딱 오고. 거는 고문이 희한해. 볼펜 딱 있으면 볼펜 가지골라 머리 여기 볼펜 놔놓고 머리 딱 박아요. 원산폭격 하면 요게 요래가지고, 그래도 머리 안 깨져요. 딱 붙어가지고 요래 있어요. 눌러져가[눌려져서]. 누가 등 쬐면 이게 막 날아가는 거 같애요. 그래가지고 철조망에 다리 저 하골라가[걸치게 하고] 원산폭격 시키고, 저게 아무것도 아이라도[아니 것 같아도] 저런 거 하나 머리에 넣어가 딱 저거[원산폭격] 하면, 그래가 요걸 손 새에[사이에] 여[넣]어가지고 딱 밟아요. 살포시 이래 막. 그러이끼 그래도 이게 안 부러지는 거 보면 참 이게. 그러고 뭐 봉체조 이런 거 다 하고. 주로 이제 PT체조. 우리는 거서 다 배웠지, PT체조.

처음 붙잡혀 온 사람이 300명쯤 된다고 하셨는데, 원주로 이감된 사람들은 그중에서 몇 분 정도였어요?

38명인가? 하여튼 40명 미만일 거예요. 글로[그리로] 간 사람.

조행웅 씨도 가시고, 이원갑 선생님하고.

예. 그때는 이재기도 같이 있었고. 1차적으로 붙들려 갔던 사람은 거서 거의 다 같이 있었지. 이재기는 6개월 받았어요. 6개월 받고, 원주서 형을 다 살고 오고. 강윤호라고 무기고 탈취한다고 이런 사람, 맹[마찬가지로] 그 사람도 공수부대 출신인데, 뭐 손대지 마라고 서다갈라가야 보 골라가[서는 걸 보고] 그때 누가 무기고 때려 부수는 거 저 사람이라 캐가 억울하게. 그 사람도 보면 손가락 맨 처음에 이래 끊기고 이랬는데, 참 불 쌍해요. 아직도 혼자 이래 다니더라고. 마누라도 가 버리고 없고 마 이래 가지고.

한번은 다큐멘터리 제작한다고 경상남도 울주군에 갔는데, 남의 집 동 리 동사에서 살더라고. 광부들 끝이라는 게 참 비참하게 병들어가지고 나 중에 구슬프게 다 죽는데, 규폐로[25] 안 하면[규폐가 아니면] 뭐 진폐로도 죽고, 또 생활고로도 죽고. 또 이혼, 뭐 그래가 있으이끼네 이혼한 사람 도 많고. 그러이 완전히 풍지파산[풍비박산]이지 뭐. 광산이 자꾸 저물어 가고, 심부 채탄하고 뭐 이래 저물어 드이끼네 광부들도 마 이제, 병들어 가 거의 다 죽어요. 다 병 가지고 거의. 그때 우리 삶은 하나뿐이라 카잖 아. 병들어 죽으나 광산에 묻혀 죽으나 죽는데, 우리 인권이나 보호해 달 란 말. 근데 우리 노력의 대가는 받아야 되는데, 왜 노력의 대가를 안 주 나[주냐는] 말, 으잉?

그러이 하나의 착취라. 착취야. 그게 하청이 하뿌고 하는 게, 깡패들 돈 뺏는 [것과] 한가지라. 아, 그거 탄 이만치 싣고 나오는데 가지고, 이 게 망우리 가면 그게 여기서 100톤이 저 가면 150톤 되는데, 아니 그 저 기 남은 숫자는 다 저거 이득 아이요? 근데 여기서 자꾸 그놈을 검탄해 가, 뭐 경석이 얼마다 카고 부비끼 딱 해가지골라가여, 임금을 정해 놓고 고 안에서 뼁뼁 돌고 이래 주고, 탄은 내도록[하루 내내] 이만치 싣거[실 려] 나오는데, 그놈의 탄을 가지고 망우리 가믄 많아지는데. 아니, 여기는 자꾸 깎이고 임금은 그래 되이끼네. 검탄 보는 사람도 나중에 증언을 했 다고.

---

25 규폐증. 진폐증의 일종으로 규소 입자가 함유된 분진을 흡입해 발생하는 질병.

그 얘기를 했었어요?

예. 그 얘기를 했다고. 그 숫자를 가지고. 그러니 여기서 출고한 거 하고 망우리 거 가가지고 쌓인 거 하고, 거기 가가지고 대조하면 다 이제 [드러나는데]. 나중에 합수단에서도 하마 그게 딱 드러나는데 뭐. 그거 다 뭐.

그래서 배임이나 횡령 등으로 사측에서 처벌받았던 건가요?

그럼요.

70년대에도 동원탄좌에 계속 계셨었는데, 그때 오일쇼크 나고 그랬잖아요?

예. 주유종탄(主油從炭).

예. 주유종탄 하고 그랬는데도 동원탄좌는 타격이 있었나요?

아니요. 그때는 돈 많이 벌었지요. 왜냐카면 매장량도 많고 조건도 좋아가, 이제 사양된 광업소서 마카 사람 오고. 사람 모집하고 왕성했지.

오히려 그래서 더 커질 수가 있었던 거네요?

예. 그럼요. 더 많이 커졌지요. 그러이 160만 톤 생산하고, 대단했지요.

선생님 회사 계실 때 동원탄좌도 점점 커졌을 텐데.

그럼요. 우리 갈 때는, 그때 이 집다리[집달리] 와가 뻘건 딱지 붙어 있었어요. 저 69년도 그 무렵에 항목장에 붙고, 회사가 어려웠어요. 근데 뭐 탄값 오르고 이래 하이끼네, 그게 계속 뭐. 그래 그 돈 가지골라가여 저기 어디 가가 유전 개발도 하고, 빌딩도 짓고 어디. 그 나중에 알고 보이끼네 장영자보다 돈이 많다 카잖아, 이연 회장이. 그러이 그 돈이 다 여기서 보낸 거라. 그래 뭐 저 교보생명도 하고, 뭐 하고, 다 한다 카고.

나중에 들으신 거죠?

예. 나중에 그거 캐고 나이[나니], 사건이 일어나이끼네 정부에서 세

무감사도 하고, 뭐하고 하이끼네 다 드러나는 거 아이요.

재판하시고, 2년 형 받고 바로 영등포로 이감되신 거예요?

　그 이후에는 우리 항소했거든요. 항소 기각이 됐어요. 항소 기각이 되고, 이제 대법원 판결이 났으이끼네 더 이상 할 수가 없잖아요? 선고 끝나면 할 수 없이 형을 살아야 되이끼네. 머리 깎고, 미결수 때는 머리 기르고 있고 이제 형이 확정되면 머리 깎잖아요. [머리] 깎고 영등포에 있다가 저리, 청주교도소로 보냈어.

청주로. 그러면은 영등포에서 대법 판결까지 받으셨던 거였어요?

　그렇지요. 예.

그때 영등포구치소 계시다가 청주교도소로 옮기셨구나.

　예. 고척동 거 있다가.

영등포에서 얼마 동안 계셨어요? 그것도 형기에 다 포함되는 거죠?

　구속되는 날부터. 5월 6일. 왜 우리가 저거 하나 하면 5월 6일 날, 그러니까 영장 없이 구금하고 이래가지고 그거 일자가, 보상일자도 그렇고, 그 구금일까지 다 포함이 돼요. 그래서 그거 2년이, 2년 카면 뭐 얼마 돼? 그래가지고 우리가 거의 800일 된다고. 칠백 몇 십일 이래 되는데.

5월 6일부터. 형 마치고 나오셨던 거는 7월이었나요?

　7월 2일쯤. 그게 82년. 82년 7월 7일까지. 만기 출소라. 그 안에서도 이 사람들, 교도관 다 알거든요. 또 뭐 행사 있고 하면 [특별사면으로] "오늘 나갈 거다." "내일 나갈 거다." 카고 얘기를 하더라고. 우리는 그런 줄 알고 있었는데 만기 출소했어. 내놓으면 이 정권이 불안해 놔가지고, 내놓으면 또 시끄럽다 이래. 사실 우리는 뭐 촌에 이래 살다가, 부모에게 굽신굽신거리고 있다가, 이런 데 와가지고 처음 겪으이 뭘 알아요? 아무것도 모르지. 나중에 지나고 보이 '아, 이게 신군부다 뭐다.' 이랬는데. 우리 뭐 어디 꾼이가? 그거 모르거든. 모르이끼네 당하는 거고. 또 억울하다 카는 거는 왜냐카면, 사람이 양심대로 살면 이런 일이 없을 건데 싶은데. 와, 이래가지고 가혹하게 저거하나 싶은 게. 아, 이거는 개인의 감정이 아니라 아마 우에서 누가 무엇을 할라고, 이게 수단이구나 싶은 게 나중에 생각이 나더라고.

재판 때 변호사가 임광규 변호사?

임광규 변호사. 나는 저기 민동식 변호사라고, 대법원장 한 사람이라. 그래도 뭐 대법원장 했다 카면 끗발이 좀 있잖아요? 있는데 안 먹어주이 [먹히니까], 나이도 많고 이러이끼네. 그때 즉시 다 했다고. 뭐 증인 다 데리고 오고, 방송하고 그 증인도 데리고 오고, 병원에서 원무 책임자도 와 가지고 다 증인해가지고, 다 하고 했는데, 참 [증언을] 안 받아 줘요. 안 받아 주고. 이원갑이, 신경이는 주모자. 고게 틀에 맞게끔 해가지골라가 올려 뿌고. 근데 이제 무죄 판결 재판 때 1년 내내 하면서 누굴 못 찾아냈나 카면, 어디가 있었는지, 그때 있는 담당 검사. 검사를 못 불러왔어요. 어디서 뭘 하는지 찾아야 되는데 자꾸 피하더만. 자기가 워낙 엉터리로 많이 해 낳지.

학생들 만나고 순화 교육했다는 건 영등포에 계실 때인가요?

예, 영등포에. 영등포에도 같이, 저거 청주 가가지고 오래 같이 있었지. 그때는 뭐 김대중 대통령도 거기 독방에 있고. 그런데 우예 자주 만내나 카면, 운동시간이 있거든. 30분. 그때 나가면 야구 그것도 하고 뭐, 좀 그런 것도 하고. 그래가지고 통하고. 소리 질러가지고 뭐 암호도 하고. 학생들은 겁 없거든. 학생들 덕을 좀 많이 본 셈이지. 왜냐카면 그 사람들은 세월 흐름을 알고, 배워가지고. 『해방전후사의 인식』카는 그 책을 나중에 우리도 보골라, 좀 '아, 이래 살아야 되겠다.' 싶지. 그 전에는 그저 집에서 밥 먹고 효도하면 되지 카고 이래 살았는 게, 겪어 보이 '아, 이래 살아 가는 안 되겠구나.' 싶은 기. 그러이 좀 배워 깨쳐야 되겠다. 학생들이 그래도 뭐가 좀 다르다. 지 몸 하나 편케 할라 카면 얼마든지 하는데 뭐한다고 저거 고생하노? 그거 보내 놓으면 얼마 있다가 또 들어와요. 그런 학생들도 있다고.

혹시 기억나는 사람 있으면 말씀 좀 해 주세요.

그거는 뭐 많지. 우리가 김진태, 그 저거, 한국전력 사장했는 김진태도 그렇고. 최윤이, 또 저게 권오욱이, 뭐 이런 사람들. 주로 경북 쪽에서는 계명대학이 좀 많았고, 청주에는 목원대. 목원대학이 어디 있어요? 목원대 학생들 좀 있고. 또 서울대학 권오규, 저거 저, 오세규. 서울대학 출신들 좀 있고 했어. 마카 이제 고인 됐어요. 재작년에. 늦게 마흔일곱에 장가 가가지고 몇 년 살[지]도 못하고 죽어 뿌고 이랬는데. 뭐 한 열댓 명 같이 있었는데, 굉장히 도움이 많았어요. 주로 이제 최열이 같은 사람은 이제 저거, 동생 최윤이, 이런 사람들은 참 열렬적으로, 자기가 몸 안 아끼고 보호할라고 애썼고. 나와가지고도, 뭐 잘 살데. 처음은 좀 어려움 겪고 그래도 뭐 대표이사도 하고 그래 하데.

운동시간에도 만나고. 그때 선생님도 책을 보실 수가 있었어요?

예. 그때 나도 좀 읽었는데, 책을 한 1,200권쯤 읽었어요. 2년 동안. 막 이런 저런 책을 갖다. 그때 이제 우리가 목록이 있으면은 종로서적에서, 종로서적이 우리나라에서 제일 크[컸]잖아요. 그 목록에 저거하면 교무과에서 저걸 해요. 체크를 해요. 들라 주고, 안 들고[들여 주고, 안 들여 주고]. 내 동생이 그때 책을 좀 많이 들라주고. 그때 이제 좀 순화되는 책을 넣어 주는데, 연세대학교 김형석 교수 에세이 같은 거 『영원과 사랑의 대화』, 『고독이라는 병』 뭐 카고, 마음 약해지는 거. (일동 웃음) 이런 것만 그렇게 들라주고. 김지하 씨 『밥』이라든지 이런 거, 『오적』 같은 거 이런 거는 뭐 못 보죠.

못 보고? (웃음)

　못 보고. (웃음).

그럼 『해방전후사의 인식』은 보셨어요?

　예. 봤어요. 박 무슨 한인가 그렇지요. 지은 사람? 그거는 잘 읽었지. 그거는 신나게 읽어봤지. 그거는 이제 누가 했나카면 김진태라고, 계명대학교 학생회장을 했는데. 그 사람이 나중에 김대중 정권 때가? 그 언제 하여튼 한국전력 사장이가 그래 한 번 했어요. 그라고 이강철이라고, 노무현 때 민정수석으로 있었거든. 그 사람이 대구 경북대학교서 참 강직하게. 아직도 그랬지만도, 그거 있어요. 그 사람 영향이 많았어요. 경북에는.

◇ ◇ ◇
징역 만기 출소 후의 생활

꼬박 만기 되시고 바로 나오셔서는 복직은 좀 힘드셨을 거고.

　퇴직금 240만 원이라 카고 주더라고.

출소해서 바로 사북으로 가셨어요?

　출소한 날 동생하고 종제가, 대전에 있는 동생하고, 이원갑이하고, 이원갑이 부인하고 왔더만은. 이원갑이는 운 좋게 인장 위조 그게 무죄가 돼가지고, 일찍이 우리보다 먼저 나갔다고. 그때 하루가여, 참 요즘 100일, 1,000일보다 더 귀한 거지 뭐. 그때는 하루가 참 몇 년 같았어요 막. 나는 신영복 교수처럼 그랬으면 못 살았을 거예요. 이제 형을 많이 받는 사람은 보면 "그 1년, 2년 받는 걸, 그거 뭐 가지고." 카고 하는데, 생전 모르고 가가지고 감옥 생활 1년 카는 거는요 [견디기 힘들어요]. 나는 그때 또 맏이가 돼 있어가지고, 노인이 날 믿고 있었는데, 물론 우리 잘 키울라고 뭐 이래가 돈 벌어가 없애고 뭐 요산요수 찾다가 이랬는 거 같애도, 그래도 자식 위한 건 한가지거든. 그래 내가 요즘은 이게요. 뭐 강남에 땅 한 평 뭐 이런 얘기 요즘 아들[애들] 한다 카는데, 그 얘기보다도 내가 부모 되다 보이끼네, 자식을 위해가지고 뭐 하다 보이끼네 그게 잘못 됐는 거고.

그래 내가 뼈저리게 느낀 거는, 이기[이게] 바르게 뭘 가지고 사람이 깨어야 되는데, 이게 신을 잘못 믿거나, 또 이게 반풍수 카는 거 있잖는교? 반풍수 집구석 망한다고, 그저 남 말만 듣고 그게 될 줄 알고. 그러이 이리 오면서, 내려오면서 좋다 카는 거 다 차지했는데. 이제 뭐 남의 말 듣고 어디 가가지고 좋은 자리 찾고, 뭐 찾고. 지 노력 없이 뭐가 될 줄 알고? 그러이 그리 어리석다카이. 그러이 기회는 자주 안 와요. 처음 돈 벌 때는, 마카 6 · 25 사변 전후로는, 없을 때는 장사하면 돈을 많이 벌었어요. 뭐 검정고무신도 돈 많이 벌고 이래 했는데.

예. 아버님도 그래서 돈 많이 버셨던.

많이 벌었는데, 돈 벌 때는 돈이 귀한 줄 몰랐는데. 하마 어릴 때 그걸 그렇고, 맹 그렇기 집이 잘살지 싶고 이런데 마 내가 성장기부터 시진[소진]하고 없어지고 나중에 막 이래 보이[이렇게 되고 보니] 차라리 어릴 때부터 고생하고 없이 살았으면 조금 더 나았을 텐데 [하는 생각이 들었죠]. 그러이 내 동생들이 고생 좀 많이 한 셈이지. 군에 갔다 오이끼네 그거 한 10여 년 동안 다 퍼져가지고[주저앉고], 없어요. 상근[항상] 맞이해가지고 이거 사 놓으면 [다른 게 보이는 거라]. 정미소 사가지고 계약해 놓고 오다 보이 저게 또 잘 비었는[보였던] 기라. 그게 이제 신이 덮인다는 건데, 만석꾼 터라 카골라 눈에 훤한 거라. 패철, 그거 나침반 가지고 다니면[서]⋯. 아이고, 또 돈이 좀 있으이, 사람이 돈이 있으면 교만해져요. 근데 이 교만

이 사람한테 들면 사람은 성장을 못해요. 그래 [거간꾼이] 접근해요. 그러이 '내[가]'라 카면 하마 끝나 뿌러요. 그저 '저가요' 카고 종노릇해야 그게 성장하지, 하마 '내'라 카면 끝이라. 그래가지고 살림을 다 맡긴 [뒤], 나중에 자식들도 크이끼네 조용히 지내는 거라. 아무 말도 못하신다고. 그러이 젊을 때 고생해도 노년에 좀 괜찮아야 되지, 노년에 이러이끼네.

60년대 이럴 때 집성촌에 살면요, 끼어들기[어] 살기 굉장히 힘이 들어요. 텃세값 하고. 또 뭘 하는 것도 마, 그거 베푸는 거는 고사하고 마 내 꺼라 카고, 마 울타리 하나라도 막 내 꺼 찾고. 말 안 하고. 또 교도소 가면 그래요. 처음 들어오면 절대 처음에 입을 못 떼구로[떼게] 해요. 딱 입을 못 떼구로 한다카이. 그러이 사람이 마카 처음 가면, 경험이 없으면 자꾸 묻고 싶고, 동정을 누구 말 한마디라도 듣고 싶은데, 일체 말을 못 하도록 하는 기라. 그러이 그게 사람이 나중에 뚫리는 거라. 아무것도 아이라도. 내 죄에 의해 가지골라가 내가 죄 받는 게 아이라, 이 사람들에 대한 공포심에. 젓가치[젓가락] 가지고 "임마, 니 눈까리 파먹는다." 카고, 말도 하마 이래가. 또 불 가지고 뱀 대가리 그려가지고, 이래가지고 사람을 가지고 완전히, 이거는 뭐 공포심. 공포라. 그래 내가 그 학생들 아니었으면 오래 거 못 했지[버렸지].

학생들과 같이 복역하실 때 곧 세상이 더 좋아질 거라는 희망적인 얘기를 하던가요?

그때 왜 학생들 아냐 카면 포고령, 우리는 죄명이 포고령[위반]이거든. 포고령은 따로 가는 기라. 이제 빨간 거 해가지고 반공법 위반자, 또 포고령 이거는 빨간 거, 업무상 과실은 하얀 거, 사기는 새파란 거 또 그런 거 요래 [가슴에] 붙여가지고, 도둑놈 까만 거. 그러이 이제 도둑질 하는 사람이 제일 가볍게 있는 게라. 배식도 하라 카고. 근데 배식하라 카면 이놈 자식들이 배식 안 하고, 도둑놈 속이 어디 가요? 고기 뭉테기[뭉텅이] 놔놨다가 좀 이래 있으면 좀 이래 줘 뿌고. 그거이 제일 가벼운 게 도둑놈, 도둑놈이라.

포고령이랑 반공법 위반이 제일 무거운 건가요?

그거는 원래 독방이라. 그래서 잡방에 한 20일쯤, 20일 아이지 한 2주쯤 있었지요. 2주 있다가, 그래 이제 포고령인데 와 도둑놈들 하고 같이 섞여가지고 선량한 사람 다 죽일라 카냐고 학생들이 야단치는 기라. 그래 가지고 교무과장 면담한다 카고 막 이러더라고. 겁나는 게 없어요. 뭐 어디 쾅쾅 차고. 그러이 간수들이 겁을 설설 낸다카이. 그리고 어떤 때 저거들 필요하면 가만히 "이거 뭐 좀 써 달라." 카고 막 이랬다고. 그리고 그때만 해도 이 교무 행정들이 좀 엉망이죠. 이제 수용자들 목욕을 시키는데, 일주일에 한 번씩 시키잖아요. 목욕시킨다 하면 물이 펄펄 끓는 기라. 마카 100도 이상 펄펄 끓는데 거 목욕하라 카는 기라. (면담자 웃음) 뜨거워 가지고, 그래가지고 이놈 무슨 목욕시키는 거가지고, 구경시키러 왔는지 뭘 저거 하는지 이래 한 바쿠씩 돌골라가, 참 같잖아 가지고. 목욕 어디 가가지고 손 디러[데이려] 하나 뭐 하노. 그래 한 바쿠 실컷 돌고. 그 사람도 같잖아 가지고, 저거 고개 끄덕끄덕 하고 가는 게라. 그걸 누구한테 뭘 얘기를 할 수도 없고.

그때 교도소 가면 누구한테 얘기하고, 뭐 보안과장 만나자 그런 지식도 없고, 뭐 경험이 있어야 뭘 얘기를 하재. 죽은 듯이 있으면 아마도 그 세월이 끝나지 싶어 가지골라 죽은 사람 되듯 있었지. 그러이 사람들이 법 있이만[있으면] 법대로 마카 지키면 괜찮은데, 갇혀 있는 사람한테도 법을 어긴다고. 이번에 박근혜도 보이 뭐 놔놓골라 수리하고 뭐하고 한다 카잖아. 그거 보이끼네, 뭐가지고 똑같이 대해야 되지, 무슨 뭐라고, 그거 뭐가지고 수갑 찼다고 그것도 수건 감아가지고, 그러면 누가 수갑 안 차나? 그거 보기 싫다고 또 수건가지고 이래가지골라. 나는 그것도 옛날에 구식 결혼 때 이래 수건가지고 절하러 가잖아. 똑 그거 같더라고 보이.

출소하시는 날 이원갑 선생님 부부 오셨고, 선생님 아버님도 그때는 살아계셨었어요?

아버님 못 오고, 집에 식구[아내]가 왔어요. [아버지는] 그때 못 오시고. [나와서] 바로 어디를 갔냐면 서울로 가가지고 동생들 하고 있다[가], 하루 지내고 바로 이혁배를 만나러 갔어요. 이제 광노위원장이 그때 누가 됐나 카면 최정섭이 말고, 저기 김규벽이가 됐어요. 그러이 김규벽이가 연락이 왔어요. 만나자 그래서 김규벽이 만나가지고, 우선 그 이혁배 사장을 함 만나가지고, 두 세 시간 얘기나 하골라가 거서 "뭐 실마리를 찾자." 이래. 그래 가이끼네 뭐 서로 고생했다고, 뭐 당신도 고생하고 나도 고생했으이끼네. (웃음)

이제 교도소 나오끼네 또 간이 커지대. (웃음) 뭐 경찰서 같은 거 우습게 보[이]고, 사람이 그래 간이 커지는 모양이라. 뭐 있다보이끼네 아무것도 모르는 게, 똑 어디 처사를 가지고 뭐가 붙들어 났더니, 장 한 바쿠 돌더니 물건 값 안다고. 이거 보이 이래 사람이 두말 안 하더만은. "고생했었는데 개나 한 마리 잡자." [해서] "나는 개고기 원래 못 먹는데" 카이끼네 돈 30만 원이가 뭐 봉투에 넣어가지고, 그거 준 놈이, 김규벽이 받아가 날로[나한테] 주더만은. 뭐 우선 고맙다 캤지 뭐. 고맙다 카골라, 그래가지고 뭐 "잘해 봅시다." 이카더만은. 뭐 잘해 보고 뭐고 내가 이제 해고 되골라 우예 됐는데, 원래 이번에도 우리 무죄 판결되면 복직되는데, 그게 시효가 하마 지내 뿌려가지고[지나 버려서] 그래가지고 복직 못 하고. 원래 형사 입건되면 해고 이카거든. 근데 형사 입건돼도 그게 아직은 대법원 판결 날 때까지, 이렇거든. 근데 대법원 판결이 잘못 나도 판결이 났는 거라. 판결이 나쁘렸으이끼네.

해고는 정당했다라고 된 거네요?

예. 그래가지고 무죄 판결 나고 우리도 한번 대들자 뭐 이래 볼까 싶은데. (웃음)

(웃음) 근데 그때 왜 바로 복직을 안 하셨나요?

복직을 왜 안 했나카면, 가이[광업소에 가니까] 해고 처리가 벌써 돼버렸고. 사택을 자꾸 옮기자 카는 거를 내도록 집에 식구가 기다리고 있었지. 왜냐카면 그 합수단에서 생활비를 지급하라 이래가지고 생활비를 16만 원씩이가? 한 달에 받았어요. 그때 쌀 한 가마 값이가 이래 됐는데, 더 되지. 그래 받골라 있었는데, 경주서 그까지 올라 카면, 요즘 교통이 있지만 그때는 중앙선 타고 올라가면 하루 꼬박 걸렸거든요. 그래 와가지고 하루라도 머물 자리가 있어야 되기 때문에 안 비키고 있었어요. 강제로 내버릴라 캐도 그거 아무것도 없고. 어디 뭐 철벽장 다 떨어진 거 하나하고 흩이불 있는 거 그거 가지고, 가지고 가든가 누가 뭐 손을 대나. 뭐 그대로 놔놓고. 그래가지고 내 가가지고 이사를 했지요.

이원갑이는 거기서 돈을 쪼매 벌었지요. 그때 그 사람이 나와가지고 뭐 했나 카면 보험을 했어요. 보험 해가지고, 보험 뭐 전국 1위가 이래해가지고 돈을 좀 많이 벌었어요. 그래가지고 식당도 해가지고, 1급수 나오는 데 식당 해가지골라가여, 그거 참 신토불이라고. 대한민국에는 그런 자리 없을 거예요 아마. [장사도] 잘했는데, 그래 나도 딱 한 번 가 보고. 그게 이제 하이원에 팔려 나가고 옮겨 가 있지만, 그길로 좀 잘살아야 되는데, 저 사람도 참. 요즘은 후회할 기라. 원갑이 그 사람도 돈이 자꾸 계속 모이는 게 아이라고. 모일 때 잘 써야 되는데, 술도 좋아하고 이러다 보이. (웃음) 그래서 좀 와일드하고. 학교 다닐 때도 얘기 들어 보면 교장 선생 꿇어앉혀 놓골라가 주전자 물 부어 뿌고 마. 하여튼 깡패 대장처럼 마. (면담자 웃음)

그래 그때 아이면[그렇지 않으면] 대장질 좀 못 하고 뭐 이러지. 이런 거라. 그러이 그도 여러 형제던데, 이번에 재판 때 알았는데, 그 집 형제들하고 우리 식구들하고 거의 50명이 거기 있대. 그 집 자녀들만 열 몇 명에, 형제들하고, 또 우리 [아이들] 7남매, 우리 형제들 이래 하이끼네 거의 서른 몇 명 뭐 이래 되이끼네, 두 집 식구가.

동생하고 서울에 2년 계셨다고 한 거는, 이사를 시켜 놓고 서울에 계셨던 거예요?

아, 그거[이사] 하고. 예. 그때 민동식 변호사 선임했는 동생이 구일공사라고, 이제 스텐[스테인리스] 가지고 강화도하고 이래 하는 그 업을 하고 있었어요. 왕십리에서. 왕십리에서 그걸 그때 크게 했어요. 종업원들 한 10여 명 데리고. 그때는 좀 크게 해가지고 전국을 다니며 저거로 그 호텔 같은 것도 하고 이래 했는데, 경리 둘 들고[데리고] 사무실도 엄청 크게 이래 했는데. 마음도 쉬어 가면서 하라 카는데 마, 찾아오는 사람 많고, 나는 돈만 아들한테 쓰고, 그때 그래 되더라고 보이. 원래 술도 많이 못했는데 보이 고생한 사람 나오면 그 마음 달랠라고 술 한 잔 하고 뭐 이러거든. 주로 이제 최윤 그 사람, 최열이 동생 그 사람하고 좀 자주 만내고. 황인오 같은 사람은 나이가 어려가지고 그때는 조금 늦게 저거 하고.

황인오 씨는 출소하고 바로 만나셨어요?

출소하고 늦게.

나중에 만나신 거죠?

처음에는 사북사태 저거가지고, 황인오가 여 얘기를 하고 그랬다고. 근데 우리 재판 받을 때 있지도 안 하고, 또 우리 조합원이 아니었어요. 하청에 일하고, 자기 아버지는 그 조합장 나가골라가, 그래 거서 안전계 계원으로 있었다고. 그것만 알고 황인오는 얼굴도 몰랐지, 나는. 몰랐는데 그때 유니버시아드 대회 그거 하고, 또 최은실이 양자 아들 카고, 나중에 뭐 이름이 나오대. 나와가지고 '아, 이거 뭐 쪼만한 사람이 어디 그런 데 갈 일 있나?' 카고 그런 생각도 안 했는데, 거기 앉아 있더만은. 그래도 참, 그 고문 많이 당했으이끼네, 남달리. 그때는 어디든 하마 간첩 뭐 해가지고 한다 카면 거는 반 죽어요. 그거 뭐 남산에 가고 "니 혁띠 풀

어." 카골라가여 하마 이래가지고 뭐 칠성판[26] 해가지고 깔아 놓으면 그거
는 하마 반은 죽어 있는 거라. 그때 저기 고문 경찰이 한 둘이었나 있었는
데, 그래도 용하게 살아 나와가지고 시민운동 하고.

서울에 계시는 2년 동안은 벌이가 좀 수월하고 그러지는 못하셨겠네요?

서울에서는 그 마음 추스린다고 있었고. 이게 순화 카는 거는 사람을,
땅을 두드려가지고 수구리마[수그리면] 이래 주물러가지고 옳게 만드는
거거든. (웃음) 이런데 억지로 두드려 만들어가지골라 그 하는 걸, 구호가
여 '개과천선(改過遷善)'이거든. 한 발 띠면 "개과천선, 개과천선." 마 하
기 싫은 것도 개과천선. "너거가 개과천선해야 [안] 되나?" 우리가 해야
되는지도 모르는데, 무조건 '개과천선' 카골라가 마, 구보할 때 계속 개과
천선인 기라. 그래서 나와가지고는 내가 책을 좀 읽으면서, 지역의 『택리
지』 같은 것도 읽어 봤는데. 보이 '아, 이거 참 양심적으로 살아야 된다.
절대로 거짓 같은 거 안 하고 정직하게 한번 살아 보겠다.' 싶어 가지골라
한 1년 동안 진짜 열심히, 알뜰히, 참말로 참 맑게 살라고 애를 써 봤다고.
[애를] 써 봤는데 세상이 그렇지 않더라고. 자꾸 살아 보이 그렇지 않더라
고. 왜 그렇나 카면 세상 물에 자꾸 접해야 돼요. 그러이 돈에 관련돼가지
고 자꾸, 세상인심이 돈을 향한다고. 그 사람들이 이런 얘기해도 돈 있는
쪽으로 자꾸 쏠리고. 우리가 이 진리라는 게, 말이 쉬워가지고 진리고 옳
은 일이고 참이지, 그쪽으로 사람이 안 실려요. 자꾸 번뇌를 하게 되고 막
이렇더만은.

그래서 접고 바로 안강으로 내려가신 거예요?

안강은, 내 갈 곳은 부모 있고 그곳뿐이고. 다른 사람은 옮기고 해도
나는 맏이 돼가[맏이이기 때문에] 내 갈 곳은 여기 아이면 [없어]. 거기 집

---

26 본래는 구멍을 일곱 개 뚫은 장례용품을 지칭하는 용어로, 당시 고문 대상자를 눕혀서
묶어 놓고 고문하는 '고문대'의 역할을 한 판을 '칠성판'으로 일컬음.

이고, 부모가 있고, 그곳이 [내가 갈 곳이야]. 또 다른 별 재주도 없어가지고, 뭐 제일 쉬운 게 농사라고, 때 되면 씨 뿌리고, 김매고 그거는 할 수 있으이끼네 우선 거기 갔는 거라고. 거 가가지골라가여 무슨 뭐 아는 사람이 있길 하나, 뭐 처음 가이, 동네 가이 그러더라고. 그때는 징역 살다 온다 카면 사람을 좀 멀리했다고. 그래가지고 집에 어른이, 그때 한학도 좀 하시고 바둑도 두고 이래 하시는 노인인데, 나중에 마 덜어[털어]먹고 없어도, 그래도 점잖게 한복 입고 수염 이래 길라[길러]가지고 좀 했었거든. 그래 동네 한테[동네 사람들을 한곳에] 모아가지고 이러더만은, "내 소생이 이래가지고 있는데…." 내가 그때 군에 갔다와가지고 동네에서 하는 일은 다 알거든. 4H 생활할 때부터 동리를 좀, 도움이 안 돼도 [개선]할려고 애쓰는 걸 알거든. 그런데 이 사람이 우예가 이래 됐노 카골라가 동리에 얘기[했지].

　사실 얘기를 그래 해도 동네에서 다른 사람이 볼 때는 죄 없이는 안 붙들려 간다 이거라. 다 죄가 있어 가지고 붙들려 가이끼네, 혼인 같은 거도 좀 문제가 되고, 뭐 누가 징역 살다 오면 아들한테도 "너거 아버지 징역 살았다[며]." 뭐 이래 되면. 그게 아직도 그런 거 아이요. 어디 가서 교도소 갔다 나왔다 카면 그게 하나의 딱지가 붙어가지고 내[늘 따라]다니는 거라. 그러이 내가 참, 딱 저거 해가지고 민주화운동 인정을 받고, 태백에 이제 오라 캐가 오이끼네, 현수막이 저 고한서부터 네 개가 붙어 있더라고. 이원갑이 신경이 뭐 축하한다 카고 이래가지고. 나중에 우리집 아들이 그게[사북항쟁이] 25년 돼가지고 그거 고대로 딱 해가지골라가, 현수막을 해가지골라가여 동리 어구[어귀]에하고 세 군데에다 붙였다고. 그러이 이 사람들이 민주화가 뭔지 (웃음) 동리에 알 리도 없고, 마카 기우뚱 기우뚱[갸우뚱갸우뚱]하고. 그 지내가면서 늘 아는 사람은 "아, 그때 고생한 건 데모 해가지고 고생했구나." 뭐 데모 카고 그러더라고. (웃음) 뭐 데모라도 옳이[옳게] 알 줄 아나. 그래가지고 차츰차츰 인식이 돼가지고, 다른 데는 거짓말해도 동리에서는 거짓말을 못 해요. 왜냐카면 알거든. 다 아는 데는 거짓말을 못해요.

없어도 좀 열심히 한번 살아 보자 카고 살고 했는 게, 다행히 세월이 좋아가지고, 노태우 때 뭐 우예가지고 그 사람이 자질이 있든 없든 사람을 잘 써가지고 경기가 좋았다고. 전두환이도 정권 잡아가 한 1년, 2년 동안 80년도부터 해가지고는 우리나라 경제가 마이너스 4%였는데, 그 세계 경제가 좋고 이러다 보이끼네, 사람 기용하고 뭐 잘 지내다 보이끼네 경제가 살아나이 다른 거는 좀 묻어지고 저거해지는 거라. 그래 노태우 때 200만호 저거 공약하고 이래가지고 굉장히 경기가 좋았다고요. 시멘트가 없어가지고 중국 2부 시멘트까지, 중국 시멘트 잿가루 같은 거 가[져]오고 막, 굉장했거든요. 사람이 없어가지고 임금이 한 달에 두 배씩 오르고, 굉장히 좋았어요. 그래가지고 애들 학교 시키는 데는 때를 잘 맞춰가지고 좋았어요, 지장 없이. 뭐 어디 가가지고 노동일을 해도, 다른 거는 못 하고 노동일을 하믄, 그때 아파트 많이 짓고 뭐 이래 하면 뭔 일이든지 할 수 있거든요.

◇ ◇ ◇
무죄 판결과 민주화운동 인정

출소 이후에 사북에는 아예 안 가셨던 건 아니에요?
한 10년쯤 안 갔지요.

10년 동안 아예 안 가셨던 거예요?
또 그때는 숨죽이고 살 때고. 왜냐카면 마 돌아보기도 싫었어요. 왜 그렇나 카면 마, 그거 내가 그랬어요. 새도 한 번 혼난 골짝은 안 간다고. 거 가이끼네, 갈 이유도 없고 또 이래 될리라고[되리라고] 우리가 뭐 무죄 판결 이런 거 상상도 못했거든. 근데 황인오 같은 사람, [배워서] 아는 사람이 그래도 이만하면 재심 청구를 한번 해 보자고 그래 하더라고. 재심 청구. 재심 카는 것도 뭐 내가 생소한 얘기고. "그러면 재심 청구하면 우예될 꺼나?" 그랬드만, 한번 우리가 뒤집어 보자 카는 건데. 그래 이제 인지대하고 돈 한 100만 원씩 냈어요. 원갑이, 내 하고. 그래 그거 가지고 나중에 재심 해당이 된다고 또 판사들 선고 받대요. 그래 알고 "아, 그렇나." 카고 있었는데, 그것도 판사 잘 만나고, 몇 번 바뀌고, 1년쯤 하는데. 그것도 무죄 판결까지 내 주고 그러이. 그 수녀들도 이래가 또 만세 불렀어요. 나와가 법원 앞에서, 한 30명이서. "감사합니다!" 카고 이랬는데. 그거 무죄 판결되고. 다른 거보다도 아들한테, 자식들한테, 친척들한테, 동생들한테 마음의 빚을 갚았지. 뭐 민주화운동 백번 하고 해도, 하마 뭐 그걸 했다 카면 이러는데, 그래도 무죄라 카면 조금 다르거든요. 그러이 끼네 이제 짐을 벗고, 좀 홀가분하고.

이번에 그 민[사]보상 낼 때 동생들한테 해당이 좀 훨씬 많이 됐어요. 왜냐카면 나는 부모가 그때 살아 계셔가지고 부모 몫으로 돈이 쪼매 나온 걸, 이제 내가 돈 천만 원씩 동생들한테 [줄 수 있었어요]. 뭐 그거 해당이 돼가지고, 그 육촌 형제 아들한테 다 줬거든요. 그래가 이제 고맙다고, 뭐 "일부러 준다는 거 힘이 드는데. 형님 살기도 힘든데." 카고. 그래가 어제 저녁에, 하여튼 서이 저거[같이 마련]했다 카면[서], 저거 금열쇠라 카며 뭐 하나 가방에 여[넣]어가 가방까지 이래 주는데. 그래 내가 "야, 뭘 형제 간에 주고받고 이래 하나. 마 너거 좀 어려우면 학비를 대든지 뭘 하든지 해라. 내가 가져가기는 가[져] 간다만도. 사람이 할 수 없다 뭐. 내가 받기는 받아가지고, 너거 어려울 때는 또 얘기를 하자. 형제간에 도와가면서 저거 하는 거지, 또 뭐 주고받아야 되나." 카고. 밤 2시까지 얘기하다가 저기했는데. 뭐 다른 거보다도, 사람이 징역을 살든 뭐든 살아오면서 여러 사람이, 요즘 다 니 거 차고 내 거 차고 형제간에 싸우는데, 그래도 형제들이 다 형을 도울라카고. 없는 가운데서도 참 뭐 애써가지골라가여. 도와줄라고 애쓰고, 좀 불쌍한 마음 갖고, 그러이 그 정이. 이웃에도 그렇고, 우리 아는 동네도 그렇고 참 다 부러이[부럽게] 생각을 해요. 그래 칠순 할 때도 안 한다 카는데, 아들이 다 불러가지고, 뭐 운동권들도 부르고 친구들도 부르고 한 400명 불러가지고, 뭐 이래가지고 전에 있던 얘기도 해 주고, 그 애들이 마카 해 주더만은. 그러이 뭐 고맙고. 그것도 복 받아가지고 막내까지 사위 보고, 형제들 마카 이래 결혼하는데 다 부모들 있고, 갖추기 힘든 걸 다 일부러 하라 캐도 못하는데. 그래가지고 "아, 피로연도 하고 뭐 사돈도 하고 있고. 야, 참 부럽다. 부럽다." 다 그래 얘기를 하더라고. 근데 그게 돈 있어가지고 하라 캐도 못해요. 장가 못 보내는 사람도 있고, 부모 죽은 사람도 있고 뭐 이러이.

사북에서는 다 숨죽이고 살고, 계속 많이 불안해했었다고 그런 말씀 하셨잖아요. 그 당시에 동네 분위기는 이원갑 선생님한테 이야기를 들으셨어요? 사북에 10년 동안 가시지는 않았어도 소식은 들으셨어요?

그럼요. 뭐 소식, 안부. 그때는 엄혹한 시대라가지골라가여, 이 군사정권 때. 전두환이 정권 잡고는 하마 되도록이면 통화도 피하고, 대화가 안 됐어. 왜냐카면 거의 잊은 상태에서. 카지노 저기, 사외이사 가 있는 건데, 김창완 씨가 지역발전협의회 사무국장으로 있을 때, 그 사람이 2000년도에 책 저거[출간]하며 내한테 기고를 부탁했더만은.

예. 정선지역발전연구소에서 출간한 책.

예. 그래 그 사람이 주로 많이 했어요. 그 사람이 노동운동도 좀 했어요. 왜냐하면 광부 생활도 하고, 자기 부인이 또 교직 생활을 해요. 그래가 자질도 갖췄고. 그러이 뭐든지 하마 한 사람이 헌신적으로 하고, 또 깨어 있는 사람이 움직여야 돼요. 다 안다 캐도 실천 안 하면 그게 이뤄지지 않거든요. 그래 그 사람이 주축이 돼가지고, 그때부터는 이제 사람이 용기를 내더만은. 용기 내가지고 기자들 모이고. 제일 내가 또 가슴 아픈 거는 기자회견 한다고 다 모아 놓고, 그날 저녁에 내가 갔거든요. 그때 이원갑 씨가 신토불이 그 식당 운영이 잘 될 땐데. 도착하자마자 집에[서] 모친 별세 카골라가여 통보가 왔어요. 그래 10분도, 한 시간도 안 됐는데, 아들한테 가가지고 이제 운명도 못 해요[아들이 되어가지고 어머니 운명하시는 것도 못 지켜요]. 내일 아침에는 기자회견 하는데 거 드가가지고 내가 저걸 하고, 뭐 선서도 하고 내가 다 해야 되는데, 어쩔 수가 있는교? 그래 할 수 없이 집에 식구를 택시 한 대 내가지고, 30만 원 주고 집에 보내고. 뭐 내가 가야 염도 하고, 다 뭐 하고 해야 되는데, 그거 집안사람 다 모였는데, 내 오도록 기다렸는데. 불효자지요.

그래 12시 돼가지고 그 기자회견 끝나고, 다 하고. 그 저기 강윤호라고 또 있는데, 그 사람 차를 [타]가지골라 같이 가이 동네 사람들이 어구부터 다 있는데. 보이 참, 나를 기다리고 그래 있는데, 좀 참혹하더라고. 뭐 저거도 못하고, 운명도 못하고, 맏이가 이래가지고 좀 마음이 안 됐더라고. 그렇지만 그거 뭐 지나간 거고, 그거 또 이제 돌아가신 사람은 돌아가신 대로 저래 하고. 그래 내가 지금 봐도 그게 이제 좀 잘했다 싶고, 뭐 부모한테사 불효지만도 돌아가시는데 늘 간호하고 이래 했으면 됐고, 뭐 돌아가실 때 좀 좋은 데 가셨겠지 카고, 그랬어요.

그 책을 낸 뒤로, 그게 아마 민주화운동 인정받기 전에 나온 책이죠.

전에라, 전에. 전에 나왔는데. 그래 내가 인정은 87년도에 저거했는데, 그게 이재기 편에서 저거[이의 제기]했는 거, 탁경명이하고. 이 사람들이 저래가지고 뭐, 이재기 부인 뭐 그거 저래가지고 이의 신청하고, 그래가지고 그게 심의한다고 2년이나 걸렸어요. 계속 우리가 갔거든. "왜 안 되노?" 카고 물었는데, 처음에는 얘기 안 하다가 그걸 얘기하대. 그거 이제 심의 중이다. 심의 중이다 그래. 나중에 그거 판결이 7대 2가, 뭐 이래가지골라 판결이 나가지고 이명박 대통령 때, 2007년도 7월 10일이가 그때 임명장을 주더만.

아, 원래는 2005년에 그게 거의 들어갔는데, 이재기 부인 관련한 일 때문에 이의 제기가 들어와서 2007년까지 2년이라는 시간이 걸린 거예요?

　그 집 아들들. 이재기 아들들이 그걸 이의 신청했어. 탁경명이하고 이 사람들이. 탁경명이 책을 이래 보면, 내보고 자꾸 읽어 보라고 주는데, 뭐 내 읽어 보이 아는 건, 또 그러고 이 사람들하고 내하고, 나는 누구하고도 [만난] 적이 없어요. 왜냐카면 저 사람들도 나를 모르고, 나도 자기들도 모르고 이랬으이끼네 비방할 것도 없고. 비방할 그런 문젯거리가 없어요. 뭐 내가 이재기를 가지골라가 그쪽을[그쪽이] 잘못됐다[고] 난 그거 잘못한 걸 잘못했다 카는데, 저거는 말해 봤자 자기들을[자기들이] 인정을 하고 들어가야 되기 때문에, 책 쓴 사람도 늘 보믄 자기가 감수하고 책을 쓰는 거라. 저 사람들 가지골라가여, 이 책 쓰는 것도 보면 좀 진실에서 많이 멀어지는 게 있어. 그저 바로 써야 되는데 자기 감정대로, 치우치는 대로 쓰고 막 그래 했더라고, 보이.

　그래 탁경명이를 만나 가지골라가여, 한 번 만나고 전화로 몇 번 했다고. 춘천 있다 카고 뭐 이래 했는데. 그래 뭐 경력도 괜찮고 뭐도 있다 하고, 그래 얘기를 해 보이 일방적이라가지골라가. 일방적으로 자꾸 얘기를 하골라가여[하고서는], 내보고 "동의하지요?" 카고 말이지. "뭐를 동의하나?" 내가 이래 물으이끼네, "내가 보도 못한 걸 뭘 동의하나?" 카이끼네, 뭐 자기도 뭐 다 하고 이래 했는데, 그거 민주화가 아이지 우예가지고 민주화냐 카고. "그거는 탁 선생이 결정할 거 아니잖아. 당신이 심사위원도 아니고. 그래도 당신보다 나은 사람이, 정부에서 인정하는 심의위원들이 심의해가 하는데, 그거 가지골라가여 개인이 뭐 이렇다 저렇다 카골라가, 한 사람이 편협해가지고. 아, 이 사람들이 이재기 때문에 공금 횡령 카고 다 해가지골라가여, 문제가 어디냐 카면 조합장이 어용 노조 [했기] 때문에, 그거 가지고 일어났는 거 아이가. 그러면 그 사람이 아무리 잘하고 못했다 캐도 원인 제공을 그 사람이 했는 거 아니가? 그랬는 거 가지고, 뭐 가지고, 뭐 이재기가 신경이가 뭐고." 여 이 사람 보면 신경이라는 고향 이야기하고, 뭐 몇 집 전화했는 그거밖에 안 나와, 내꺼는 뭐 없다 카이끼네.

그거 내도록 저거 얘기라. 이원갑이를 갈구는 걸로. 그래가지골라가여 몇 월 며칟날이 업장 해가지고 그래 풀어주라 했는데, 그 날짜 틀렸다 해가지고 이원갑이도 돈 500만 원인가 300만 원인가 또 물었을 거야 아마. 그 날짜 때문에 소송하고 뭐 이래가지고. 그랬는데 대법원에 가이 그거 또 아무것도 아인데 이거 가지고. 아주 이 사람이 배워도 헛배웠어요. 뭐 다른 사람이 좋다 칼란지 모르지만도, 보이끼네 공정하게 해야 되는데 공정하지를 못하더라고. 아니, 보고 '사회에서' 이래가지고 캐야지. 그래도 사회 여론 카는 것도 있고 하잖아요. 요즘 나는 그런 걸 본다고. 누가 문재인 대통령 뭐 나무라고 있는데, 그러이 예를 들면 여론 조사가 8프로까지 올라가고 하면 그 여론에도 사람이 좀 귀를 기울여 줘야 되지. 아니, 내 마음에 안 든다 캐가지고 나쁘다 카고 뭐 그거는 아이잖아. 누구든지. 뭐 사람이 여론대로 살아야 되지. 같은 식구들도 내 마음에 안 들 때도 있고 하는데 (웃음) 그거를 가지고 뭐 얘기를 할 수 있나.

직접 만나거나 그런 적은 없고 전화로만 자꾸 확인을 하려고 했었어요?

그럼요. 왜냐카면 은신했는 거[야]. 그때는 은신. 왜냐카면 미행도 하고. 나도 3년 동안 계속 정보2과장이 면담 이래 하고, 감시 대상이었어. 감시 대상.

출소 후에도요?

출소 후에 한 2년 감시 대상이 돼가지고. 그 요인물.

요시찰?

응. 요시찰. 그래가지고 그걸 알지요. 그래 내가 어디 현장에 가가지고 골라 반장 좀 한다고 이래가지고 뭐 이래 해도 보면 "혹시 거기서 또 뭔 얘기 없었나?" 카고 얘기가 들어와. 또 이 사람 좀 옮겨 줘야 되겠다 뭐 이래가지고, 또 한 두어 번 쫓겨나잖애? 뭐 이래 이래 하는데 좀, 내가 참 안됐는데 어떻게 하는교? "좀 안됐니더." 카고 뭐. 그런데 뭐 우예노. 그래가 이쪽저쪽으로, 뭐 막일 하는 거야 어디 가 못해요? 젊을 때 뭐든지 하면 되는데. 그렇다고 해가지고 뭐 내 어디 선동하러 다니나? (웃음)

아, 결국은 그러니까 고향으로?

그래 고향 가가지고. 그래도 나중에 민주화운동 이래 하고, 뭐 다큐멘터리 제작하고 할 때 보이, 또 이미영 감독이 그것도 마카 했거든. 카메라 한 너덧 대 해가지고 현장에, 큰 이런 데 와가지고 막 찍어대고 하이 이 사람들이 겁을 [내는데], 내가 전부 안전모를 쥐고 올라가가, 마 내가 아주 위대한 사람처럼 막 이래가지고. (면담자, 구술자 함께 웃음) 뭐 묻고, 어디 부탁하고 이런다고. (웃음)

사북에서요?

사북 전에, 그 현장에서. 포항에서. 그래가지고 '야, 이거 아무것도 아인데.'

아, 포항에서 다른 일하고 계시는데 촬영한 거예요?

예. 현장에 일하는데. 아이, 그러고 또 언제 갑자기 PD들 와가지고, KBS 차가 와가지고 하루쯤 집 앞에 머물고, 뭐 야단 지기고[부리고]. 어떤 때는 나락 비는데[베는데] 와가 하고, MBC 와가 있고. 이거 뭐 어디 가가지고 사람이 징역 산다 카디, 이제 뭐 사람 났나 싶어 가지고 마, 그래 많이 됐다. 그래 그 다큐멘터리 저거 해가지고, 그거 또 동네서 친구들이 "이래가 안 된다. 우리 회관에 가가지골라 한번 보자." 그래가 동네 사람 다 모아 놓고 다큐멘터리 틀어 가지골라가 "야, 니 꿩장했구나." 카고. 이래 놓고 그래 보이 뭐 우쭐한 것도 있고, 내 것도 항금[많이] 아인 것도 있고. 사람이 살아가는 게 참 이상하더만은. 묘해요. 뭐 죽으라 카는 것도 없고, 열심히 살다 보면 이기 좀 복 아닌 복을 줄 때가 있어요. 그래 내가 가만 보이, 아무것도 저거 한 거 없는데, 마지막에 이래가지고 무죄 판결 받고, 그래도 이제 그 민·형사 간 보상 좀 받아가지고 빚진 사람들한테 잔치도 좀 하고, 지역 사회에 가가지골라 교회에 다른 건 몰라도 도서를 한 200만 원씩 해가지고, 한 370만 원인가 도서를 제공하고 뭐 이래 했거든. 이래 하고, 또 그 해 놓으면 손 벌리는 사람도 많아요. 이래저래. 뭐, 말은 돈 달라 소리는 안 하고.

어렵다고만 하는 거죠?

예. 이래가지고 뭐 "같이 좀 어디 올 수 없나?" 카고. 그거 뭐 내가 무슨 몸 써가지고 땀 흘려 번 돈도 아이고, 이런 거 고루 쓰자 카골라가. 그래가 변호사가 돈을 나를 다 줄까, 동생들한테 나눠 가지고 계좌번호 줄까 카는 거야. "내한테 오면, 사람이 돈을 갖고 있으면 마음이 달라져가 안 된다. 바로 계좌번호로 개인, 각자한테 보내라."고 [했지]. 그러이 마음이 더 편해. 그저 사람은 돈을 갖고 나면 그 시간부터 또 달라진다고요. 이상하게 이 돈이 요물이라요. 이게 악의 뿌리라가지고, 돈 좋아하면 악의 뿌리라, 그게. 잘 쓰여져야 돼. 사람이 돈 있기 전에 돈 쓰는 거부터 배워야 돼요. 내가 그거는 어디서 배웠냐 하면 연세대학교 김형석 교수한테 배웠다고. 책에[서]. 돈은 절대로 쓰기 전에, 사용하는 걸 배우고 돈을 모으라고. 그리고 그 사람이 이런 얘기를 하더라고. 꿈을 꿨는데 자기는 어린데 자기 모친이 무거운 짐을 이고 오는데, 아들이 보골라 가만있을 수 있나. 가가 [가서] 짐을 좀 들라 카이끼네 "이거는 내 몫이다. 너는 너대로 살아라."

손해 배상 청구도 하신 거예요? 아니면 보상금이 2007년에 확정되고 바로 받으셨던 거예요?

그거는 민주화운동 인정자. 인정자는 이제 그거 뭐라 카면, 그게 5년 전인가? 그때가 2005년이가 언제, 2007년인지? 2007년 정도 돼가 그때 우예 됐나 카면, 재산이 1억 미만 되는 사람이 생활지원금이라 해가지고 3,600만 원인가 이래 지급이 됐어요. 근데 그게 묘하게, 그게 그 헌법재판소에 지금.

헌법 소원이요?

소원 내 놨는 거 있거든요. 그게 우옜나 카면, 돈 있는 사람은 그때 안 됐고, 돈 없는 사람이 지원금을 받았거든. 그러이 무죄 판결을 받았으면, 그 돈을 받은 게 그게 우리가 포함됐다 카고. 우리는 무죄 판결 없는 사람이 지원금을 받았지 그거 받은 건 아니다. 근데 돈 있는 사람은 적용이 돼요, 그게. 그러이끼네 이거는 헌법이 위배된다. 그래 우리가 그걸 같이 항소를 하고 대법원까지 썼는데, 그게 기각이 됐어요. 그래도 항소를 해야 그게 근거를 잡는 거라고. 우리는 이런 소원을 내가지고 기각을 냈으이끼네, 나중에 법이 그 조항이 개정이 되면 우리 몫을 달라 이거거든. 우리 몫을. 그래가 그걸 하나 해 놨어요.

그게 중복 수혜가 안 된다고 해서 그때 그 3,600만 원을 받고 그다음에는 소송하고 나서 청구를 못하게 된 셈인 거죠?

예. 그런데 이번에 이거는 무죄 판결에 의한 저거[라]가지고 이제 민 보상이고. 이 형사보상은 그대로 줘야 되고, 이 사람들 있는데[한테]. 민사 저거는 우리를 제외시켰거든. 한 푼도 못 받고 제외했고. 나는 쪼매 받은 거는 부모 유산. 부모한테 저거하는[나온] 거는 이제 3,000만 원씩 돼 있는 거. 거기서 마카 형제들 나눠가지고 주이끼네 그게 한 800만 원[씩] 되고 뭐 그래요. 근데 그것만 되고 이래 있으이끼네 이원갑이 같은 사람은 하나도 없고. 부모가 없었으이끼네. 그러이 그때 그 수감 기간에, 80년 5월 6일 이후에부터 살아 계신 부모형제[에게].

아. 그걸로 나간 거구나. 그래서 이원갑 선생님은 못 받으신 거구요?

부모가 없고 형제들 없으이끼네 안 받았지. 그거는 200만 원 그래 들어갔을 거예요.

그 무죄 판결 받는 재심 청구했을 때는 황인오 씨가 많이 도움을 주셨나요?

많이 도왔지요. 왜냐카면 이제 법리도 알고, 돌아가는 걸 좀 알거든. 그러이 이제 그 인권변호사 선임도, 그 이영기 변호사도 여기서 하고. 그러이 인권변호사들을 잘 만났지. 안 그러면 일반 변호사 뭐 7대 3이고, 이래 저거[배분]하잖아요. 근데 인권변호사들은 싸게 받아요. 그래도 이번에 우리 판결 났는 거보다 조금 더 받아내는 게, 이게 대법원까지 올라가가지고, 시일이 지냈거든요. 이제 이자가 많이 붙어요, 지연되면. 뭐 5프로에서 20프로 이래. 그래가지고 우리 생각보다가 안 깎이고 더 들어서 우예노 카이끼네, 그거 이자라 이카대. 그래가지고 변호사 만나가지고 뭐 어떤 사례금 아닌 사례금이라도 쪼매 인사를 할라고, 다음에 이원갑이 하고 같이 만나가지고. 이제 변호사[들은 돈] 생각도 안 하고 있지만도, 그래도 우리는 그렇지 않잖아요. 단 10원이고 20원이고, 우리를 위해서 변론도 하고 이랬으이.

근데 조행웅 씨는 왜 재심 청구 참여를 안 하셨어요?

왜냐카면 그때 자기 아들이 삼성인가 어디 다녔는데, 돈을 액수를 조금 받고 있었어요. 같이 동거인으로 돼가지고, 그래가지고 해당이 안 됐어요. 해당이 안 됐는데, 이제 뭐 법이 개정되고 이래 하면 좀 신청해야 되지. 신청해가지고 한번 거도 재심 청구하고 해야 되는데, 재심 청구를 못했지. 이제 사람 죽고 나이끼네 마, 부인이 뭐 저래 있으이끼네, 또 하루 이틀도 아이고 1년, 2년 내도록 가야 되고. 참 그게 보통 아니거든요.

예전에 실형 받으셨던 분들 몇 분 더 계시잖아요? 혹시 그분들 중에 지금 재심 청구 생각을 하고 계시거나 그러시는 분들은 없으세요?

하고 있는데, 내가 생각하기는 굉장히 좀 힘이 들지 싶어요. 왜 그러냐 카면, 같은 사북항쟁이랬는데 우리는 혐의가 붙는데, 이 사람들은 뭐.

폭행 이런 것들?

어. 폭행 같은 것도, 뭐 공무집행 방해 같은 거. 이게 이제 무죄가 되나 안 되나 이런 분야가 있거든. 그거 하나라도 궁리를 따지고 이래하이끼네. 혹시 그거 하나라도 있으면 무죄 판결 나는데, 판사에 달렸지만도. 판사를 잘 만나야 돼요. 판사를 잘 만나야 되는데, 그런 문제점이 있고 하이끼네 어려운 것도 [있지요]. 뭐 생각하면 한두 사람쯤은 좀 되지 싶은데…. 뭐, 하라고 해 놨어요. 저거 무기고 그거 뭐 [지키고] 섰다가.

강윤호 씨.

어. 강윤호. 그래가지고 하라 캐 놨는데, 이 사람들도 부인이 가 버리고 없으이끼네 막 마구잡이 이래가지고 살고 이러이. 마 사람 사는 것도 아니고, 보이 불쌍한 마음밖에 안 들고. 솔직하게 참 마카 어렵게 살던 사람이, 마카 '산업 역군'이었는데, '산업 전사'였는데. 이게 우예가지고 분산되고 나이 마, 참 거러지[거지] 신세가 돼 뿌고. 사람들이 마 이름조차 몸조차 다 망가져 버리고. 이원갑이 죽고, 내 죽고 하면 지금 이거 계승 발전시킬 그런 게 [없어요]. 원갑이하고 내하고 돈 한 500만 원씩 해가지고 기금도 내났거든요. 내놓고 이래 했는데, 앞으로는 황인오가 맡아가지고 좀 할 거요. 왜냐면 젊으이끼네.

이제 원갑이는 나이 하마 78세 카면 그거 적은 나이도 아이되는데[아닌데], 그거는 앞으로 계속한다는 거는 희망 사항이고. 오늘이 어떤지, 내

일이 어떨런지 우리 나이는 뭐 모르이끼네. 그래가지고 참 안타까운 게, 나는 아들들하고 내 자부들 꼭 안 빠지고 자꾸 가자 카고 이러는데, 내가 늘 계승 발전시켜가, 모든 것은 이걸 가지골라가여 이어 나가야 되는데, 사람이 동참을 안 하이끼네. 마카 혼자들[이고], 직장 때문에 못 온다 뭐 이래. 아들[애들이] 나가[나이가] 이러이끼네. 사람이 참여해야 되는데, 우선 자기가여 봉사해야 되고. 사람이 봉사하는 기 참 힘든 거라고. 말은 봉사 카지, 봉사 카는 건 희생 없으면 봉사가 안 되는 거고. 그러이 이제 봉사하고 참 해야 되는데, 희생해야 되는데, "내가 젊은 나이에 그거 안 가도 되는데." 카고 뭐, "내가 이대로 살아도 되는데 그까지는." 자꾸 이 마음들이 떠나져 있어 뿌려요. 나는 그래가 아들하고, 우리는 맏이 같은 건 꿍장히 관심을 많이 갖는다고. 우리 며느리들도. 뭐 수업 대신하라 카 골라가 꼬박 십 몇 년 동안 계속 왔어요. 하루도 안 빠지고 오고, 참.

5. 사북항쟁 기억과 기념

◇ ◇ ◇

항쟁 기념

기념식은 몇 년부터 시작했는지 기억나세요?

그러이 그 기억에는 2002년도가? 아마 2002년도인가 그때부터일 거예요.

그 책 내는 때하고 거의 비슷하네요.

예, 책 낸 그 이후부터라. 고때가 이제 처음 그랬지.

그러면 동지회라고 모임으로 만드신 것도 그때인 거예요?

그러이 청원, 그때도 '사북동지회'라고 하고. 또 이름 한 번 변경할라고 그랬는데, 그때는 참여한 사람이 많았어요. 민주화운동 인정자 그거 안 저거할 때 처음은 많았다고, 책 내고 할 무렵에. 그때는 사람이 한 40명, 50명씩 오고, 다 왔다고. 점점 이제 저거하는데[줄어드는데], 이게 보상 뜩 끝나고 나이끼네, 마카 뭐 몇 백만 원씩 돌아가이끼네, 돈 떨어지끼네 이거 뭐 돈 떨어졌다 그러면 마 이제 안 와요. 그래가지고 '야, 참 이러이 사람들이 양심도 없고 돈에 따라가는구나.' 제일 사람이 안 왔는 게 이번[2017년 기념식]에라. 전에는 그래도 대여섯 사람이, 한 열 사람이 꼭 와야 될 사람인데. 또 핵심 되는 사람들이 저 거의 다 죽었어요. 어떤 사람은, 오항규 같은 사람은 북접부장이라고 그 전에 노조에 있었거든요. 이 사람이 뭘 했나 카면, 우리 고향에 영덕에 영해 카는 데 사람인데, 사람 죽으면 내도록 곡하러 다니는 사람이라. 그래가지고 뭐 어디 죽으면 곡도 해 주고, 내도록 장사해 주고 이랬는데, 나이도 우리보다 한 대여섯 살 많았다고요. 그래 붙들려 가가지골라 맞으이끼네 "아이고, 여보소. 내가 울어 준 죄밖에 없더이." 카고 막 울고불고 막 이랬는데. 그 사람이 참 어렵고 이랬는데, 죽고 난 뒤에 그 사람 부인이 저기 자양동에, 거기서 폐지를 줍더라고.

이미영 감독하고 촬영하러 뜩 가이끼네, 돈을 70만 원을 이 동지회에 써 달라고 내더라고. 진짜 나는 돈 있으면 한 푼 더 보태 주고 싶더라고. 야, 참. 그래가지고 저거하는 사람도 있는데, 어떤 사람은 기회 삼아 아무것도 아인 거 가지고, 그때 엄한 짓, 추한 짓, 뭐 좀 못된 짓 해 놓고 같이 또 보상 탈라고 이래가 저거하는 사람도 또 있어요. 마카. 그래 오는 걸 늘 손가락질하고 이러는데. 참 뭐 어디 냄새나면 다 파리들도 달려든다고 이러는데. 그게 참 사건이 여러 사람이 같이 있던 사례라도, 뭐 이래 "와~" 할 때는 하고, 벌 받을 때는 다 "내 아이라." 카고 그렇더만은.

그래서 원갑이하고 내하고 최후 진술할 때 그랬어요. 원갑이도 그렇지만은 우리는 그랬다고. "모든 책임은 내가 지겠다."고. 형을 저거하는 대로 지고, 내가 책임지겠고. 그걸 가지골라가여 뭐 역사에 어떻고 이거보다도 여기 있는 거는 가지골라 "아, 이 사건이 나로 인했다 카면 내가 그 책임 다 지겠다."고. 우리가 이런 얘기를 하골라가 참 담담하게 저거했는데[재판에 임했는데], 끝이 뭐든지 좋아야 돼요. 사건이 일어나가지고 그날 이후, 그로 인해 복지 시설이 되고, 그래가지고 이 사회에 경각심을 이루고, 어용 노조가 좀 벗어나고, 그래도 뭐 복지 문제에 관심을 두고, 또 뭐가 좀 향상되는 삶이 이루어져야 그래도 우리가 조금 의미가 있고 한데. "그거 뭐, 그때 잠시 난장판 벌리고 아무것도 아이구나." 이런 소리 혹시 또 나고 이래 하면, 좀 마음이 아플 거 아인교?

그래서 이제 군수들 늘 와가지고, 책임자들이, 군수 오고. 이번에는 카지노 회장도 안 왔더만. 사장도 안 왔더만은. 군수들이 와가지고 말만 막 그러지 말골라가여[말고] 계승 발전시키고, [그게] 뭔가 하나의 기틀이 돼가지고 여거 아이었으면 사북 카는 것도 없었다[는 것을 보여 주었으면 해요]. 뭐 사북에 카지노 들어서가지고, 땅값, 전에는 폐광되면 사방해 주고 다 이래 해야 돼요. 돈 가지고 다 해야 되지. 그거 몇 십만 평 되는 땅 한 평에 돈이 얼마라요 그게? 사북에 그 강남보다 더한, 사북에 은하빌딩 같은 거는 그게 한 평에 1,000만 원 넘는다 카이끼네. 그게 돈이 어디요? 그게 사북사건 아니었으면. 그것도 그거 항목에 열 몇째 항목에, 제일 끝에 항목 아인교? 카지노 섰는 것도. 다른 기업 들어올라 카는데마, 세월이 좋지 않으이끼네 이거 뭐가 안 되고, 그러이 카지노가 늦게 들어섰는 거 아이요? 지역민들하고 광부 후예들 그거 좀 뭐 취직시켜가지고 좀 살도록 하라고 이래 했는 게, 조금은 하고 있지만도 다 그래 안 믹여[먹여 살려]지대요. 그래 이제 좋은 방향으로 조금은 노력해가지고, 조금 뭐 향상돼야 돼요. 그렇지 않아도, 늦게라도 다른 데 발전되면 여도 되겠지만도, 그래도 그때 그 일이 있어가지고 뭐든 생각해지노 카고 그런 깨치는 게 있어야 돼. 뭐 발전되는 게 있어야 되지. 저도 1년에 한 번씩 오고 싶어가 이래 해야 되는데, 늘 걱정스러워요, 오면.

아, 이게 계속 유지가 잘 될지 걱정되세요?

속담이 있잖아요. 수풀이 있어야 도깨비도 난다고 이러는데, 사람이, 항상 사람이 모여야 돼요. 사람이 모여야 말도 듣고 얘기도 하고 공감도 형성하고 하는데, 사람이 줄어들면 아무리 [애써도] 뭐, 관심을 좀 덜 주는 거죠.

◇ ◇ ◇
노조 활동과 동료

이원갑 선생님하고 신경 선생님은 약간 성격이 다르신 거 같아요.

[이원갑은] 좀 와일드하고. 와일드해요. 왜냐카면 자기 얘기도 듣고, 내가 같이 이래 얘기를 하면서 오랫동안 지내왔거든요. 노동조합에 대해서는, 그 사람이 전에는 아는 것만 있어도 노동조합에서는 발 들룬[들인] 지가 여가 처음이고, 나는 그전에 한 4년, 5년 전부터 노동조합에서 대의원 생활하면서 조금 책도 보고, 그 흐름을 좀 알고 있었어요. 위치는 나는 일하는 최하위에 있는 후산부고. 이래 되이끼네 그 사람하고 내하고가 알게 된 거는 대의원 선거 끝나고 지부장 나와가지고. 이제 그 판가름이 나거든. 하마 선거 때 되면 어느 게 회사에서 돈을 받고 운동하는 사람이고, 어느 사람은 저거한다는 걸, 하마 이게 선이 그어져요. 기름과 물처럼 이래가 돼요. 어디는 뭐 회사 아무리 해도 좀 안 될 거고, 우리 같은 데는, 화절항이나 이런 거는 카지노 이제 그쪽으로는 읍에서 멀리 좀 떨어져 있거든요. 떨어져 있어가지고 이런 데는 조금, 참 우리 같은 사람이 자생하기 조금 쉬운 편이고, 회사 가차운 데는 좀 어렵지요.

그러이 이 보면 쪼매 골짜기에 있는 사람들은 좀 많이 됐고, 이쪽인 사람은 좀 덜 됐는데, 거기는 선거 때 돈이 있어야 되잖아요? 있어야 되는데, 회사에서 그때는 돈 100만 원씩 뭐 이래가지고 막 노리고 나눠 주고 이래 했거든요. 그 사람들. 그런데 우리 같은 사람 뭐가 있어요? 뭐 생활하기도 바쁜데[빠듯한데], 우리는 일단 말뿐이고. 말이 안 통해요, 잘. 왜냐카면 일부는 이러지만도, "저 사람 말뿐이다." 카거든. 그래도 고무신 한 컬레 주는 사람하고 안 주는 사람하고 [같나] 뭐 이랬거든, 그때는. 그래도 나는 파업 경력이 좀 있어가지고 '아, 저 사람은 해도 뭘 조금은.' 저거라고. 나는 일일이 하는 일을 저거 입항 전에 모아 놓고, 30분 동안 일어난 일을 가지고, 우리가 해야 될 일, 조합원이 해야 될 [일이] 뭐 이래 있다는 거를 소명을 해요. 그래 딱 이 사람들이 '아, 오늘 가면 뭐 하고, 우리가 뭐 해야 된다.' [생각을 하지]. 그래 내가 "이러이러한 문제는 내가 한계가 있으이끼네 여러분이 협조를 해 달라." 뭐 이런 얘기를 수시로 이 사람들, 조합원들하고 가찹기[가깝게]. 그래가지고 쉽게 접할 수 있는 게 그런 거고.

그래 이제 생사고락 카는 거는 참. 우리 구사요원도 이래 있어가지고, 내가 어디 뭐 자리 하나 차지할라고 이래 하는 게 요만치도 없었거든. 또 내 위치가 거서는 근로자 주제에 제일 하위고, 내가 조금 부지런하고 열심히 했다는 그거뿐이지. 내 위치는 대한민국에서 제일 하빠리[하바리]요. 그래가지고 얘기가여, 우리는 '아, 어디든 군중 속에서는 요게 진실이라는 거는 시간이 흐르고 가치 있으면서도 가지고, 말을 행동으로 옮겨야 되겠구나.' 카는 이런 게 먹혀 드갔어요. 그래 이제 어려울 때 좀 용기도 내고, 뭐 잡혀갈 때 잡혀가더라도 얘기할 수 있고, 겁낼 필요 없고, 떳떳하게 있으면 [된다고]. 안 그러면 집에 가가 보따리 싸가 가든지. 그라면 있는 동안은 우옛든지 자기 위치에서는 할 일을 해야 되지, 뭐 이름만 가지고 거 있으면 뭐합니꺼? 그래. 나는 그래도 이 역사 편찬 이런 기, 나는 참 고마운 게, 다른 사람이 다 꺼리고 어려워하는 데 이런 자리 지키고, 그래도 참 뭐 원고지 서로 엮어서 다스려가지고 조금 이래도 밝혀가지고 좀 밝은 사회 만든다 카는 거, 얼굴이 훤하이 되이끼네 늘 만나면 반가워. 오늘도 갈라 카이 디게 반갑더라고. (면담자 웃음)

(웃음) 그런 차원에서 이원갑 선생님을 동지로서 평가한다면 어떻게?

아이, 그런 사람은 있어야 돼요. (면담자 웃음) 조직에는. 또 더더구나 이 광산 근로자들 저거하는 데는 그런 사람이 꼭 필요해요. 왜냐카면 다른 사람들이 보고 그 사람을 가지고 '아, 저 사람은 그래도 다른 데 치우치지는 않는다.' 치우치지는 않는다[고 생각하는] 이런 게 있거든요. 그런데 우리 같은 건 오야 사람들이 보기에는 "저거 이리 갔다, 저리 갔다." 하거든. 소위 얘기하는 거 하나 보면 중심도 못 잡고, 양다리 짚고 막 그라는데, 이제 그런 게 많아요. 그런 게 많은데, 더더구나 선거 때 되면 최고 많아요. 어떤 때는 순한 양처럼 카다가, 어떤 때는 저거하고 막, 이 사람은 "아이고, 할배." 카다가 이 사람은 "형님요." 카다가. 보면 막 속 다 들바다[들여다]보는데. 선거 여러 번 해 보면 다 알아요.

이놈 여 갔다가는 또 저 말하고, 여 갔다가 저 말하고. 그것도 이제 우예 하나 카면 자기들 참모들 다 있거든요. 여 가 있으면, 절마[저놈]는 하마 저거 뭐 카면 "일마[이놈] 사기꾼이다. 저거 하마 오거들랑 그 곁에 가지 마라." 얘기를 다 해 줘요, 지나가면. 근데 원갑이 같은 사람은 약자를 어디 뭐 눌리는[누르는] 그게 없어요. 또 강한 자에 대적하고 싶고 막 이런 게 있으이끼네. 내조만 해 주면. 제일 고생인 게 저 사람 부인이라. 아[아이] 열 놓을 때까지 "여보." 소리 별로 안 해 보고 살았으이끼네, 그거 뭐. 오죽하면 학교도 옮기고, 여러 가지 참. 자기하고 내하고 그거를 모르고 이래 했지만도. 광산이 거친 데라요. 자기 아버지 때부터 거기 광산하고, 뭐 조부 때부터 카든가 이래가지고 3대로 했다 카이끼네, 거기서 보고 듣고 느낄 게가 별로 없어요.

요즘은 그렇지만도, 그때 80년도 이전에 60년, 70년대서는 거의 여기가 약간 깡패들, 거의 말하[자면] 불량배들의 집단 은신처라. 그때는 와일드한 사람이 없으면 못 살아. 그러이 지역 지부장, 조합장들이 거의 주먹 세계에서 자리 잡고 있었다고. 거기 소소한 사람 얘기해 봤자 쫓겨나가는 수[밖에] 없어요. 어떤 때는 막 독한 놈 가지골라가, 뱀 잡아와가 밤에 불 탁 켜가 뱀 여[넣]어가지골라가여 쫓겨나도록 하고. 또 어디 뭐 다이너마이트 가지고, 그 돌 밑에 터준다고 일부러 와가 위협도 하고. 뭐 이래가지고 사람이 생명 유지하려고 하는데 그거 뭐, 임마들이 자기 적대 세력 있으면 깡패들 동원해가, 조폭들 저거야 죽든 살든 명대로 저거하잖아요.

그런 게 막 많았어요. 처음 우리가 간드레 들고 이래 갈 때는, 거기는 뭐 백운산 호랑이 카고 이름을 이래 저거했거든요. 어디 인권이니 뭐니 이런 문제 꺼내[지]도 못했어요. 거 우리가 오래 있으면서 이래, 점차적으로 뭐라도 하나 좀 살아보겠다고 이래가지골라 세월이 변해가지고 자꾸 변하는 거지, 그 사회는 그런 사회였다고요. 그러이 그 폭동 같은 거 한 번 났대면 그게 폭동이 되는 거. 그게 데모가 아이라 폭동이 돼 뿐다카이.

책에도 지역 불량배 누구 이름이 나오던데, 어쨌든 그런 세력에게서 노조나 이런 걸 보호하기 위해서 그런 분들이 좀 필요했단 말씀이신 거죠?

예. 조직이거든요. 모든 사회에, 선거 문화에서는 조직이 우선이라요. 근데 조직을 저거할라[만들려고] 하면 자기 그룹들이 있어야 돼요. 조행웅이 같은 이런 사람들이 뭘 했나 카면, 장성에서 온 사람들이 자기 그룹이 돼 있었어요. 지금 서울에 가고 오고 한 사람들이 전부 장성광업소, 대한석탄공사서 이리 와가지골라가여 모인 그룹들이 주로 많았어요. 많고. 또 나는 동원탄좌에서 69년도에 가가지골라가여, 거의 거기서 생활하고 다른 데 가 보지 않고 있는 사람들이, 자생적으로 있는 사람들이 반쯤 있고 이래 했는데. 석공에 오래 있다 보면 닳고 쓰고 다 안다고. 조합 운영이라든가, 리드자가 뭐 하고 하는 걸, 그걸 다 경험하고 온 사람들이야. 우리는 조금 덜 깨어 있었고, 이 사람들은 좀 깨어 있었어요.

그렇다고 해가지고 이원갑이가 노동운동하는 사람도 아닌데, 여기 와 보이끼네 허점이 생기는[보이는] 거라. 그 주위에 사람들이 오이 "원갑이, 자네 한번 위치 해 보라" 카고. 이제 우리 같은 사람은 그러듯이, 저거 뭣 하면 좀 "사람 몇이 포섭하그라." 카고. 또 "문제 있으면 얘기하라." 카고 나를 보내는 거라. 나를 보내고, 나는 내가 맞아 주고. 그러고 뭐 해결될 거는 해결돼도, 무슨 뭐 가고오고 하고, 반대할 거는 분명히 반대하고. 안 되면 가 와가지고 소리 치골라가 우리가 퇴장도 하고, 안 되는 건 뭐 이래도 하고, 할 수 있는 데까지는 하거든.

그런데 첫째, 조합원들이 알아야 돼요. 뭘 알아가지고 "조합장, 왜 이래노?" 카고 뭐 해야. 깡패도, 그것도 동원하는 데만 하지, 회의하고 저거 하는 데는 깡패가 필요 없어요. 이제 위협주고 뭐 이래가지골라 위화감 조성하고 마카 이런 거지 뭐. 진실을 알고 하는데, 바른말 하고 하는데 "니 인마, 왜 바른말 하노?" 이런 사람 거의 없거든요. 저거도 양심이 있으이끼네. 그래 하마 말로 해뿌는데 뭐. "아이, 조합에 가이끼네 어느 깡패 비슷한 놈이 와가지고 이래 마 방해하더라"고 얘기 해 뿌면, (웃음) 그사람이 말을 해야 돼요. 힘 모자라면 말이라도 해야 되지.

◇ ◇ ◇
항쟁의 키포인트

짚차로 경찰이 치고 나가는 바람에 "경찰이 광부를 차로 쳐서 죽였다."라고 이야기가 돌았잖아요. 이거는 일하다가 다쳐서 죽은 것도 아니고 심지어 경찰이 차로 치고 지나갔다는 얘기를 처음 들었을 때 사람들의 생각이나 감정이 많이 달랐겠네요?

예. 그거 자꾸 반복을 하는데, 사북항쟁의 주 키포인트가 거기 있어요. 그때 내가 직접 치인 사람을 병원에 데려 주고 했는데, 원일오라고 있는데, 이제 경찰들이 늘 회의 때마지[때마다] 참석을 해요. 오라 소리도 안 하는데 뭐 임의적으로 참석해가지고 위화감을 조성하는 기라. 대의원이 어느 누가 와가지골라 무슨 얘기를 하고 뭐 한다는 걸 동태 파악을 항시[항상] 보고를 하고, 이래 해요. 이래 하는데 그때는 계엄 시대라 그렇지만도, 그전에도 불만이 많았어요.

왜 많았나 카면 주로 임금 때문에도 문제고. 주로 돈 때문에 왔으이끼네 임금 때문에 제일 문제고, 그다음에 이제 후생 시설 때문에 문제라. 자재 같은 거 이런 걸 가지골라가여 보안 시설도 좀 하고 이래 해야 되는데,

그게 소홀하고. 주로 두 가지가 이래 많았고. 이제 조합비 내는 걸 가지골라가여 투명하게 집행을 안 하고, 뭐 저거 놀러 다니고 뭐 어떤 얘기를 들으면 서울에 집도 샀다 카고 이래 하이끼네, 투명하지 않으이끼네. 그것도 이제 대의원이 얘기를 해가지골라가 예산 집행을 하고, 결과도 보고하고, 뭐 추경이라면 뭘 가지고 추경한다고 [근거가 있어야 하는데] 이 사람 돈 쓰기 위해 관 항목 변경까지 한다고. 돈 남으면, 어느 항목에 남으면 관 항목 변경을 해가 그걸 가지고 조직비 같은 데 뭐 이래가지고 다 써 버리고. 내도록 연말 되면 이월되는 금액이 늘 동그랑땡[0원]이라. 그러이 돈을 우예 그래 맞춰가 잘 쓰는지. (면담자 웃음)

그래가지고 이 불만이, 늘 어느 회사든 가면 다 불만이라. 삼성이야 불만 없지만도, 삼성에 입적하면 빚도 막 받으라 카는 사람이 있다고. 남의 채권만 저거 해라 카는 그런 사람이 두 달, 석 달도 못 가요. 다 보따리 싸가 온다고. 이러는데, 여기는 또 더더구나 위험성을 갖고 있고, 또 어용화 돼 놨으이끼네 조합에 대한 불만이 늘 끓고 있었는데. 그래가지고 차에 치인 것도, 그때 사람들이 군중 심리에 내도록 1년을 끌어가지골라가여, 직접선거를 하라 캐가 진정서 해가지고 직접선거 승인을 받고, 또 직무대리를 [임명해]가지골라 다 했는데, 그거 1년을 끌어도 해결 안 해주이끼네 막 끓어 있는 거라. 이거 뭐가 터질 거 같은데.

그래가지고 경찰이 가가지고 또, 그때 의심나이끼네[의심스러우니까] 거 가가지고 "당신 경찰이지?" 카골라가여 사람들이 막. 광산에 또 우악스러운 사람들 많거든. "저거 잡아라!" 마 이래 카이, 임마들 창문을 넘어가지골라 차 타고, 그 앞마당에 갖고 온 차 그거 타고 가는 걸 사람 너[넷]이서 막았는 기라. 막으이, 저거 살라 카이끼네 [사람들을 치고] 나가 버렸어. 그거 대퇴부 여기, 원일오라고 여기가 나가 뿌이, 차 틀어 가 뿌이 뼈가 다 뿌러지고 카이끼네 "사람 죽였다! 경찰차가 사람 죽였다." 카이 마 삽시간에 막 벌떼처럼 다 모여들어요. 그래가지고 기폭제가 돼 뿌렸는 기라.

왜냐카면 그게 늘 곪아 터져가, 이제 이 정부에서 경찰이 회의하는 데 간섭하고 위화감 조성하고, 맨날 이 사람들이 회사 사주를 받고, 조합장이 조합비 내는 거 가지고 인마들 보호하기 위해 조합비를 [쓰고]. 경찰이 조합에 뭐 하러 오노 말이지, 조합에. 그러이 위화감 카는 걸 안 겪어 보면 몰라요. 사람들이 죄의식 없어도 경찰 보면 혐오감을 느낄 때가 있다고. 요즘은 '민중의 지팡이' 카고 있지만도, 이 사람이 약점만 잡는다고 뭐든지. 사람이 뭐 이래 와 가지고 "왜요?" 카면 "이 자슥이 왜 또 반항하노?" 카고 막.

(웃음)

그러이 이거 가지고 사람이 하마 범죄시한다카이끼네. 요즘 같이 깨어 있고 사람들이 자꾸 배우고 뭐 이래 하이 그렇지만도, 그때 시대는 마카 못 배우고, 마 주먹이 판치던 시대고 뭐 이래 났더니 하마 막 몰려가지고 저카고[저렇게 하고], 나중에 책임질 사람은 없고. 그래가지고 린치 사건이 일어나는 게 마카 그 가운데서, 이 사태라는 게 그렇다고요 마. 여러 군데서 여러 사람이 오다 보이끼네 엉뚱한 얘기가 발생하기도 해요. 뭐 광주 5·18도, 저 때도 보면 우리 편에서 얘기하는 사람들은 다 그렇고, 또 그편에서 얘기하는 사람들도 억울한 사람들도 많아요. 그래 이제 보이끼네 "사람 죽이고 했는 거는 잘못 아이가?" 마 이래 된 거라고. 그럼 그 쪽에도 죽고 또 그러는데.

그래 이재기 쪽에도 그렇다고. "김○이가 뭐 어디 조합원 욕을 했나? 왜 야단 지기노?" 이카거든. 그런 사람도 있다카이. 그것도 이제 보호하기 위해 그럴 수 있는데, 사람들이 일방적으로 다른 건 다 [젖혀 두고] 인권 유린이고 임금이고 뭐고 다 고사하골라, 린치 사건 가지고 막 "폭도들이, 폭력배들이 저질렀다."[고 떠드는 거야]. 그러이 그거 가지고 이 사람[탁경명]도 이제 부채질한 거라. 계속 이렇게 그냥 부채질한 거라. 처음에는 "고문당하고 혼났잖아." 이랬는데, 내 취재해가지고 중앙일보에서 딱 내려갔는데, 그날 딱 스톱돼 뿌렸는 기라. 이 사람도 중앙일보 기자였잖아요? 이래가지골라가 고문도 당하고 이래 했는데.

어느 날 갑자기 이재기하골라 회사에서 뭐 받디[받더니] 책 내고 뭐하고, 전화 오고. 사람이요, 참 처신 잘해야 됩니데이. 그거 시간이 되면 다 밝혀져요. 그것도 우옛나 카면 오래돼가지고 뭐 합의시켰다고 해가지골라가 야단 지기고, 다 불러가지고 저거 노래 부르고[많은 이야기를 했다는 의미]. 내한테는 그저 책 가지골라 "이래 했습니다." 카고 이러더라고. 뭐 그러면 너거야 뭐 합의했든 우옛든. 보이 참, 사람이 간신 카는 기···. 배워도 잘 배워야 돼요. 처신 못하면 그게요, 아주 욕 얻어먹어요. 역사편찬이고 뭐라 카면, 진짜 이편도 듣고 저편도 듣고, 참 잘해야 돼요.

◇ ◈ ◇
사북 근무 당시의 아쉬운 점

사북에서 있으실 때 선생님이 좀 힘드시긴 하셨어도, 종업원들은 선생님밖에 믿을 사람이 없다고 말씀하셨잖아요.

내 주위에 나를 아는 사람은 그래 인정을 많이 했어요. 내가 어디서 붙들려 갔다 하이끼네 사람들이 전신에[전부] 다 모여가 "와 우리 놔놓고 신경이만 붙들어 가노?" 막 이런 얘기 들릴 때, '야, 그래 나는 헛되게 안 살았구나.' 뭐 어디 내가 잘해서[라기]보다도 그 사람들 말 한마디 전해 준 것뿐인데, 그래도 내가 붙들렸다 하이끼네 저거가 힘이 있든 없든 와가지골라 얘기라도 해주이끼네 뭐 그래 다 용기가 나는 거지. 뭐 우예든[어찌됐든] 용기 나는 거지.

돌이켜 봤을 때 조금 아쉽다 하는 순간이 있으세요?

[아쉬웠던] 순간 많지요. 왜냐카면 이재기 같은 사람 조금이라도 마음

을 돌려가지골라가, 좀 우리하고 대화를 해가 자기가 조금이라도 한 발짝 양보만 했으면 큰 사태 안 일어나고도, 획기적으로 발전이 안 되지만도 점차적으로 달라지는 모습을 보여 준다 이기라. 그러고 또 이러잖아. 회사도 이리 많은 걸 가지고, 이재기도 이만치 양보했네. 우리도 다는 못하고, 우리도 한 발짝 빼고. 이게 타협이란 건 서로가 양보가 있어야 되는 건데. 뭐 어느 정도는 이래가지고 타협하고, 이 선에서 점점 나아지도록 노력하는 걸로 하자. 이래 하면 뭐가 조금 된다고.

근데 딱 부러져야 아픈 줄 안다카이. 딱 부러져야. 안 그랬으면 자기 부인 자기 믿골라 여태 왔는 거, 자기 부인 린치 사건이니 뭐 그거 있을 리가 어디고? 우리 교도소 있을 때, 딱 린치 사건 그것만 하나 가지고, 교도소 있는 전체 다 모여가지고 그것만 보여 주고 "이런 난동주의자들이다." "죽일 놈들이다." 이런 선전만 계속하고 있으이. 그거 뭐 우예요[어떡해요]? 사회 홍보라는 게 얼매요[얼마나 강해요]? 신문에 나왔드라, 테레비에 나왔드라 카면 마 끝이라. 아직도 그런 게 많이, 저 얘기를 하는데 뭐. 그때도 그런데, 요즘도 그거, 아까도 우리 얘기했지만도 선거 때 돼가지고 뭐 얘기를 한다 해가지고 '뺄개이[빨갱이]'라는 소리. 뺄개이가 하마 언제 뺄개이인데, 지금 뺄개이 말이라? 요즘 빨갱이가 무슨 뭐 눈이 빨가니 빨갱이가?

이재기 씨는 나중에 잡히긴 잡혔어요?

예. 잡혀가지고 같이 갔잖아. 같이 붙들려가 같은 방에 있었는데. 그 사람이 우리보다 덩치가 많이 크거든. 많이 크고, 한 80키로 이래 뭐 나가이끼네 옷도 막 이래가지고, 막 이래 이래 있고. 우리보다 더 처참하게 저기했지[당했지]. 우리는 우리끼리 눈짓이라도 이래 했지만도, 그 사람은 거 가가지고 완전히. 그래가지고 6개월 받았어요, 그 사람은.

그 사람은 뭘로?

공금 횡령 뭐 이런 거가지고 6개월 받골라가 나왔지. 6개월 받고 원주서 나온 사람이 몇이 되고. 3년, 2년까지 꼬박 산 사람은 세 사람뿐이라. 그래 나는 제일 저거한[고생한] 사람이 아쉽고, 좀 저거한 사람이 어디 가든 위증을 좀 하지 말았음 싶고. 같은 동료로서 조행웅이란 사람, 그래가지고 그 마음을 못 새겨[삭혀]가지고 간암을 저래가지고, 저카면 저거. 내가 마지막으로 붙들고 오는데, 참 마지막 그거. 그거 한 번 보면, 《먼지, 사북을 묻다》 끝에 장면에 나오는가. 그[거기] 나와요. 그 사람이 마지막으로 죽어 가면서, 거짓 같은 거 좀 하지 말고 이러자고. 이랬는데, 그 사람도 사실 배운 건 별로 없고, 이원갑이하고 처갓집 친척이라. 그래 놨더니 열렬하게 또 원갑이를 응원을 했고, 막 이랬는데. 마지막 저래 되고 보이, 참 안 됐더라고. 안 됐는데, 그거 뭐 외동아들에, 형제 많다고 안 귀한 사람 있겠냐만도 외동은 또 더 저거하잖아[귀하잖아]. 또 마음에 좀 더 절잖아[절절하잖아]. 그런데 거서 나중에 부인을 만나 보이, 참 그렇더만.

당시에도 '주모자라고 정해 놓고 이렇게 하는구나.' 하는 거를 알고 계셨었어요? 어떻게든 잡아넣으려고 한다는 걸?

처음에는 그런데, 나중에 변호사 접견하고 그래 얘기를 하더라고.

아, 그렇게 만들어져 있다고.

그때 변론을, 임광규 변호사가 변호를 참 잘했어요. 그런데 그 사람이 그때는 그편이었는데, 나중에 보수 성향으로, 민변 회장을 하면서 또 바뀌어 뿌대. [보수 성향으로] 바뀌어가지고 비난을 많이 받았어요. [그때 임광규 변호사가] 얘기를 하더라고. 주범은 우예도 안 된다고. 우리는 또 혹시 검찰 출신은 되나 싶어가지고 정 변호사라고 다리 좀 절룩 저는 사람도 군에 [대해] 좀 안다고, 그것 또. (웃음) 아이고, 변호사 백번 해도 말 한마디 안 불러 주는데 뭐. 그래도 우리나라 사람들은 변론 카는 게 변호사면 다 되는 줄 아는데, 안 되는 거라. 변호사는 법에 어긋나는 것만 가지고 하지, 저지른 걸 우예 다 할 수 있나. 그러이끼네 자기 죄 지은 만큼만 가지골라가 보호해 주는 거지, 죄 없는 거 가지골라가여 죄 있다 카는 그런 부분을 변론하는 거지. 변호사 있다고 다 내보내면 되나, 안 되지. 그러이끼네 사람들이 인식을 그리 해야 돼.

◇ ◇ ◇
항쟁 이후의 변화와 폐광

폐광하기 전에 사북에 다시 가 본 적 있으세요?

폐광하기 전에? 갔지. 폐광할 때는 이제, 해맞이[해마다] 가이끼네, 우리가 해맞이 그거 가이끼네 그때가 몇 년도고? 폐광하고 그 사람들 한 사람 뭐 1억씩이가 이래 받았어요. 이래 1억 이상 받골라가여 폐광하고 이랬는데. 그때 그 이연 [회장이] 동원탄좌에서 돈을 벌어가지고 이제 뭐 유전개발도 하고 뭐도 하고 이래가지고 돈을 꽤 들고 있었는데, 이게 이제 돈이 될 만하이 다 걷어[걷어] 가서 그랬는데. 요즘 수갱항 카는 게 있어요. 크게 있는 거, 이거를 철거할라 캤는데 여서 반대를 했어. 반대를 하고. 이 사람들이 "그거 아이라도 [괜찮다]." 했는데, 이번에 가이[가니] 유네스코 등재할라고 마카 저거하더라고. 그 노력을 하고 있더라고. 왜냐 카면 항도도 그렇고, 보전해가지고 그걸 관광지로 뭐 이래 저거[개발]할라고 하이원에서 노력하고, 사북에서도 많이 노력하고 이랬는데.

그때 가 보이, 참 세월 흐르이 저래 보이까 빈 광차도 큰 거 있고, 또 우리는 상상도 못했는데, 탈의실. 우리 와 뿌고[사북항쟁] 난 뒤에, 뭐 한 100명 이상, 200명씩 탈의실도 다 만들고. 우리는 그거 구경도 못했어요. 우리 그 광산에 80년대 그때 있을 때는 고양이 얼굴 씻는다고. 탄 가 오면 그저 눈만 이래가지고. 오죽하면 학생들이 그림 그리라 카면 물을 까만칠

하고 그랬다 카이. 물을 까만 거 외에 더 봐요? 탄광에 물이. 목사 하는 우리 아들이 [최근에] 거 처음 가 보더니 "아이고, 여기는 좀 맑은 물이 흐르네요." 그러다 보이 '야, 이거 세월 흐르니 참 여기 이것도 이제 폐광이 되는구나.' 싶은데. 여기서 참말로 애환도 많았고, 산업화, 도시화를 거쳐가지고, 여기서 숱한 사람이 애환이 있고 죽어 가고 살아가고 하는데, 그 내에서도 부자 된 사람도 있구나. 참 이게 마음이, 참 이래 보게 되더만은.

그리고 사북항쟁 있고 난 후에 드디어 복지라는 게 생겼다라고 말씀을 해 주셨잖아요. 거기 남아 있는 사람들도, "아, 그때 투쟁이 있었던 덕분에 이제 우리가 좀 살 만해졌다."고 얘기할 때, 특히 어떤 점이 제일 좋다고 말했는지 기억나세요?

그때는 학자금을 우선 지급하고. 회사에서 돈을 냈는데, 40억을 냈는 거 그거 가지골라 조성을 해가지고 연차적으로 학자금 저거하고. 또 공약에 의해가지골라가여 카지노, 다른 기업은 사양업이라가지고 안 하는데, 카지노 들어서가지고 사북 광업소 근로자에 한해 가지고 3분의 1은 채용한다는 그거를 이제 준수하고 있고. 그런 점에서는 우선 시행을 하고 있으이끼네, 뭐 오갈 곳 없는 사람은 저하고 있더만은. 이 복지 후생 카는 거는 뒷전이었어요.

왜냐카면 생산이 우선이었고, 그러이 그때 한국 사람이 늘 그렇다고. 사우디 갈 때도 그렇지만, 리비아 가고, 죽을동 살동[죽을 둥 살 둥 하는 거밖에] 몰라요. 돈 얘기하는 게, 그것도 막 시급이고 이래 하거든요. 근로 조건 같은 게 이제 시급, 일급, 주급, 월급이 이래 있는데, 그거 정하기에 달려가 이래 하잖아요. 하는데. 나도 얼마 전에 뜩 보이끼네 네팔 사람이 어디 가가지골라가여 돼지 똥을 치다가 질식해가 둘이가 죽고 막 이러더라고, 외국 사람이. 그 사람들이 여 와가지고 일하는 걸 내가 참 가슴 아프게 생각해요. 근데 그 사람들은 즐겁게 생각해요. 내가 있는 그곳에, 경주에 천북 카는 데 천북산업단지가 있어요. 그곳에 가면, 뭐냐 카면 3D 업종이라고 얘기하지요? 다 싫어하는데 외국 근로자들만 소복소복 그 기숙사가 있다고. 기숙사가 있어가지고 사람이 밥 먹고 일하고, 노조도 없이 마 그래 이용하는데. 그거는 냄새 디게[되게] 나고, 또 철가루, 먼지도 디게 나는데, 사람이 마스크 줘도 힘들어요. 근데 거기는 누구든지 가면, 배겨만 내면 한 달에 300만 원은 받아요. 네팔 사람 이런 사람, 또 저기 우즈베키스탄, 뭐 이런 데 덩치 큰 사람이고. 여 캄보디아나 이런 데 사람은 약하거든요. 이런 사람은 그런 데 또 오래 못 있고. 그거는 농공단지 같은 데 가가 이래 하고, 그런 데서 뭐 짐도 지고.

　이제는 한국 사람 게을받아가[게을러서] 아들 하나 가지고 노가다 보내도 쉬운 일을 안 시켜. 아니, 노가다 보내도 않아요. 아들 하나라고. 가 보면 험한 일 하는 사람은 다 외국 사람이라. 여름에 덥고 땀난다고 짐도 안 지고 이러는데, 전에는 짐 지는 게 [뭐라고] 그까이 거 물불 안 가렸거든요. 우리 저거할 때는 그까이 거 아무것도 아이라 카고, 건강 생각도 안 했다고요. 돈 되면 그거가지고 가는 기라. 그 돈 한 푼 벌어가지고, 아들 학교 갈 때 월사금 카골라 [주고]. 학교 갈 때, "아버지, 돈." 칼 때 "돈 그 거 어디 가가 누 집[누구 집에서] 빌려 가라." 빌려 가라 소리 그거 진짜 못하거든. 그랬는데 요즘, 우리나라 사람들이 사우디 가고 리비아 가가 돈 벌 때 그래 벌었듯이, 외국 사람들 우리나라 와가 200만이 넘는 사람이 활개를 쳐요. 활개를 치고. 이 사람들이 앞으로는 우리나라 거의 이끌어 갈 거예요. 왜냐카면 자식을 3인 이상 놓는[낳는] 기 야들이에요.

그러니까 요새는 자녀를 되게 아끼고 험한 일을 안 시킬려고 하는데, 선생님 자녀분들은 특히 사회봉사나 사회공헌 쪽으로 많이 활동을 하셨잖아요. 그게 선생님께서 이렇게 투쟁하시고, 수감되시고, 읽은 책이나 이런 거에서 영향을 받은 게 있는 거예요?

　뭐 있지요. 나는 다른 거 이거보다도 자녀들한테, 셋째 아들이 학교 다니면서, 울산대학을 나왔는데, 거기서 학생회장을 하면서 집에 돈을 거의 안 가[져]갔어요. 전[전부] 알바하고. "오늘 가이끼네, 어디 천장 공사

하는데 먼지가, 코가 딱 막힌다." 그러더니, 이기 무척 어렵게 하더라고. 그래가지고 여 신대원[신학대학원]에 서울 와가지고 할 때도, 그거 고기 굽는 집에 가가지고 판 닦고 뭐 이래가지고 전[전부] 자립으로 그래 하고 했거든요. 애들이 몸소 애써가 하더라고. 대학원까지 나와가지고 이래 하는데. 그래 이제 뭐 우옜나카면, 내가 겪고 나이끼네, 사람이 젊을 때 고생을 해야 된다. 그리고 또 요즘 흙수저니 금수저니 카는데, 나는 그런 거 아들 절대로 그렇게 [안 해요]. 어떻게 하냐면, 내가 실천을 하니까 아들이 말 안 해도 본을 봐요. 저거보다 어느 때든지 일찍 일어나고, 뭘 해도, 얘기를 해도 얘기한 데서 내가 잘했든 못했든 책임을 지고. 원래 우리나라 도덕상 부모의 잘못은 불문율이라고 얘기를 안 하는 거라고.

요즘 아들[애들] 말 안 해도 다 알아요. "아버지는 저러면서." 카고 막 이러면 골치 아프다 카이끼네. 그러이 애들이 그런 게 없어요. 아이고 뭐 "예." 카골라가여 스스로 이래 하고. 그래 나는 다른 사람한테도 권하는 [건데], 뭐든지 손수 몸소 행하고, 그러고 다른 사람 얘기는 하지 말골라 그저 행동하는 것만 보여라. 보이면 다른 사람 본이 되지, 그거 말로 백번 하면 뭐하노? 그거 누가 보골라가여 말하는 거 웃는다 이래 되지. 자기는 안 하면서 손가락질 막 이래저래 한다고. 이게 유교 사상 그게 조금 많아요. 보면 "에헴!" 카골라, 기침 하골라가여 큰소리치고, 뭐 땀 안 흘릴라 카고, 양반 행세만 할라 카고 이런 게 많았거든.

"불의에 항거해야 된다." 이런 것도 자녀분들한테 가르쳐 주셨어요?

그거는 특별히 하지는 [않았고]. 내가 그것 때문에 우리 며느리하고 여 와가지고, [기념식] 행사 때 하마[벌써] 십 몇 년을 꼭 온다고. 바쁜 시간에도 오는데, 우리 막내딸이 내가 신문이고 방송에 나[오]면 그걸 다 요래 가지고, 다 해가지고 모아가지고, 그림 그리고 뭐 이래 해가지골라가여 차곡차곡. 내가 또 옥중에서 편지 써가 온 거 그것도 다 모아가지골라 혼자 내도록 체크하고. 그거 둘이가여 인문학을 공부해가지고 교육계에 있나 이래 낳디끼네[낳더니], 그걸 착실히 한다고. 그러이 이번에 탄원서 보내고 할 때, 큰아들 둘이는 얘기 안 했어. 야는 운동하고, 뭐 이거 저기 경영과를 저거 해가지고 별로 안 했는데. 탄원서는 너거[막내딸네]는 그거 하이끼네, 야[얘]들 둘이한테만 자필로 써라 캐가지고 탄원서를 썼다고. 써가지골라 보냈는데, 뭐 영향이 있든 없든 그래도 쟈[걔]들이 잘 써 주대. 그러이 그게 뭐 하나의 보람이지. 그러이 그거 쓰는 내용 가운데 내가 시킨 건 없거든. 저거가 보고 느끼고, 지금 처하고 있는 거, 내가 각성해야 될 거, 또 그 암울한 시대에 처신을 어찌 했는 걸 가지고 다 기술해가지골라가 그래 됐다고.

그래 뭐 늘 책에고 뭐 이래 좀 나왔는 거, 박철한이라고 아는지 몰라요. 박철한이라고 서강대학에 나왔는데, 사북 논문[27]에. 박철한 씨 거 와가. 그 술도 잘 하더만은. 그래가지고 밤새도록 술도 먹고 우리 얘기를 좀 했어요. [그래 얘기를] 했는데, 한 번 우리 데모한다고 국회의사당에 갔거든요. 국회의사당 가이끼네 그때 그 뭐고? 정의당이가 뭔 당, 그거 사무국장이라 그래 앉아 있데. 그거 뭐 태백 출신이거든. 태백 출신인데, 그거 참 빛을 봐야 되는데 빛을 못 보고 이래 있더라고. 원래 당 카는 게 뭐 그렇잖아요. 선배들 많이 있고. 뭐 내가 도와줄 것도 없고, 마음으로나마 그렇더라고. 근데 나는 조금 미안하고 좀 죄스러운 게, 참 아무것도 아니고, 그기 뭐 하나의 근로자로서 일상생활 해가지고 별로 보탬도 없고 이러는데. 이걸 듣고자 하고, 또 들어 주시고 이래 하이끼네 또 감사하고. 이 진실이 조금이라도 밝혀져가지고 사회에 조금 보탬이 됐으면 싶은 이런 게 있는데. 뭐 내 얘기를 가지골라가여 추릴 건 많이 추려 뿌고, 우예든 한마디라도 진심만, 그거를 가지골라 좀 감사히 생각해 주소.

예. 감사합니다.

---

27 박철한, 『사북항쟁연구: 일상·공간·저항』, 서강대학교 정치외교학과 석사학위 논문, 2002.

황인오

1956년 경북 문경 출생, 함백 이주

1980년 사북항쟁 발발 직후 서울 연락

1980~82년 미스유니버스대회장 점거 미수 사건으로 복역

1985~90년 가톨릭광산노동상담소 간사, 소장 역임

1987년 민주헌법쟁취국민운동본부 정선지부 사무국장

2007년 부천시민연합 공동대표

2015년 민주통합당 정책위부의장

2019년~사북민주항쟁동지회 회장

1. 노동자 생활과 의식 형성

◇ ❖ ◇
어린 시절의 경험과 일화들

고향은 문경이라고 하셨는데 고향 얘기부터 들려주십시오.

고향에 대해서 제가 아는 게 없죠. 정확진 않은데 제가 한 세 살 때쯤 강원도로 왔다니까. 거기에 대한 기억은, 사실은 내가 경상도 사람이다 하는 걸 어려서 들어서 아는 거지 가 본 거는… 처음으로 가 본 게 징병검사 하러갈 때 갔으니깐 거기에 대한 기억이 없고, 나중에 다시 노동 운동 하고 나도 딴에 뭐 기록하고 한다고 하면서 그 탄광촌에 가 보고. 나중에 그건 80년대 이후에 한 게 다여서. 고향으로서의 문경에 대한 기억은 사실상 없습니다. 들어서 아는 것 말고는.

가족 분들도 다 같이 강원도로 나오신 거죠?

그렇죠. 문경에서 처음 이사 간 데가 장성이라는데, 거기서 내 바로 밑에 여동생, 큰 여동생이 거기서 태어났고, 장성에서 태어났다고 하고. 그다음에 여동생이 60년생, 걔부터 사북, 함백에서 태어났지. 우리가 6남맨데 네 번째, 딸로는 차녀인 애하고 삼남이고 사남인 머스마들[남자애들], 셋은 함백에서 태어나고.

장성에서 사셨던 게 기억이 나세요?

아니, 그것도 기억이 안 나요. 함백서부터 기억이 나요. 어렴풋이 그냥 스쳐 지나가는 게 있긴 한데 뭐 거의 기억이라고 할 만한 것도 없고. 내 기억은 함백서부터 시작합니다.

석공 장성사업소로 부모님이 오신 건가요?

석공은 아니었던 것 같고. 석공에 들어가셨으면 함백으로 올 이유가 없었겠지. 아버지가 석공에 못 들어가고, 뭐 주변에 흔히 말하는 쫄따구 덩이, 하청이나 뭐 이런 데 전전하시다가 함백으로 오시게 되고. 그렇죠, 함백 온 게. 장성에서 한 1, 2년 살았을 것 같은데…. 응, 한 1, 2년. 내 동생 태어나자마자 한 1년 채 안 돼서 함백으로 넘어와서, 우리 형이 1960년에 함백국민학교 입학을 했으니까. 내가 62년에 입학하고. 입학한 건 내 확실히 기억하거든요, 학교 간 거. 적어도 59년 언제쯤 이렇게 함백으로 왔을 것 같아요. 내 바로 밑에 동생 58년생이니까. 걔 거기서 태어나고 왔으니까, 뭐 59년 언제쯤 함백으로 아마 왔을 거예요.

그럼 함백에서는 기억이 나시겠네요?

예. 이쪽 건 [함백에서의 기억은] 다 나죠.

어떠셨어요?

거기 함백에서도 지금은 거의 없어진 마을인데, 거기 함백 정선선, 그쪽 태백산 그 복선 구간이 생기면서 없어진 마을인데 미륵골이라는 마을이었어요.

마을 이름에 뭔가 뜻이 있었어요?

그것까진 내가 뭐 알려고 그랬겠어요? 나중에 생각을 해 봤는데, 글쎄 뭐 거기서 미륵이 태어난다는 전설이 있었는지는 모르겠는데.

함백에서는 아버님이 어떤 회사에 다니셨던 거예요?

석공 함백광업소. 광업소에 다닌 걸로 나는 기억을 해요. 동원탄좌 이런 데선 감독이라고 그러는데, 거기선 반장이라고 그러거든. 그니까 초급 관리자. 그 일선 관리자, 최하 하급 관리자인 셈이죠.

직접 채탄을 하시거나 그러시진 않고요?

직접 한 거나 다름없긴 한데, 자기가 직접 무슨 곡괭이질 하거나 이러진 않고, 고런 사람들 보통 반장[이나] 감독쯤 되면은 회사에 따라 다르지만 한 20~30명의 광부들을 이렇게 지휘하는 작업반장 뭐 이런 거죠. 그랬던 걸로 기억을 해요.

학교는 어디 다니셨어요?

함백국민학교.

함백국민학교요? 사택으로 들어가셨던 거예요?

아니, 사택이 아닌 것 같아. 사택이 아니었고. 사택은 그 조동 새골이라는 데가 따로 있었는데, 거기 함백에서는 일종의 번화가 같은 데 거긴 아니고. 우린 골짜기, 그 초등학교를 10리 길이라고 그랬는데, 보통 그 당시에 그 10리 길을 걸어 다니는 거리였거든요?

학교에 같이 다닌 친구들도 다 부모님들이 탄광에서 일하시는 분들이었어요?

탄광에서 일하는 사람들이 꽤 있었던 것 같고, 그렇지 않은 사람들도 거기 꽤 있었어요. 거기는 그냥 농사, 전업 농사라기보다는 농사와 다른 노동에 종사하는 분들도 꽤 있었던 것 같고, 그랬어요.

같은 교실 안에 있다고 하더라도 친구들 사이에서 탄광 지역에서 온 친구들이 있고 또 아닌 친구들이 있고?

그때는 [한 반에] 최소한 60명은 넘을 때니까. 거의 대부분이 탄광에 종사하는 집이었고. 우리 같은 경우만 미륵골이랑 좀 떨어져 있는 데 있어서 광산에 다녀도 석공엔 못 다니고. 석공 하청에 다니는 사람들도 있었고, 아니면 거기로 안 들어가거나 못 들어가거나 이래서 지금 생각하면 굳이 안 들어가도 되는 다른 일에 종사하는, 번듯한 일은 없었지만, 아무튼 그랬던 것 같아요. 그러나 학교에 가면 거의 대부분이 다 광산과 관련된 일을 하는 부모를 둔 아이들이죠. 거의 대부분.

형제분들도 다 같은 학교에 다니셨던 거예요?

아니, 나하고 우리 형만.

왜 여동생은 같은 학교에 안 다녔어요?

여동생이 함백국민학교 좀 다녔는데 그때 집안이 굉장히 어려워져가지고. 이 어렵다는 건 먹고사는 것도 어렵긴 하지만, 그보다는 아버지가 그 석공에서, 그 함백에서 뭘 생각해 보면, 당신도 광산 지겹잖아요. 아마 아버지가 그 함백지서에 잡혀 있는 걸 내가 한 번 본 적이 있[는 거 같아요], 잊어버리고 있었는데. 나중에 생각하니까 뭐냐면 사람이 죽으니까, 책임자잖아요. 말단 책임자니까 그래서 잡혀가 있었어. 지금 생각해 보세요. 그때 60년대 들어가면 그 말단 경찰관들한테 얻어터지고 뭐 그랬겠지.

나는 그런 거 못 보게 했지만, 아마 광산 벗어나고 다른 일 하고 싶었는데, 그래서 우리 외삼촌하고 뭘 발명을 한다고. 그 광산과 관련된 이런 걸 한다고 해서, 발명 내용이야 뭐 대단한 건 아니고. 뭐냐면 그거를 캐프 램프라 그래서 이 배터리 있잖아요. 램프 이거. 그걸 캬푸라고 그러는데, 캬푸를 차면 여기 배터리를, 축전지 배터리를 차면 그 당시엔 기술이 그래갖고 이게 충전액이 새가지고 바지가 늘 이게 떨어져. 잘 떨어져. 따로 집에 잔뜩 있었으니까, 그거를 플라스틱으로 커버를 만든 거야. 별거 아닌 건데 그걸 발명이랍시고 해가지고 만들어서 팔아 볼려고 했는데, 아후 근데 생각하면 그게 조악하기도 하고. 나도 나중에 광산에 일을 해 봤지만, 나중엔 그 자체가 누수가 안 되게 잘 만들었는데, 나 일할 땐 그것도 사실 굉장히 무겁고 걸리적거리고 참 그렇거든. 요거 없으면 일 못 하니까 차고는 있는데, 거기다가 그 플라스틱 그 컵을 하고 하면 얼마나 더 무겁고 얼마나 더 걸리적거렸을까. 그러니까 사람들이 차라리 옷 떨어지는 게 낫지, 그래 못 했던 것 같아요. 꽤 퇴직금 투자를 했다가 쫄딱 망해가지고. 내가 중학교를 진학 못 한 것도 주로 그 때문인데.

여동생은요?

여동생도 학교를 좀 다니고 이랬는데, 그때 사북에선[함백에서는] 쪽 팔리니까 광산엔 다시 못 들어가고. 그때 막 사북이 새로 떠오르는 광산촌이었던 거예요, 그 지역에서는. 그러니까 사북으로 이전하는 과정에서 한 2년 동안 우리가 굉장히 불안정했어요, 생활이. 막 우리끼리 끓여 먹고 뭐 이래야 되는 상황이어서 아이들이 학교를 가긴 갔는데 제대로 못 갔지요. 그래서 사북으로 나중에 옮겨 가서, 거기서 다시 내 여동생은 1학년 일단 들어갔다가 그 다음해에 3학년 되고, 뭐 그렇게 해서 걔들은 사북에서 다 학교를 다녔죠. 바로 밑의 여동생부터 네 명은. 저하고 우리 형만 함백국민학교를 온전히 입학하고 졸업하고.

아버님은 교육을 받으셨어요?

아뇨. 아버지도 중학교 중퇴인데. 아버지도 삶이 복잡한데, 복잡하기보다는 조실부모 해가지고 삼촌 집에서 자라다 보니까 참 진짜 아주 고약한 분이더라.

문경에서 그렇게 사신 거예요?

예. 그러니까 공부를 제대로 못 했죠. 중학교를 다니다가 한 2학년 올라가서 그만둔 거 같아.

계속 일을 하셨던 거고. 아버님 존함은?

중 자 연 자.

황중연. 그래도 새로운 걸 개발해 보시겠다고 하시고, 어떤 리더십이 있으셨던 모양이에요.

딴에는. 아버지는 항상 고졸이라고 하고 다니고 그랬거든. 그때 얘기가 재밌긴 한데 우리 외삼촌이 그때 문경에서, 점촌(店村)에서 초등학교 교사셨어요. 그 외삼촌이 가짜 졸업장을 늘 만들어 줬어, 아버지가 취직할 때. (면담자 웃음) 고등학교 졸업장 이런 거를.

외가는 좀 여유가 있는 편이었던 거예요?

여유랄 것도 없는데, 그나마 그 외삼촌이. 거기도 복잡한 집이지만, 나름대로 아주 뭐 아픔이 많은 집이지만 어쨌든. 그 당시 교통이 너무 힘들어가지고 거기 한 번 갈려면 하루가 온전히 걸리는 데였거든.

강원에서 경북까지 가시는 거죠?

그렇죠. 그래서 뭐 자주 왕래했던 것 같지는 않고, 우리 아버지 쪽 분들보다는 더 자주 왔다 갔다 했던 것 같아.

외가도 그쪽 점촌이시고 친가도 문경이시고, 원래 집안이 다 그쪽이셨던 거예요?

그렇죠. 외가는 탄광하고 아무 상관이 없고.

아버님 일하시는 거 관련해서 생각나시는 게 있으신지.

한번은 아마 매몰됐던 것 같아요, 아버지가. 매몰 한 번 돼가지고, 다행히 오래 있진 않고 빨리 빠져나왔던 것 같은데, 반나절인가 한나절인가 갇혀 있다가 나오셨고. 사람 죽은 것 때문에 그 감옥이라고 해야 되나? 뭐 그것까진 아니지만. 정선 본사까지는 안 갔으니까 뭐 별건 아니긴 하지만, 그래도 하룻밤은 잠 못 자고 얼마나 [고생했는지].

그렇죠. 어머님은 주부시구요?

그렇죠. 거기선 다 주부지 뭐. 다른 거 할 일이 뭐 있어.

그런데 사택에는 왜 안 들어가신 거예요?

글쎄 사택엔 왜 안 들어간 건지 나도 가끔 궁금해. 우리가 사북 가서도 어떤 사택, 사북 사택은 괜찮았던 것 같아. 사북에 가서는 괜찮았던 것 같고 함백에 살 땐 사택을 한 번도 안 들어갔어.

학교에서 동네가 좀 떨어져 있다고 하셨잖아요? 그런 것 때문에 불편하거나 이런 건 없으셨어요? 친구들 사이에서도 "쟤 멀리서 온다. 촌이다." 이런 건 없었어요?

그런 건 전혀 없어. 전혀 모르겠어. 그때 우리 학교 옆에 새골사택이라는 데가 있거든요? 거기가 조동리, 조동리니까 새골이잖아요? 새 조(鳥)자. 조동리인데, 거기 그 당시에 신문에 날 정도로 아파트가 하나 생겼어요.

한 동짜리?

응. 한 동 짜린가 두 동 짜린가 있어. 아시는가 모르겠다. 그래 봐야 2층짜리.

어디 사진을 봤던 것 같아요.

2층인데 한 동인가 두 동인가 아마 있었던 것 같아요. 그래서 그게 화제가 됐던 적은 있는데, 거기 여름에 가끔 내려가지. 왜냐하면 회사에서 무료 영화 상영을 하면 그 아파트 벽에다 대고, 아파트 벽 스크린 거기다 대고 영사기를 쏴서 보니까. 여름에 가끔 영화를 거기서 상영을 하거든요. 《원술랑》 같은 거 본 기억이 나는데. 그래서 그 아파트 들어가면 좋겠다 이런 생각은 해 봤지만, 뭐 사택이 부럽다는 생각은 한 번도 해 본 적이 없어요. 그러니까 내 기억이 우리 집을 좀 넉넉하게 짓고 살았던 것 같아.

불편함이 없으셨어요?

예. 셋방살이도 아니고 꽤 넉넉하게 짓고 살았으니까 크게 불편한 건 없었어요.

학교 다니시던 시절에도 어려움을 느낀 적 없으신 건가요?

어려움은 기성회비를 제때 못낸 게 제일 어려운 거지.

어머니가 따로 부업은 안 하셨어요?

나중에는 하셨는데, 내가 초등학교 졸업할 무렵에 아버지 쫄딱 망한 그 이후에는 간간이 화장품 행상 뭐 이런 것도 매일은 아니지만 하시고 뭐 이랬던 것 같아. 그건 내가 늘 같이 들고 다니고, 지금 생각하면 엄마가 얼마나 힘들었을까 싶은데. 우리 형은 형이니까 안 하고, (면담자 웃음) 애들은 애들이니까 안 하고. 내가 늘 엄마 거 같이 들고 다니고. 그 골짜기, 거기서 미륵골보다도 훨씬 더 골짜기들이 많이 있거든요.

거기까지 가서 파셨던 거예요?

가면 하룻밤 자야 되는데, 가면 무거운 것도 무거운 거고 배가 고픈 거야. 그 아는 집이래야 엄마가 이렇게 다니면서 고객이 된 사람들일 텐데, 거기서 하룻밤 자고 먹을 거 아니에요? 옛날에는 남의 집 밥 주면 항상 남겨야 됐거든. 배는 고파 죽겠는데 남겨야 되니까. (면담자 웃음)

어머님하고 두 분이 다니셨어요?

그렇죠. 그런 게 좀 힘들었죠. 그거 말고는 특별히 없었어요.

지금 말씀하시는 일은 국민학교 졸업 후에 다니셨던 거예요?

졸업 후에 그랬을 것 같아. 졸업 후에.

그때 진학률이 어느 정도 됐었어요? 한 반에 중학교 가는 친구가 많이 있었어요?

중학교 가는 친구가 한 절반 정도 됐던 것 같은데?

거기도 중학교가 또 있었어요? 함백중학교가 있었나요?

함백중학교만 가는 건 아닐 거고, 뭐 다른 데 가는 애들도 있고 했겠지만, 절반 좀 넘었나 뭐 그랬을 것 같아요.

당시 중학교를 당연히 간다고 생각을 하셨어요?

아니요. 당연히 안 간다고 생각했었어요. 딱 보아하니 집구석 돌아가는 것도 그렇고. 난 진짜로 학교 안 가고 싶었던 게, 가면 그놈의 기성회비 졸릴 거[독촉당할 거] 아니야. 아유, 그 생각하니까 딱 가기가 싫었어요.

중학교 입시는 없었던 시기인가요?

그때 입시 있었죠. 우리 형도 그렇고, 동생도 그렇고, 준비 안 했지만 항상 다 전교 1등이었거든. 함백서도 그렇고. 나는 1등은 못했어. 1등은 못했지만 전교 1등이랑 다름없는 사람이거든. 나는 반에서 한 4, 5등, 뭐 5, 6등 이것밖에 못했는데, 실제 시험 성적은. 그 말이 좀 그렇다만, 난 한 번도 공부 한 적이 없어. 시험공부든 뭐든 간에 집에 복습이고 예습이고 한 번도 해 본 적이 난 없어.

그냥 학교만 왔다 갔다 하셨던 거예요?

왜냐면 재미가 없으니까, 학교 수업이. 그리고 중학교를 안 갈려고 했던 이유도 돈도 지겹지만, 재미가 없는 거야. 우리 형이 나보다 2년, 나이는 세 살 많은데 2년 먼저 학교를[갔어요]. 내가 일곱 살에 들어갔으니까. 그 형 책을 다 읽어 버렸어. 읽으니까, 내가 1학년 땐 형 3학년 책까지 다 보고 들어간 거야. 이게 재미가 있을 리가 없잖아요. 그니까 아예 안 봐. 안 보고, 어떤 놈이 전교 1등인지 난 관심이 없지만 다 나한테 와서 물었다고 나는 생각을 해요. 지금 기억하기론. 그래서 그런 것도 주된 이유 중에 하나여, 학교 가기 싫은.

어릴 때도 좀 특출나시다. 글도 빨리 깨치고 그러셨어요?

뭐 그랬었다고 해요.

미리 익혀서도 그럴 수는 있지만, 공부가 별로 흥미를 끌지 못했던 이유가 뭘까요?

1학년 때 우리 집이 미륵골이라고 그랬잖아요. 우리가 신문을 보는데, 그때 뭐 『조선일보』였던지 『한국일보』인지 뭐 이것저것 가끔씩 바꿔서 보니깐. 함백역 있는 데서 미륵골까지가 지금 생각하면 한 1킬로[킬로미터]나 1.5킬로 정도 거리가 될 거예요. 그 신문이 우리 집까진 못 오고, 거기 역전에 어디 무슨 가게 거기쯤 늘 갖다 놔. 우리가 가지고 갔는데, 그때부터 신문을 봤거든.

그럼 글을 읽으시면서 신문을 바로 보신 거네요?

뭐 볼 게 없으니까 보는 거야. 그래서 내 기억에, 1학년 때부터라고 말하고 싶지만 그건 좀 너무하고, (면담자 웃음) 아무리 늦어도 3, 4학년 때쯤에는 내가 신문에 이런 정치, 뭐 이런 거에 굉장히 흥미를 많이 가지고 이랬던 것 같애. 그래서 다른 애들하고 노는 게 좀 재미 없었던 그런 것도 좀 있었고.

그런 얘기를 선생님이든 동네 어른이든 같이 나눌 사람이 있었어요?

없죠. 전혀 없죠. 오히려 동네에서 어른들끼리 술 먹고 뭐 자기들끼리 막 논쟁하다가, 그럼 사람들이 나를 불러. 나를 부르고 내가 딱 뭐라 그러면 딱 정리가 돼. 뭐 이런 정도였지. 내가 인생 살면서 제일 아쉬운 게, 그때 누군가 멘토가 있었으면 하는 게 참 아쉽다는 생각이 들었어요. 좀 더 잘 살지 않았을까 이런 생각이 들죠.

학교 선생님들 중에서 인상 깊은 선생님은 없으셨어요?

없었어. 선생들에 대해서 아주 기억이 나빠. 아주 별로. 맨날 뭐 돈 안 낸다고 그땐 불러다가, 그땐 교장실에서도 부르지. 전체 반에서 늦게까지 [돈을 안] 내는 놈들 몇몇을 골라가지고 교장실에서 면담하는 거예요. 어쩌라고 씨. 그니까 학교에 대해서 기억이 좋은 게 하나도 없어.

그때 당시에 장래 희망은 뭐였어요?

　뭐 정치일. 정치하는 거.

가장 처음 가지신 꿈도 정치하는?

　그랬던 것 같아요.

그 당시에는 제일 존경하는 인물은 박정희 대통령이었어요?

　아니요. 아마 기억은 안 나는데 좀 더 역사적인 인물이었을 것 같은데. 난 황희 정승이지, 황희 정승. 착각한 게, 우리가 장수 황씨거든요. 우리 아버지가 우리가 황희 정승 자손이라는 거야. 그래서 난 그게 말하자면 일종의 직계인 줄 알았어. 내가 직계인 줄 알았어. 근데 왜 우리가 이렇게 어렵게 살고 이렇게 몰락해서[있을까]. 그래서 내가 생각한 게, 정치 하겠다는 데는 그런 흥미도 있었지만, 그 뭐랄까 '우리 집안을 중흥해야겠다.' 이런 생각이 있었어요. (웃음) 황희 정승이 그런 정치인이잖아요. 나도 그런 거 돼야 되는 거라고 아마 생각을 했던 것 같애.

황희 정승 자손이라는 말씀은 아버님이 일상적으로 많이 하셨어요?

　예. 뭐 자주자주 했지.

여가시간에는 신문을 많이 보시고. 다른 건 뭐 하고 노셨어요?

　신문은 옛날에 볼 것도 없어요.

면수도 얼마 안 되고.

　4면이고, 주말에만 8면이 나왔고 이랬던 거 같애. 그니까 한 삼사십 분 보면 다 보지 뭐. 광고까지 다 훑어보면은 한 시간 이내에 다 보니까 뭐. 그러고 나라고 어디 맨날 그런 것만 읽겠어? 애들하고 놀기 바쁘지. 동네에서 놀 게 얼마나 많은데. 맨[매번] 들로 산으로 뭐. 놀 게 많지 뭐.

그때 함백에서는 물 문제나 이런 것들은 없었나요?

특별히 없던 것 같은데.

사북은 워낙 물 얘기를 많이 하셔서.

사택은 어땠는지 몰라도, 우리 미륵골 거기 늘 깨끗한 도랑이 흐르고, 동네 샘물은 항상 있고. 그러니까 특별히 내가 괴롭지. 식수 기르는[긷는 건] 내 담당이니까 내가 괴로웠지.

아버님도 작업하고 오시면 옷 더러워지긴 하지만, 그래도 깔끔한 편이셨어요?

다행히 아버지는 감독이니까 막 그렇게 뒹구는 건 아니어서, 얼굴 새카맣게 해서 오거나 이렇진 않았던 것 같애.

어린 시절에도 아버님이 광부를 하신다는 거는 그렇게 큰 의미가 있었던 건 아닌 거네요?

그렇죠. 우리는 그게 대단히 높은 건 줄 알았지, 감독이. 반장이니까. 요즘 뭐 [군 장성들이] 공관대원들[에게] 갑질하는 얘기 나오잖아요? 근데 그때는 다 그랬던 것 같애. 그니까 우리 집에도 늘 아버지 밑에서 일하는 사람들이 겨울에는 장작 해다 주고 이러니까. 동네 아이들은 다 나무하러 가거든, 겨울 되면 다. 근데 우리는 그걸 해 본 적이 없어요. 초겨울 되면 이미 산더미처럼 쌓아 놓으니까, 한 번도 해본 적이 없거든. 그러니까 그게 꽤 높은 줄 알고 대단한 줄 알았지.

좀 혼란스러우셨을 때도 있겠네요. 학교 기성회비 못 내셨다고 했는데.

뭐 혼란스럽지는 않고 그냥 그런가 보다[했지요].

친구들 사이에는 그런 게 전혀 영향을 미치지 않나요?

그런 거 전혀 없었던 것 같은데. 몰라. 내 기억에는 잘 없었어요.

그때 친했던 친구 중에 오랫동안 교유하신 분 계신가요?

교유까지는 아닌데, 같은 짝이었던 애가 그동안 소식 끊겼다가 80년대 말에, 87, 88년도 대파업하고 이럴 때 사북에서 내가 유명했잖아요. 그렇게 감옥 가고 그랬는데, 내 후배들이 그러는데 그 친구가 탄에 같이 일하면서 내 얘기를 하고 그랬대. 내가 감옥에서 나와서 보니까 걔는 또 청주로 이사를 갔는데, 최근에 인터넷 다음카페, 초등학교 카페 통해서 연락은 돼. 연락은 되는데 만나지는 아직 못했어요. 그리고 그 뒤로 내가 사북에 노동 운동하면서 내가 의식적으로 함백도 가고, 함백광업소도 뭐 바꿔야 되니까 나도 끈을 찾아야 될 거 아니에요? 그래서 내 동창들 찾고 해서 만난 애들 꽤 많이 있는데, 지금 이름은 다 기억이 안 나.

멘토가 없었다는 게 아쉽다고 하셨잖아요? 어디 좀 배울 만한 사람을 찾아가야겠다는 생각을 해 보시진 않으셨어요?

그런 생각 못했어요.

도시로 나가야 되겠다거나.

당연히 도시로 나가야 되겠다고 생각은 했는데. 내가 68년 2월에 초등학교 졸업하고, 68년 9월에 사북으로 이사 와서, 70년에 사북중학교 입학을 하거든. 근데 71년 초에 또 아버지 뭐 하다가 망해가지고 결국 아예 학교를 그만두는데, 그 71년도 5월 달쯤인가 내가 서울로, 오뉴월 달쯤에 서울로 올라왔거든요. 내가 참 세상을 모르는 거야. 공장에 다니면서 공부하겠다고 생각을 하고 올라왔거든. 올라왔는데 나는 당연히 여덟 시간 노동하는 줄 알았어, 어디든. 광산이 그러니까 당연히 여덟 시간 노동하는 줄 알았는데 이건 뭐 택도 없는 거야. 하루 열두 시간 기본으로 일을 하는데, 하여튼 잠자는 환경도 그렇고 뭐 이건 신문 한 장 볼 수 [없고]. 나는 진짜 신문 안 보면 죽는 줄 아는 사람이었거든. 신문 한 장 볼 수도 없고 말이지. 이건 어후, 공부는 택도 없는 거잖아요 이게. 그랬었지.

사북으로 가게 되신 건 아버님이 결정을 하신 거예요?

그렇죠. 아버진 아마 67년 초쯤에 퇴직을 하셨던 것 같고. 내가 초등학교 68년 2월에 졸업하고, 사북을 내가 가끔 왔다 갔다 했어요. 아버지 뭐 심부름 때문에, 일 때문에. 뭐 엄마도 그때 거기서도 화장품[판매] 뭐 이런 것도 했던 것 같고. 빚 갚고 뭐 이러느라고 그랬겠죠. 그래서 68년 9월 달에 [사북으로] 갔어요.

완전히 짐 다 갖고 이사를 하시고? 중학교를 그때 가셨나요?

아니지요. 다다음해.

다다음해에? 그럼 그 사이 기간은 사북에서 적응하시는 거였나요?

그렇죠. 내가 뭐 특별히 적응할 건 없고. 그때는 내가 뭘 경제 활동을 해야 된다는 생각은 못했고, 할 수도 없었고. 그냥 집에서 책이나 보고 있다가 학교 간 거지. 우리 이사 간 데가, 그 어디서 보셨는지 모르지만 을호(乙戸)사택이라고, 이원갑 씨도 얘기하죠? 을호사택이라고. 사북이라는 동네에서도 거기를 양반사택이라고 불렀어요. 주거 환경이 굉장히 좋았거든. 거기 동원탄좌 과장 뭐 이런 사람들도 살고 이런 데니까. 그래 봐야 지금 보면 별거 아니지만 처음으로 주변에 환경이, 같이 사는 사람들이 노가다는 아닌 사람들이 주변에 사는 거야.

이 사람들이 사니까, 걔네 집에 가니까 걔네 아버지들이 보는 책이 많은 거야. 그게 난 너무 신나가지고 중학교 갈 때까지 일 년 몇 개월 동안 실컷 봤죠. 책을 엄청 봤지. 특히 그 문제가 되는 이재기 씨, 그 아들하고 제일 친했거든.

몇 째 아들이요?

큰아들. 큰아들하고 제일 친해갖고 걔네 집에 뭐 수시로[갔어요], 걔네 집에 책이 되게 많았어요. 책이 많아서 아마 그 아버지도 잘 안 보는

책 거의 다 내가 봤을 거야. (면담자 웃음)

무슨 책이 주로 있었어요?

지금 생각하면 내 일생의 책 중에 하난데, 그『열국지』라는 게 있어요. 『열국지』는 바로 본 건 아니고 70년도에 봤을 거야. 나중에 사다 놓은 걸 내가 70년도에. 『열국지』라는 게 제일 기억이 나고, 그 밖에는 무슨 이병주 소설 뭐 이런 것도 있었던 거 같고.

그냥 닥치는 대로 다 보셨어요?

뭐 그냥 닥치는 대로. 『전설 따라 삼천리』세트, 『한국해학전집』 뭐 이런 거… 수도 없이 봤던 거 같애. 문학전집 [같은], 그때 옛날에는 세트로 이렇게 갖다 놓잖아요.

그 친구 분은 중학교 다니고 있었죠?

예. 걔는 영월중학교 다니고 있었는데.

◇ ◇ ◇
1971년 무작정 상경 후 노동

68년 9월에 사북으로 오신 다음에 70년 3월에 사북중학교에 입학하셨던 거예요?

그렇죠.

그만두신 건 1년쯤 다니다가 71년쯤이죠? 왜 그만두신 건가요?

(웃음) 그때도 [아버지가] 무슨 사업하다가 망했지.

사북으로 이주하셨을 때는 아버님께서 동원탄좌로 입사했던 거예요?

그렇지. 동원탄좌에 잘 다니고 있다가 뭐 또 딴 걸 하고 싶었겠지. 근데 우리 아버지, 어머니는 무슨 사업이나 장사를 할 두뇌가 못 되는 분들

인데. (웃음)

나중에 보시기에 우리 부모님이 그런 건 좀 안 맞다 그런 생각을 하신 거예요?

　　그죠. 우리 식구들 대체로 그런 것 같아요. 그런 게 잘 안 맞아.

그때도 집안이 계속 어려우셨어요?

　　그죠. 계속 어려웠지. 그래서 난 '아유, 잘됐다' 싶어서 딱 그만두고. 뭐 버티고 다닐 수도 있었을 텐데. 난 그게 딱 싫었어.

서울로는 어떻게 가겠다고 마음을 먹으신 거예요?

　　아우, 그건 당연히 가야지. 거기서 뭐해? 당연히 가야지.

서울에 아는 사람이 있었어요?

　　없죠. 굳이 찾으면 있긴 있는데, 지금 학교 잘 다니는 친구한테 왜 찾아가요, 내가.

서울에서 학교를 다니는 친구가 있었어요?

　　예. 우리 사택에 같이 있던.

을호사택에는 있었구나.

　　예비군 중대장 아들이었는데, 원래 서울에 있다가 [아버지가] 중대장이 되면서 내려온 그 친군데, 그 친구도 가끔 연락이 되는.

형은 서울 같이 오셨어요?

　　아니요, 따로. 형은 아마 그 대구에 외삼촌이 뭐를 해가지고, 무슨 기술을 배운다고 갔었는데.

아까 교사하셨다는 외삼촌과는 다른 분?

　　다른 외삼촌.

형님은 대구로 가셨는데, 선생님은 왜 대구로 간다는 생각은 안 하셨어요?

난 그 기술 같은 건 딱 싫어하니까.

정치의 고향으로 가셨네요. (웃음)

정치의 고향은 아니더라도 공부를 해야 되니까. 근데 공부를 해야 된다고 생각을 했지, 뭘 어떻게 해야 되는지 내가 몰랐던 거야. 그러니까 검정고시라는 것도 내가 나중에 알았는데, 듣긴 들었지만 그걸 어떻게 하는지도 모르고. 그러니까 하여튼 뭘 어떻게 해야 되는지 사실은 잘 모르긴 했어. 공부는 해야 되겠다고 생각했는데 그게 좀 막연했던.

그럼 아무 것도 구상은 없으시고 무작정 상경을 하신 거네요.

그죠.

집에는 말씀하시고 나오신 거예요?

아이, 그죠.

처음에 어디로 오셨어요?

저기 저 하월곡동. 하월곡동이라고 종암천 밑에, 장위동 저 동덕여대 [있는 쪽], 그 진각종 지나서 쭉 이렇게 천변에 있는 공장이었는데, 거기 처음에 들어갔는데. 거기서 참, 여덟 시간 일하는 줄 알았더니 이건 뭐. 물론 기본이 여덟 시간이긴 해. 근데 잔업이 당연히 네 시간 있어서, 여덟 시간 일하고 일단 살 수가 없는 게, 그때 하루 일당이 180원이었어요. 근데 밥값이 150원이야. 한 끼에 50원씩. 그럼 30원 남잖아. 그걸로 뭘 해? 그니까 잔업을 해야지 되는 건데, 그나마 이것들이 체불을 해가지고.

그 공장 업종은 뭐였어요?

곤로라고 알죠? 곤로 만드는 공장이었는데.

그래도 그 공장은 잘 돌아갔겠네요.

글쎄 돌아가. 늘 물건 들고나고 했던 것 같은데 왜 돈을 안 주는지 이 놈들이. 그래서 몇 달 안 하고, 한 두세 달 하다가 뭐 이래갖고 되나 싶어서 나와 갖고.

거기도 우연히 가시게 되신 거예요?

그렇죠.

기숙사 생활 하셨어요?

그렇죠. 기숙사라는 게 아주…. 아우, 그 생각하면…. 이 방이 큰 방이 두 갠데, 거기서 제일 힘센 놈이 한 스물두세 살, [스물]한두 살 된 군대 가기 직전인 전라도 어디 부안인가 출신인 사람이 있었는데, 걔가 왕이야. 거기서 완전히 대장이고. 그런데 부엌에 거기 밥을 해 주잖아요, 큰 솥을 걸어 놓고. 한 여름인 5월에 갔으니까 그래서 6월에서 8월까지 내가 거기 있었는데. 그 뭐냐, 밥하려면 불을 때야 될 거 아니야. 그럼 절절 끓는데, 가운데 거기 들어가서 자야 되는 거야. (면담자 웃음) 지들은 시원한 데 밖에서 자고. 겨울 되면 거꾸로 하겠지 아마. 겨울은 안 지내 봤으니 모르겠지만. 그래서 한두 달 정도 채 못 되는데, 뭐 돈을 안 주니까 딴 놈들도 나가고 그러더라고. 그래서 나도 나와 버렸지.

거기서는 나이 어리신 편이었던 거네요?

그렇죠. 거기서 제일 어린 편이었는데. 키가 지금은 그래 보이지만, 그땐 내가 아주 큰 키는 아니지만 좀 큰 편이었거든.

그해가 71년이죠?

71년이고.

그다음은 어느 공장으로 또 가셨어요?

그리고 뭐 어떻게 되겠지 하고 나왔는데. 그때 7월, 8월인지 하여간. 그 [사람 구한다고] 어디 써 붙인 데가 있으면 가겠는데, 아니니깐 좀 그렇잖아요. 그래가 한 3일을 서울 시내를 그냥 걸어 다녔어요. 계속 걸어 다니고. 돈이 내 주머니에 한 100원 정도 남아 있을 거야. 한 3일 동안 그러다가, 지금도 생각나는 게 아현동, 북아현동 파출소 앞에 무슨 큰 평상이 있는데, 구멍가게 옆에. 거기서 잤는데, 거기서 누워 있는데 어른이 묻더라고. "너 왜 이러냐?" 뭐 어떻다 [얘기를] 했더니 그냥 듣고 가 버리더라고. 날 차라리 파출소에 잡아가기라도 했으면 좋겠는데. (면담자 웃음) 그래야 뭐 대책이 나올 거 아니야.

근데 그러다가 3일째 되는 날, 지금은 없어진 동대문 종합시장 그 근처 어딘데, 위치는 내가 지금 모르겠어. 그때 뭐 이렇게 가건물 같은 그런 게 있는 데였거든요? 막 잔뜩 늘어서 엄청 많았지. 거기 음식점에 딱 있더라고. 직원 구한다고. 거기 들어가가지고, 거기 오래 안 있었어요. 일하면서 배달을 이렇게 다니는데, 동대문 종합상가에 옛날에 버스터미널 있던 그 건물인데. 그 터미널 지금 강남 가기 전에, 80년대 초반까지 아마 거기 있었을 거 같은데. 거기 배달을 다니는데, 주방도 일하고 뭐 설거지도 하고, 홀에서 일하다가 또 배달도 가고 그러는데 어떤 한 사람이 배달을 몇 번 시키더니 날보고 "너 나하고 공장에 어디 가지 않을래?" 그러는 거야. 공장에 일하러 [가자고].

아후, 공장이 낫지. 그래서 가겠다고 하니까 성북동에 있는 메리야스 공장이었어. 메리야스 공장. 그래서 아마 8월 말쯤에, 추석 되기 얼마 전에 그 성북동 메리야스 공장, 가내 수공업 같은 건데 종업원 한 30명 정도 되는 공장에 가서 일을 하게 됐죠.

거기는 여자 분들도 많으셨겠네요.

대부분 여자들이고, 나는 재단공. 재단공 또 한 명, 또 바깥에 있는 외

무사원 겸 영업사원 겸하는 스무 살 정도 된 형 하나. [그렇게] 남자는 저 까지 세 명. 그리로 가니까 살 것 같더라고.

재단하는 일을 거기 가서 배우신 거예요?

예. 근데 그거 복잡한 재단이 아니고 그냥 이렇게 자르기만 하는 거여 서, 뭐 정교한 본을 대 놓고 디자인하고 이런 건 아니어서, 단순히 천을 자르기만 하는 순수한 의미에서 말 그대로 재단이에요. (면담자 웃음)

도안이 만들어진 걸 따라서 하는 게 아니고요?

하는 게 아니고, 그런 것도 아니고 그냥.

거기서는 제법 계셨어요?

한 1년 정도 있었던 것 [같은데]. 1년 있었나?

거기는 전보다 일당은 좀 괜찮았어요?

예. 훨씬 나았었죠. 앞서 두 군데 보단 훨씬 나았죠. 일단 그 부인이 독실한 기독교 신자여서 일요일은 무조건 쉬니까. (면담자 웃음) 그런 데 가 그 당시는 거의 없었거든. 다 격주 쉬거나. 일단 그거 좋고, 그것 때문 이라도 괜찮은 데였죠.

숙식은 어떻게 하셨어요?

먹고 자고 첫 달에 2,000원. 꽤 몇 달 2,000원 받았던 것 같고 나중에 좀 올라서 3,000원 받았나?

그때는 저축이 좀 가능하셨어요?

저축은 별로 안 했던 것 같애. 저축하는 성격이 못 돼가지고. (면담자 웃음)

집에는 계속 소식을 전하고 계셨어요?

뭐 가끔. 근데 집이 그렇게 그립거나 그렇진 않아서 몇 달에 한번 전화를 하거나 그러긴 했는데. 뭐 자주 하진 않았어요.

신문은 계속 보셨어요?

그래 그 집이 제일 지겨웠던 게, 탁 가자마자 신문을 안 보더라고. 그래서 월급 2,000원이라니까 내가 신문 배달부터 딱 시켰어. 거긴 신문 보는 사람 나밖에 없는데, 이 사장이 이북서 온 사람이라. 아침에 신문이 딱 오잖아요. 오면 나하고 같이 자는 그 재단사인 선배 형님이 먼저 나가거나, 아니면 주인이 먼저 나가. 나가면서 신문을 들고 가서 북- 찢어가지고 가는 거야, 화장실에. (면담자 웃음) 어후, 신문 같은 거 아예 안 보는 거지. 그런 거 변소간 종이밖에 안 되는 거지. 나중에 그 뒤부턴 내가 미리미리 갈무리 해갖고 보고. 거기서 또 신문 보고 그랬지.

그 당시에도 여덟 시간 일하셨어요?

여덟 시간이었는지는 모르는데, 열두 시간까진 안 했던 것 같아요. 여덟 시간보단 좀 더 됐던 것 같긴 하지만. 아마 한 열 시간 쯤 됐던 것 같아요. 그 정도면 양호하죠, 뭐.

밤에는 쉬고?

예.

그렇게까지 심각하다고 생각하실 정도는 아니셨네요?

예. 그리고 또 하나, 함백이나 사북에서 내가 경험을 해 본 거지만, 내가 서울 와서 딱 혼란스러웠던 것 중에 하나가 우선 여덟 시간 노동이 아니라는 점. 그리고 노동조합이 없고 노동조합이 뭔지도 모른다는 점이 혼란스러웠는데, 당연히 노조가 있을 줄 알았고. 노조가 뭐냐고 그러는 사람이 있는데, 탄광에 무조건 노조가 있었어요. 옛날에는 다. 지금도 그렇지만. 근데 그 노동조합이 노동자들한테 뭔가 한다곤 하지만 실제로 우리가 볼 때는 다 반건달, 깡패 같은 이런 사람들이 대부분 하는 거였거든. 그니깐 그걸 내가 관심 가져야 할 어떤 대상으로도 난 전혀 생각을 안 했죠. 그 전태일 사건 뭐 신문에서 본 기억은 분명히 있지만, 그거 나하고 연관이 있다고 생각한 건 한참 지나야 돼요.

서울에는 왜 노조가 없을까 그 생각 정도만 하셨다는 말씀?

성북동 와서 상대적[으로] 좀 편하니까 뭐 그런 생각도 없고. 그냥 뭐, 신문 보고 책 사 보고 뭐 이런 정도. 책이라고 해도 그 제대로 된 책, 지금 생각해 보면 제대로 된 책도 아니고… 그랬던 것 같애요.

그때도 작업하실 때 "잘한다. 똑똑하다." 그런 얘기 안 들으셨어요?

아니, 그런 얘긴 [없었고].

"글 좀 본다." 그런 얘기 들으시진 않으셨어요?

글 보는 건 그 집에 하등에 도움이 되는 게 아니고. (면담자 웃음) 그 주인은 신문 못 찢어 가게 한다고 나한테 도로 뭐라 그러고 그러지.

혹시 같이 근무하는 여성 노동자들 생각나세요?

누나들도 있고 비슷한 또래들도 있고 더 어린 애들도 있고 그랬는데, 그때 열세 살 먹은 애가 전남 보성에서, 그 언니는 나하고 나이가 같았던 것 같은데 아마 초등학교를 졸업하자마자 데리고 온 것 같기도 하고. 근데 진짜 보면 막 애기 같은 애가 와가지고 아주 심한 전라도 사투리를 써 가면서 하는데, 그때 좀 안됐다는 생각이 들기는 하죠. 또 오자마자 식모 겸 공장 일에 좀 거드는 여자애가 하나 있었는데, 걔가 얼마 있다가 그해 추석 지나고서 다른 집에 아예 전업 식모로 가는 걸 보고 '식모가 더 나은가? 내가 볼 땐 여기가 더 나을 거 같은데.' 하는 생각은 들었는데. 뭐 남의 일이니까.

그 공장은 비교적으로 나은, 선생님이 느끼시기에도 나은 직장이었던 거예요?

아니, 그 전보단 낫다는 거죠. 근데 거기서 계속 뭔가 기대를 갖고 하기에는, 나는 계속 모색을 해야 되니까 알아볼려고 해도 너무 정보가 제한돼 있고 좀 누굴 알았어야 되는데, 그때 좀 알았으면, 그때 좀 잘 활용해서 내가 그 저녁시간에 공부를 체계적으로 했었으면 좋았을 걸 하는 생각은 있는데. 그때도 뭔가 답답은 했는데, 어떻게 해소할 줄을 몰랐던 것 같아요.

정치의 꿈은 계속 가지고 계시니까.

그렇죠. 그럼 당연히 해야지. 그때 그 저기 뭐지? 성북동에서, 자주 나가진 않지만 이렇게 옛날에 물 대러 가고 아직 있을 때여서, 그때 위수령[1]때였[던 거 같은데], 아마 그걸 개울 건너 이렇게 죽 본 거 같은데. 그래서 그때 내 생각은 중·고등학교는 관두고, 대학교는 간다고 생각을 했었거든요. 그래서 그때도 수학책 뭐 이런 걸, 교과 과정을 내가 혼자서 보기는 늘 했어요. 책 구해서 했는데, 그러면서 '아, 가면 저길 가야지.' 뭐 이런 생각은 했지.

구체화하실 수 있는 기회가 있으셨어요? 일을 하면서 공부를 하기가 어려웠을 텐데.

그게 또 마땅치가 않고 쉽지가 않더라고요. 그건 핑계지만. 뭐 세 명이 한 방에 자는데 혼자 불 켜 놓고 보기도 그렇고.

그렇죠. 그분들은 별로 관심은 없으셨어요?

아, 그럼. 전혀 관심 없죠.

---

1 1971년 대학가 민주화 시위의 격화로 박정희 대통령에 의해 서울 지역에 위수령이 발동, 10개 대학에 강제 휴교령이 내려지고 무장 군인이 주둔한 바 있음.

사북 귀향과 광부 입적

다음엔 또 어떤 일을 하셨어요?

그리고 사북으로 내려왔어요. 거기서 주인하고 충돌이 있었어요. 충돌이 있었는데, 가만히 나중에 생각해 보니까 그때 아마 경기가 굉장히 어려워졌던 것 같애. 경기도 어려워지고. 그 상표 이름이 신왕촌이야. 신왕촌으로 쭉 메리야스를 팔았는데 그게 걸려서, 와서 막 뒤져 가고 그랬던 사건이 있어요. 공장에 와서 막 옆에서 그 박스를 감추고 이랬는데, 다 못 감추고 이래갖고 굉장히 어려워졌던 것 같아. 어려워지니까 자르긴 잘라야 되겠는데, 이 사람들은 다 누굴 통해서 온 사람들이야. 다른 사람들 통해서 온 사람들. 나는 공장 사장이 배달 온 나를 글로[그리로] 가자고 그런 거잖아요.

언제 잘리신 거예요?

8월 달, 1년 채 안 돼서 아마 짤렸던 것 같은데. 그때 그 당시에 아카데미극장이 종로2가에 있잖아요. 거기서 일하는 누구를 알게 돼가지고, 미술부에 일하는 사람인데, 거기를 들어가 볼까 하고. 거기는 좀 나은가 싶어서 한 달 가까이 내가 기웃거렸어요. 거기를. 일 끝나고 나면 주말에 가서 보고 있는데. 보니까 거기라고 특별히 나아 보이지는 않더라고요. 거기도 불규칙하고, 때마침 그때가 아카데미극장이 개봉관에서 재개봉관으로 막 떨어지고 그러니까 거기도 사정이 좀 어려워졌던 것 같애. 그래서 안 돼가지고, 8월 말쯤에 아마 내가 사북으로, 다시 집으로 왔던 것 같애.

집에 오기 싫으셨겠어요.

그죠. 가면 또 광산에 일해야 되는데, 광산 하기 싫은데. 근데 여러 가지, 뭐 임금 조건 이런 거 생각할 때 '에이, 차라리 낫겠다.' 그래서 추석 지나고부터 아마 동원탄좌에 나갔던 것 같은데.

그때는 그럼 '언젠가 다시 돌아올 거다.' 생각하고 가셨겠네요? 고향에 내려가셨으니까.
　아, 그렇죠. 하여튼 뭐 이건 잠시 하는 거라고 늘 생각했지.

탄광일은 잠시 하는 거라고?
　탄광일이든 뭐든 간에. 노동일을 하고 이런 거는 내가 잠시 하는 거라고 늘 생각했지.

대학 가신다는 생각은 고향에 내려오실 때도 계속 가지고 계셨죠?
　가지고 있었지.

사북은 서울에도 좀 알려져 있었던가요?
　그런 건 없어. 뭐 아직, 사북이 어딘지도 알게 뭐야.

아버님은 이미 탄광일은 그만두신 상태였나요?
　아니, 다니고 있었지.

서울에서 한 2년 정도 계신 건가요?
　1년 조금 정도 있었죠.

71년 6월쯤 가서 72년 8월쯤 돌아오셨으니까.
　7·4 공동성명 할 무렵에 내려왔으니까.

예. 그 당시에 서울 오시니까 신문에서 보는 것들 좀 가까이서 본다는 느낌 받으셨어요?
　예, 예. 그 1년 후의 얘긴데, 그땐 뭐 신문에 툭하면 판자촌 불나고 이런 게 [기사로] 났거든. 근데 성북동은 가난한 사람들이 살기는 하지만 판자촌이나 이런 건 없거든요. 그래서 그게 좀 궁금은 했어.

어디에 판자촌 이런 게 있을까?

예. 궁금했는데, 그때 난 차 타는 걸 싫어해가지고. 멀미를 하고 이러니까. 그땐 촌놈이 돼가지고. 자주 타면 괜찮은 걸 모르고 많이 다녀 보질 못해서.

신왕촌 계실 때 휴일에 쉬셔도 멀리 가시거나 서울 구경 가시거나 이런 건 안 하셨어요?

그럼, 그럼. 가까운데 창경원이 있다는데, 그런 건 도대체 흥미가 없으니까.

정치의 꿈을 계속 가지고 계시니까 그런 현장을 보러 가야겠다 하는 생각은?

정치는 그런 게 아니죠. 그때 생각하는 정치라고 하는 거는, 내가 국민학교 6학년 때쯤이면 우리나라 야당 계보, 또 일본의 자민당 계보, 내 이거 달달달 꿰고 있는, 거의 다 알았거든? 그런 게 정치인 거지, 뭐 판자촌이 무슨 정치야. 그 당시 [생각에].

대학생들 데모하고 이런 현장에 대해서는 내가 가서 같이 참여를 해 본다든지.

아, 그건 멋있다고 생각했어요. 뭔가 좋은 일이라고 생각을 했었어.

아니면 좀 유명한 정치인 연설하는 현장에 가 봐야 되겠다 이러진 않으셨어요?

그게 어딘지 몰라서 못 갔고요. 내가 6학년 때 유명한 6 · 8 총선 있었잖아요. 그땐 난 이미 중학교를 안 가는 사람이니까 그렇기도 하고 이래서, 그 한 번 태완선이가 온다 그래가지고 수업 중에 내가 도망 나와서 구경하러 갔던 적은 있죠.

함백에서요?

함백에서. 태완선이란 사람은 그 당시는 야당 신민당 후보였는데, 그 신민당에서 아마 국회의원 한두 번 했을 거예요. 하다가 박정희가 경제부총리로 발탁해서 저쪽으로 넘어간 사람이죠.

그 당시 야당 정치인들 중에서 지지하는 인물이 있으셨어요?

특별히 지지한다거나 그런 건 없었고. 그 야당의 움직임이 일단 재미있고. 원래 거기가 더 재밌잖아요, 여당보다는. 무슨 뭐 그랜드계니 고흥문계니, 무슨 뭐 진산계[2]니 그런 게 재밌지 뭐.

어릴 때도 야당 성향이셨어요?

약간 그랬던 것 같애요.

박정희에 대한 감정이 있으셨어요?

아니, 뭐 반감이나 이런 건 없었던 것 같고. 지금도 늘 강렬하게 생생하게 기억나는 거, 6학년 2학기 교과서에 그런 대목이 있어요. 언론 자유에 관한, 뭐 1차대전 때 영국에서 있었던 어떤 신문 이야긴데. 그때 그 교과서에 소개된 일화로는 1차대전 때 실제로 전황은 영국에 굉장히 불리하게 돌아가는데, 모든 신문이나 영국 총참모 후보의 발표는 영국은 계속 "이기고 있다. 이기고 있다."인데, 데일리메일만 유일하게 "아씨. 아니다. 깨진다. 깨진다." 이렇게 한다 이거야. 그래서 막 시민들이 거기다 돌 던지고 욕하고 그러는데, 나중에 알고 보니까 실제라 그래서. 그렇게 해서 사실상 영국을 구한 건 이 데일리메일이다. 이래서 언론 자유가 중요하다, 뭐 그런 거. 그땐 아직 유신 전이니까 그런 게 가능했지. 그래가지고 그게 굉장히 강렬하게 다가왔거든. '그렇지, 그래 이게 맞지.'

'언론이라면 이래야지'라고?

어, 그렇지. 그 뒤에 바로 유신 나고 내가 훈련소 처음 갔을 때도 사건

---

2 셋 다 신민당의 유력 계파를 일컫는 말로. 그랜드계는 고흥문의 계파가 고흥문의 사무실이 있던 그랜드호텔을 중심으로 뭉친 데서 비롯된 이름이다. 따라서 고흥문계와 그랜드계는 사실상 같고, 진산계는 역시 신민당의 유력 정치인이었던 유진산의 계파를 지칭한다.

이 하나 있는데, 그 사고의 연장이었던 거지. '아니, 민주주의자면 당연히 반대하는 게 자유인데 반대하는 거 갖고 왜 니들이 뭐라 그래? 내 자유지.' 뭐 이런 생각이 있었던 것 같은데.

신문은 어떤 거 구독하셨어요?

아, 우리 집에서는, 그건 뭐 내가 결정하는 게 아니니까, 아버지가 결정하는 거니까. 그때는 여당지, 야당지 이렇게 구분했는데, 여당지는 『서울신문』이고 나머지는 대체로 야당 성향. 그 당시 대표적인 게 『동아일보』고 『조선일보』 이런 것들이지 뭐. 재미없는 신문이 『신아일보』라는 게 있었는데, 『신아일보』는 인쇄 질도 좀 낮았고, 종이 퀄리티가 낮고 좀 조악했어. 폐간된 『대한일보』도 조금 퀄리티가 떨어졌던 것 같고. 나머지는 비슷했던 것 같은데.

사북으로 돌아오셔서 바로 탄광 작업을 하게 될 거라는 생각을 하고 오셨던 거였어요?

그렇다고 뭐 채탄 현장으로 직접 들어가리라고 생각은 안 했죠. 그럴 생각도 없었고. 그 당시 열여덟 살도 안 되는데 [회사에서] 보내지도 않아요. 그 당시에 그 정도는 지켰던 것 같은데. 내가 그 당시 아직 만 열여덟 살이 안 됐기 때문에 갱내엔 못 들어가죠. 갱 밖에서 소위 '스테바(すてば)'³라 그러는데, 스테바 그것부터 시작을[했죠].

탄 고르는 거 하는 건가요?

그거는 선탄부들 아줌마들이 하는 거고. 갱 안에서 나온 광차를, 석탄 실은 걸 저탄장에 부리고 뭐 그런 거지. 그리고 또 경석이라고 부르는데, 버럭이라고도 하고 보다라고도 하고. 일본어 잔재 같은데 보다, 탄이 되기 전에 나온 그런 것들 버리고 쌓고 뭐 이런 일들.

---

3 기본적으로 건설 현장에서의 흙을 펼쳐 놓는 사토(捨土) 작업, 혹은 사토장을 일컫는 용어로, 광산에서는 나온 탄을 부려 펼치거나 정리하는 작업을 일컫는 것으로 보인다.

주로 운반의 역할을 하는 거군요.

그렇지. 운반하고 뭐.

업체 구조가 어떻게 되어 있었던 거예요?

72년도 그 당시에는 아직 조광업체라는 개념도 없을 때고. 그때는 동원탄좌가 뭐 그렇게 엄청나게 크진 않을 때여서, 그땐 종업원 한 500명 안팎의 아직 그 정도일 때여서 조그만 하청 회사가 더러 있긴 했겠지만, 뭐 그렇게 조광, 무슨 덕대 이런 게 많이 [있지 않은], 아직은 크지 않은 때였어요.

고용이 어떻게 이루어진 거였어요?

고용은 그냥 저기 현장 책임자가 "너 내일부터 나와." 그러면 되는 거지 뭐.

아버님은 계속 일하시구요?

예. 거기서 아버지도 감독.

같은 작업장이셨던 거예요?

같은 작업장은 아니었지. 갱도는 달리 있었지.

돌아오셨을 때도 을호사택에 계속 사셨어요?

아니요. 그 전에 장사하다가 망했다고 그랬잖아요. 그때 퇴사해서.

아, 사택은 나와야 되니까. 그럼 그다음엔 어디 사셨어요?

그다음에는 그 자리가 어디냐면 사북읍사무소 옆에, 거기 전화국이 있거든요? 전화국 앞에 길가의 집이었어요.

그때도 사택은 안 사셨던 거예요?

아니, 아니. 그거는 사택이었어요. 그거는 뭐 집단으로 이렇게 딱 있고 이런 데는 아니었지만. 아버지가 그런 성향이 있는 것 같애. 그런 사택에 들어가기 싫어하셨던 것 같애, 생각해 보니까.

길가에 있는 집인데 사택이었어요?
　예. 한길가는 아니지만 회사 소유의 일반 주택인 거지. 그러니까 집단 사택은 아니더라도 어쨌든. 그런 데는 들어가셨는데.

공동 주택을 싫어하셨나 보다.
　싫어하셨던 것 같애. 그때 기억엔.

그래서 함백에서도 미륵골에 사셨던 걸까요?
　글쎄요. 그럴런지는 모르죠.

급여 수준은 서울에 계실 때하고 비교해서 어떠셨어요?
　근데 난 잘 몰랐어, 사실은. 내가 월급을 한 번도 타 본 적이 없어서. 아버지가 다 처리해가지고.

그때는 관심 없으셨어요?
　내가 필요한 돈만 받아 쓰면 되니까. 아이, 뭐 물론 전체적인 수준이 있으니까 대충 얼만지는 알죠.

그게 서울보다는 나았어요?
　훨씬 나았던 것 같지.

◇ ◇ ◇
1970년대 사북 탄광촌의 생활 조건

꿈을 키우기 위해서 신문 계속 보시는 거 외에 또 어떤 거를?

73년도쯤에 동부70갱이라고 거기서 일할 땐데, 거기 측량기사로 다니는 형이 하나 있었는데 그 양반이 어디 대학을 나왔어. 내가 보니까 유식해 보이더라고. 그래서 좀 대화를 하고 이렇게 좀 얻으려고 했는데, 처음에는 좀 그런 [어울려 주는] 것 같더니 귀찮아하더라고. 그러다가 친구를 하나 만났는데, 서울서 내려온 친군데, 서울선 어떤 인연으로 [왔는지는 모르고]. 거기서 나처럼, 이렇게 나는 동부70갱 걔는 서부70갱에서 일을 했는데 일종의 급사 같은 거예요. 급사 겸 스테바 겸 그런 거. 지금도 만나는 친군데, 나름대로 어렵게 살지만 뭔가 '이렇게 살면 안 된다'라고 생각하는 친구인 거야. 그래서 그 친구하고 얘길 좀 하다가 그해 추석인가 내가 걔네 집을 한번 와 봤어, 서울에.

그분은 집이 서울에 있고 혼자 사북에 와 있었던 거예요?

그렇죠. 거기서 그렇게 있어서 뭘 해. 아버지는 없고 혼자서 어머니하고 동생들 먹여 살려야 되는데.

그래서 사북까지 왔었구나.

걔는 그런 친군데, 내가 보고 충격을 받았잖아.

판자촌이었어요?

판자촌, 예. 지금 영등포 그 오목교 다리 건너가기 전에, 지금 벽산아파트 있고 바로 그쪽인데, 뚝방 쪽인데, 뚝방가에 이렇게 죽 있는데, 거기를 병참구라고 그러더라고. 병참군막. 옛날 병참부 무슨 뭐 있었던 모양인데. 어휴, 가니까 탁 숨이 막히는 게. 이 골목에 조그마한 개천 같은 게 흐르는데, 그냥 기름이 둥둥 떠다니지. 근데 걔네 집에 가니까 어머니까지 다섯 식구가 사는데 부엌이라고도 제대로 없고, 뭐 진짜 가건물처럼 해 놓고 방에 가구라고는 없고. 그 옛날 철궤라는 게 있었어. 알루미늄으로 만든 궤짝인데, 그 낡은 궤짝 두 개에다가 이불이라고는 제대로 된 홑

청도 없고.

속통이 다 나와 있는?

예. 그것만 있는 그런 이불 두어 채에 사는 거야. 어후, 나 진짜 그거 보고 눈물 나더라고. 그땐 그거 보면서 그런 생각을 했거든요. '아, 이러니까 공산주의가 나오는 거 아닌가?' (면담자 웃음) 그런 생각 진짜 했던 것 같애, 내가.

그때 그걸 보고 자본주의에 좀 문제가 있지 않은가 생각하셨어요?

거까지는 모르겠지만, 이렇게 공산주의 어쩌고 떠드는 것도, 이런 게 그런 걸 제공하는 게 아닌가. 막연하지만 그런 생각을 좀 하기는 했던 것 같애요.

그 전에는 가난하다고 하는 게 어느 정도 수준인지 선생님이 체감하신 적이 없으셨던 거네요.

그렇죠. 뭐 우리보다 더 가난한 애들이 동네에도 있었어요. 있었는데, 그래도 시골은 다 초가삼간은 있잖아요. 그러니까 진짜 내 가슴 아팠어.

서울에 대한 생각이 가기 전하고 완전히 바뀌셨겠어요.

그렇죠.

그 집에 가 보시게 된 건 어떤 계기였어요?

그게 걔가 어려운 줄 알았는데, 얼마나 어려운지 가 보고 싶었어. 서울도 오랜만에 가 보고 싶었고, 걔 사는 게 궁금해서 가 봤던 거지.

그분은 다시 '사북으로 가자'는 생각이 들지 않았을까요?

아니, 그러진 않죠. 걔도 나름대로 계획이 있어서 올라온 거니까.

그때 일하신 곳이 동원탄좌에 갱도별로 작업장이 나뉘어져 있는 형태였어요?

물론 그때도 다른 하청들은 있었지만, 다른 하청들은 덕일기업, 무슨 기업 이런 식의 이름을 갖고 있던 때가 아니에요. 그때는 천공70항, 뭐 혹은 천공40항 이렇게 불리던 때지, 거기에 사장 누구 이렇게. '오야지(お やじ)', 사장이라고도 안 불리고 오야지 누구 이렇게 불리던 때였고. 이름이 주어진 건 80년 이후의 일[이에요]. 사북사건이 일어나던 80년도에도 아직 그런 이름은 없었어요. 아직 없었고.

그게 사북사건을 계기로 아마 광업법 이런 것들도 정비가 되고. 꼭 그 [사북사건이] 계기가 아니었겠지만, 그렇게 돼야 돼서 그랬겠지만 광업법 이런 것들이 정비가 되고 이러면서 조광권에 대해서 명확하게 정리가 되고, 아마 이렇게 됐던 것 같애. 그래서 그 전에는 조광이란 개념도 없었고, 그냥 덕대 아니면 하청 둘 중에 하나였거든요. 우린 조광권이라는 명칭이 생긴지도 몰라. 법에는 있었는지는 모르겠는데 우리가 그런 말을 일상적으로 듣고 안 건 80년 이후라고 봐야 돼.

동원탄좌가 석공하고 비교해 보면 훌륭한?

아유, 석공이야 여러 가지로 그건 뭐…. 그렇죠, 훨씬 처우나 이런 것들이 낫다고 보는 거지, 복지나. [당시에도] 다들 그렇게 인식했었죠.

석공에 계시다가 오신 분들이 사북에 제법 계셨잖아요.

그렇죠. 근데 또 그렇게 근속한다고 무슨 특별히 더 좋은 게 있는 것도 아니니까. 또 집안에 목돈이 필요하고 그러면 퇴직을 해야 되니까. 뭐 이래서 이쪽으로 옮기거나 이런 경우도 있었고, 그런 경우가 더 많죠. 돈이 필요하면 자꾸 퇴직하는 거지.

퇴직을 통해서 목돈을?

퇴직금. 퇴직금.

동원탄좌가 조건이 훨씬 더 좋거나 그래서 왔다고 볼 순 없는 거네요?

　　그렇죠.

그 기준을 놓고 보면 그래도 석공 사업장이 더 대우가 좋다는 거군요.

　　그렇죠. 예.

당시에 회사가 계속 성장하고 있다고 하는 걸 체감하시거나 그러셨어요?

　　그렇죠. 73년에 석공 영월광업소가 폐광을 하거든요. 그래서 거기 영월 석공 사람들이 뿔뿔이 흩어져서 그때 막 신흥 탄광으로 떠오르는 동원탄좌 혹은 삼척탄좌 이런 데 많이 오고 그러면서 사이즈가 점점 커지고 사택 막 짓고. 지금 새마을사택, 중앙사택 이런 것들이 그때 지어지기 시작하고 그랬었죠.

그 당시에는 회사 돌아가는 거를 잘 아시진 않으셨겠지만, 일하시면서 "우리 사장 어떤 사람이다. 회장 어떤 사람이다." 그런 얘기나 소문은 혹시 들으신 거 있으셨어요?

　　그런 거는 그냥 풍설이나 듣는 거지. 뭐 그렇게 정보랄 만한 걸 잘 듣질 못했을 것 같은데. 을호사택 있을 때, 내가 얘기했던 그 이재기의 아들, 이 사람들은[이재기 등의 간부들은] 서울에 이연 사장 집에 자주들 왔다 갔다 했던 것 같애. 그 얘기를 자주 하거든요. 그때 노조 지부장이잖아요. 노조 지부장은 그냥 관리직 중의 한 사람일 뿐이야. 그래서 늘 때 되면 과장들하고 같이 서울에, 그 사장 집에 가서 뭐 세배를 하고 오는지 어쩌는지 그렇게 하기도 하고 뭐 이러는 거 같애. 근데 우린 한 번도 가 본 적이 없었어요.

그때는 책을 많이 보셨다고 하셨는데, 그 뒤로는 접하실 기회가 많이 없으셨겠네요. 책을 사서 보시거나 하셨어요?

　　내가 사서 보기도 하고. 책 보는 수준이 문젠데, 맨[늘] 보는 게 『신동아』이런 시사 잡지, 뭐 이런 것만 보는 거야. 그러니까 좀 제대로 된 책을 봤어야 되는 건데, 그냥 세상 돌아가는 건 뭐 이렇게 흐름은 알아도 이걸 제대로 깊이 있게 보고 못 한 한계가 있죠. 옛날에 또 『독서신문』이라는 주간지가 있었거든요. 그냥 그런 거 보는 재미에 빠져갖고, 말만 공부지 공부를 제대로 안 한 것 같애.

사북으로 다시 돌아오셔서 일하실 때에는 이재기 씨 집에 간 적 없으세요?

아니, 그땐 아니지. 그땐 이미 걔네도 쫄딱 망해가지고.

망했구나. 왜 망한 거죠?

저기 무슨 횡령 사건으로 구속되고 이러면서. 그때가 70년이었나? 70년에 이미 그 아버지가….

한 번 구속됐었죠.

짤리고. 76년도에 노조 지부장 될 때까지 한 6년 동안 고생을 많이 했지.

고생했다는 기록이 그때 얘기였구나.

아, 그래도 그 친구하고 친하게 늘 지냈어요.

그 친구 분은 계속 사북에 계셨어요?

아니, 걔는 그때 서울공고 다니다가.

고등학교를 서울로 갔어요?

예. 서울공고 졸업하고. 걔네 엄마가 열심히 생선 장사[해서] 공부를 다 가르쳤고. 걘 또 워낙 순응하는 애니까 열심히 잘 다녔지. 나중 얘기지만 걔하고 서울에서 같이 공장도 다니고 했었지. 걔는 서울공고 요업과를 나왔거든. 요업과 나와서 요업 공장에 일하는데, 나도 같이 들어가서 좀 몇 달 했지.

73년, 74년에 회사 세무 조사가 대대적으로 있었다는 기록이 있던데.

그게 73년이 아닐 거예요. 75, 76년도일 거 같은데. 그때 신문에 막 나오고 이랬었으니까.

작업장에 계실 때는 그런 거 모르셨죠?

굉장히 작으니까 모르지. 그건 본사나 뭐 이런 데서 하는 거니까.

당시에 작업 조건은 어떠셨어요? 사고는 계속 있었을 것 같기는 하지만.

뭐 힘들죠. 힘들고 그렇긴 한데 광산이 그런 거지 뭐.

그때 채탄을 해서 가져오면 30%씩은 감독자가 깎았다고 그러더라고요. "부족하다. 더 캐라." 이런 식으로 계속 쪼았다고.

그거는 말이 좀 잘 안 맞는 것 같고. 예컨대 이런 거는 있죠. 내가 80년도에 덕일기업이라고 나중에 불리게 된, 거기서 내가 검탄원이라는 거를 했는데 난 좀 인심을 [얻었어]. 그땐 내가 이미 소위 의식화가 돼서 돌아왔기 때문에. 근데 그 저탄장에 있는 게 공식적으로는, 예컨대 100톤이야. 근데 실제 있는 건 150톤 내지 180톤 정도는 되는 거예요. 실제로 있는 거는. 여러 가지로 쭉 계산해 볼 때.

그래 나는 한 번도 깎아 본 적이 없어. 가져오면 오히려 내가 더 줘 버려 그냥. 실제로 남으니까. 그래서 좀 덜 캔 날은 내가 "어디 가서 떠들면 안 돼." 하고 더 주고 이렇게 했는데, 몇 달 동안 그렇게 해도 아무 문제가 없을 정도였죠. '부비끼(ぶびき)'라고 들어봤죠? 검탄이 부비끼 하는 일인데, 그러니까 임금을 손해 보는 거죠, 실제로 생산한 사람들은. 그니까 뭐 거기만 그랬겠어요? 모든 작업장이 다 그랬겠지. 원래 그래서 이 검탄 자리가 늘 술 얻어먹는 자리고 그래. 아니면 술 얻어먹다가 잘못되면 테러 당하는 (면담자 웃음) 이런 자리고. 특히 검탄은 제일 욕먹고.

여러 노동 경험과 교회 활동 및 군 생활

지금 의식화됐다고 말씀하셨잖아요. 70년대 중반부터 변화가 있는 거예요? 70년 대 말이면 20대잖아요.

20대 중반이지. 그러다가 나한테 편지가 왔는데, 같이 있던 애가, 서 울 양남동 사는 애가 울산에 있다고 편지가 왔어. 현대조선 거기.

74년에 많이 뽑았죠.

전국에서 구름같이 몰려오고. 또 괜찮다고 날보고 올라면 오라 그러는 거야. 어우, 잘됐지 뭐야. 그래서 바로는 못 가고, 나도 정리하고 가야 되 니까. 4월 달인가 3월 달인가 아마 울산에 내려갔지. 다 때려치우고. 울 산에 내려가서 현대조선 들어갈라고 했는데, 그게 용접이라도 할 줄 알아 야 들어가는 거야. 그냥은 못 들어가는 거야. 근데 난 그런 거 딱 싫거든. 용접 같은 거. 그런 걸 내가 왜 배워. 그래서 현대조선에 직접 들어가지는 못하고. 걔도 현대조선 하청업체에서 일하다가, 지금도 걔는 공황장애 비 슷한 걸 지금도 갖고 있는데. 그땐 뭐 안전시설이 어딨어요? 이 높은 외 줄사다리 그거에 의지해갖고 올라가서 용접도 해야 되고 막 이렇게 일만 하면.

무섭죠.

저녁때 되면 못 자겠다는 거지. 처음엔 날보고 내려오라 그랬는데, 내 가 내려가니까 걔는 이미 나와가지고 밖에서 [일하고 있고]. 그때 뭐 노동 일이 엄청나게 많았어요. 그래서 울산에서 같이 노가다 일을 하면서, 거 기서 신나게 살았지. 그때 열아홉 살이잖아요. 술은 잘 못 먹지만, 하여튼 술 한두 잔 먹고 패싸움하고, 뭐 싸우고 돌아다니고 뭐. 강원도 패 뭐 전 라도 패[나누고] 이래저래 뭐 하다 보면 싸우기도 하고. 그것도 재밌더라고 한동안은. 근데 그러다가 그곳에서 사고를 한 번 세게 냈는데, 하여튼 누구를 한번 조졌는데, 거기 있으면 보복을 당하거나 잡혀가거든. 도망 나와가지고 인천으로 [갔어]. 그해 울산 폭동, 조선소 폭동이 나기 직전에 내가 나와가지고. 내 친구는 그걸 겪고 나오고. 그런 소식이 들려와가지고 가 봤더니만, 폐허 난장판 되고 이런 건 나중에 봤지 뭐.

[친구랑] 같이 올라왔는데. 올라와서 인천에서 그 당시 한국기계라는 회사가 있었거든요? 거기서 또 하청업체에서 일 좀 하다가, 지금은 자취도 없이 사라졌지만 운정동 거기서 타일 공장 요업 일을 하다가, 결국 또 다시 사북으로 내려가요. 그해 말에. 그해는 진짜 뭐 신문도 제대로 못 읽고 책하나 못 읽고, 신나게는 사는데 이러면 더 망가지겠더라고. 그래서 '안 되겠다. 아휴, 그나마 탄광이 낫다.' 그래서 그때는 작정하고 내가 딱 내려갔어. 74년 말에 내려가서 그때는 내가 만 열아홉[이었고], 만 열여덟 살 넘었으니깐 동원탄좌 갱내에 채탄부로 들어가서 일을 하기 시작했죠. 하면서 뭔가 모멘텀을 만들려고 교회를 나갔어. 교회를 나가면 뭔가 있을 것 같았어. 예수 믿고 이런 건 관심이 없었고, 교회를 나가면 사람도 있고 뭔가 있을 것 같은 생각이 들어서 나가기 시작했어. 당분간 일하면서 공부든 뭐든 제대로 하자 하고 내려온 거지.

일단 정착을 해야겠다 생각하고 오신 거예요?

응.

그래서 일부러 채탄부로 가셨어요?

아니, 또 가계에도 실질적으로 도움이 돼야 되니까. 집안 애들도 있고 동생들도 자꾸 크고 도움 줘야 되니까 그런 것도 있고. 나도 돈을 좀 가져야 되겠고. 그래서 했고. 교회를 가니까 계기가 생긴 건 사실이에요.

그 교회가 사북교회예요?

사북중앙교회라고.

장로교회예요?

예. 그땐 뭐 장로교회인지 감리교회인지 뭐 상관없이 그냥 늘 보이는
익숙한 교회니까 갔더랬지.

교회에 가면 공부를 더 하거나?

뭔가 좀 괜찮은 사람들이거나 뭔가 있을 거라고 생각을 했는데, 커서
보니까 그것도 재밌더라고. 그땐 뭐 어디나 사람이 많을 때니까. 청년회
가 있는데, 한 삼사십 명 모이고 이러니까 청년회 활동하는 게 처음엔 재
밌더라고요. 회장도 뽑고 회의도 하고 이런 조직 생활이 재밌더라고. 그
러면서 내가 가자마자 문화부장을 맡았는데 "기관지를 만들자, 회지를 만
들자." 그래서 회지를 만들려고 기획을 하고, 기사를 찾고. 뻔한 학습 문
예지 이런 걸로 만들고 싶진 않았으니까 뭘 조금 하고 싶었는데.

그해에 6월쯤 사법시험 합격자 발표가 났는데, 박스 기사로 어떤 사
람이 열세 번 떨어지고 열네 번째에 합격했다는 거야. 그러면서 이 사람
이 하나님이 어쩌고저쩌고 뭐 그랬더라고. '아, 이건 괜찮다.' 싶어가지고
교회 기관지니까, 청년회 기관지니까 동아일보에다 편지 써가지고 "이 사
람 주소를 알려줘라." 하니까 알려줘서, 그 사람한테 편지해서 글을 받아
가지고 실으면서 [생각하기를] '아, 그럼 내가 이거 하면 될 거 아니야. 사
법시험 공부하면 될 거 아니야.' 그래서 그거를 시작하게 됐는데, 보니까
나는 별로 어렵지가 않더라고요. 왜냐하면 신문에서 늘 보고 하는 것들이
주워들은 게 많으니까. 이게 금방 유추가 되고 이렇게 하니까 이해가 잘
되죠.

공부가 어렵진 않았어요?

내가 이런 걸 왜 진작 몰랐는지 싶을 정도로 너무너무 재밌고 좋은 거

예요. 그래서 바깥출입도 거의 잘 안 하고, 일 끝나면 와서 보고, 쭉쭉 그렇게 좀 했었지.

사법시험 책들을 구해다가 혼자 보셨어요?

서울에 청계천 헌책방 가서 [샀지]. 그 사람한테 물어봤지. "내가 뭘 봐야 되느냐?" 편지로 물어보니까 이러이러한 걸 사라고.

그 사람은 누군가요?

손평업 씨라는 분인데, 고려대학교 나온 사람이고. 근데 그것만 있는 게 아니라 고졸합격자가 유일하게 한 사람 있다고 그때 나왔었어. 나중에 알고 보니까 그게 노무현인데, 그 사람 열네 번 했다니까 고무됐고, 또 고졸짜리도 한다니까 '하면 되지.' 이렇게 생각했던 거지요.

작업 안 하실 때는 공부하시고?

뭐, 공부만 하는 건 아니지만. (면담자 웃음)

교회 활동도 하시고. 교회에서 청년회를 하시면서 조직이 운영된다는 데에서 '민주주의가 이렇게 되는구나.' 그런 생각을 하셨었나요?

민주주의까진 아니고 '내가 나중에 누군가를 이끌라면 이런 걸 좀 배워야겠다.' 생각을 한 거죠.

회장은 어떤 역할을 하는 거고, 조직은 어떻게 구성되고 이런 걸 보신 거예요?

그런 것도 있고, 조직을 장악하고 잘 이끌라면 어떻게 해야 되겠다 이런 생각을 한 거지 뭐. 그렇게 좋은 생각을 한 건 아니고. [거기서] 문화부도 하고 다른 것도 해보고, 말이 좀 그렇지만 가 보니까 이게 어떻게 돌아가는지 금방 눈에 탁 들어오고 거의 좌지우지할 수 있겠더라고. 나이 차이들은 많이 나는데, 내가 비교적 나이가 적잖아. 스무 살, 스물한 살 막 됐는데 뭐 30대 가까이 되는 사람들도 있고 하는데, 어려움은 있지만 그렇더라고. 그런 게 재밌었죠.

그럼 회장까지 하셨어요?

　회장까진 내가 못 했고. 나중에 방위병 가고 이런 과정에서 [못했죠].

청년부에 계시는 분들이 대부분 탄광에서 일하는 청년들이셨어요?

　탄광에서 일하는 사람도 있고, 거기 지역에 자영업자도 있고, 직업이 다양했던 것 같은데. 교사들도 있었고.

처음에 교회 가야겠다 생각하셨을 때의 기대는 충족이 되셨던 거예요?

　뭐 됐던 것 같아요.

사북에서 그렇게 다양한 사람들이 모이는 조직이라고 할 만한 게 교회 말고는 딱히 없었던 거죠?

　그랬을 거예요, 아마.

여성분들도 계셨나요?

　여성들도 많았죠. 거의 절반 가까이 됐던 것 [같은데] 여자들은 뭐 그냥 집에 있거나 그랬던 거 같애. 특별히 직업을 가진 사람들도 일부 있었지만, 직업이래 봐야 광산회사 경리나 뭐 이런 것밖에 없었던 것 같고. 화장품 대리점에 경리 아니면 미용실에 있는 애들도 있었고.

아까 말씀하신 손평업 씨한테 공부하는 방법이나 이런 연락을 주고받고 하셨었어요?

　아니요. 자주 하진 않았고, 처음에 한 번 딱 하고.

'아, 이렇게 하는 거구나.' 얘길 들으시고는 공부를 시작하신 거예요? 그때는 고시를 통해서 바로 정치로 갈 수 있겠구나 하는 생각을 이미 하신 거죠?

　그렇죠. 예컨대 사시를 붙고 뭐 이러면 그다음부터는 길이 열리는 거 아니에요? 그렇게 생각을 했지.

그 무렵에 영장이 나온 거죠? 그럼 공부는 중단하신 거예요?

뭐 중단할 필요는 없었죠. 방위병이니까 중단할 필요는 없었는데, 그 방위병 간 게 문제가 된 거야. 난 진짜 현역을 가고 싶었거든. 현역을 가고 싶었는데, 눈이 나쁘니까 이것 땜에 또 못 가나 싶어가지고 시력표 외워갖고 들어가서 거기선 분명히 현역이라고 그랬거든. 신체는 갑종이고. 나는 학력 때문에, 그땐 자원이 워낙 많으니까 방위로 간 거야.

그때는 방위 근무를 어떻게 하는 거예요?

우리는 뭐 여러 형태가 있었는데, 나는 걸어서 한 두어 시간 가서 24시간 근무를 하고 48시간 쉬고 이러는 거였거든요. 상대적으로 좀 시간은 있었죠.

초소 근무하시는 거예요?

옛날에 그 무장공비가 나타나는 지역이니까, 거기 군대를 주둔할 정도는 못 되고, 취약 지역에 무기고를 설치해 놓은 거예요. 무기고를 뒀다가 유사시엔 거기서 예비군들 모아서 무기 나눠 주고 하는 건데, 그 무기고를 지키는 일이었어요. 무슨 저 벽지에 있는 일개 분대씩 돌아가면서, 방위병들이.

거기도 사북인가요?

사북은 아니고 동면이라고, 지금 화암면. 원래 사북이 동면이었잖아요. 동면이 사북이었는데, 그 당시는 찻길이 없었고, 걸어가는 길밖에 없었고. 지금은 터널도 뚫리고 금방 슝- 가지만.

거기에는 근무를 혼자 하시는?

아니. 일개 분대 병력. 정원이 항상 차 있는 건 아니지만 한 7, 8명 정도. 전기도 안 들어오는데 있으니까.

18개월이 아니었죠?

　거긴 12개월 딱 근무하고, 다른 데는 대체로 18개월 이렇게 근무하는데 거기는 딱 1년 정확하게 끝나는 데였어요.

그때도 공부를 계속 하신 거죠?

　아니, 뭐 틈틈이 공부를. 늘 공부 내지 독서. 그때 삼성문고가 처음 나와가지고 막 센세이션을 [일으켰는데], 옛날에 문고판 많았는데 특히 삼성문고가 좋은 책이 많았어요. 100원짜리, 가격도 파격적으로 싸게 해가지고. 맨날 그런 거 들고 [읽었죠]. 글쎄 뭐 동양 고전도 있고 서양 고전도 있고 이것저것 많았어. 비스마르크 이런 것도 있었고.

사법시험 합격을 목표로 기간을 어느 정도 생각하셨어요?

　그때 내가 취약했던 게 외국어가 있어서, 그것 때문에 내가 좀 미루고 있었던 거지. 바로 응시를 내가 못하고. 외국어를 혼자 하니까 쉽지가 않더라고. 쉽지도 않고 또 딴 거가 더 재밌으니까, 딴 데 가면 다른 책들이 더 재밌으니까 보고 했는데, 영어를 어떻게 해결할지는 좀 고민을 하긴 했었어요. 그런데 '어떻게 하지? 어떻게 하지?' 하고, 그건 방위 끝나고 어떻게든 해 보자 그 생각은[했지]. 그땐 또 수입이 없으니까 어떻게 할 수도 없고. 그래서 '방위 끝나고 다시 동원탄좌 들어가서 어떻게 방법을 찾아보자.'라고 생각은 하고 있었죠.

◇ ◇ ◇
정치 활동에 자극을 준 사건과 책들

그 70년대 후반쯤이 돼서요?

　그 전에 이 얘기는 내가 좀 해야 되는데, 74년에 내가 문정동, 거여동 그쪽에서 요업 공장 하다가 작정하고 내려올 무렵에 동아일보 사태가 나는 거야. 백지 광고. 처음엔 '이게 뭐지?' 싶었는데, 『신동아』도 광고 없고. 그 책을 아직도 갖고 있는데, 동아일보가 그랬지. 처음에는 그냥 '뭐 이래?' 하고 사북 와서 다시 동원탄좌에 들어갔는데, 거기서 가만히 있을 수는 없잖아. 뭔가 해야겠다고 생각했는데 혼자서 할 수 있는 건 내가 없으니까.

그 전에 이철, 유인태 이 수배 전단[4]이 전국에 막, 우리 동네에 다 붙이고 이러면서. 좀 더 거슬러 가면은 72년도 유신헌법 투표할 때, 그때 우리 아버지하고 아주 친한 친형제처럼 지내는 동원탄좌 총무과장 한 분이 계셨어요. 한번은 날 보고 너도 투표하라고 그러는 거야. 그때 선거관리위원장이거든. 그 아저씨가 너도 투표하라고 그러는 거야. 막 투표하게 해 주는 거니까. 그때 난 열일곱 살 땐데. 그래서 "하지요 뭐." 했더니 "찬성 찍어라." 그래서 "아이, 내가 왜 찬성 찍어요? 난 반대 찍을 건데." "얘 인마, 그러면 안 돼." 그래갖고 못하게 했는데, 어쨌든 그 유신이 뭔가 잘못된 건 분명하다고는 생각은 했고. 근데 이런 거는 대학생이나 이런 사람들이 하는 거지 우리가 할 일이라는 생각은 내가 당연히 못했죠.

그때 74년, 75년 그걸[동아일보 백지 기사 사건을] 보면서 할 수 있는 게 돈 보내 주는 거잖아. 동아일보에 돈 보내 주는 거. 돈 보내 주고 지국에다가 구독자 모아 주는 거. 그렇게 했는데, 어느 날인지 나한테 편지가 온 거예요. 김영삼한테서. 그때 신민당 총재이던 김영삼한테 편지가 온 거야. 황인오 선생 어쩌고저쩌고, 친필 편지인 줄 알았어. (면담자 웃음) 어쨌든 간에 그래도 그게 어디야. '아우 세상에, 김영삼한테서 내가 편지를 받다니.' 그러면서 자료를 한 무더기 [보내 왔죠]. 내 생전 처음 본 거예요. 김영삼의 개인 사무실이 그때 한국문제연구소라는 건데, 거기서 자기들이 만든 리포트 같은 거[를 보낸 거야]. 정치 상황들 분석하고, 뭐 요즘은 흔해 빠진 거지만 일상 신문에서 못 보던 것들이, 『신동아』보다도 훨

---

4 민청학련 사건 관련자 수배 전단.

씬 더 세고 더 심층적인 내용들이 거기 있는 거야. 그래서 그런 거 보면서 '이런 거에 내가 값하는 사람이 돼야 되겠구나.' 생각을 더욱더 굳히게 되긴 했는데. 나중에 그게 좀 상황이 그래 됐지만. (웃음)

그 편지가 오게 됐던 건 선생님의 활동을 동아일보에서.

동아일보에 [후원금] 냈던 것 때문에 그랬겠죠. 날 어떻게 알아서 그걸 보냈겠어.

김영삼이 선생님께 중대한 영향을 미친 셈이네요. (웃음)

그렇죠. 그래서 내가 80년 감옥에 가서 DJ 팀들하고 같이 징역 살기 전까지는 YS 편이었지. YS 지지자였지.

그 이후 76년에 민주구국선언 그것도 보셨어요? 서울에 그때 계셨나요?

아니요. 그땐 사북에 있었지. 신문에서 늘 보고는 있었지. 함세웅 신부[5]는 그때 새끼 신부일 때, 윤형중 신부[6]가 지금 함세웅 신부 급으로 활동하고 뭐 이럴 때.

선생님은 어렸을 때부터 삶을 꾸려 나가려고 하는 이런 의지도 있었고, 그렇게 뭔가 도움을 받으려고도 했고, 뭔가 길을 찾으려고 했던 성향이 좀 있는 것 같아요. 그래서 고시도 하시려고 했고, 서울도 올라오시려고 했고. 그런데 한편으로는 도시 하층민들이 있는 안양천변에 가 보시고 '이러니까 공산주의가 나오는 거 아니냐'라고 했듯이, 깊은 진실 같은 것에 대한 희구도 있었던 것 같고. 선생님이 생각하시기에 이 두 개의 욕구에 대해 스스로 어떻게 평가하세요?

글쎄 그거 뭐, 그때야 그렇게 심각할 정도는 내가 못 됐던 것 같은데. 막연하게 정의로운, 살기에 좋은 세상이라는 건 어쨌든 골고루 [잘]살아야 되는 거니까. 예컨대 그 성북동 공장에 있을 때, 거기 아줌마들이 있을 거 아니에요? 지금 생각하면 진짜 날 놀리는 거야. 신문에 그때 샘표 박

---

5 정의구현사제단을 설립했으며, 박종철 고문 치사 사건을 밝혀내기도 했다.
6 1903년 출생. 카톨릭청년사 사장과 경향신문 사장 등을 역임하기도 했으며, 유신 당시 '민주회복국민회의'의 상임대표를 맡아 활동하기도 했다.

영복 회장네 집에서 요즘으로 말하면 갑질한 그런 기사가 있었어요. 내가 흥분하고 "아, 이것들 말이야" 막 이러고. 그래 한두 번 그러니까 이 사람들이 나만 오면 그런 비슷한 얘길 막 나한테 하는 거야. 그럼 내가 흥분할 거 아니야. 그니까 나 흥분하는 거 볼라고 일부러 나한테 그랬던 걸로 나중에 이해했는데, 그 정도야 누구나 다 있지 않나?

정의로운 사회라든가 다 같이 골고루 잘사는 사회?

그렇죠. 당연히 정치라고 내 이름 대고 하는 건, 물론 내가 개인적으로는 집안을 중흥해야겠다는 것도 있지만, 그건 뭐 당연히 부정부패해서 먹고 살자는 건 아니었을 거 아니에요? 소위 말하는 대동세상이라는 말은 나중에 생각한 거겠지만. 막연하지만 어쨌든 그런.

그때 우리 집에 백과사전이 하나 있었는데, 어디서 굴러 왔는지 아버지가 가져왔는지, 거기 보면 그런 게 나오더라고. 공산주의라는 게 우리가 학교에서 배운 것처럼 뿔난 나쁜 놈들 이게 아니고, (면담자 웃음) 공산주의가 나온 배경 이런 것들이 간단하게 소개된 글들이 있었어요. 그런 걸 보면서 '아, 이렇게도 생각할 수 있구나.' 했고.

또 하나 생각나는 거는, 가끔 모스크바 방송이 잡히거든요. 함백에서 단파로 잡히는데 이상한 게 아니고 한국어 방송이에요. 최소한 68년 이전이잖아요. 그럼 거기서 김삿갓에 대해서 심층적으로 논의하는 거야, 이 사람들이. 모스크바 방송에서. 우리나라에서 하는 김삿갓 연속극보다 더 재밌게 심층적인 내용을. 내가 잘은 못 알아듣지만 김삿갓이 그 당시 사회 모순 뭐 이런 식의 용어를 아마 썼던 것 같애, 그 사람들이 [말하기로는]. 그런 것 듣고 이러면서 '어, 모스크바 방송도 김삿갓 얘기를 하네.' 하는 거는 굉장히 이상한 일이에요. 열세 살짜리한테는. 그러니까 우리가 생각하는 반공 교육에서 늘 말하는 공산주의하고는 뭔가 좀 다른 게 있을 수도 있다는 생각을 아마 하게 된 것 같애.

이론이나 말을 접했을 때 '이거구나!' 하는 느낌은 있으셨어요?

그거는요, 나중인데 이병주 소설 『산하』 같은 걸 보면서 내가 소위 말하는 반공 뭐 이런 걸 좀 벗어났던 것 같애.

이론보다는 문학이네요.

이론을 이해하기에는 아직은 내가 수준이 좀 그랬던 것 같고. 내가 열다섯 살 때, 중학교 1학년 때 『열국지』를 처음 봤거든요. 그리고 같은 해에 그 서울 친구 걔네 집에서 일본 고미카와 준페이(五味川純平)가 쓴 『인간의 조건』, 그 두 책이 내 일생의 책이거든. 아마 그건 내가 한 10년 주기로 네 번은 본 거 같애. 둘 다.

『열국지』에 보면 노나라에 문강인가 이런 사람이 있어. 왕자와 공주지. 왕의 아들딸들이지. 얘네들이 근친상간을 하는데, 어릴 땐 그럴 수 있다 쳐도 그 누이가 딴 나라 왕비로 시집을 가거든. 갔는데도 이것들이 못 잊어가지고 결국 사단이 나는 사건이라든가, 정말 무궁무진하잖아 그 얘기가. 평상시 일상의 세계에서는 도대체 [생각할 수 없는], 이런 관념이나 이런 것들은 아무것도 아니게 만들어 버리는 거잖아요. 그런 거 보면서 처음에는 아마 혼란스러웠겠지. 그렇지만 이렇기도 하다는 것과 또 『인간의 조건』 보면서는, 그 주인공 가지라는 사람이 겪는 과정을 볼 때마다 좀 새롭게 생각되는데 그게 참 나한텐, 다른 것도 있었겠지만 그런 것들이 좀 작용을 많이 하지 않았나 생각이 드네요.

그런 책들 보면서 나름대로 일종의 미망에서 깨어났다고 할 수 있겠죠. 어떤 점에서 처지가 그래서 그렇기도 했지만.

2. 사북항쟁 발발과 서울 연락

◇ ◈ ◇
항쟁 발생 당시의 상황과 추이

군 복무 마치시고는 계속 일만 하신 거예요?

그래서 나와서부터 내가 탄광에서 '목적의식적으로 일을 해야 되겠다.'라고 생각을 하고, 다시 돌아가서 교회에서 청년회에 돌아가 가지고, 덕일기업에 다니면서. 그때는 덕일기업이라고 부르지도 않았고 6구라고 보통 불렀어요. 6구 다니면서 우리 청년회원 중에 몇 사람을 끌어 모아가지고, 그 당시 처음 나온 게 『노동의 역사』, 광민사의 그 책들. 80년 1월에 6구에 입사해서 대강 3월 달쯤부터 소위 말하는 스터디를 시작을 해서 한두 번 진행을 했나? 그런데 사북사건이 터진 거예요.

그 흐름을 전혀 알 수가 없었고. 만약에 제가 동원탄좌 직영에 다녔으면 그 흐름을 알았을 거예요. 지난 1년 동안 무슨 일이 있었는지 저는 전혀 모르죠. 더군다나 6구라는 데는 동원탄좌 덕대 중에서 굉장히 멀리 떨어져 있는, 그 당시는 조광이 아니라 덕대 업체였는데, 워낙 골짜기였기 때문에 동원탄좌 직영의 흐름을 억지로 알려고 들지 않는 한 알기가 어려운, 제가 나온 지 얼마 안 되고 그래서 그 흐름은 전혀 몰랐죠. 바로 4월 21일 그날이죠. 그날 내가 병반이었는데, 병반은 밤 12시부터 시작해서 다음날 아침 8시까지 일하는데, 병반 하고 와서 한숨 자고 그날 제가 그 스터디 때문에 거기 있는 성당에 신부님을 만나러 가려던 참이었어요. 그 신부님을 내가 한 번 만나 봤거든. 교회 회칙, 노동 관련된 회칙 같은 거 구하고. 장로교회에서 전혀 그런 도움을 받을 수가 없었고. 난 신자는 아니지만 거기 몇 번 드나들면서 신부님하고 이야기도 나누고. 그런 얘기를 나눌 사람이 거기 외에는 없었어요. 사북에는 그 신부님 말고는 외국인 신부님이었는데, 그래서 거기를 가려고 한숨 자고 일어나서 서너 시쯤 가는데, 사북지서 앞에 다리가 있죠?

안경다리요?

안경다리 말고 지서 앞에 [있는] 다리. 그 사북 개천 앞에. 거기 일단의 노동자들이 지서장을 앞세우고 막 몰려오는 그 순간에 내가 그걸 본 거예요. 어떻게 공교롭게. 그래서 이게 뭔 일이지 싶어서 [보는데], 지서가 거기 코앞이니까 거기서 노동자들은 밀려들어가고 "지서장은 사람 살려내라." 뭐 소리 지르고 막, 지서가 그야말로 난장판이 된 거예요. 수백 명의 노동자들이 좁은 거기를 막 밀려들고 하니까, 흥분 돼서.

노동자들이 집기를 들거나 액션을 취하고 있었나요?

뭐 그렇기보다는 그 많은 사람이 들어가니까 좁은 지서에 사무 집기가 남아나겠어요? 뭘 걷어차기도 하고 그랬겠지. 그 안에 들여다볼 수 있는 상황이 아니고. 워낙 급박하게 들어찼기 때문에 바깥에서 볼 수밖에 없었죠, 무슨 사정인지. 나는 뭔지 모르지만 이게 막 폭력 사태로 치달으면 곤란하잖아요. 그래서 그때 멋모르고 "아, 이러면 안 된다."고 막 말리려고 그러다 보니까 옆에서 "이 새끼 넌 뭐야?" 하고 나도 막 얻어 맞았어. 얻어 맞는데 "이 새끼도 이상한 놈"이라고 막 사람들이 그러잖아요. 그런데 그중에 더러 나를 아는 사람들이 있으니까 "아, 그 아[애]는 아니야." 이러기도 하고. 그래서 얼른 빠져나왔지. 거[기] 있다가는 맞아 죽게 생겨서 나도 얼른 빠져나와서 상황을 지켜보고 얘기를 들어보니까, 소위 그 사북 사태 발단이 됐던 지서 앞에서 사건[7] 얘기를 듣게 된 거예요.

그래서 '어떡하지?' 하다가 생각해 보니까 이건 안 되겠어. 우리가 할

---

7 4월 21일에 경찰이 지프차로 광부들을 치고 달아난 사건을 지칭하는 것이다.

수 있는 일은 없고 그래서 교회로 찾아갔죠. 우리 사북중앙교회 목사님을. 목사님이 전에 나하고 몇 번 이야기하는 끝에, 내가 그때 산업선교 이런 거 관심 있어 하고 하니까 그 인명진 목사하고 자기가 무슨 교육을 같이 받았대. 무슨 교육인지 모르지만, 기억은 나지 않지만. 그래서 좀 안다고 그러길래 그게 생각이 나서, 내가 가서 "빨리 전화 좀 해 달라."고 거기다가 그랬더니 뭐 이리 빼고 저리 빼고 그래. 그때 우리 한 성질 하니까 "씨발, 빨리 하라"고 막 다급하게 하니까 전화를, 그때는 전화 신청해가지고 한 40분 있어야 전화가 되는 때였는데, 해서 그 목사님이 그쪽에 뭐라고 설명을 하고 내가 받아서 막 설명을 했어. 그때 내가 한 거는 그 당시 도시산업선교회에 대한 박 정권의 왜곡된 정보가 있는 걸 듣고, 그쪽에서 와서 이 사태를 어떻게 좀 하도록 도와 달라는 거였어요. 구체적으로 이 스트라이크 자체를 어떻게 지도, 일종의 지도 같은 거. 도시산업선교가 조정하고 뭐 어쩌고 한다고 그랬잖아.

그거를 믿고 도시산업선교회에서 와서 조정을 해 주시길 바랐던 거였어요?

그렇지. 조정이 아닌 지도를 해 달라는 거였죠. 그 전화를 받은 사람이 나중에 알고 보니까 인명진 목사더라구요. 그렇게 하고 나와서 그 현장을 보고 이러는데, 다음날 아침 우리 집으로 목사님이 전화가 왔어요. 내가 없을 때.

그분이 누구셨어요?

이상주 목사예요. 나 없는 사이에 집에 나 찾는 전화가 와서 전화했더니, 거기서 인명진 목사한테 전화가 왔는데 사람을 파견할 테니까 나한테 안내를 해 주라고 [요청하였다는 거예요]. 그러라고 그랬더니, 아마 그 다음날 아침인가 낮인가 왔어요. 그 사람이 누군가 하면 천영초 씨하고, 천영초 씨의 그 당시 남친이었던 정문화 씨가 같이 [왔어요]. 정문화 씨는 그냥 따라온 거고 천영초 씨가 오신 거죠. 그 양반이 먼저 왔나?

아니다. CBS 고희범 기자가 먼저 왔어요. 고희범 기자가 먼저 오고 조금 있다가, 그날인가? 뭐 날짜가 내 기억이 정확진 않은데 그 사태 와중에. 천영초, 정문화는 사태가 좀 끝난 직후에 온 거 같아요. 한 24일 전후한 시기에 왔던 것 같고. 기억이 정확진 않은데 고희범 기자가 먼저 왔고, 그래서 고희범 기자를 데리고 작업복 입혀서 같이 다니고. 카메라는 몰래. CBS가 카메라가 주된 방송은 그 당시에 아니니까. 라디오니까. 그 고희범 기자가 같이 쭉 다녀서 리포트 뉴스 때 바로 녹음을 하는지 뭐 어쨌는지 보내더라고. 그랬던 것 같고.

그리고 아마 사태 끝나기 전에 왔었을 거예요. 천영초, 정문화 커플이. 그래서 쭉 그[렇게 활동을] 했고. 끝나자마자 그 선을 타고 다들, 소위 요즘 식으로 말하면 운동권들이 다 나한테 그 선을 타고 오는 거죠. 그래서 본의 아니게 일종의 외부에 알리는 창구 역할을 하게 된 셈이죠. 일단 그 정도.

도시산업선교회 글을 보면서 의식의 변화가 있었다고 하셨잖아요? 불의에 항거한다든가, 기독교 베이스가 있는데 그런 쪽에 가까우셨는지?

기독교의 어떤 그 혁신적, 진보적 흐름 이런 것들이 우선 보자마자 딱 와 닿았고, 그리고 이 도시산업선교회가 소위 노동자로서의 정체성, 이런 용어를 썼는지는 모르겠지만 그런 이야기를 많이 해서 내가 굉장히 부끄러웠어요. 그동안에 내가 쪽팔리게 말이야.

나는 정치인을 하려고 했고.

예, 예. 그래서 '진정한 정치가 이런 거지.'라는 생각이 이때는 들었던 거 같아요. 생각하면 두말할 거 없이 이게 내 길이라고 자임은 했던 거 같아요. 그때 처음 본 게 78년 10월쯤에 춘천교도소에서 그런 걸 접하게 됐는데, 그걸 보자마자 일점일획의 고민 같은 건 없었고 '내가 노동자인데 아닌 척 하고 괜히 깝죽대고, 몰랐구나.' 싶은 생각이 들었죠.

그걸 선생님한테 따로 가르쳐 준 사람은?

해 준 사람 아무도 없어요.

글을 보고 생각했던 건가요?

예, 그냥. 그러니까 당시 교도소가 허술했던 게, 일반 신문은 다 못 보게 하면서 그건 종교 신문이니까 [허용을 했지]. 오원춘 사건 이런 건 일반 신문에 다 보도 통제됐거든요. 그럼 보지를 못했어요, 밖에서 [일어난] 뭐 부활절 사건[8]이나 동일방직 사건[9] 우린 보지를 못했거든. 근데 거기에 뭐 온갖 것들이 적나라하게 다 나와 있는 거예요. 가톨릭 신문이나 개신교 신문 이런 데 보니까. 진짜 정말 새로운 세계를 그때는 봤다고 생각을 한 거죠.

그 당시에 아직 우리 사회가 진보, 보수 이런 개념이 없을 때니까 개신교 신문은 한 대여섯 가지 됐는데 거의 다 동일하게 나와. 그러니까 걔네들도 아직은 이게 보수다 진보다 이런 거 없이, 지들은 교계의 문제니까 뭐 했든지 어떤지 간에 그런 것들이 굉장히 나왔던 거 같애. 그게 저한테는 크게 계기가 됐던 거죠.

이전에 청년회 활동을 하실 때는 못 봤어요?

그런 거 전혀 몰랐죠. 제가 교회 활동한 건 75년부터였고, 75년부터 80년 1월, 그러니까 80년 1월도 아니지. 내가 77년 4월에 방위병 소집돼서 갔다가, 78년 4월에 내가 구속돼서 헌병대 한 3개월가량 있다가 춘천 교도소로 넘어가서. 그게 아마 8월 초거나 그쯤 됐을 텐데 그때까지는 교

---

8 남산 부활절 연합 예배 사건. 수도권도시선교위원회 설립자였던 박형규 목사 등이 남산 야외음악당에서 열린 부활절 연합 예배에서 "민주주의는 통곡한다" 등의 플래카드를 배포한 것이 적발되어 내란예비음모죄로 구속된 사건이다.

9 동일방직에서 사측 및 어용 노조와 여성 노동자들 간의 갈등이 비화된 사건으로, 1978년 열린 대의원회에서 사측의 사주를 받은 남성들이 대회장을 습격한 사건. 이후 회사는 노조 사무실을 점거해 124명을 해고하고 노조를 장악했으며, 이에 여성 노동자들은 근로자의 날 기념식에서 플래카드를 펼치는 등 항의성 시위를 펼쳤으나 4명이 투옥되기도 했다.

회에서 그런 건 전혀 없었죠.

사북항쟁 때 지서를 부수는 모습을 보시고서는 느끼셨던 위기감이랄까, 어떻게 될까 걱정이 되셨던 거네요?

예, 예, 그렇죠. '이게 이렇게 때려 부수고 하면은 덤터기를 쓸 텐데.' 그때는 제가 노동 운동을 하겠다는 생각만 했지 이걸 어떻게 해야 되는지를 전혀 준비가 없었으니까. 그렇지만 때려 부수는 건 저놈들이 더 잘하지 우리가 더 잘하냐고. 결국 덤터기를 쓰고 당할 텐데, 그 생각이 들어서 그랬었죠.

복역 전후는 완전히 다른 사람이 됐다고 생각을 하시는?

그렇죠. 예, 예.

복역 자체라기보다는 거기서 접했던 문서나 그런 것들이 영향을 미쳤던 거죠?

그렇죠. 그때 감옥에 안 갔으면, 그걸 훨씬 나중에 봤을런지 어쩐지는 모르겠지만, 그때는 볼 계기가 없었겠죠. 그때 우리 교회 있는 친구들이 나한테 『기독교 사상』이라는 잡지를 나한테 보내 줬거든. 그거 때문에 시작된 거예요. 그거 보면서 『기독교 사상』이 굉장히…, 뭐 그 지금도 그렇지만 그때는.

굉장히 급진적인 성격이었죠?

굉장히 급진적인 내용. 그때 한완상 교수가 주간이었는데, 매번 권두언 같은 이런 것들이 정말로 충격적이었다고 말할 수밖에 없었죠. 저한테는.

그때는 정치를 하겠다는 목표나 방향보다 노동자로서의 사회 변화 이런 걸로 전환했다고 볼 수 있을까요?

아니. 그게 정치라고 생각했고.

노동자가 주인이라든가 노동자가 중심이 되는 정치를 한다?

　예, 예. 그렇게 생각을 잡았죠.

고희범 기자랑 다녔던 경로를 좀 말씀해 주실 수 있을까요?

　글쎄 뭐 곳곳을 다녔지. 그때는 다 때려 부순 현장이니깐 이렇게 변장하고, 이제 나나 그때 말했던 김○우나 다른 움직였던 애들 일종의 에스코트하면서 데리고 다니면서 했죠.

개입은 하지 않으시고 보러만 다니신 거죠?

　그렇죠. 당시 80년 4월 21일 날 때려 부수고, 22일 날 아침에 격전을 치루고 나서, 사태가 해결되는 24일까지 요 시간에는 사실 내부에서 소강상태였죠. 더 이상 충돌은 없었으니까. 그때 22일 날 전투가 끝나고 뭐 협상단으로 간다 하는데, 협상단 뽑는다 하는데, 그때 누가 날보고 하청 대표로 가라고. (면담자 웃음) 뭐 하청 대표가 한 사람만 있는 게 아니고, 누구 뽑는 기구가 있는 것도 아니고, 저마다 자천타천 막 가니 첨에는 한 백여 명이 이렇게 대표단으로 몰려갔던 것 같아요. 그래서 갈려고 딱 보니까, 거기는 내 껴 봐야 아닌 것 같고. 그리고 또 누가 서울서 온다고도 하고. 그래서 내 거긴 더 이상 안 갔죠. 내가 사정을 잘 모르기도 하고.

동원탄좌에서 시작이 됐지만 나중에는 하청의 다른 광에서 일하고 계시는 분들도 다 갔어요?

　근데 하청, 덕대 사람들은 거의 거기를 못 갔고. 우리 하청 사람들이 꽤 있었는데, 그 중에 아는 사람들이 내가 뭐 좀 아는 척을 하고 다니고 하는 걸 아니까, 그래서 날보고 가라고 그랬던 건데 뭐. 실제로 그 소위 협상단 여기는 덕대나 하청 사람들은 전혀 개입을 안 했죠. 껴 주지도 않았고. 뭐 아마 그랬을 거예요.

동원탄좌 앞에 광장 같은 데 사람들이 계속 모여 있었다고 그러던데, 22일에서

24일까지 계속 모여 있었나요?

예. 뭐 웅성웅성, 여기저기 삼삼오오 모여 있기도 하고 그랬었죠.

여자분들도 많이 오셨나요?

예. 절반이 여성분들이었죠. 여자분들이 더 많았다고도 볼 수도 있어요.

좀 이상하다는 생각 안 하셨어요?

글쎄 뭐 이상할 건 없었던 것 같고, 오히려 여성들이 있어서 덜 파괴적이 되지 않았을까 뭐 그랬던 생각이 들어요.

여성들이 말렸어요?

그렇게 여성들이 떼거리로 있어서 남자들이 술 먹고 깽판 부리면 말리고 욕하고 보내고 뭐 이런 광경도 실제로 있었고. 남자들 다들 그렇잖아요. 허랑방탕하잖아요, 이게. (면담자 웃음) 여자들은 나름대로, 아마 거의 본능적으로 이 위기감을 느끼고, 무질서하고 이런 것들이, 여성들이 아마 그때 그렇게들 말들 했고. "아이, 남자들한테 맡겨 놓으면 안 된다고 이거." 실제로 그렇게들 웅성웅성하고 "남자들이 술이나 처먹고 말이지. 하니까 이 여자들이, 우리가 딱 잡아야 된다." 이런 말들 하면서 실제로 그랬다고.

그런 걸 그 당시에 들으셨던 거죠?

예, 예. 실제로 듣기도 하고, 지나다니면서.

아까 신부님을 만나려고 하셨다고 그러셨잖아요. 그 공동체가 천주교나 기독교 쪽과 소통하고 그런 게 있었나요?

그렇지는 않았어요. 아직 그런 건 아니었고, 신부님은 내 개인적으로 그냥 가서 실제로 난 천주교인이 아니고 이쪽이라고 얘기하고, 그런데 이런 걸 하려고 하니까 혹시 좀 도움 주실 거 없냐고 했더니 기꺼이 도와준다고 하셔서 [만나려고 했지요]. 그 사태가 없었으면 [아마 연락을 하지 않았겠죠]. 장기적으로는 그쪽과 결합해서 뭐 해야겠다 막연히 이런 생각은 했었지만, 그게 뭐 구체화될 수가 없었죠.

왜 그 신부님하고 가능할 거라고 생각을 하셨어요?

호의적으로 대해 주니까. 기꺼이 도와주겠다고 말씀하시고 하니까.

교회에서도 적극적으로 도와주겠다고 하는 건 있었어요?

아니요. 그건 전혀 없었어요.

모임은 교회를 통해서 만들게 된 거지만, 장기적인 안목을 가지고 같이 활동을 할 수 있는 건 오히려 천주교?

천주교라고 생각을 했죠.

◇ ◈ ◇
광부의 사회적 지위 및 항쟁 현장의 모습

고희범 기자나 언론사에서 와서 이 사건을 보도해야 한다는 거에 대해서는 어떻게 생각하셨어요? 사람들이 알아야 된다?

아, 당연히 알아야 되는데, 그게 아마 바로 그 22일 날 왔지만 보도는 못 됐죠. 보도는 안 되다가, 보도가 23일 날 저녁 9시에 풀려졌어요. 통제하다가 23일 날 아마 저녁 9시 뉴스였을 텐데, 9시 뉴스부터 KBS 톱뉴스로 때리는데, 새끼들이 아주 그냥 그 폭력을 주로 삼고, 인질하고 린치하고 이걸 중심으로 하고, 거기다가 여기 뭐 총기가 5만 정이 있고 어쩌고, 다이너마이트 폭약이 뭐 얼마나 있느니 막 이런 걸 집중적으로 보도하기 시작했죠. 곁다리로 열악한 탄광 쪽방 이런 거 하긴 했지만, 어쨌든 주된 건 그런 거로 때리기 시작했죠.

그런 보도를 보시면서도 문제가 있다는 생각을 하셨어요?

아이, 당연히 이 망할 놈들이 이걸 때려잡을라고 하는 [거라는] 위기를 느낄 수밖에 없었죠. 그래서 그날 그걸 보면서 또 들리는 소문에, 소문이 아니라 실제로 사람들이 열차 타고 들어오면서 영월에 공수부대가 와 있다고 하더라구요, 다들. 그래서 나중에 확인된 거지만 '어, 그럼 이거 진짜 한번 붙어야 되는 것 아닌가.' 이런 생각이 들어서, 한번 무기고 있는 데도 가 보고 했죠. 여차하면 한번 붙어야 되는 거 아닌가 싶은 생각이 들어서 그러기도 했죠. 실제로.

결국은 무기고를 전혀 건드리지 않고 오히려 광부들이 그걸 지켰잖아요.

근데 그거는 저도 잘 몰라요. 그때 실제로 지켰는지 어쨌는지. 박노연 씨라는 분이 그랬다고 했는데, 난 나중에 사태가 끝난 뒤 신문 보도를 보고 알았던 거고. 실제로 아시는 것처럼 그 당시에 사태가 정말 무질서하고 뭐 계통도 없고 이랬기 때문에, 사실은 전혀 이원갑 씨가 이걸 통제할 수는….

상황이 아니었다?

그나마 말이 먹히는 분이었긴 하지만, 그걸 당신이 그 흐름을 역행해서 어떻게 할 수 있는 상황은 전혀 못 됐어요. 이게 뭐 내가 몰랐다고 다 아니라고 말하는 건지도 모르겠지만, 그때 내가 보기엔 그랬던 거 같아요.

노동자 정치 관점에서 생각하실 때, 일련의 사태는 그것과 좀 배치된다고 생각을 하셨나요?

그땐 그런 생각을 못 했고. 사후적으로 생각하면 글쎄 뭐 노동자 정치라는 말 자체가 다소 웃기는 측면이 있죠. 그때는 노동자 정치라는 개념까지는 제가 아직 못 갔고, 노동자들이 좀 사회적으로 인정받아야 된다는 정도였지. 아직은 계급 뭐 이런 인식까지는 못 갔던 것 같아요, 그때는.

그 당시에 상황이 걷잡을 수 없게 되는 가장 중요한 동기나 배경은 뭐라고 생각을 하셨어요?

저는 그 소위 암행독찰제, 이런 것도 잘 몰랐어요. 제가 [일하는 곳이] 직영이 아니라 떨어진 데 [있는] 쪼끄만 쫄딱구덩이[10]였기 때문에 그런 것도 몰랐고 했는데, 상대적으로 그 지역에서도 그 전부터 늘 비교 대상이 삼탄이거든. 고한의 삼척탄좌. 거기는 동원탄좌에 비해서 합리적으로 노동자 관리를 하는 것으로 우리한테 알려져 있었어요.

그 당시에도요?

예. 뭐랄까 노동자들한테 좀 더 나은 대우를 하는 걸로 이렇게 되어 있었고, 동원탄좌는 거기에 비해서 굉장히 열악하고. 그래서 거기에 대한 불만 내지는 선망 이런 것들이 동원탄좌엔 항상 있었거든요, 그 전에도. 나중에 암행독찰제도 들었지만, 노동조합을 관리하는 방식도 굉장히 여긴 거칠고 저쪽은 좀 하는, 어용 행태야 똑같긴 하겠지만 그런 차이가 좀 있던 거 같아요. 그런 데 대한 불만. 나중에 알고 보니깐 암행독찰제 이런 것들이 실시되고 뭐 그랬겠지만, 그때 볼 때 거기서 당연히 불만 가질 수밖에 없지 않아요?

선생님은 그 암행독찰을 직접 경험하신 건 아니고?

그런 사실도 몰랐고, 그 사실도 아직 몰랐던 [거죠]. 그니까 제가 한 2년 동안 사북을 떠나 있었던 거잖아요, 감옥살이하면서. 고 사이에 있었던 일인데, 그 독찰은 몰랐죠.

아버님은 그동안에도 계속 일을 하고 계셨던 거 아니셨어요?

그때 아마 동원탄좌를 나와서 다른 데 가서, 사북이 아닌 다른 작은 광업소에 소장으로 가셨나 아마 그랬을 거예요. 그래서 사북 그런 거 하곤

---

10 '작은 구멍'이란 뜻으로 영세 또는 하청 탄광을 일컫는다.

상관이 없었죠. 우리 형도 동원탄좌 다른 덕대에 감독을 그때 했는데, 형도 직영은 아니니까 흐름에서 벗어나 있었던 것 같아요.

삼척탄좌랑 비교를 했을 때 제일 크게 예시를 드는 것들이 있었나요?

일단 거기 목욕탕이 있어서 옷을 갈아입고 출퇴근을 한다 이런 것. 아이, 그것만 해도 얼마나 큰데.

맞아요. 목욕탕이 있고 없음이 뭔가 합리적인 운영, 좋은 대우의 하나의 기준인.

좀 중요하죠. 상황이 그러니까 어쩔 수 없이 그러고 다니지만 누가 이렇게 새카맣게 하고 거리를 다니고 싶겠어요?

사람대우해 준다는 느낌인 거죠?

그러니까. 그것만 해도 얼마나 큰데.

선생님도 작업하실 때는 그런 환경이 함백보다도 훨씬 안 좋은 조건이었던 건가요?

함백은 어릴 때니까.

그때 아버님은 물 부족이나 그런 문제가 없었는데.

우리 아버지는 어쨌든 관리자니까. 옛날부터 감독쯤 되면 다 씻고 옷 갈아입고 다녔어요, 감독들은. 감독이나 검탄 이런 사람들은 그냥 다 옷 갈아입고 다녔고, 일반 채광 노동자들이 문제인 거죠. 그리고 그 전에 저도 감옥 가기 전에, 방위병 가기 전에는 채광을 하긴 했는데, 전 직접 채탄보다는 굴진을 많이 했기 때문에. 굴진은 상대적으로 그래도 새까맣진 않아요. (면담자 웃음) 좀 새카매지긴 하는데 그래도 채탄에 비해서는 훨씬 양반이죠.

그게 걷잡을 수 없는 상태로 되었다는 게 노동 조건의 문제뿐만이 아니라, 탄광의 노동 자체가 중앙 집중적인 일이 아니어서 말이 먹힐 수 있는 리더랄까 그런 사람이 없었던 건가요?

거의 그렇다고 봐야죠. 그리고 당시에 이원갑 씨나 신경 씨 이런 분들의 활동이라고 하는 것도 사실 조금… (웃음) 그분들도 사실은 크게 벗어나는 분들은 사실 그때는 아니었거든요. 내가 안 봐서 모르지만 뭐 뻔한 건데. 다만 이재기나 이런 사람들이 지나치게 하는 거에 대해선 반기를 들고 이건 뺏어 와야 된다라고 생각했던 분들이지.

이분들이 [싸운 것이] 80년대 이후에 우리가 알았던 그런 노동 운동하곤 전혀 양상이 다른 거잖아요? 그래서 대중과 함께한다 이런 의식은 이분들도 없었죠. 자기들 몇 분의 소수, 이 일종의 그룹 사람들이 어떻게 흐름을 해서 쟤들한테[서] 뺏어온다 이런 거였지. 뭐 노동조직 해가지고 이 사람들로 하여금 어떻게 권리를 [쟁취]하고, 이런 식의 인식은 아직은 그분들도 도달하지 못했기 때문에 뭐 그걸 이끌거나 상황을 통제하거나 이럴 수는 없었죠.

◇ ◆ ◇
지부장 부인 사건

지부장 부인 린치 관련해서도 고희범 기자와 같이 직접 가셨어요?

예. 거기 가 봤죠. 묶여 있는 자리에 린치 당하는 걸 보지는 못했지만.

그래도 매여 있는 상태를 보셨던 거잖아요?

그렇죠.

좀 충격적이지 않으셨어요?

아이, 저도 굉장히 충격적이었죠, 저한테도. 친구 엄마잖아요. 제일 친한 친구 엄마잖아요. 그러나 나도 어쩔 수 없는, 22일 날 전투 끝나고 묶여 있는데 가서 어떻게 말 좀 붙일 수도 안 붙일 수도 없잖아요. 뭐 하려고 하니까 주변에서.

너도 똑같은 놈이냐?

어. "너 이 새끼. 너 뭔데 와서?" 이런 분위기니까 나도 어쩔 수가 없었어요. 그래서 내가 그 엄마한테 서울 집 전화번호 알려달라고 물어보려 그랬는데, 그 어머니도 뭐 정신이 없으니까 말이 안 되고, 말을 못 했어요. 그때 내 생각은 순진하게 '아니, 아버지가 와서 인질 자처하고 엄마를 보내야지.' [그런 마음이었죠.]

아버지는 어디 갔고.

그래서 그 친구하고 통화 좀 해서 어떻게 방법을 찾아보려고 했는데, 그때는 제가 2년 동안 없었으니까 서울 집 전화번호를 몰랐죠.

여자 분들이 그렇게 했던 거죠?

예, 거의 다 여자죠. 남자들 얼씬 못하게.

여자 분들이 주도해가지고 데리고 온?

끌려간 거도 난 못 봤죠.

감시하고 있거나 선생님한테 "너 뭐하는 놈이야?" 이렇게 얘기했던 것도 여자 분들이었던 거네요.

예, 다 여자분들. 또 어떤 아주머니가 "어이 총각, 여 얼씬거리지 말고 저리 가라."고 뭐 그렇게 하기도 하고. 대부분 여자들이 관여했죠, 아주머니들이.

이재기 씨가 당시에 어디로 피신했을 거라는 것을 혹시 짐작한 건 전혀 없으셨어요?

없었죠. 없었는데, 아마 걔네들이 보호하고 있지 않았을까 생각은 들었죠. 경찰이나 그쪽에서 [회사 쪽에서] 신병을 확보하고 있었겠지.

그 국면이 좀 궁금한데, 왜냐면 신경 씨가 이재기 씨랑 경찰에 같이 연행이 됐는데 어느 순간 없어지고 신경 씨만 남게 된 상황이 됐더라구요, 그날의 상황이. 신경 선생님이 이재기 씨를 린치 있기 전에 마지막으로 목격을 하신 거나 마찬가진데 어디로 갔는지 알 수가 없어서, 그분도 추정하기로 경찰에서 보호를 한 게 아닌가 그렇게 생각하시더라고요.

　　그때는 뭐 신경 씨도 전혀 몰랐고.

그때 당시에 노조 대의원 중에서 선생님이 접촉하거나 그런 분은 없었나요?

　　없습니다.

이원갑 씨도 모르는 상태고?

　　예.

여자들이 이렇게 주도하고 있는 상황으로 봤을 때, 그 사태가 좀 난폭하게 걷잡을 수 없게 되는 상황에서 '아, 이렇게 되면 큰일 났네.' 하는 생각을 하고 계셨던 거예요?

　　그렇죠.

린치를 보실 때 도를 넘었다고 하셨는데, 정확히 어떤 생각을 하셨나요?

　　그때는 내가 그걸 객관적으로 보기보다는 친구 어머니라는 생각이 좀 더 강했던 것 같은데.

아줌마들 좀 심하다고 보셨어요?

　　심하다기보다 이 친구 어머니가 좀 안 됐다는 생각에 사로잡혔었고.

여자들이 주도했다는 것에 대해 어떻게 생각하세요?

　　여자들이 주도했[겠지만], 누가 끌고 왔는지는 제가 몰라요. 거기 아주머니가 있었는지 없었는지 제가 정확히 모르고, 끌고 와서 실제로 얼마나 폭행을 가했는지 제가 보진 않아서 모르거든요. 누가 어떻게 했는지 그건 잘 모르겠는데, 나중에 군 검찰에서 기소한 내용을 그대로 믿을 수도 없는 거고. 그건 모르기 때문에 뭐라고 말할 순 없지만. 그래서 폭력을 여자들이 주도했는지는 제가 잘 모르겠어요. 몰라서 뭐라고 말할 수는 없고. 그 뒤로 저도 공부를 하고 이래서 정리된 생각이긴 하지만, 그분이라도 없었으면 초기에 우리가 다 진압 당했겠죠.

그분을 잡은 거는 불만이 폭발해서라기보다는 진압당하지 않을 보호책이었다는 건가요?

아니야. 아니야, 그런 건 아니고. 울분에 그냥 다들 앞뒤 계산 없이 끌고 간 거죠.

그 부인한테 동네에서 여자들이나 남자들의 어떤 식의 질시 같은 게 있었다고 말씀하셨는데.

있었지. 있어서 작용한 거죠.

그 안에서도 불쌍하다는 생각을 하는 사람이 있었을까요?

하는 사람도 있었겠죠.

그런데 그게 얘기할 상황이나 분위기는 아니었던 거죠?

23일 밤인가 가 보니 쌀 창고 앞에 앉아서 이렇게 있었거든요. 약간 술이 취한, 꼭 술 안 취해서도 아주머니들 와서 막 욕을 하고, 육두문자 쌍소리 하는 분들도 있었고, 또 더러는 그런 거 말리고 "아유, 남편 잘못 만난 탓이지 여자가 뭐 죄 있냐." 이렇게 말씀하는 분들도 있었고, 그렇게 했죠.

CBS 고희범 기자도 그 근처에 가서 잡혀 있는 걸 찍었나요?

못 찍었죠. 경찰이 다 찍어 놨겠죠.

당시에 KBS 보도 말고는, 고희범 기자도 촬영은 못 해도 송출하긴 했을 텐데 그 내용은 완전히 다른 내용이었던가요?

예. 나름대로 객관적으로 보도[했어요]. 라디오를 쉽게 듣지는 못 했고, 거기서 CBS 안 잡히니까 녹음해서 전화로 하는 걸 보면 나름대로 우리 사정을 전하려고 애는 썼죠.

◇ ◇ ◇
항쟁 당시 다른 지역과의 연관

그때 가장 심각하다고 생각하셨던 건 역시 그 순경 사망이었나요, 아니면 린치였나요? 특히 심각하다고 생각하셨던 건 어떤 거였어요?

뭐 첫날부터. 21일 지서 때려 부수고 정선경찰서장 부상당하고 이런 상황부터가 걷잡을 수 없이 됐고, '이건 크게 당하게 생겼다.'라고 생각을 이미 했죠. 그래서 그때까지는 제 딴에 전혀 영향을 미칠 수 없지만 사태를 더 이상 악화되는 걸 막아야겠다는 생각은 했는데, 할 수 있든 없든 간에 막아야 된다고 생각은 했는데 22일 그 격전이 벌어지면서부터는 더 이상 어쩔 수 없는 거고 그 이후에 피해를 최소화하는 거밖에 달리 방법이 없다고 생각은 했죠.

앞서 공수여단이 영월에 들어왔다고 하는 건 천영초 씨도 그런 얘길 전해 주셨던 건가요?

아니, 소문이 아니라 그 당시에 열차 통행을 막지 않았으니까 열차 다니면서 지나온 사람들이 막.

영월에 와 있다고?

다들 알고 있었죠. 그 사람들이 봤다고. 영월에 온 걸 다 봤다고.

당시에 영월이나 인근 지역에서 광부 아닌 다른 사람들도 많이 들어왔다고 하던데요.

글쎄, 왜 들어와요?

그 분위기에 깡패들이 같이 들어왔다고.

사북에 깡패라고 하는 애들이 몇 명 있었는데, 걔네들 그 기간 동안 쪽도 못 쓰고 다 숨어 있었어요. [나섰다가] 광부들한테 맞아 죽으려고? 평소에 시장에서 건들거리는 놈들 걸렸으면 그날에 다 죽었지, 그런 놈들은.

이번 기회에 그동안 당했던 것 갚아 주마, 뭐 이런?

예.

그 깡패들은 광부도 아니고?

깡패랄 것도 뭐 [없고] 동네 그냥 다니는 애들인데, 요즘 말하는 그런 깡패가 거기는 있지는 않았고, 그냥 지나다니면서 술이나 한 잔씩 뺏어 먹고 그런 거죠. 술이나 한잔씩 뺏어 먹고 이런 애들이나 몇 명 있었지 뭐 그런 식인 깡패는 없었어요. 그런 애들 만약에 나타났으면 진짜 그놈들 맞아 죽었죠.

그럼 인근의 외지에서 다른 사람들이 들어오거나 그런 거는 없었어요?

그런 건 혹시 들어왔는지 몰라도, 있었다 해도 한두 명 눈에 안 띄는 거지. 그네들하고 이 사태하고는 전혀 상관이 없으니까.

옷이나 이런 것들로 직영과 하청 같은 작업장이 구별되지는 않았어요?

그렇진 않았어요. 그때는 다 사복 입고 다니고, 이미 작업시간이 아닌데. 회사에서 준 잠바나 이런 게 있겠지만 그땐 그런 게 별로 구분이 없었던 것 같은데.

동원탄좌나 다른 탄광하고도 구별이 있거나 그런 건 아니었어요?

사북에는 동원탄좌 말고는 없으니까 다른 데서 들어올 일이 없죠.

서울에서 천영초, 정문화 씨가 내려오셨을 때 상황을 좀 더 말씀해 주세요.

날짜가 내가 생각이 안 나서 그러는데, 사태 와중에 왔을 거예요. 끝나기 전에. 와서 그분들이랑 같이 옷 입고 다니면서, 천영초 씨가 보기에는 "노노 갈등이라는 주장도 있지만 명백한 노사 갈등이지 노노 갈등이 아니다."[라는 말을 들었죠.]

천영초 씨가 그런 얘길 주로 하셨던 거예요?

그때 광부는 아니지만 청년회장 하던 선배 집에 두 양반을 재우고 이렇게 했는데, 내가 듣고 싶은 얘긴 서울 얘기에요. 운동권 얘기. 이런 얘기를 쭉 듣고 그랬던 것 같고. 그분들은 현지 사정을 듣고 싶어 하니까 내가 아는 대로 설명해 드리고.

그 당시 이 사건이 정부 쪽에서도 들어오겠다고 하는 그런 느낌은 천영초, 정문화 씨도 같이 공유하는 상태였어요?

그러셨던 거 같아요.

서울 운동권 사람들이 볼 때 이거는 쉽지 않은 일이 되겠다는 것들을 말하셨어요?

그때는 운동권 이런 말도 아직 없을 땐데.

그렇죠.

사실 알고 보면 이 양반들도 처음 보는 거잖아요. 전혀 경험하지 못한 사태잖아요. 그 사람들도 여기에 대해서 뭐라고 하기 어렵고, 또 그분들이 실제로 노동 운동 전문가들도 아니고.

맞아요.

그러다 보니까 나도 그분들한테서 실질적으로 도움이 되는 이야기는 못 들었다고 봐야 되지요. 그렇긴 하지만 그래도 어쨌든 외부에서 적극적으로 관심 갖고 함께하려고 한다는 것만으로도 위로가 되는 거였지. 실질적인 큰 도움이 그때 당장은 쉽게 될 수도 없었고 그렇지요. 그래서 내가 그 참에 산업선교회에 전화했던 동기를 이야기했지만 자기들도 마찬가지로 불가능한 일이라고. 개입해서 지도하거나 이런 건 전혀 불가능한 거지. 여기 우리가 무슨 지도부가 구성되어 있어서 조직되어 있으면 그걸 통해서 하겠지만, 무슨 수단으로 하겠어요?

그분들도 사실은 서울에서 대학 내에서 주로 운동을 하거나 그런 정도죠.

그렇죠. 종교계 쪽에서.

네. 그랬다가 이 현장에 와서 보고는 그분들이 오히려 더 놀라거나 충격 받거나 그러지는 않았던가요?

뭐 그렇다고 봐야 되죠, 아무래도.

쌍방의 상호 배움의 자리가 되었다고도 볼 수 있겠네요. 선생님은 그분들에게 서울 이야기를 듣고 그분들은 여기 현장이나 노동에 대해 듣고요.

그때는 그렇게 생각 못 했고, 난 '어쨌든 참 대단한 분들이 와서[있다].' 사실 그때는 그런 감정이 더 컸죠. 우리 사태 자체에 놀라고 그러시긴 했지만 그분들이 우리한테 뭐 배울 게 있을 거라고 생각하는 건 그땐 못 했죠.

80년 광주는 지도부가 일단 구성이 되었고 그다음에 공백기에 활동을 했잖아요.

그렇죠.

사북은 나중에 노조 차원에서 협상단이 마련이 됐었는데, 지나고 봤을 때는 그런 게 달랐다라고 생각을 하시나요? 아니면 조건이 달랐을 수도 있고.

조건도 다르고, 노조가 아니라 그냥 협상단이지만, 노조가 일단 1차 타격 대상이었잖아요. 일단 광주는 먹물 투성이고, 여기는 먹물이 하나도 없잖아요. 그게 결정적인 차이죠.

당시에 서울에서 오신 분들을 보고서 대학을 가야겠다는 생각이 다시 생기셨나요?

아, 내가 78년도 산업선교 보면서 대학 가는 건 별 의미 없다고 이미 생각했고. 그때는 대학 생각을 전혀 안 했던 것 같아요.

그 만남 이후로도 서울에 가셔야겠다는 생각에 영향을 미치거나 그런 건 없었던 건가요?

서울에 가야 된다고 생각하지는 않았고, 그때만 해도 내가 좀 순진했던 건 사태 끝나고 이때까지만[해도] 내가 한 게 없기 때문에.

잡혀간다는 생각을.

그 생각을 거의 안 했어요. 못 했어요. 일단 여기 하청 측 노조에 내가 역할을 해야겠다. 대의원이나 이런 거라도 하면서 이 노동조합을 바꾸는 일을 시작해야겠다. 이런 정도 생각을 하고 소위 스터디 하던 걸 좀 더 강화하고 제대로 하면서 해야겠다. 그러면서 서울 쪽하고 연계해서 하려는 그런 마음은 먹었죠.

장기적으로 공부 모임 하시면서도 나름의 계획을 가지고 계셨는데, 사북사건이 방향을 바꾼다거나 문제가 될 거란 생각을 그 시점에 혹시 하셨는지?

그렇죠. 엄청난 사건이 터졌으니까 이런 걸 제대로 조직하고 해야 된다는 생각이 더욱더 들었죠. 이걸 뭐 취미 생활하듯, 물론 그때 취미 생활이라고 생각하진 않았지만, 이렇게 할 일이 아니라 진짜 제대로 본격적으로 해야겠다. 더군다나 서울 그쪽 하고 연결도 생겼으니까 좀 더 해야겠다고 생각을 했죠.

당시 같이 스터디 모임하고 계셨던 분들은 뭘 하고 계셨어요?

그땐 그 사람들 챙길 여력이 없었고, 서울 쪽 사람들 와서 내가 혼자 응대하기가 어려우니까 여기 사람들 불러다 같이 하기도 하고. 근데 뭐 걔네 다 아직 책을 한 권도 읽지도 못한 상태에서 그냥 내가 해야 된다니까 한다고 생각했지 아직은 실질적으로 나를 도와주거나 이럴 수는 없었던 거 같아요.

◇ ◇ ◇
검거 선풍과 서울 이동

수습된 후에는 바로 작업장이 재가동된 거죠?

예. 24일 날 끝나고 한 2, 3일 있다가 아마 출근을 했던[거 같아요]. 왜냐하면 갱내나 이런 곳도 그렇잖아요. 집을 비워 두면 이게 허술해지잖아요. 안전상 문제도 있고 그래서 준비하고 하는 기간도 필요했기 때문에. 또 무슨 통근 차량이 파괴된 것도 있고, 복구하는 데 한 2, 3일 [필요해서] 있다가 출근하기 시작했던 거 같은데.

그걸로 끝인 줄 알았죠?

끝이라고 생각은 안 했는데. 뭔가 나는 아니고.

누군가 잡혀가겠구나?

예, 예. 이원갑 씨나 이런 분들이 특히. 내가 이원갑 씨하고 역에서 우연히 만났어요. 만나서 얘기했죠. 그 양반은 그때 내가 누군지도 모르고, 그래서 내가 황중연 씨 아들이라고 [하니까 이원갑 씨가] "아유, 그러냐?"고. 그래서 그 양반은 그때 일을 기억 못 하지만 "아저씨 이렇게 계시면 안 된다."고, "몸 피하셔야지 이렇게 계시면 안 된다."고 했더니 "아우, 무슨 소리야. 절대 안 한다고 그러는데." 뭐 이러고.

경찰이 한 약속을 믿으셨구나.

그렇죠, 응, 응. 그리고 계시더라고. 그래서 당장 내 일이 아니니까, 그런 분을 잡고 얘기할 수도 없고. 나하고 무슨 신뢰 관계나 이런 게 전혀 없는 상태에서 자꾸 얘기할 수도 없고 그랬었죠.

이원갑 씨를 알게 되신 건 며칠부터예요?

22일부터 이원갑이라는 존재를 알게는 됐죠.

그때 생각은 어떠셨어요? 지도 역할을 하실 거라는 생각은 없었어요?

그런 생각은 전혀 안 하고.

사태를 정리하거나 하는 어떤 기대를 가지기는 어려웠던 상황이네요?

내가 이원갑 씨 직접 알지는 못했지만, 그 당시에 탄광 지역에서 노동조합을 하려고 하는 사람들의 사고 수준 같은 걸 내가 충분히 알고 있었기 때문에 그분들이 뭘 할 수 있으리라고는, 한 번 계기를 주는 건 있을 수 있지만 그분들이 뭘 할 수 있을 거라고는 전혀 생각을 안 했죠.

그분들은 사태가 끝날 거라고 단순하게 생각하고 노동자 쪽에서 주도적으로 뭘 해야 된다는 생각은 전혀 없었겠네요?

노동자라기보다는, 그분은 곧 사태가 안정되면 당신이 노동조합 지부장이 될 수 있을 거라고 생각을 했는진 모르겠어요, 그거는. 아마 그러지 않았을까?

그런데 선생님은 이렇게는 끝나지 않을 거라는 어떤 불안을 가지고 계셨고요?

저는 그 이원갑 씨가 온전치는 않을 거라는 생각은 일단 했고. 그래서 저도 뭐랄까 그때 생각은 이게 임금이라든가 이런 부분들이 가시적으로 바뀌는 건 있겠지만, 저도 조금 배웠잖아요, 약간. 그래서 이게 상황이 근본적으로 바뀐다거나 [할 거라는] 그런 생각은 전혀 안 했고요. '나 같은 사람이 빨리 이걸 잘 [조직]해야겠다.' 이 생각은 했어요.

5월 초에 검거가 시작됐는데 그 상황에는 어떤 생각을 하셨어요?

[검거 상황을] 몰랐어요. 사태 끝나고 조사단 내려오는 그 사이에 내

가 서울을 한 번인가 두 번 갔다 왔는데, 가서 소위 EYC(Ecumenical Youth Council),[11] 그때 내가 아직 개신교니까. EYC하고 JOC[12] 노량진. 그쪽을 가서 사람들 만나 보고. 내가 JOC 거기 가서 또 충격을 받았잖아요. 그때 어디더라? 나중에 써 놓은 거 찾으면 있을 텐데, 무슨 방직 그 여공들이 거기서 [활동하고 있었어요]. YH 말고 당시 파업하고 막 쟁의했던, 원풍모방도 아니고 그렇게 널리 알려진 데가 아니었어요. 그 팀들이 노량진 JOC 드나들면서 가 있던 데[가].[13] 걔네들 되게 어린 애들이잖아, 여자들이고. 그래 봐야 나도 스물다섯밖에 안 됐으니까 큰 차이는 안 나는데, 10대이거나 20대 초반인 애들인데 참 부끄럽잖아요, 내가. '여자 애들이 이렇게 싸우고 이러는데 난 모르고 있었구나. 내가 여태 [몰랐구나].' 참 부끄럽기도 하고 충격을 받기도 하고. 더욱더 내 결심이나 의지를 더 굳게 하고 이러는 과정이 있었죠. 그때 청계피복도 처음 가 봤어요. 그쪽에 가면 내가 완전히 영웅 대접 받잖아. 마치 내가 다 한 것처럼.

사북에서 왔으니까?

사북에서 왔으니까. 그런 것도 뭐 기분이 나쁠 리는 없고. 그런데 '아, 이런 대접 받으니까 받는 만큼 내가 제대로 해야겠구나.'라는 생각이 많이 들었죠.

그때도 초청을 하는 형식이었어요?

초청을 특별히 한 건 아니고, 보통 서울 한 번 오라고 그러잖아요, 인사말처럼. 그땐 인사말은 아니었던 것 같고 [같아서] 당장 가 봐야지 [하고 생각했어요]. 그래서 가서 한 일주일 보고 온 거 같아요.

---

11 한국기독청년협의회. 1976년 창립되어 WCC, NCCK 등과 관련되어 있었으며 교회 일치 운동을 중심으로 민주화, 평화통일 운동을 전개하기도 했다.
12 한국가톨릭노동청년회. 1958년 서울대학교 부속병원의 간호사들로부터 시작해 노동자 인권 수호와 사회 정의 구현 활동에 복무했다.
13 동일방직으로 추정된다.

서울에 가셔서 사북에서 오신 황인오 씨라고 소개를 받으신 다음에는 사북사건에 대해서 얘기를 하실 거잖아요. 그때는 어떤 내용을 주로 전달을 하셨어요?

그 실태라는 것도 웃기는 건데, 저는 그때도 실태라고 하는 거는 사실 노동자들이 있는 거기서 거기지 뭐, 탄광이니까 지하 갱내에서 일하고 위험하고 그런 차이가 있을 뿐이지 사람대접을 못 받고 이런 건 비슷비슷한 거[라고 생각했어요]. 그런 건 별로 중요한 거 아니고. 그때 사태 자체에 대해서도 실제로 지도부가 없었고, 중구난방이었고 그렇게 설명을 아마 했던 거 같은데, 나도 "실제로 내가 전혀 주도한 거 아니고, 단지 전화했을 뿐이다. 내가 한 건 전화 한 번 한 거밖에 없다."고 [말이야]. 내가 그러니까 마치 뭐 주도 잡은 [주도한] 사람인 줄 아는데 그거는 아니지.

그 얘기를 듣는 사람들이 제일 궁금해 했거나 인상에 남아 했던 내용은 뭐였어요?

아, 제일 좋은 건 어쨌든 전투에서 경찰 때려 부쉈다는 거. 이게 다들 제일 신나는 거죠. 나중에 어떻게 되었을지라도 이게 제일 신나는 거였죠. 그래서 일종의 해방구 성격을 4일 동안, 만 3일 동안 했다는 거. 이게 신나는 거였지, 무엇보다.

그 사북의 경험을 배워서 우리도 한번 뭔가를 해 보자 이런 식의 반응이었던 건가요? 용기를 얻어 보자?

지역 사업체 노동자들 전원이, 그것도 수천 명이 참여해서 이렇게 싸웠다는 거지. 대부분 그게 쉽지가 않잖아요. 그런 것들이 가능하다는 데 아마 초점이 있지 않았을까 그랬던 것 같은데.

당시 신문에서는 그 폭력 사태를 굉장히 강조하고 있었던 거니까, 그 사람들도 어쩌면 그 폭력에 대해서 더 예민하게 생각했을 수도 있는 거 같은데. "위험하지 않았냐?"라는 이야기는 안 했어요?

그런 것도 있었지만, 대부분 속 시원하다는 그런 반응들이 더 많았죠.

공권력을 때려 부수는 걸 좋아했군요.

한 번도 해 보지 못했으니까.

EYC나 JOC에 가셨을 때 청중 중에는 노동자들도 있지만 대학생들도 있었죠?

그렇죠. EYC에는 거의 다 대학생들이었고, JOC는 대부분 노동자 출신인 사람들이었고 그렇죠.

어떤 식으로 하셨어요?

그냥 이렇게 둘러앉아서 하는 거였지 뭐.

간담회처럼?

그리고 그때는 이미 서울도 여기저기 막, 때려 부수진 않았지만 여기저기 군부가 이럴 때여서, 그 EYC나 JOC에서도 그때 그때 현안에 대응하기가 바쁘고 이런 때여서 사북에서 왔다고 이렇게 모아 놓고 뭐 이럴 수는 없었던, 그럴 분위기는 아니었던 거 같아요. 나중에 생각해 보니.

아까 그런 말씀하셨는데, 선생님이 느낀 통쾌함, 성취감, 해방감. 공권력이 그거를 가만히 두지는 않을 거다, 분명히 뭔가 보여 줄 거다 이런 예감이 있으셨나요?

당연하지 않나요? 공권력이 일단 당했는데 걔들이 가만있을 리가 없죠.

그런 차원에서 위험을 감지하고 계셨던 거구요.

그렇죠. 내가 역사를 제대로 배운 건 아니지만, 관군이 개입하고 물러났다고 그냥 걔들이 가만히 있나.

이원갑 선생님은 이걸로 끝날 거라고 생각했던 거고?

이원갑 씨는 실제로 그렇게 생각해서 그렇게 반응했는지, 혹은 내가 누군지 잘 몰라서 그냥 그렇게 반응하셨는지는 모르죠. 검거되기 전까지 아무 눈치도 없으셨잖아요. 태평하게 계시다가 잡혀가셨는데, 그런 거를 보면 '이걸로 끝이구나.'라고 생각하셨던 것 같기는 해요, 그러니까 벌써 그 액션한 게 [검거 시작한 게] 아마 5월 6일쯤 됐을 텐데, 내가 도망 나온 게 아마 5월 6일인가 그럴 텐데. 이렇게 며칠 지나고, 저도 한 열흘 가도록 일이 없으니까 '괜찮구나'라고 생각을 막 할 때였어요. '별일 없겠지'라고 생각할 때쯤 리액션이 들어온 거죠.

어떤 불안함을 인지하지 못하는 것에 대해도 '지금 노조에 계신 분들은 저렇게 생각하시는 정도의 수준이다.' 그런 생각도 혹시 하셨었나요?

그렇죠. 노조 집행부 놈들이야 원래 썩은 놈들이고. 그때도 저는 이원갑 씨 그룹의 실체를 아직 모를 때였지만, 이런 분들의 어떤 사고나 관점도 [큰 차이가 없어 보였어요]. 나중에 알고 보니까 이재기보다야 이분이 성품이 호방하고 감추고 이런 분이 아니어서 좀 나았을지 모르지만, 크게 달라질 거라고는 안 봤다는 거죠. 만약 이원갑 씨가 그때 지부장이 됐다 할지라도 우리가 생각하는, 이 노동조합이 우리 교과서[에서 말하는]대로 하곤 거리가 있을 거라고 생각을 했던 거죠.

5월 6일에 도망 나오셨다는 건 어떤 의미이신지.

아마 5월 6일인가 그날도 내가 병반이었는데, 아마 내가 서울 갔다가 와서 첫날 병반을 하고 한숨 자고 막 일어나서 방에서 신문을 보고 있을 때였는데, 오후 2, 3시쯤 됐던 것 같거든요. 누가 대문을 두드리니까 우리 형이 마침 있어가지고 형이 나가더라고요. [형이] 나가서 "누구냐?"고 하니까 "황인오 씨 계시냐?"고 그런 소리가 [들려요]. 남자 두 명인지 세 명인지 그래. 형이 "교회에서 오셨냐? 인오 금방 어디 나갔다. 오면 알려드리겠다." 그러니까 이 사람들이 "그러시냐?"고. 안에서 '내가 안에 있는데 왜 그러지 형이?' 일어나서 나갈까 이러는데, 그 사람들 가고 형이 얼굴이 하얗게 질려하고 딱 와갖고 빨리 튀라고 그러는 거예요. "형 예감에 보니까 형사들이더라. 너 잡으러 왔다."고 [말해서 나는] "뭔 소리냐?"고 [했죠].

그때 형한테 돈이 얼마가 있었는지 털어가지고 나를 데리고, 그때 국민학교 뒷길로 이렇게 해서 형 친구인 택시운전사를 불러서 고한으로 가서 열차를 타고. 고한에서 탔던가 정선에서 탔던가 내가 기억이 안 나는데, 고한에서 탔을 거예요. 사북역은 다 검문을 할 거니까 고한에서 타고 제천으로 나갔죠. 그때 진짜 간발의 차이로, 형의 기지가 아니었으면 그날 바로 잡혀가가지고 죽었지.

형님은 선생님이 전화하시고, 서울 왔다 갔다 하고 있다는 걸 알고 계신 거죠?

전화한 거까진 모르지만, 그때 우리 집에 꽤 여러 사람이 와서 자고 그랬으니까.

그게 위험할 수 있겠다는 생각을 하셨어요?

그때는 안 했지. 실제로 내가 한 게 없으니까. 오히려 실제 내 생각은 말리려고 했던 거지 초반에. 내가 뭐 한 게 없잖아요.

그런데 형님은 경찰이라고 생각을 하셔서, 그러면 잡혀가겠다는 그런 생각까지 하셨네요.

잡으러 왔다고 형은 깜짝 놀라신 거예요. 형은 이런 데 관심이 별로 없는 양반인데 그렇게.

그 전에 누가 마을에서 잡혀갔다는 이야기는 못 들으셨죠?

그런 거 전혀. 전혀 [못 들었죠]. 그날 새벽인가 전날 밤에 사북읍사무소로 사람들 불렀다가 잡아갔다는 거 아니에요. 그러니까 그것도 모르는, 그게 아직 사북에 소문이 퍼지기 직전이었던 거지, 아직은.

형님은 어떻게 그거를 느끼셨는지를 나중에 대화해 본 적이 있으세요?

그냥 탁 그런 생각이 들더래.

직관인 거죠. 잡으러 왔구나 하는.

글쎄 그건 뭐 직관이라고밖에 달리 설명할 게 없죠.

그 일이 있고 난 뒤에 '나에게도 온 거구나.' 그런 생각을 하신 거겠네요.

그렇죠.

그 불안감이 나에게 실체로 올 수 있겠다는 생각이었나요?

뭐 불안감은 정선을 벗어날 때까지[만이었어요]. 열차가 영월쯤 갈 때까지[만]. [영월쯤] 가서부터 약간 들뜬 기분이 있었어요. 갈 데가 있으니까. 서울 운동권에 합류해서 나도 뭐 한 번 해야겠다는. 사실 그런 생각이 더 컸던 것 같아요. 일단 거기 피신하면서, 피신이 숨어 있는 게 아니잖아요. 거기 활동 같이 보고 배우면서 나도 제대로 한 번 해 보자 이런 기대가 좀 더 있었던 것 같아요.

활동가의 꿈이 펼쳐지는구나 이런 느낌이었어요?

예, 예. 그런 생각이 들었던 것 같아요.

다시 언제 돌아올 수 있을까 같은 생각은 할 수가 없으셨겠네요?

아니. 오래 걸린다고 생각은 안 했어요. 그런 생각은 별로 못 했던 거 같고, 일단 빠져나가서 서울에서 합류해서 좀 배우고 해 보자. 그리고 언제 돌아온다 이런 생각은 안 했지만, 당연히 돌아오는 걸 전제로 하고.

사북에 와서 배운 것들을 활용해 보자?

네.

그때 하신 일은 없으신 건데, 나에게 어떤 책임을 물을 거라고 생각을 하셨어요?

글쎄, 그때 내가 그 짐작은 못 했구요. 내가 TV로 MBC 이런 데 인터뷰를 한 번 했던 것 같아요. '그래서 나를 잡는 거구나.' 나중에 서울에 와서 사람들[이랑] 얘기해 보니까 그런 거였어요. "인터뷰 한 게 결정적이다. 뭔가 뒤집어 씌울거다."라고 해서 나는 생각했던 건, 내가 도시산업선교회 이런 거에 사주를 받은 사람으로 할 거라고 생각을 했어요. "배후에

도산이 있다." 이렇게 하려고 나를 잡으려고 했던 거라고 생각을 그때는 했죠. 나중에 잡혀 보니까 터무니 없는 거였지만.

제천에서 열차 갈아타고 서울로 바로 오신 거죠?

　그렇죠. 아, 제천 친구 집에서 하룻밤 자고 그 다음날 아마 갔을 거예요.

3. 미스유니버스대회 폭파 시도와 고문 피해

◇ ◇ ◇
통일사회당 활동과 사북 실태 조사

서울로 오셔서는 어디로 가셨어요?

그 사북에서 사태 때 왔던 수많은 조사단들이 있었는데, 그중에 내가 제일 매력을 느꼈던 데는 통일사회당이었어요. 사회주의니까. 그래서 통일사회당으로 갔죠.

어떤 점이 그렇게 매력적이었어요?

아, 민주사회[주의]지. 그 당시는 내가 맑시즘이나 이런 거는 아직 잘 모를 때고, 아직은 거기에 대한 인식은 전혀 없었고. 그러니까 민주사회주의는 괜찮은 거다 그 정도 생각은 있었기 때문에, 소위 사회민주주의와 민주사회주의 이게 구분하잖아요. 민주사회주의니까, 그래도 어쨌든 사회주의니까 거기에는.

그때 같이 조사단 왔던 사람들 중에서도 뭔가 이렇게 그 동가식서가숙(東家食西家宿)[14]하는 그 분위기가, 그게 좀 매력적이었던 거 같아요. 그 친구들이 나중에 알고 보니까 내 또래들이었는데 한 사람은 죽었고, 권운상이라고 그 90년대 『녹슬은 해방구』 그거 쓴 양반인데, 그 양반하고 또 다른 두 사람이 왔었죠. 한 분은 단장인데, 통일사회당의 정치위원이라는 분인데, 유영봉 씨죠? 이분 얘길 들으니까 뭐 해방정부에서 혁신 운동 이런 것도 하셨던 분이더라고요. 그때는 내가 좀 들어서 아는 무슨 독립노

---

14 낮에는 동쪽집에서 먹고 싶고 밤에는 서쪽 집에서 자고 싶다는 뜻. 여기서는 한 곳에 정착하기보다 여러 곳에서 활동한다는 의미이다.

동당, 전평 비슷한 이런 데서 활동하셨던 분이어서, 그때 얼마나 참 전설 같은 분이[었는지]. 그리고 권운상 이 친구는 소아마비로 [다리가 좀 불편한] 그런 친군데 국민대 출신이거든요. 부산 대한조선 이런 데에서 일을 하고, 그때 보기는 풍찬노숙하는 사람으로 생각이 됐어요.

풍찬노숙. 혁명가.

그렇죠. 혁명가로 보였어요.

조사단이 모임별로 확연하게 비교가 되셨나요?

그걸 비교 구분하지는 않았구요. 서울대 조사단 어떤 친구들하고, 통일사회당, 그리고 청피에서 요즘 말하는 전태삼 씨[15]하고 이소선 어머니[16]가 같이 오셨는데. 저한테는 그분들이 좀 더 인상적이었죠.

서울대 조사단은 어떠셨어요?

음, 두 명이었는데, 황광우라는 친구하고 조성우라고 나중에 『철학 에세이』 쓴 친구거든요. 두 사람이 나한테 뭔가 많이 전달해 주려고 애를 썼던 것 같아요. 나를 굉장히 고무하고. 그래서 우리 집에서 잤는데, 촌놈치고 내[가] 책이 꽤 많았거든. 그중에 운동권 서적은 막 생기고 몇 개 있는데, 짧은 기간이었지만 나한테 전달해 주려고 그랬던 거 같아요.

통일사회당 가셨을 때 사북 문제에 대한 전망을 같이 나누셨는지, 아니면 서울에서의 활동으로 방향이 정해지신 건지.

그렇죠. 가면서 정리된 건, 올라가서 같이 이야기를 들어 보고 하니까 '이게 좀 오래 갈 거다.'라고 생각이 들더라구요. 그래서 '여기서 내가 활동하자.' 이렇게 생각이 들었죠. 조금 지난 얘기지만 광주 지나고 나서 6월 달쯤에는 천영초 씨가 이야기하면서, 어딘가 취업을 하려고 생각을 했

---

15 전태일의 동생.
16 전태일의 어머니.

었어요, 서울에서. 취업하면서 운동을 하자라고 생각을.

노동자로 취업하셔서요?

예. 이거나 아니면 노조를 하거나 둘 중에 하나를 하려고 했던 거 같아요.

6월쯤에 사북 소식을 듣고 계셨나요?

그렇죠. 신문에 나는 거를 보고.

피신이라고 정리되긴 하지만 선생님한테는 어떤 전환점이기도 하고 새로운 시작이 된 거기도 했었던 거네요?

그렇죠.

근데 그 시작이 얼마 못 갔는데.

그렇죠. 그게 5월 15일 날 남대문 대회, 그때 저도 맨 앞에서 돌 던지고 같이 싸우고 했는데, 5·17이라고 그랬어요. 5·18이라는 말이 없었고. 5·17 때 어디 숨어 있었는데, 광주에서 통일사회당 당원 중에 한 사람이 올라와가지고, 5월 19일 날 저녁에 올라와서 광주의 상황을 이야기해 준 거고. 그래서 권운상하고 나하고 또 한 친구하고 있는데 생각해 볼 것도 없죠. "가자. 광주 가자. 광주 가자." 그때 권운상 씨는 나 때문에 피해를 좀 본 편이에요. 내가 확 들끓어서 하니까 "가자." 거기서 가는 길이 다 봉쇄됐다고 하니까 "일단 먼저 부산을 가자. 부산을 가서 거기서 사람들하고 상의해서 들어가는 루트를 찾아보자." 나는 사실 모르니까, 어떻게 들어가는지 전혀 길이 아직은 없잖아요. 그러니까 이 친구들은 그 당시에 활동을 많이 했으니까. 결국 부산 가서 숨어 있다가만 온 건데, 권운상 그 친구가 가는 루트를 찾아보겠다고 했는데, 결국 안 된다고 해서 5월 27일쯤인가 서울로 다시 올라와서.

뭐 할 게 없잖아요. 할 게 없어서, 뭔가 먹고살아야 되는데. 일단 통일사회당에 있으면서 제일 불편했던 게, 원내 의석 하나도 없는 정당이니까. 점심을 이렇게 먹는데, 그때 김한길이 아버지 김철 씨가 명목상 당수는 아니었지만 실질적인 당 오너잖아요. 그 사람이 천 원을 여직원한테 주면 그 여직원이 쌀을 사다가 밥을 해서 한 10여 명 어른들이 둘러앉아서 이렇게 먹는 거야. 김치 조각 몇 개 놓고. 근데 나는 진짜 배가 고파서 못 있었어요. 난 많이 먹어야 되는데 배고파서. 그땐 그런 활동을 이해 못 했으니까. '아니, 이런 짓을 왜 하지? 나가서 일을 해 돈을 벌어야 될 거 아니야.' 돈이 있어야 활동하지 이렇게 비실비실 거리면서 무슨 활동을 하냐구요.

그래서 처음에는 내가 취업하기보다는 장사를 하려고 했어요. 가까이 용산시장 같은 데 가서 리어카 하나 사 가지고 배추 장사라도 하려고 그렇게 생각하고 있었는데 천영초 씨가 나를 찾아왔어요. 그때 6월 초쯤이었는데 사북 사람들이 검찰로 넘어갈 송치되는 기사가 났고, 천영초 씨가 불러서 갔더니 "이 사람들을 어떻게 도와줘야 되는데 방법이 없다."면서 가서 접근할 방법이 없으니까 좀 위험하지만 날보고 한 번 해 보겠냐고. 아유, 고맙죠. 기꺼이 그거야 뭐. 그래서 한 차례 내가 [사북을] 다녀왔어요. 한 2박 3일 동안. 사북에 가족들을 만나야 되니까. 가족들을 만나 서류를 떼야 변호사 선임도 해 주고 할 거 아니에요. 가족들 상태가 어떤지 이런 실태를 알아야 될 거 아니에요. 그걸 조사해 달라고 해서.

그래서 뭐 망설일 것도 없이 당연히 [하기로 했죠]. 다행히도 차비를 주길래 받아서 사북으로 바로 내려갔죠. 내려가서 두말할 것도 없이 그 신부님 찾아가려고 딱 생각을 하고. 사북이야 눈감고도 다니는 데니까, 걔네들이 [경찰들이] 24시간 사북을 지키는 것도 아니고, 그래서 신부님 찾아가서 신부님이 방 내줘서 거기서 사택을 돌아다녔지. 명단 가지고 어디어디 사는지 [확인해서 다녔어요]. 그래서 거의 다 찾아서 가족들 만나 주민등록등본 받고, 덜 받은 집이 있어서 내가 못한 거를 거기 수녀님한테 부탁을 했던 거 같아요. 그래서 그 수녀님이 해 주기로 하고 나는 다시 또 서울로 [와서] 걷은 서류하고 상황을 정리해서 천영초 씨한테 갖다 주고. 갖다 줬더니 천영초 씨가 또 얘기하시는 거예요. 상황이 오래 갈 거 같은데 어떻게 지낼 거냐고. 장사라도 해야겠다고 생각을 내가 [얘기]하니까 그러지 말고 차라리 공장에 들어가는 거 어떠냐고. "아, 좋죠. 근데 공장에 들어가는 걸 내가 이 [쫓기는] 신분 때문에 안 된다."고 생각을 [얘기]하니까 영등포쯤 어디 현장에 들어가 있는 내 또래의 누군가를 소개를 해 줘서 그렇게 하기로 됐어요.

사북 내려가서 실태 조사 하러 다니셨다고 하셨잖아요. 그때는 어땠는지 구체적으로 말씀해 주실 수 있으세요? 예를 들면 검거된 집들 생활 문제나 분위기요.

다들 뭐 공포에 질려서, 가정들이 가장 혹은 그 어머니가 막 가 있으니까 [검거되어 있으니까] 동네 자체가. 그 당시 새마을사택, 지장산사택, 을호사택 이렇게 대부분 사택에 살았지만, 동네가 절간 같았지. 절간 같았어요. 그 집에 찾아가니까 다들 공포 반, 누구라도 찾아오니까 반가움 반. 가족들은 그랬던 거 같아요. 어떤 집은 해산을 한 지[아이를 낳은 지] 며칠 안 돼가지고 부인이 그랬던 집도 있었고, [누군지] 지금 생각은 안 나는데.

선생님 댁에는 가셨어요?

집에는 잠깐 들렀는데, 집에서 놀래죠. 잠깐 들렀는데 몰랐지. 나한테 얘기 안 하니까 몰랐죠. 나중 알고 보니까 아버지하고 형도 끌려가서, 어느 정도 맞거나 했진 지금도 얘기 안 해서 모르는데, 아마 꽤 고초를 당했겠죠. 그렇다고 검거된 사람들처럼 그렇게 되진 않았지만.

"황인오 어디 갔는지 불어." 이러면서?

그랬던 거 같아요. 그때 가족에 대해선 생각을 못 했어요. 가족들은 무슨 일이 있었으리라고 생각을 못 했어요.

찾아가셨던 분들이 광부들의 가족들인데 어떤 어려움이 있었어요?

그래서 신부님하고 수녀님한테 "소송 지원은 서울에서 해 주겠지만, 이분들 다 생활이 어려우니까 그거를 좀 도와주시라."고 부탁을 드렸던 거 같아요. 그랬더니 수녀님이 기꺼이 [그러겠다고]. 당신들도 뭘 어떻게 했으면 좋겠는데 그동안 생각만 했지 뭘 어떻게 할 방법을 몰라서 [막막했는데], 잘됐다고 해서 다행히 그분들한테 일종의 인계를 해서 걱정을 좀 덜었다고 할 수 있죠. 내가 거기서 할 수 있는 일이 아니었으니까. 돌아다니다가 나도 큰일 나니까.

◇ ◇ ◇
미스유니버스대회 폭파 시도와 실패

이제 영등포 공장으로 들어가시기로 하셨잖아요.

그때 미스유니버스대회 행사가 열리기 한 열흘이나 보름쯤 전이었던 것 같은데, '이런 걸 여나, 이 나쁜 새끼들.' 이런 생각만 하고 있을 때였어요. 통일사회당에 사람들 모여서 얘기를 하는 중에 "누가 여기다 수류탄을 까 놔야 되는데 말이야. 이 시키들[새끼들] 말이야." [하는 말이 나왔어요]. 그 전에도 그랬었잖아요. 딱 감을 잡고 '아, 이거구나.' 속으로 내가 생각이 드는 거야.

왜 대회가 그렇게 싫으셨어요?

아니, 이 피바다에서 그런 거 하는 게 말이 되나?

광주도 있고 사북도 있는데.

광주 있기 전에도. 나도 막 의식화가 되는 과정이었잖아요. 여성을 성상품화하고 어쩌고저쩌고. 그래서 부당하단 생각 정도는 했지만, 뭐 그걸 깨야겠다고 생각은 안 했죠. 그리고 그때가 신촌사거리에서 김종태 분신

사건[17]이 막 일어나고. 김종태라는 노동자가 나보다 한두 살 적은 노동자 잖아. 대학생만 같아도 내가 덜 흥분했을 텐데, 노동자라잖아. 아우, 쪽팔리잖아. 광주[에] 말로만 간다 그래 놓고 못 가고.

광주 학살 때문에 분신하러 온 거니까.

예, 예.

의열단 같은 심정인 거죠.

그렇죠. 그때 생각은. 그러고 잡히면 죽는 거니까. 고통을 받고 죽는 거니까. 그땐 자폭하자 이렇게 생각했어요. 자폭한다고 생각했어요. 생각은 그랬었지.

뭘 하지 못했다는 아쉬운 마음이 광주에 못 들어간 거 말고 또 있으셨어요?

주로 광주에 못 간 그거 때문이었고. 그리고 김종태처럼, 그런 친구도 하는데 혼자 죽는 건 내가 웃기는 거고, [뭔가를] 한번 하자고 생각을 했던 거.

그래가지고 이거 나 혼자는 할 수가 없잖아요. 이제 권운상이란 친구가, 그때 밖에 다른 일을 하고 돌아다니고 있다가 며칠 만에 만난 거예요. 만나서 밥을 먹자고, 따로. 지가 밥을 산다고 중국집에 가서 요리를 시켜 놓고, 요리라고 해 봤자 탕수육 그런 거지만, 소주를 놓고 나한테 뭘 얘기를 하는 거예요.

이제 그때 뭔가 당을 재건하고 노동 관련된 조직을 해 보자 그러면서 [이야기하는데] 권운상 씨는, 그보다 더 급한 일이 있다고 [내가 얘기했죠]. 그거는 하는데, 그보다 이걸 [미스 유니버스대회 방해] 한번 하자. 뭐 다이너마이트 구해서 그걸 폭파시킨다는 건 웃기는 일이예요. 다이너마

---

17 1980년 6월 9일에 21세 노동자 김종태가 광주 시민들의 넋을 위로하고 신군부의 퇴진을 주장하며 분신, 사망한 사건.

이트 하나 갖고 그걸 어떻게 해. 대회장 점거해서 성명서 뿌리고, 전 세계 실시간 생중계 되는 거니까 점거하고 단 30분이라도 마이크 잡고 이제 한 건 하자 그런 거였지.

중국집에서 만났을 때 권운상 씨는 기꺼이 동참하겠다고 하셨나요?

그걸 안 한다 그러면 그때는 비겁한 놈 되는 거 아니겠어요? 피가 끓는데 뭐. 가자고 [얘기했지]. 전혀 생각 못 했던 거 아니에요? 얼마나 피가 끓는 얘기야. 내 얘기가. 이 국면에. 무장투쟁은 또 혁명가들의 꿈이잖아요. (웃음) 무장투쟁이랄 거까진 없지만 어쨌든 그 비슷한 거잖아.

대외적으로 알릴 수 있다는 게 굉장히 중요했을 거 같아요.

그렇죠. 실황 중계가 제일 중요했던 거지요.

어떤 걸 알리려고 준비를 하셨어요?

광주. 일단 첫째는 광주. 그리고 '계엄 철폐 군부 퇴진', '사북을 비롯한 양심수 석방' 이런 거지. 양심수가 아니라 정치범들 석방. 이런 거 주로 하려고 했던 [거죠].

그런 대상으로 미스유니버스대회를 선택한 것은 그 대회 자체가 기만성이 있다는 판단으로 한 건가요?

그렇죠. 뿐만 아니라 제일 중요한 건 생중계라는 거.

전 세계에서 실황 중계된다는 거. 선생님은 신문을 쭉 봐 오셨는데, 언론에 대한 불신이 많았을 거 같아요.

언론은 그때는 제 역할을 못 했다니까. 아, 내가 사북에서 생생하게 경험을 하고 왔잖아.

사북에 있는 가족 분들은 조사하신 뒤로 사후 작업은 어떻게 됐어요?

그건 몰라. 더 이상은 내가 관여를 안 하고 못 했죠. 그 시기는 짧았어요. 처음에 내려갔을 때가 천영초 씨 부탁, 부탁이 아니라 당연히 내가 해야 될 일이지만, 어쨌든 갔던 게 아마 6월 10일에서 15일 사이였던 것 같고. 그리고 그 미스유니버스 가야겠다고 생각했던 건 그 직후였던 거 같아요. 그 전에 생각했으면 그때 가서 내가 폭약을 구해 왔을 텐데 그냥 올라왔거든. 그래서 폭약을 구하러 다시 갔다가 잡힌 거잖아요. 다시 내려간 게 6월 26일이거나 28일 그 사이였을 거 같은데.

천영초 씨는 그때 소속이 어디였어요?

한국교회사회선교협의회. 신구교 합친 거 같아요.

폭약은 다른 데서 구할 방법은 없었던 거예요?

그걸 어디서 구해요?

네. 그러니까 사북에서 구할 수 있다고 생각했을 거 같아요.

사북밖에 없지. 사북에 지천으로 깔린 게 폭약인데, 그때만 해도.

폭탄에 대한 생각을 하셨던 거 자체가 선생님 경험 덕분에?

사북에서 광부였으니까 가능했던 거죠. 그 효과도 내가 아니까.

사북 실태 조사 후에는 미스유니버스대회에 초점이 맞춰지고 거기에 전력하시게 된 셈이네요.

그렇죠. 권운상 그 친구한테는 같이 가서 액션을 하자는 게 아니고, 일단 성명서 써야 될 거 아니야. 성명서 쓰고 거기 협력하고 하는 걸 부탁했고. 또 부산에서 올라왔던 정구원이라는 친구. 그 친구는 78, 79년도쯤에 부산에서 대한조선 위원들 활동할 때 만났던 노동자였던 친구였거든. 59년생인데, 그 친구 그때 서울로 올라와 있었어요. 올라왔다가 다시 내려갔는데, 그 친구를 불러 줄 걸 내가 요구했지. "그 친구 불러 와라. 걔하고 나하고 둘이 할 테니까. 너는 이거 만들어서 주면 배포하고, 나중에 이걸 알리고 하는 걸 네가 좀 맡아라." 그랬던 거죠.

노동자였던 친구를 불러 달라고 하셨던 거는 노동자가 이걸 해야 된다라는 생각 때문인가요?

노동자가 해야 된다기보다는 아는 사람이 걔밖에 없었으니까. 같이하자고 할 만한 [사람이] 없었으니까.

같이 할 만한 친구라는 건 어떤 의미인가요?

몸으로 하는 거 잘하니까. 깡다구 있고 하니까.

아까 김종태 말씀하실 때, 대학생이 그랬다면 그건 내 일이 아닌 것 같다는 느낌이 들었을 거라는 말씀인 거예요?

그건 그냥 지금 생각이고. 그때 든 생각은, 어쨌든 누구든 간에 노동자 출신이었던 사람이라고 하니까 내가 좀 부끄럽다는 생각이 들었던 거 같아요. 그 직전에 김의기 사건[18]이 있었잖아요. 안타깝긴 했지만 그건 일부러 투신한 건 아니고 실족사 한 거니까 그렇게 감정 이입은 안 됐던 거 같고, 김종태 사건은 가슴을 때렸지.

준비 과정을 구체적으로 말씀해 주실 수 있을까요?

준비 과정이랄 거 별거 없고, [대회장에] 들어가야 되는데 돈이 없잖아요. 그 대회가 3일간 열리는 거를, 첫날 오프닝 세레머니, 그다음에 프리젠테이션 쇼, 그리고 세 번째가 결선[이었나] 그랬고. 이틀인가 삼일씩 간격을 두고, 첫날이 아마 6월 28일 정도였던 거 같아요. 프리젠테이션 쇼가 6월 30일쯤 됐던 거 같고. 마지막 결선이 한 7월 2, 3일이었던 거 같아요.

그러면 대회장 구조를 알아야 되니까 오프닝 세레머니에 들어가서 그

---

18 1980년 5월 30일 서강대에 재학 중이던 김의기가 종로 기독교방송국에서 광주의 참상을 알리는 유인물을 뿌린 후 떨어져 사망한 사건.

걸 보고, 다음 행사인 프리젠테이션 때 결행을 해야 되니까. 나하고 둘이 들어가야 되니까 표가 두 장씩 네 장이 있어야 [되잖아요]. 그게 그 당시에 한 5만 원 정도가 필요했어요. 둘이 두 번 들어가는 비용이. 그 돈이 어디 있어요? 순 거지들만 있는데. 나도 없고. (면담자 웃음)

그래서 지금도 미안해 죽겠는데, 바로 밑의 내 여동생이 서울에서 직장 생활했는데, 걔한테 그걸 받아서 처음에는 "폭탄 던져야지." 하고 말씀하셨던 그 양반을 찾아 갔어요. (면담자 웃음)

얘기하셨더니 말리지 않으셨어요?

그때는 말렸지. 말리고 돈도 안 주고. 돈 좀 달라고 [그랬더니], 그 양반 쪼그만한 사업을 하고 있었는데 큰 사업은 아니고, 놀래가지고 이 양반은 "아우, 하면 안 된다."고 [말렸어]. 돈도 못 받고, 권운상은 교육 보내니까 못 구하고 그래서 막판에 안 돼서 여동생한테 달라고, 내가 장사한다고 달라 했죠. 장사 밑천이라고. 리어카 사고 이래야 하니까.

그래서 그걸로 난 사북 가서 [다이너마이트] 구해 와야 되니까, 만약 그게 28일이라면 26일쯤 내려갔어요. 날짜는 정확치 않은데, 이 정도 텀을 주고 내려가서 하는데, 권운상한테 돈을 주고 "표를 두 장을 구해라,"[라고 얘기했어요]. 가능하면 내가 하루 만에 갔다 올 줄 알았어요. 표를 구하면 나하고 정구원이하고 오프닝 세레머니 들어가서 보고, 다음 행사 때 할라고 했는데 내가 [다이너마이트] 구하는 과정에서 체포됐죠.

체포와 고문

체포 과정도 말씀을 해 주세요.

그때 사북 새마을사택, 지금 선명아파트 있는 그 동네인데. 거기 신○

우라는 후배 집에 가서, 저녁 시간이 아직 안 됐을 때니까 가서 아무 의심 없이 좀 누워 있다가 동네 한 바퀴 둘러보려고 [일어났지]. 그땐 그걸 이상하게 생각 안 했지. 걔네 어머니도 평소 잘 아는 분인데 찬거리 사러 나가시더라고. 얘도 어디 나갔다가 온다고 나가고. 나 혼자 있으니까 좀 그렇기도 하고 오래간만에 동네도 궁금하니까 나가 돌아다니는데, 사택이 쭉 펼쳐져 있고 몇 동인지 모르겠지만 앞에 다다다다 뛰는 소리가 나더니 그 녀석이 앞장서서 사복 입은 경찰관들 몇 명이 딱 급습을 하더라고. 그래 사북지서까지 끌려갔다가, 거기서는 다른 취조 같은 건 전혀 안 하고. 완전히 뭐 날개를 꺾여 가지고 질질 끌려갔던지 애매해. 지서까지 차로 갔던지 생각은 안 나는데, 사람들이 보고. 이런 상태에서 사북지서에 가서 거기서 얼마 안 있었어요.

바로 정선으로 넘어갔죠. 거기 가자마자 타작을 시작하는데, (웃음) 일단 묻지도 않고 조지기부터 시작하는 거예요. 다짜고짜. "새끼, 너 순경을 죽여 놓고. 이 새끼." 어쩌고 이러면서 막 패기 시작하는 거예요. 그래서 뭔 소리인지 [모르고] 일단 정신없이 당한 [거죠]. 한 이삼십 분 맞았을까? 그때는 수갑만 찬 상태에서 마구 발길질하고 이러는 상태. 취조도 아니고.

그러고 난 뒤에 다시 취조를 시작을 하는데 죽은 이덕수 순경을 "네가 어떻게 죽였느냐?" 이러면서 추궁을 하다가, 한편으로 신고한 애 진술 받았을 거 아니에요. 거기서 폭약 어쩌고 얘기가 나오니까 한쪽에선 내 소지품을 뒤지고 막 이런 거였지. 그 당시 대공 정보과가 거기도 있고, 대공반장이라는 사람 계급이 경장이에요. 도시에서는 상상할 수 없는 거죠. 대공반장쯤 되면 최소한 경감이거나 이쯤 되는 사람인데, 아주 최말단이 [맡고 있으니까] 그만큼 중요하지 않은 조직이죠. 근데 걔네들이 무슨 판단을 어떻게 하겠어.

어쨌든 폭약에다가 무슨 유니버스 그냥 메모 해 놓은 거[를 발견한 거죠]. 그러면서 이놈들이 엉뚱하게, 그때는 엉뚱하게가 아니라 자연스러웠겠죠. 폭약 얘기가 나오니까 한편으로는 이덕수 순경에 관련된 고문을 하면서 한편에선 애네들도 혼란스러운 거죠. 처음에 이덕수 그것만 갖고 날 잡았는데 이게 들어오니까. 또 애들이 보고를 하지 않았겠어요? 도경을 거쳐서 치안본부하고. 그러니까 시간이 지나면서 이덕수 순경에 대해서도 이놈들이 막, 이거는 취조가 아니고 보복인 걸로. 순전히 보복으로 나한테 하는 거고.

폭약과 관련해서 취조를 하죠. 지들 나름의 추리를 하고 이러면서. 내가 잡히고 보니까, 애네들이 통일사회당이나 내 동선을 전혀 짐작을 못한 거죠. 예컨대 내가 평소에 아는 동네나 지인 관계 이런 것과 전혀 상관없이 움직였으니까. 소위 운동권 인사들하고 움직인 거니까 전혀 걔네들이 짐작을 못했던 거죠. 그런데 그런 게 안 나오니까 이놈들도 나름대로 또 흥분했던 게 있어요. 정선경찰서 그쪽 팀도. 그 무슨 김대중과 관련된 대어를 낚는 거 아닌가 이런 생각하면서 지 맘대로 계보도도 그리고, 이런 거 아니냐고 하면서. 그러다가 서장도 나오고 과장도 다 나와서 애네들이 [조사]하는데, 이제 한 새벽 1시가 넘어가니까 치안본부서 지침이 내려온 모양이에요. "더 건드리지 말고 보내라." 그래서 그때부터 통닭구이 하고 물고문 당하고 뭐. 또 중간인지 언젠지 모르겠는데, 그 수사과에 한 7, 8명 있는 건장한 이놈들이 어떻게 때리냐 하면, 고무호스 있어요. 고무호스. 시커먼 고무호스 있죠? 옛날에 많이 쓰던 거, 물 호스 쓰던 거. 그거를 들고, 몇 놈이 나를 들어서 놓고, 양쪽 손발 묶어 놓고 패는데 이건 상처가 안 나니까, 부러지고 이런 거 아니니까,. 완전히 저기 뭐지? 옛날 조리돌림 하던 식으로. 그건 순전히 취조가 아니고 보복이야, 그건.

그러다가 새벽 한두 시가 넘어가니까, 시간은 정확치 않지만, 서장이 나와서 "중지. 애 보내야 돼." 그러면서 어쨌든 산 거지. 살아서 유치장에, 유치장도 아니고 옛날에는 보호실이라는 게 있었어요, 경찰서마다. 유치장은 영장이나 뭐가 떨어져야 들어가는 거고, 영장이 떨어지기 전에 사람을 불법으로 구금하는 시설이죠. 그게 80년대 중반인가 90년대 초에 다 없어졌는데. 보호실에서 이렇게 있다가 다음날도 아침에 바로 할 것처럼 하더니, 거기도 지침이 있었던 모양이죠. 아침을 먹고 좀 있다가 올라간 거 같아요. 그때는 그 정선경찰서에 한 두세 대밖에 없는 짚차, 옛날 구형 짚차를 타고 경찰관 네 명하고 올라갔죠.

올라가니까 거기가 전매청이라는 데야. 서대문 전매청. 옛날 전매청 자린데, 거기가 그 당시에 치안본부 특수수사대가 있던 덴데, 계엄사 합수부 편제 내에 들어 있던 데죠. 꽤 어두웠어. 거기 들어갔어요. 아무리 길이 그랬어도 그렇게 오래 걸리진 않았을 텐데. 내가 거기하고 저기 남영동하고 양쪽을 합쳐서 얼마나 있었는지 정확한 기억은 잘 안 나요. 한 달 가까이 양쪽 합쳐서 있었던 거 같은데, 거기서 전반에 한 보름 수사 받다가 남영동으로 옮겨졌어요.

특수수사대가 나중에 83년도에 한일합섬 이사 김근조 치사 사건이 있어요. 무슨 경제 사건으로 청와대 하명 받는 그 팀 수사대가 나중에 사직동팀이라고도 불리고 그런 팀인데, 걔네들이 83년도에 한일합섬 이사를 데려다가 고문하다가 죽인 사건이 있거든. 바로 그 팀인데, 그렇지만 얘네들이 대공 이런 전문이 아니잖아. 그러니까 한 보름 받다가 다시 그 남영동으로 이첩하라 그래서 남영동으로 가서, 거기서 이근안이 그때도 만나고.

양쪽 합쳐서 한 달이 되는지 채 못 미치는지 정확진 않아요. 그래서 옛날 전매청 자리 있던 거기서는 이해찬 선배도 그때 [있었는데], 그때는 이해찬인지도 난 모르죠. 자기는 나 고문당하는 거 봤다는데 난 모르고. 그 당시 신문이나 책에서 보던 그런 재야인사들 몇 분이 거기 계셨어요.

정선경찰서에서는 고문이라고 얘기할 정도의 수준은 아니었고 순경의 보복을 하는 정도?

아니, 물고문. 이렇게 통닭구이라고 있잖아. 책상 위에 다라이[대야] 올려놓고 그 봉에 [사람을 매다는 거]. 거기다가 고춧가루 물 붓고 그런 거 다[했어요], 정선경찰서에서도. 거기서 이덕수 순경 죽인 거 불으라고. 걔네들이 늘 하는 건지 어쩐지 모르지만 익숙하게 해 본 솜씨던데 뭐. (웃음) 늘 하던 솜씨 같던데.

순경 죽은 것이 어떻게 선생님 책임으로 된 거예요?

그니까 내가 생각하기에는, 나중에 추리[한 거]지만, 어쨌든 경찰관이 죽었는데 누군가가 거기에 책임을 져야 될 거 아니에요, 광부들 중에. 경찰관 그냥 죽은 게 아니라 무언가에 맞아 죽었으니까 그 범인을 만들어야 된다고 생각했던 거 같애.

그래서 보니까 나한테 참고인 진술서를 보여 주는데, 동네에 잘 아는 박능규라는 사람이 있어요. 박능규 씨인데, 아버지보다 연세가 조금 많은 사람이야. 아버지가 형님이라고 부르진 않지만 박대장, 박대장 하던 사람인데, 그 사람이 이렇게 진술서를 써놓은 거야. 박능규 해 놓고, 내가 때려죽인 걸 봤다고. 그래서 경찰관들이 "야, 인마. 이 박능규 씨가 이웃 사람인데, 이 사람이 너하고 뭔 원한 있다고 이렇게 했겠냐? 이 사람이 봤다는데 너 거짓말[하지 마라]." 뭐 이러면서 조지는데….

지금은 순경이 돌에 맞아서 죽은 걸로 돼 있는데.

그렇죠. 그 당시도 신문과 텔레비전에 그렇게 나왔던 거지. 그건 그야말로 사람들이 한시에 다 본 건데. 그리고 누가 그 사람 끌고 가서 팼다는 이런 건 있을 수가 없는 거죠. 그 상황이 걔들이 억지로 만들어 놓은 거지.

경찰도 가능성 없다는 거 알고 있을 거 아니에요.

예, 당연히 알고 있죠.

억지로 끼워 맞춰서 책임자를 본보기로 처벌할려고.

누군가를 조져야 되니까. 나를 걸어 넣자니까 TV에서 인터뷰한 것만 갖고 뭐라 하기엔 그렇고, 이원갑 씨나 이런 사람이 날 알지도 못하고. 그러니까 엮어 넣을 수가 없으니까 아마 그렇게 했던 거 같은데.

당시 혐의가 살인이었나요?

그렇죠. 살인이었는지 상해 치사인지 그건 중요하진 않지만 그랬어요.

그 박능규라는 분은 선생님이 서울에도 왔다 갔다 했다는 것도 알아요?

전혀 모르죠. 평소에 교류가 없는 사람이에요. 4월 22일 날 오전에 시장 앞에서 그 사람을 보기는 했어요. 그 격전 중에 보기는 했는데, 그때 나는 누군지 증명할 길 없지만 내가 경찰관 도망가게 만들어 주고 이렇게 했는데, 그 와중에 얼핏 있는 거 본 정도지.

왜 하필이면 선생님을 그렇게 엮어 넣었을까요?

일단 경찰이 그렇게 요구하지 않았을까 싶어요. 경찰이 일단 나를 수배하고 나를 잡기는 잡아야 되는데, 뭘로 엮어 넣을지는 걔네들이 판단하지 않았을까 싶어요. 확인해 보지 않아서 모르겠어요.

선생님이 이미 그 전에도 수배 중인 상태였으니까?

그렇죠. 수배 중인 건데. 그걸로 [사북항쟁 건으로] 수배 중이라고는 전혀 상상을 나도 못했죠. 뭐 그래서 전매청 거기서 그야말로, 걔들도 대공 전문은 아닌데 하던 게 있잖아요, 소위 자서전 쓰는 거. 생애사 쓰는 거. 그야말로 생애사 [쓰기]를 거기서 시작한[거지]. (면담자 웃음)

며칠 지나서인지 모르는데, 걔네들이 날 구슬리기도 하고 지들도 무리라고 생각을 해서 그랬겠지만, 서울 특수수사대에 반장인가 날 담당했던 자가 "사북 순경 죽은 거는 병원 검안서 이런 걸 볼 때 네가 때려죽였다는 건 말이 안 된다. 이건 없는 걸로 하자." 그래서 거기서 그냥 당연히 없는 걸로 됐죠. 차라리 그걸 갖고 갔으면 법정에서 싸워볼 만한 거였는데, 나도 그 생각은 했거든. 그때 서울에서는 이덕수 순경 같은 건 한 번도 묻거나 취조를 하지 않았거든. 순전히 유니버스 사건만 갖고 계속 취조를 했기 때문에. 그래서 검안서 같은 거 찾아보라고 요구하려고 했던 건데, 지들이 가져와서 이건 아니라고 마치 봐주는 것처럼.

아예 공소 사실에서 빼 버린 거네요. 정선에서 조사하고, 유니버스 사건이 큰 사건이라는 걸 알게 되고 난 뒤에 서울로 이송이 되신 거였죠?

그렇죠.

그때부터 권운상 씨도 찾기 시작한 건가요?

권운상 이름은 내가 정선에서는 안 불었던 거 같아요. 서울로 와서 불었고. 어디 있냐 해서 한 번 속였다가.

그분들은 선생님이 정선에서 잡혔다는 거를 모르죠?

모른 거죠. 내가 늦어도 체포된 다음 날 오전까지 올라가야 되는 거였거든. 그때도 그런 말 했던 거 같아요. "혹시 내가 늦으면 사고 난 줄 알아라. 알아서 처리해라." 이렇게 분명히 그런 얘기를 했거든. 했는데, 그럼 튀었어야지. (웃음)

이렇게 됐죠. 내가 사북에서 체포된 다음 날이 소위 오프닝 세레머니를 하는 날이야. 올라가서 나하고 정구원이하고 같이 들어가서 그걸 봐야 되는 거지. 그래야 구조를 보고 뭐 할 거 아니에요. 그런데 나중에 알고 보니, 내가 안 와서 권운상, 정구원이 지들 둘이 보고 나온 거야. 그리고 있다가 그 다음날 아침인지, 새벽인지 내가 불어서 잡혀 오게 된 거거든요.

본식에는 두 분도 못 들어가신 거죠?

　당연히 못 들어갔죠. 본식은 한 2, 3일 있다가, 프리젠테이션 쇼가 있고 3, 4일씩의 텀이 있었어요.

서대문에서 남영동으로 옮겨 가실 때는 어디로 가는지는 알고 계셨어요?

　몰랐죠. 그놈들이 그걸 알려주나? 가 보니까 딱 감은 잡히는데, 뭐 아는 척하면 더 두드려 맞으니까 모른다고 그래야지.

다 같이 옮겨지게 되신 건가요?

　그때 따로따로 갔던 거 같은데…. 다 같이 같은 데 가긴 했는데 각각 다른 차량을 타고 갔던 거 [같아요].

서대문에 계실 때도 심문과 고문이 반복되고, 생애사 쓰고 하실 때도 조사는 한 명 한 명씩 따로따로 하신 거고?

　그렇죠. 고문도 따로따로 받고. 끝나고 걔들 퇴근하면 저녁인지 아침인지 시간 구분은 우리 잘 못하겠지만, 끝나면 일종의 홀 같은 데 이렇게 나와서 있었죠. 여름이니까 난방 필요 없잖아요.

그때 서로 얘기를 나누시거나 하지 못하셨어요?

　얘길 못하죠. 눈짓은 슬쩍슬쩍 하고 이랬지만.

앞으로 어떻게 될 거다, 최악의 상황 아니면 최선의 상황 이런 거를 생각하신 게 있으셨어요?

　그거는 생각 진짜 못 했던 거 같고. 그 순간순간을 무사히 넘어가는 게 제일 급선무였던 거 같고.

취조 과정

고문 받으실 때 '이러다 죽겠구나.' 생각도 하셨어요?

그 생각은 했는지 기억에 없는데, 그렇게까지 생각은 안 했던 거 같고, 뭐 그냥 매순간 고통스러우니까 죽는지 사는지까진 몰랐던 거 같아요.

남영동 옮겨 가실 때에도 어떤 상황이 펼쳐질지에 대해서는 생각이 안 나셨어요?

두렵고 암담하고 그렇긴 한데, 그래도 내가 알량하나마 법 공부 좀 했잖아요. 그래서 내가 이걸로 그렇게 중형을 받으리라는 생각은 사실 안 했어요. 왜? 아니, 미수에 그쳤는데. 미수에도 못 그친 거잖아요. 착수를 하다가 중간에 안 됐어야 미수인 건데, 이건 뭐 말만 하다가 끝난 거잖아. 사실은 그렇게 중형을 받을 일은 아니거든. 내가 소위 말하는 국가 폭력 이런 거에 대해서 감히 좀 떠들어서 그런지 모르겠는데, 어디 막 부러지고 이런 거 걱정한 거 같아요. 죽는다고 생각은 안 했던 거 같은데. 죽는 데 대한 거보다는 어쨌든 고통스러우니까.

남영동 오셔서도 취조하는 내용이 달라지지 않고 계속 똑같은 거였어요?

생애사인데 좀 더 꼼꼼하고 훨씬 더 치밀하고. 그런 게 서대문하고는 좀 달랐던 거 같아요.

왜 거기를 폭파하려고 했는지에 대해선 뭐라고 말씀하셨어요?

아, 그건 의도적으로 걔네들이 빼더라고요. 광주를 보고 내가 자극받았다, 그리고 사북에 대한 것도 얘기하고, 이 대회가 가진 잘못된 윤리성 이런 거에 대해서 얘기했는데 그거는 진술에서 빼더라구요. 그래서 이 대회의 윤리성 얘기한 것만 이렇게 쓰는 [거죠].

사건의 파장을 줄이려고 그랬을까요?

그 당시 광주는 어쨌든 금기니까. 그래서 그랬던 거 같기도 하고.

광주 얘기나 사북 얘기를 한다는 건 사회적으로 뭔가 알고 있구나 하는 인식도 줄수 있잖아요.

그렇죠, 그렇죠.

그게 기록에서 빠졌다고 하는 걸 나중에 공소장을 보고 알게 되신 거죠?

예예. 진술에서도 그걸 아예 다루질, 묻질 않으니까.

그 한 달이 기억이 잘 안 난다고 하셨는데, 서울에 올라오고 나서 서대문, 남영동으로 다니신 그 기간 중에서 제일 고통스러운 때는 언제였어요?

전매청 있을 때죠. 남영동은 오히려 편했어요. 초기에 조금 당했는데, 한 3, 4일 지나서부터는 일단 거기 남영동에서 (웃음) 배가 안 고파서 살만 했어.

이근안을 만났던 거는?

남영동이죠.

그 사람이 이근안이라는 건 나중에 알게 되신 거죠?

아니, 자기들끼리 이근안 이름을 [불렀어요]. 아마 나 땜에 김근태는 나중에 알게 된 거죠. 내가 상고 이유서 쓸 때 그걸 [이름을] 다 썼기 때문에. 그때 이근환으로 내가 알았어. 나를 담당했던 사람보다 아래 계급이었는데, 거기서 이름을 부르는데 지들끼리도 하여간 대단한 놈이라고. 그당시 이근안이 경위였는데, 순경만 시험 쳐서 들어오고 다 특진했다는 거거든. 그런 걸로도 지들 간에는 그 당시엔 굉장히 전설적인 인물이고. 그래서 없을 땐 지들끼리 흉도 보고 얘기할 거 아니에요. 이근안이 쟤 어쩌고저쩌고. 그래서 난 이근환이라고 생각을 했어.

이름을 들은 사람은 이근안 말고 다른 사람은 없었어요?

없었어요. 전매청에는 윤충목인가 그런 비슷한 이름이었어요. 나를 주로 담당했던 개도 경위인데, 윤충목인지 윤충훈인지 정확진 않아요. 그땐 어땠냐 하면 취조실이 있고, 걔네들 있는 사무실에 서류 같은 거 확인하러 갔을 거예요. 근데 집에다 전화를 하더라고. 그래서 내가 그 전화번호를 돌리는 걸 딱 기억을 해 놨어. 한 87, 88년도 때까지는 내가 안 잊어버리고 있었거든. 내가 당한 것처럼 똑같이 해 주겠다고 생각하고. (웃음) 그 정도로 혹독하게 당했지.

또 이름 기억나는 사람은 없으세요?

정선경찰서에는 고영균이라는 자가 있었고. 그 당시 의경인데, 남영동에서 최영규라는 사람이 있었어요. 우리 또래, 나보다 한두 살 많고, 아마 그 당시 고대를 다니다 왔다는데, 그 사람은 내가 딴 데서도 썼지만 이런 상황이 부당한데 자기가 어쩔 수 없는 데에 대한 그런 안타까움을 나한테 비친 적이 있어요. 그 친구가 나한테 뭘 해 주진 않았지만 그래도 내가 굉장히 위로가 됐고, 내가 남영동에서 넘어갈 때 아마 그 친구가 우리 집에 전화해 준 거 같아요. 나중에 보니까, 그쯤에 사북에서 내가 잡힌 건 다 아는데 우리 집안에서도 그 뒤로 어떻게 됐는지 모르잖아요. 나중에 누가 전화가 왔더라고 그랬는데, 아마 그 최영규인가 그 친구였었던 거 같아요. 내가 나올 때 전화해 주겠다고 얘기했던 거 같아요. 어떤 식으로든지 나한테 뭔가 해 주고 싶어하는 그런 게 있었던 거 같애.

◇ ◈ ◇
재판 과정과 수감 생활

다음에는 어디로 가시게 되셨어요?

그때야말로 정식으로 영장이 발부돼서 서대문경찰서에 가서 며칠간 있다가 서대문구치소로 넘어간 거죠.

바로 재판이 시작됐던 건가요?

8월 초쯤에 아마 서대문구치소 넘어갔던 거 같고, 재판이 9월 초에 있었어요. 그 어마어마한 거 다 생략하고, 한 번 심리하고 그 다음 주인가 바로 선고가 있었으니까 바로 끝났어요. 어우, 그때 놀랐지 진짜. 일사천리로, 진짜 착검한 군인들이 도열해 있는 상태에서 하고 이랬는데. 구형을 나한테 25년을 하길래 잘못 들었나 싶었어요. 그 당시 진짜 저런 25년 형이 없거든. 무기면 무기였지. 나는 생각하기에 '많이 나오면 7년 나올려나? 구형 7년 나와서 한 3, 4년[이겠지].' 사실 이거는 3, 4년 감도 아니거든. 이렇게 생각하고 갔는데 25년이라니까 어안이 벙벙한 거예요. 그래서 그날 밤은 진짜 내가 잠 못 잘까 봐 걱정했어요. 내가 이게 겁이 나갖고. 다행히 그날 잠은 잘 잤는데. 일주도 안 돼서 [선고 받으러] 가니까 20년.

20년은 굉장히 많은 거잖아요?

이게 그 당시 신문에 한 줄도 보도가 안 됐던 거거든요.

변호는 누가 어떻게 하셨어요?

저는 국선 변호인이었고. 집안이 그런 걸 도와줄 형편이 전혀 안 되기도 했기 때문에. 군인이 해 줬죠. 군법무관.

군법무관이면 별로 도움이 되지는 않았겠네요.

아이, 뭐 도움이 전혀 [안 되죠]. 권오창 씨하고 권운상은 사선 변호인이 있었는데, [그래도] 전혀 도움이 안 되죠.

변호도 형식적인 거였죠?

그렇죠, 형식적인 거죠. 사전에 변호인 접견 한 번도 안 했는데 뭐.

중형 선고한 이유를 뭐라고 했는지 기억하시나요?

아이, 시국이 엄중한 데 미친놈들이니까 그랬겠죠 뭐.

근데 20년은 너무 과하다는 생각이 들고.

그래서 아무렇지도 않다는 건 거짓말이고, 부담은 되지만 '이깟 놈들이 우리를 20년 살리기나 하랴?' 뭐 이런 생각이 들기는 했죠.

선고 당시에도요?

예. 일단 스스로 마음을 다잡기 위해서 그렇게 마음을 먹어야 되기도 했지만, 나도 신문께나 봤잖아요. 정치적 사건이라는 게 어디 그대로 다 가나? 그래서 20년까지는 아니지만 한 5년 살면, 참 억울하긴 한데 뭐 어떡하겠어요. 반이라도 살면 그것도 참 갑갑한 노릇이잖아요.

그때 재판부와 검사 기억나세요?

검사는 신건수. 그 신창원 사건 때 부산지검에 나와서 발표하던 놈인데, [내가] 송치돼서 검찰 취조 때 발로 차고 이 새끼가 아주 막. (웃음)

나이가 좀 젊은 축이었겠네요?

젊어도 대위니까 스물 여덟아홉 쯤 됐겠죠. 나이는 내가 모르겠지만, 나는 더 때리더라고. "이 새끼 말이야. 무식한 놈의 새끼가 말이야. 뭐 배워 처먹지도 못한 놈이 뭐 안다고 까부냐?"고 말이야.

판사는 누구였어요?

군 검찰 재판이 그렇잖아요. 두 명은 일반 장교고 한 명만 법무 장교잖아요. 근데 이름은 생각 안 나요.

재판할 때에도 다 같이 계셨어요?

예. 네 명 같이. 구형이 내가 25년, 권운상·정구원이 20년, 권오창 씨가 15년. 선고는 내가 20년, 권운상·정구원이 10년, 권오창 씨가 5년 이렇게 나왔죠. 근데 뭐 살기는 똑같이 살고 나왔으니까.

수감되신 즈음에는 기독교적인 세계관 이런 건 계속 가지고 있으셨어요?

서울구치소에서 천주교로 바꿨어요. 서울구치소 담당 차인현 신부님 이란 분, 이분은 종교음악을 한 분인데 달리 보직이 없으니까 잠시 서울 구치소 담당을 했던 거 같아요. 그 양반이 내 방까지 왔어. 내 방에 몇 번 들어와가지고 얘기도 하고. 그래서 그해 12월 어느 때쯤 아마 김수환 추기경도 들어오고 이래가지고 정식으로 천주교로 개종을 했죠.

사북[항쟁이] 4월 24일 종료하고 나서, 그 다음 주일날 교회 나가니까 담당 이상주 목사가 아주 그냥 질타를 하는 설교를 하더라고. 무지랭이 들이 질서를 어지럽혔다고. 그렇기도 하고 이미 내가 천영초 씨 도움 받 아서 사북 왔을 때도 교회는 안 가고 성당에 갔잖아요. 이미 그때부터 개 신교는 내가 놀 동네 아니고. 나가서 활동을 하려면, 사북 가서 활동하려 면 천주교에 가는 게 여러 가지로 제일 좋겠다 싶어서 천주교로 이미 옮 겼고. 그때 그리고 콜링우드인가? 역사에 관한 그 책을 구치소에서 봤는 데 거기 보면『공산당선언』 발췌한 게 있어요. 그런 거 보면서 이미 그 즈 음 돼서 종교적 사고는 거의 청산했던 거 같고. 어쨌든 천주교하고 관계 를 맺어야 되니까, 또 들여다보면 재미도 있거든. 그때까지는. 그 뒤로는 종교 관련된 책을 본 적은 거의 없었던 거 같아요.

대구구치소 가서 좀 있다가 그 인혁당, 이번에 소송에서 집 뺏기고 이 런 분들 있잖아요. 배상금 받았다가 토해내고 압류 당한 분들. 전창일, 김 한덕, 강[창덕] 그분하고. 무기수 네 분하고 나하고 권운상하고 여섯 명이 같이 지냈거든. 특별히 이론적인 걸 그분들한테 배운다기보다는 운동권 역사 이런 것만 좀 듣고.

같이 모여서 공부를 해야 된다는 건 없었어요?

그것까지는 [없었어요]. 왜냐하면 성향이 다양하기 때문에, 정치인들도 있고, 그중에 이상한 사람들도 있어서 심도 있는 건 하진 못했고. 따로따로 하긴 했어요.

수감되어 계실 때에는 사북 소식을 좀 들으셨어요?

못 들었지. 들을 일이 없죠.

석방되고 나서 가셨을 때에는 사북에서 아마 목욕탕 생기고 그랬을 땐데.

아, 그런 정도는 알았지.

변화가 어땠는지?

대전과 대구 있을 때 그 당시 정치범들이 제일 하고 싶은 게 뭐냐 하면, 어디서든 신문 보는 거였어요. 누구나. 그래서 신문을 공식적으로 못 보고, 가끔 누군가 대표로 한두 명이 교도관 사무실에 가는 거야. 거기서 보고 와서 얘기해 주고 이런 거였는데, 내가 대구 가서는 반성문 공작할 때 거의 매일 가서 신문 보니까 가끔 사북 관련된, 광산 관련된 기사가 나서 복지회관이 지어졌다든가 이런 정도는 보기는 했죠. 그런 거 정도는 봤지 뭐 구체적으로 동네가 어떻게 변했는지까진 잘 몰랐고. 나는 가족들 면회 1년에 한두 번 했나? 그럴 정도니까 잘 몰랐지.

그때 가장 가까이 지내셨던 사람은 누구를 꼽을 수 있을까요?

지금도 늘 고마운 분들인데, 박정삼 씨라는 분하고 표한수 씨라는 분. 둘 다 기자였어요. 이경일 씨까지 세 분 다 기자 출신인데, 이경일 · 표한수 씨는 5 · 18 직후에 경향신문 제작 거부 사건으로 들어왔던 분이고 박정삼 씨는 한국일보 노조했다가 들어온 분인데, 그분들이 나를 많이 챙겨

쥐 가지고 고맙게 생각하고 [있어요]. 그리고 장영달, 이강철, 정화영 이런 선배들, 감옥살이를 진지하게 했던 분들이었던 것 같애. 다른 분들이 진지하지 않았단 건 아니지만, 좀 더 그랬던 거 같은 생각이 들어요.

대구에 수감되어 계실 때도 다 흩어져 계셨던 거 아니에요?

그쯤 나하고 권운상은 거기 있는 것도 좀 무료하고 공부를 하는 것도 그래서, 우리가 딴에는 대중운동 하는 사람들이잖아요. 그러니까 "도둑놈들하고 같이 있자." 그래가지고 공장에 나갔지. 거기서 방도 두세 달 그 사람들하고 같이 있고 일하다가 나왔던 거 같애. 우리가 길게 살아야 될지도 모르니까 여기서 제대로 뭐를 좀 하자, 그러려고 공장으로 갔던 거죠.

대중운동을 대중 속에서 하자 그런 생각으로?

그렇죠. 그렇죠. 감옥살이도 대중들과 같이 하자. 학생이나 이런 사람들 굉장히 기피하는 분위기 있거든, 실제로. 내가 원래 그런 출신인데 권운상 막 꼬셨지. 각각 다른 공장에 가서 있었어요.

어떤 운동의 방식을 가졌었나요?

대전구치소 있을 때 쭉 학습하면서, 사람들하고 얘기하면서. 우리가 폭력을 시도했었어요. 미수에도 못 그쳤지만. 어쨌든 거기에 대한 얘기도 많이 하면서 '아, 그런 식의 방식은 선택할 게 아니고 정말 대중 속에서 같이 해야 된다.' 이런 거에 대한 합의는 기본적으로 있었고. 초반에는 '나가면 내가 사북을 왜 가?' 이렇게 생각을 했었는데. 대전에서 '아, 내가 당연히 사북 내려가야지.' 생각하고 '제대로 노동 운동을 한번 해 보자.' 그런 생각을 [했어요]. 그때부터 다른 선택지는 없었죠.

나와서는 어디로 가셨어요?

그때 우리 집안이 다 서울로 올라와 있었고 형님만 사북에서 광산에 감독하면서 살았는데, 나오니까 집안이 엉망인 거야. 아버지도 광산을 더이상 안 다니고 서울에 올라왔는데 거의 실직 상태나 다름없고, 막내 녀석은 그때 고3 막 올라가고. 다 셋방살이에 엉망이지. 막내 위에 그놈도 등록금 대출 제도가 없어가지고 [등록도 못하고]. 첨에는 당장 사북을 내려가면 내가 취업이 안 되잖아요. 사북에 내려가 보니까 취업이 택도 없죠. 사북에서는 누가 나를 광산 일을 시키겠어요? 그리고 거긴 서울처럼 노가다 할 데가 있는 것도 아니고. 서울로 올라와서 처음에 노점도 하고 [해서] 내 동생 어떻게 등록은 하고.

그때 지오세[가톨릭노동청년회]가 생각이 나서, 그 양반을 찾아서 노량진에 한 번 가 봤지. 거기서 소개를 해가지고 청계 평화시장에 들어갔어요. 재단보조로 들어가서. 나중에 청계피복 위원장 했던 친군데, 나이는 나보다 세 살이 적은 친구인데 거기 오래 해서 재단사고, 나는 그때 나이를 속여가지고 그 친구 밑에 재단보조로 들어가서 일을 했죠. 열심히 했는데, 거기는 재단사나 이런 사람들이 고용이 굉장히 불안정하더라구요. 사장이 이유 없이 나가라 하고, 몇 달 있다 나가고 뭐 이러는 거야.

그래 들어갔는데 한 달 했나, 두 달 했나? 첨에 7만 원 받기로 하고 갔거든. 여자 사장이 7만 원 주더니 남자 사장이 날 또 불러. 너 일 잘한다고 3만 원을 더 주더라고. 10만 원 받고 한 달 더 됐는데, 걔가 해고된 거예요. 이유 없이. 뭐 사장 마음에 안 들었겠지. 걔 없이 혼자 다니려니까 재미도 없고, 마침 이것도 지겹던 차에 잘됐다 하고 [나왔어요]. 사장은 날보고 "넌 남아서 일해라." 그러는데. [그렇게] 한 석 달 했나?

노가다도 좀 하고 이러다가 성남으로 갔어요. 성남 '만남의 집'이라고 혹시 들어보셨나요? 80년대에 수도권 노동 운동의 굉장히 중요한 장소인데. 상대원동에 있는 만남의 집이라고 성베네딕트 수녀원에서 운영하는 일종의 노동자들을 위한 쉼터 같은 데인데, 거기서 노동자들을 대상으로 교육을 이렇게 해요. 일종의 의식화 교육인데, 아기자기하기도 하고 주로 여성 노동자들이 대부분이지만. 거기 정인숙 아녜스라는 분이 사북에서 80년 4월에 만난 분인데, 지오세 전국 회장도 하고 했던, 그분이 거기 일종의 책임자였고. 교육할 때 김문수도 처음 만났죠. 83년 5월쯤이었을 거야.

처음에 내가 교육을 받고, 나도 참여하고 그러면서 다음부터 원장 수녀님이 날 이쁘게 봐가지고 보조 강사처럼 이렇게 일을 같이 도와주고 했죠. 청계피복 다닐 때도 그걸 하다가 청계피복 그만두고는 아예 거기 가서 살았어요. 뭐 급여를 받거나 이런 건 아니지만. 그렇게 정확치는 않은데 83년 초에 노점상, 과일장수를 시작했어요. 사북을 가야 되는데. 왔다 갔다 가끔씩. 형이 거기 살고 있으니까 왔다 갔다는 하는데.

부모님은 어디에 계셨어요?

그때 저기 소하동. 광명시. 지금 금천구청역 건너편에 있었는데, 당시 시흥역이고. 그쪽에서 노점상 과일장수도 하고. 그러다가 그해가 83년인데, 추석 직전에 연휴 즈음해서 대구 미문화원 폭파 사건, 지금까지 미제 사건이지만 폭발물이 터진 사건이 나거든. 폭발물 하면 나잖아. (면담자 웃음)

사실은 그 추석 명절을 지나고 약간 걱정이 됐어. 걱정은 되긴 했었는데, 뭐 난 안 갔으니까. 어쨌든 그러고 있었어. 추석 명절이 지나고 한 이틀 있다가 우리 집에 누가 온 거야. 우리 아버지가 거기서 부동산 중개 사무실을 하고 계셨거든. 거기에 나하고 아버지하고 있는데 경찰관 두 명이 온 거야. 잠깐 물어볼 거 있으니까 같이 가자고 그러면서. 그래서 아버지가 막 화내고, [경찰은] 걱정하지 마시라고 [하고].

젊은 사람이 팀장인데, 이를테면 그중에 조장인데 그 친구가 전화번호를 적어 주고 갔어요. 오늘이나 내일 보낼 테니 걱정하지 말라고 전화번호를 주고 간 거야. 그래서 남영동으로 갔죠. 그때 이근안이 3년 사이에 경감으로 진급해 가지고 거기서 전무라고 불렸어요. 그 전에 80년에는 부장이라고 불렸고. 경위니까. 전무가 돼가지고, 팀장이 돼서 나를 취조하던데. 또 생애사를 써야 되잖아. 석방되고 나서부터 [그때까지].

그 사이에 얘가 사북을 갔다 온 모양이죠. 형 집을 다 뒤지고. 그때 내가 대구에 편지를 보낸 게 있는 거야. 교도소에 있고, 이게 뭐 나도 생각 못한 게 막 나오는 거야. [필리핀] 아키노 그걸[저격 암살 사건] 보면서 아마 내가 글을 썼겠죠. 그래서 참 무언가 내가 '이렇게 머뭇거리면 안 된다. 뭔가 결단해야 된다.' 이런 얘기 쓰겠잖아. 이걸 설명하라고 이 새끼가 지랄[하고].

내가 대구교도소에서 공장에 나갔을 때 한 방에 있던 빵장이 살인범으로 무기 징역 받아서 곧 석방될 사람이었는데, 이 사람이 자기 정말 억울하다고 몇 번 재심도 청구하고 이랬는데 [증거가] 아무것도 없으니까. 그래서 내가 그 방에 가자마자 나한테 맨날 얘기했거든. "황 선생, 혹시 나가게 될 경우엔" 자기들 경험으로 볼 때 나는 금방 나간다 이거야. "나가면 내 이것 좀 꼭 한 번 살펴봐 달라."고 [하는 거야] 귀 따갑게. 내 그 사람 서류 다 보고, 뭐 나도 의리는 지켜야 되니까. 또 안 됐고. 그래서 탄원서 내가 쓰고, 뭐 나도 해야 할 거 아니야. 본부장한테 보내고 이런 거 있었어요. 그래서 내가 곧 대구에 내려가겠다고. 그때 실제로 못 내려갔지만. [팀장]새끼, 이 결단하고 대구에 내려가겠다는 것하고 [사건과 관련된 게] 아니라는 거 증명하라고 이제. (웃음)

근데 다행히 열흘 만에 나왔어요. 그 전화번호 때문에. 아버지가 전화를 막 했을 거 아니야. 아버지가 아무 죄가 안 되니까, 그 당시 NCC[한국기독교교회협의회] 인권위원회에 윤수경 씨라는 분이 있었는데, 그분이 80년 그때도 뭐 특별한 물질적 도움은 아니지만 우리 가족들한테 연락도 하고 그랬던 분이거든. 아버지가 했는지 엄마가 했는지 누가 했는지 그 윤수경 씨한테 전화를 했겠죠. 그니까 NCC에서 남영동 대공실로 막 전화 해댈 거 아니에요. 그 전화번호 알려준 친구가 최평선 경위인데, 그 친구 굉장히 순진하고 나름대로 인권 의식이 좀 있는 친구였어요. 배속된

지 얼마 안 됐어요. 경찰 간부로 임용되어 와서 성적이 좋고 이러니까 대공으로 와서, 그 전화번호 알려줬다고 이근안이한테 수도 없이 깨졌어요. 그 뒤로 어떻게 됐는지 모르겠는데.

그 덕분에 열흘 만에 다행히 나왔죠. 나왔는데 또 안기부에서 찾아온 거야. 나 없는 사이에 우리 집으로. 그래갖고 아까 말했던 정인숙 씨라는 분 통해서, 돌아가신 김승훈 신부님이라고 계셔요, 그분 통해서 안기부하고 조정을 했지. 남영동에서 다 한 거니까 고만 해라 했겠지. 나중에 그 신부님이 연락이 왔더라고, 걱정하지 말고 다니라고.

내가 저 청계피복 [간 것]은 그 뒤로 있었던 일들이었어요. 84년 봄쯤부터 사북을 당분간 못 내려갈 거 같으니까 내가 청계피복에 갔던 건데, 그래서 청계피복 나오면서 안 되겠다 싶어서 노점상을 시작했어요. 처음에 과일 노점상 할 때는 내가 뭘 잘 몰랐고. 두 번째 노점상 할 때는 노점상의 대부라고 할 만한 사람을 만나서 도움, 코치를 받아서, 양연수 씨라는 분인데, 노점상연합이라는 게 있잖아요. 이런 노점 운동을 제일 처음 시작한 분이야. 그 양반이 그때 사회민주당 김철 쪽, 그쪽에 왔다 갔다 하던 분, 사회민주주의 청년학교 뭐 이런 것도 같이 하고 이러던 분인데. 그분한테 코치를 받아가지고 충무로에 스카라극장이라고 있어요. 그 건너편에서 책 노점상을 했는데. 과일 노점 할 때에는 앞으로 남고 뒤로 깨지고 돈을 못 벌었거든. 그래도 거기서는 좀 돈을 모아가지고, 사북에서 한 1년을 버틸 돈을 만들어 가지고 아마 84년 12월쯤 사북을 내려갔던 거 같애.

4. 가톨릭광산노동문제상담소 활동

◇ ◈ ◇
1985년 활동 시작 과정

사북 가서 구체적으로 뭘 하겠다는 생각이 있으셨겠네요?

그렇죠. 어쨌든 천주교회하고는 뭔가 해야겠다고 생각했어요. 그 좀 안전[을 담보하는], 우산이 되니까. 그래서 성당 나가면서, 마침 그때 젊은 신부님이 오셔가지고 이렇게 좀 많이 도움이 됐죠.

다행히 그게 또 계기가 있었어요. 84년 말에 내려가 성당에 나가면서 청년회, 그때는 뭐 어느 데고 청년들이 우글우글 하잖아요. 청년들이 한 이삼십 명 있었는데 그중에 절반 가량은 광산에 다니는 사람들이고, 아닌 사람들도 있고. 그때 천주교는 신부님이 이렇게 좀 적극 도와주지 않아도 방조하고 그러니까, 그래서 뭐 노래부터 가르치는 거예요. 「사노라면」이라는 노래. 요즘은 유행하지만 그때는 거기 걔네들은 듣도 보도 못한 노래거든. 뭐 그런 노래하며, 운동권 노래 많잖아요. 빼앗긴 들에도 어쩌고 이런 거. 아, 신선하고 좋잖아요. 누구한테 요청해서 서울에서 사물놀이 이런 거 하는 애 하나 가끔 불러다 청년들 같이 하고. 이러면서 분위기를 조금 잡아 나가고.

거기서 좀 재미있게 잘 해 나가는데, 85년이 됐죠. 85년 8월 달 여름방학 한창일 때, 7월 말인지 8월 초인지 [확실히는] 모르겠는데. 우연히 서울 갔다 오는데 김수환 추기경하고 같은 차를 타고 왔어요. 근데 김수환 추기경 수행하던 신부님이 두 분 계셨는데 내가 아는 분들이에요. 천주교 '만남의 집' 이런 거 활동하면서 알게 된 분들인데, 한국 천주교 주교회의, 우리나라 주교단이 열여섯 명인가 되었는데, 이분들이 소위 현장

체험을 하기로 결의하고 각자 가는데, 김수환 추기경이 우리 사북으로 탄광 체험하러 오게 된 거예요. 그때 우연히 내가 [같이] 사북 가니까, 마치 내가 그 양반들 맞으러 가서 같이 온 줄 알더라고. 그래서 그걸 굳이 부인은 안 했지만. (면담자 웃음)

그러면서 사북, 고한 천지가 난리가 났지 뭐. 추기경이 3박 4일 신자 집에서 자고 신부님 방에서 자고 하는데, 아, 나도 신나죠. 근데 저녁 되면 신부님이 성당 앞에, 사제관 앞에서 이런 저런 얘기를 하시면서 추기경하고 같이 있는데, 나는 이미 『사북항쟁 보고서』도 다 썼고, 그 당시 84년에 『일터의 소리』인가 거기 출판 나온 것도 있고 딴에는 조사하고 공부한 게 꽤 있잖아요. 그래서 추기경이 뭐 이렇게 묻는데, 여러 사람, 다른 신자들도 있고 하지만, 광산 간부도 있고 하지만, 뭐 그분들이야 자기 하는 것만 알잖아요. 내가 쭉 설명을, 궁금한 거 다 수치까지 쭉쭉 [설명을] 하고, 뭐 역사가 어쩌고 하고 했어요. 했더니, 그 이튿날 쩨인가 추기경이 "자네는 뭐하는 사람이냐?"고, (웃음) 어디 위장 취업 온 학생이냐고 묻는 거지. 아이, 아니라고. 신부님 [포함해서] 이 동네 사람인거 다 알잖아요. "자네 학교 어디 나왔냐?"고. 뭐 중학교 중퇴했다고 하니까. 신부님하고 이러니까.

그러고 갔는데, 추기경님이, 그 옆에 있던 분이 황상근 신부님이라고, 그 당시 지오세 지도신부님이었어요. 전국 지도신부님이었는데, 이제 이분들한테 황인오를 도와주라고 이렇게 하셨던 모양이에요. 그래서 올라가시더니 바로 날 불러가지고 "이제 뭘 하고 싶냐?" 이래. 그때 노동사목이라는 게 84년부터 막 시작할 때였거든요. 지금은 그야말로 노동사목인데, 그때는 노동사목이라는 이름으로 여러 가지 활동을 하던 그럴 때였으니까. 그래서 "사북에서 노동사목 형태로 하고 싶다."고 [얘기를 했죠]. 그래서 지오세를 통해서 정기적으로, 그때 한 달에 30만 원씩인가를 한 1년 동안 지원해 주겠다고 하더라고. 아오, 하느님 감사합니다. (면담자 웃음) 정말 감사한 일이죠.

그래서 [사북에] 와서 신부님하고 상의를 하니까, 사북은 그때 강원대에서 내려온 애들이 좀 있었어요. 강원대 출신인데, 좀 나중에 내려왔나, 걔들은? 가을에 내려왔구나. 위장 취업하러 온 애들이 선을 타고 나한테 내려온 애들이 있었고. 쭉 이렇게 협의를 해 보니까, 다른 데에는 그냥 노동사목이란 이름을 붙이는데 우리는 그게 적당치 않고 그래서 '가톨릭광산노동상담소'라는 이름으로 시작을 [했어요]. 85년 8월 말이나 9월 초쯤부터 노동상담소라는 이름으로 활동을 시작했죠. 조그마한 팜플렛 만들어서 이렇게 돌리고. 우선 내 명함 만들어 돌리고 이러면서 활동을 시작하죠.

그러다가 그해 12월에 고한에 있는 영일탄광이라는 데서 6명이 매몰돼 죽는 사건 사고가 일어나요. 그때 그 보고서 문건이 지금 하나도 없어. 보고서를 한 8페이지 정도짜리를 만들어 갖고 전 광산에 다 돌리고 이러면서, 일반 노동자들하고 그러면서 본격화됐다고나 할까, 뭐 그렇게 됐죠. 그리고 때마침 아까 말씀드렸던 강원대 학생들 들어와서 걔네들하고 같이하고.

가톨릭광산노동문제상담소에서 간사로 시작을 하셨던 거구요?

예. 소장이랑 둘 뿐인데 뭐.

소장은 누가?

김영진 신부님.

이런 기구는 광산에서는 처음 생긴 거죠?

광산에서는 처음이죠. 그런 의식적인 움직임은 처음이라고 봐야죠.

◇ ◇ ◇
사북항쟁 보고서와 활발한 상담소 운영

앞서 영일탄광에서 일어난 사고 말씀하셨는데요.

84년 12월에 내가 내려갔잖아요. 그래서 85년 4월에『사북항쟁 보고서』쓰면서 미리 만나보기도 했고, 신경 씨도 저 안동까지 찾아가서 만나서 취재를 다 했고. 그 밖에 여러 사람들 많이 취재를 했던 거잖아요. 85년 4월 21일 사북항쟁 5주년 때 이원갑 씨하고 제안을 해서 사북 도사곡에서 모였을 거야. 거기 꽤 몇 명이 왔어요. 그냥 와서 술 먹고. 나는 이분들하고 뭔가 만들어 보려고 했던 건데. 이게 참 이원갑 씨도 당장 자식은 줄줄이 딸리고 생계를 이어 가야 되는 분이어서 그런 건 전혀 [불가능했어요]. 했다간 오히려 그 양반[에게] 폐가 되고 이래서, 그건 일단 안 되겠다 싶어서 [못 했죠]. 처음부터 성당에서만 하고 싶지는 않았죠. 그랬는데 안 돼서 성당에 주력을 했던 거고.

그랬다가 86년 영일탄광 사건이 있고, 신부님과 교구에서도 그런 보고서가 나오고 하니까 좀 달리 보기 시작해서 나를 부르는 데가 꽤 많이 있더라고. 그때 신부님들한테서 도움을 많이 받았죠. 장성이라든가 태백, 도계 이런 데 가도 거기 계신 신부님들이 다들 관심 가져 줘서 그 지역 노동자를 만나게 하고, 또 문제가 있으면 나한테 보내고. 문제라고 하는 건 대부분 산재 사건이에요. 산재 사고 났는데 변호사 잘못 만나서 잘 안 되고 이런 사건들. 또 부당 해고당한 사람들 이런 사람들 다 나한테 보내서, 그때 [지금은] 돌아가신 조영래 변호사 그분이 직접 한 것도 한두 건 있고. 조영래 사무실에 변호사 몇 분 계셨는데, 천정배도 그 당시에 있었고 몇 분 있었어요. 그쪽하고 연결돼서 도움을 받은 사람들이 꽤 많이 있죠.

한 분은 허리가 거의 못 쓰게 됐는데 1심에서 져서 우리한테 와서, 사건 조사 사실은 변호사들이 다 해 줘야 되잖아요. 자기가 다 못 하잖아요.

그런 사건도 꽤 있었고. 일단 나한테 오면 수임료를 안 뜯기니까. 그 당시 일반 변호사들은 40프로 이렇게 떼 가고 이랬거든. 그래서 그때 20프로 [만 받았어요]. 지금 민변 변호사들은 10프로 이상 안 받는데, 그 당시 20 프로만 받으면 굉장히 양심적이고 그런 거였어요. 어쨌든 광산 사건은 대부분 아무리 적어 봐야 7대 3이었거든.

그때도 노동에 관련한 법률적인 문제들에 대해서 변호사가 할 만한 일들을 주로 하셨던 건가요?

그렇죠. 그것만 한 건 아니지만 그걸로 사람들한테 평가를 받으니까 다른 조직 활동도 좀 용이해지는 것도 있고. 하다 보니 거기서는 온갖 사건이 다 들어오는 거예요. 교통사고 난 거, 상사 분쟁, 민사 분쟁 이런 거. 다른 형사 사건 이런 거. 그래서 재미는 있었어요.

선생님이 사법시험 보려고 하셨던 게 그 일들의 토대가 됐어요?

공부했던 것들이 크게 도움이 됐고, 또 내가 실전 경험이 많잖아요. 감옥에서의 실전 경험이 많으니까.

원주교구 정의평화위원회 활동은 어떻게 겸하신 건가요?

그건 상근하는 일이 아니니까. 가끔 왔다 갔다 회의해서 교구의 다른 방향 이런 거 도움 받는 거니까. 그 당시 지학순 주교 계실 때니까 신부님 추천해서 [했지요].

상담소는 사북에다가 사무실을 두고 있었던 거예요?

성당 안에 따로 간판을 걸지는 않고, 교육실이 옆에 하나 있는데, 평상시에는 안 쓰니까 평일 낮에는 나 혼자 거기 썼죠. 그리고 사무실서 있을 일이 별로 있나요? 밖에 나가서 사람들 만나고, 젊을 때니까 돌아다니고. 사북에만 있는 게 아니라 도계도 가고 태백도 가고 정선도 가고 함백도 가고 이래야 되니까.

5주년엔 기념식을 하실 수는 없으셨던 거죠?

기념식은 없었죠. 그냥 기념 모임만 한 거지. 그 이상 안 했어요. 사실 지금 생각하면 적극적으로 좀 할 걸 [그랬나 싶어요]. 나중에 보면 그런 것도 자꾸 모여서 [행사를 치러야 힘이 되는데]. 근데 그 사람들이 거기 사는 사람들이 아니라 [어려웠어요]. 사는 사람들이 좀 더 많았으면 할 텐데. 또 그분들이 너무 혹독하게 당해서 안 됐을 거야 아마.

85년에 가셨을 때에도 사북을 떠난 분들이 더 많았나요?

그렇죠. 떠난 사람들이 더 많죠.

한편으로 생각하면 80년은 지나간 일인 거고, 지금 당장 해야 하는 일이 많으니까.

그렇기도 하고. 글쎄 내가 대전, 대구 있으면서 뭐랄까… 일종의 '복권(復權)', 이것도 법률적 의미에서가 아니고 대문자로 쓰여야 되는 거라고 생각은 했는데, 당장 눈앞에 닥친 현안을 [처리]하는 데 더 급급하고 그랬죠.

1년 동안만 활동비를 약속했다고 했는데, 그 뒤로는 어떻게 운영이 됐나요?

그 뒤로 한 6개월 더 받은 거 같은데, 신부님 바뀌고 이러면서 나도 매달 그 돈을 받으러 가는 게 사실 좀 그랬어요. 노량진에 매달 받으러 가니까 좀 그렇더라고. 그쪽은 뭔가 이렇게 돈이 나가는데 얘길 듣길 원하겠지. 문서로, 사실 생각은 그래요. 문서로라도 주면 좋을 텐데. 문서로 남길 수 있는 일들을 할 수도 있었을 텐데 그것까지는 미처 생각을 못했지.

가톨릭 쪽에서는 사목의 일환이잖아요. 선생님께선 조직화, 의식화 이런 게 목적이었는데 그런 차이를 의식하셨어요?

그렇죠. 그런 것도 있었어. 그럼에도 불구하고 더 했어야 맞는데.

선생님이 활동을 하실 때에도 요구되는 틀이 있는 셈인 거잖아요. 물론 지원을 받는 환경이 되긴 하지만 제약이 될 수도 있었던 거죠?

내 잘못이라 나중에 반성을 많이 하지만, 자꾸 속으로 신부나 이런 사람들에 대해서 '니들이 뭐 아냐?' 이런 생각이 내가 강하게 있었기 때문에, 그게 잘못했던 거 같아요. 그러면서 이 신부님도 어쨌든 자기 책임이 잖아요. 그러니까 뭔가를 더 알고 싶고 당연히 그런 게 맞는데, (웃음) 그때 내가 그걸 잘 못 알아주고. 그 정도로 내가 좀 교양이 부족했지.

당시 활동의 배경에 신앙심이 있었던 거예요?

없었어요. 하나도 없었어.

그런 것들을 문제 삼지는 않았나요?

그분들은 그런 게 마음에 안 들죠. 천주교는 강요 안 했는데, 나라도 개인적으로 미사도 좀 제대로 나가고 반듯하고 이랬어야 되는데, 그런 걸 내가 거의 무시하고 이러니까. 그건 내가 잘못한 거 분명해요. 그 대신 좀 나중의 얘기지만, 다른 건 잘했으니까.

노동자 조직에 있는 것도 아니고, 가톨릭 쪽에 있는 것도 아니고 끼어 있는 셈이네요.

나는 끼어 있다는 생각은 전혀 안 하고 못 했는데, 나중에 알고 보니까 80년대 어느 사업장마다 소위 학출과 노출 간의 갈등이 있잖아요. 그때 다 서로 미숙해서 그런 일들이 벌어지고 그런 거긴 하지만, 걔들이 그룹을 지어서 하는데 아, 미치겠더라고.

학생들 때문에?

강원대 애들. 그래서 한 놈이 불순하게 굴길래 확 한 번 잡아 놨어요. 내가 잡아 놨더니 그 뒤로부터는 나한테 연락을 끊고 지들끼리 하는 거야. 그러면서 날보고 종교인이래. (면담자 웃음) 종교인이 투철하지 못하네, 뭐 그러면서. 아, 그 말에 내가 전혀 동의 안 하지.

그 대학생들도 현장에서 일했어요?

예, 광산에 있던. 탄광에 일한 애들도 있고 아닌 애들도 있고.

그들이 지향하거나 하려고 했던 건 어떤 거였을까요?

개들은 금방 뭔가 하고 싶었지. 얘들이 서울서 [노동 운동을] 하다 온 애들이거든. 그니까 공장 노조는 금방 뒤집을 수가 있잖아요. 그것도 쉬운 일은 아니지만. 거긴 탄광하고 전혀 조건이 다르거든. 그런데 내가 속도를 안 내고, 못 낸 게 아니고 안 낸 거지. 그 구조를 내가 뻔히 아는데. 정세나 이런 것들이 그렇게 해서 될 일이 아니거든요.

뭐랄까 군이 이념적 좌표를 따지면야 나하고 다를 게 뭐 있어. 어떤 점에선 거기 한두 놈 빼놓고는 내가 더 하면 더 했지. (웃음) 어디나 그런 것처럼 나도 물론 '이 새끼들, 여기 내 나와바리[구역]인데.' 그런 생각이 당연히 있었겠죠. 난 아니라고 했지만. 뭐 근데 그놈들도 헤게모니 잡으려고 들고 그러잖아. 그걸 좀 터놓고 얘기하면 좋았을 텐데, 그런 걸 얘기할 수 있잖아요. "이걸 우리가 좀 하고 싶다." 이렇게 좀 서로 노골적으로 얘기하면 뭐 그럴 수도 있는 거 아니에요? 되거나 말거나 하면 될 텐데. 개들이 학삐리라서 그런 게 아니라, 안 되는 사람들이 더 많더라고.

주로 그 사람들은 노조를 통해서 개혁을 한다거나 이런 방식이었던 건가요?

빨리 정치적인 걸 속도를 내서 만들고, 소위 말하는 혁명적 기운을 빨리 만들고 싶은데, 그러자고 하면 내가 적극적으로 방조를 해 줘야 되거든. 근데 그런 걸 내가 적절히 제동을 걸고 이러니까 그런 것들이 좀 부딪히지 않았나 싶어요.

광산이라고 하는 작업장은 일반 노동 현장과는 다른 특별한 성격을 가지고 있고, 그래서 어떤 변화에는 시간이 필요하다 그렇게 생각을 하셨던 건가요?

그렇죠. 일단 현장 노동자들이 [현장 활동가들이] 좀 많이 나와야 될 거 아니에요? 일단 그때 현장 노동자라고 해 봐야 한주먹 밖에 안 되는

[상황인데]. 사북, 고한 이쪽은 뭐 손에 꼽을 정도밖에 안 됐거든. 그러면 이렇게 해서 뭐가 되냐고. 동원탄좌만 해도 그 당시 하청까지 합쳐서 한 사오천 명 정도 되고, 삼탄[삼척탄좌]도 한 3,000명 넘고 이런 덴데. 거기서 어느 정도 이쪽 병력이 [활동가들이] 갱도별로 이렇게 나뉘어져 있잖아요. 갱도라고 해서 사음항, 백운항 이렇게 돼 있어도 그 안에서도 작업장이 수도 없이 갈려져 있잖아요. 그렇게 해도 서로 통하긴 하니까 갱도마다 몇 명씩은 좀 있어 주고, 자꾸자꾸 양성을 해내서 일정하게 병력을 갖춘 뒤에 뭘 해야지, 막 찌라시 뿌리고 이런다고 [되는 게 아닌데], 물론 찌라시 뿌리는 일도 필요하지만. 그 당시에 나도 수시로 일만 생기면 찌라시를 만들어서 성명서 같은 거 배포하고 그러는데, 그런 거 나가면 거기서 상당한 반향을 일으킨 사람들이 뭐랄까 억눌려 있는 이런 정보들 주잖아요. 그래서 착실하게 해 나가면 된다고 나는 생각했는데.

누가 옳은지는 모르지. 나중에 생각해 보면 내가 속도를 더 내도 될 걸 그랬다는 생각은 좀 들기는 해요. '내가 서울에서 좀 더 뒹굴다 왔으면 좋았을 걸.' 하는 생각은 들어. '평화시장이 아니더라도 구로공단 이런 데서 좀 더 경험을 하고 왔으면 더 좋았을 걸.' 하는 생각은 훨씬 나중에 들었어요. 폐광 이후에. 이렇게 말했지만 그때는 꼭 내가 잘한 건 아니에요.

◇ ◇ ◇
다양한 사건 처리와 사북항쟁 전후의 노조 상황

가톨릭광산노동상담소 하시며 보셨을 때, 노동 문제 말고 광산 지역 전체에서 눈에 띄었던 생활 문제, 환경 문제, 가정 문제 등이 혹시 있었나요?

아, 많았죠. 당연히 많았고. 특히 당시 주간지나 여성지에 가끔 등장하는 광산 지역 부녀자들에 대한 말도 안 되는 폄하 이런 것들.

그때 내가 생각했던 것 중의 하나는, 6월 항쟁이 급박하게 안 들어갔으면 시도했을 것 중 하나가, 일종의 '거리 유치원' 같은 거. 사람들하고 논의만 하다가 못 하긴 했지만. 당시 신부님이나 수녀님들하고 그 얘기를 집중적으로 하다가 6월 항쟁으로 잊어버리게 됐는데. 일종의 뭐랄까, 그걸 노동 운동을 잘하기 위한 방편으로 생각하는 측면도 있지만, 그 자체가 굉장히 중요하다고 생각이 들었어요. 사택촌에 우리가 돈을 들여서 건물을 지어서 유치원이나, 지금 식으로 말하면 방과 후 학교 같은 걸 한 번 시도해야 되지 않느냐, 수녀님들하고 주로 그 얘길 했던 거 같아요. '우리가 어디든지 한군데서라도 시범적으로 한 번 해 보자. 그래서 일상생활에서 그 사람들하고 접근해서, 의식화는 나중 문제고, 그렇게 해야될 거 아닌가.' 이런 생각은 했었죠.

또 내가 지금도 만약에 사북에 가면 하고 싶은 것 중의 하나가, 고운 말 쓰기. (면담자 웃음) 웃기는 얘기지만 굉장히 필요한 거거든요. 입만 벌렸다 하면 쌍시옷이잖아요. 애고 어른이고. 그래서 이런 것부터 어떻게 좀 시도를 할 필요가 분명히 있거든. 그런 일상적인 것도 해야 된다고 생각은 했지만 그때는 손도 모자라고 눈앞에 닥친 일들이 너무 많아서 잘 못 하긴 했죠.

그리고 또 부녀자들 문제. 사실 부녀자들 문제가 아니라 탄광이라고 하는 이 노동의 구조적인 문제인 거지. 외부에서 광산촌 여자들이 어쩌고 저쩌고 [말하는] 그건 웃기는 얘기 아니에요? 당시에 사북하면 황인오고 황인오 하면 사북이었거든. 아니, 광산하면 황인오고 뭐 황인오 하면 광산 이렇게 다 알려져 있었기 때문에 온갖 사람들이 다 와서 취재도 하고 듣기도 하고 그러는데. 꽤 정신 있는 사람들은 그런 소리 안 하고, 또 어떤 사람들은 그런 소릴 해요. 내가 꾸중은 아니지만 뭐라고 해요.

앞서 말씀하신 필리핀 아키노 사건 있을 때 NCC에서 전화를 하는 압박이 있었다 하셨는데, 기독교와의 관계는 그게 마지막인가요? 상담소 하실 때는 없는 건가요?

사북에서도 그 목사님들하고, 그중에 지금도 가끔 연락하는 감리교 젊은 목사님들이 정선에 왔었는데, 어떻게 연결돼서 내 자취방이 그 양반들 술집이었지. 거기 촌에서는 목사가 술 먹으면 큰일 나거든. 지금도 그렇지만 그 당시에는. 그러니까 평일에 몰래 내 방에 와서 술 같이 먹고 그랬던 분들이 몇 분 계신데, 물론 민중신학 하시면서 신학교 때 운동하셨던 분들이라 그쪽하고는 [교류를 했죠]. 소위 목정평[목회자정의평화협의회]이라 그러죠? 아마. 천주교에서 정의구현사제단처럼. 목정평이라고 하는 그쪽 분들하고 교류는 당연히 했죠.

가톨릭광산노동문제상담소에서 처리하셨던 사건들 중 인상 깊었던 것 더 말씀해 주십시오.

처리를 못한 사건이 있는데요. 처리할 수도 없는 사건인데. 86년 겨울이어서 그게 11월이었는지 12월이었는지 기억은 안 나는데, 그 650[갱도]은 아시죠? 지금 현재 동원탄좌 메인 갱. 지금 유산 남아 있는 데가 [해발] 650미터라 650이라고 보통 불러요. 820, 875, 920, 970 이렇게 쭉 올라가는데. 820, 875 그 밑에 조그만 사택이 있었는데, 그건 동원탄좌 직영은 아니었고, 조광 업체 어디였는지 기억은 잘 안나요. 820 소속의 노동자들이 사는 사택이었거든요. 그 820갱에서 일하다가 산재로 다쳤는데, 산재 처리를 제대로 안 해 주고 갈등이 있었던 모양이에요. 그 사람은 우리한테 찾아온 적은 없었고. 우리를 몰랐고, 우리도 그 사람을 몰랐던 상태였겠죠. 어느 날 그 일가족, 부인은 아마 도망가고 없고 아이들이 한 여섯 명인가 있었던 거 같은데, 큰아이 빼고 나머지 다섯 명 아이들하고 아버지가 빵 터뜨린 거예요, 다이너마이트를. 다 죽었지. 우리도 뒤늦게 그 사건을 접하고, 그때 뭐 어떻게 할 수가 없었죠. 물론 노동상담소 해 봐야 나 혼자 모든 일을 카바[커버]하지 못하는 건 당연한 일이나,

그게 제일 속상하고 가슴 아픈 일이었죠. 근데 그거 뭐 신문에 한 줄도 안 나왔던 사건인데, 그런 일도 있었어요.

일가족이 다 같이 죽었어요?

집에서. 자기 방에서 아마 그랬던 모양인데, 저도 그날은 사북에 없었고 서울 갔다 오니까 갑자기 집에 있는데 전화가 온 거예요. 애들이 "형, 큰일 났다."고 [해서] 가 보니 뭐 어떻게 우리가 할 수 있는 방법은 아무것도 없어. [우리가 할 수 있는 일이] 없긴 하지만 그런 일들이 참 가슴 아프고 제일 속상하고. 뭐 속상하다는 말로는 표현할 수 없는 그런 일이 있었어요.

상담소 일하실 때에 해결할 수 있는 일들도 있지만 그렇지 못한 일들의 해결을 원하는 사람들도 많이 있었을 거 같은데, 어떠셨어요?

굳이 제일 기억 남는 건 그 사건이고. 한 분은 마침 우리 성당에 다니는 분이었는데, 이분도 직영은 아니고 덕대 다니는 분이었는데 허리를 다쳐서 사북 동원보건원에서 디스크 치료 제대로 안 되고, 가족들이 성당에 나오면 맨날 축축 늘어지고 [그랬어요]. 참 그 양반은 허우대 멀쩡하고 아주 호남형으로 정말 잘생긴 인물이 좋은 분이었는데. 그때 잘 도와드려서 서울 을지로에 메디컬센터라고 있었잖아요, 국립중앙의료원. 거기까지 가서 의사하고 궁합이 잘 맞아떨어져서, 그 뒤로 아주 건강하게 된 사례도 있고. 그런 다행인 사건들은 몇 개 있었어요.

당연히 그렇지만 시스템으로 된 건 아니고, 나나 아니면 우리 신부님이 그 당시 영월에 [있는] 노동부 사무소에 가서 노동부 소장을 만나야 돼. 나나 우리 신부님이 만나면 애들이 시늉은 해. 내가 성남 '만남의 집'에서 있을 때 한 수녀님의 오빠가 신군부 출신의 당시 노동부 차관이었어요. 실세 중의 [실세] 하나회 출신이었죠. 영월에서 마침 소장 온 사람하고 신부님하고 만나서 우연히 그 얘기가 나왔어요. 그런 수녀님이 있다고 그러니까 그 다음부터 이 소장이 나한테 아주 잘하는 거야. 어떻게 그 차관하고 좀 선을 닿게 해 달라고. (웃음) 내가 그래[그렇게 해] 줄 일은 없지만 그런 우연의 덕, 내가 하는 거 있으면 도움을 받은 거죠. 특히 산재 처리 이런 거는. 뭐 그런 사례도 있었던 게 기억나네.

사북사건 전후로 산재 처리하는 데 어떤 확연한 변화가 있었어요?

그 전에는 어떻게 됐는지 관심이 전혀 없으니까 잘 모르겠는데. 당연히 사고 나면 산재 처리된다고 늘 생각을 했는데, 알고 보니까 실제로는 산재 처리하긴 하지만 특히 영세한 하청, 조광, 덕대 이런 데서는 보건료율이 올라가는 문제니까 되도록 안 해 주려고 하고. 저도 일하면서 가벼운 부상 같은 거는 산재 처리하면 골 아파요. 그것보다 회사에서 소위 공수 처리해 주는 거야. 출근 처리해 주고 며칠 정도는 그냥 집에서 쉬고. 우리도 이게 차라리 편하다고. 산재 처리하면 수당이 70프로밖에 안 나오거든. 산재 [처리] 안 하면 다 나오니까 그게 더 낫죠.

그래서 해 보니까 실제로는 직영에서도, 회사 차원이 아니고 관리자가, 감독이나 계장 이런 사람들이 그런 사고 실적 많으면 [인사] 고과에 불리하니까 [산재 처리 안 하죠]. 그게 가벼운 거 같으면 서로 좋은 건데, 이게 모르잖아요. 심각한 게 되면 그때 가서 노동자가 강력하게 주장 안 할 수 없는 건데, 노동자들도 대체로 약하잖아요. 그러니까 말을 못 하고, 중요한 거는. 그러면 당연히 노동조합을 찾아가야 되잖아요. 근데 사람들이 거기 찾아갈 생각을 안 하는 거야. 왜? 전혀 우리 편이라고 생각을 안 하니까. 자기들 편, 노동자 편이라고 생각을 안 하니까 거의 안 가죠.

다행인지 불행인지 아는 사람은 우리한테 오고, 모르는 사람들은 그냥 넘어갔겠죠. 그 당시 돈으로 아마 동원탄좌 노동조합 연간 총예산이 한 2, 3억 정도 됐을 텐데, 우리 예산은 1년에 한 5백만 원도 채 안 되죠. 글쎄 노동자들한테는 우리가 훨씬 더 도움이 되는 걸로 이렇게 보였고. 그나마 없는 거보다 낫지 않았는가 이런 생각이 조금 들기는 합니다.

사북사건 후에도 노조에 대한 신뢰나 노조의 역할이 달라지지 않았다는 건가요?

하나도 달라진 건 없죠.

실제로 노동자들이 찾아왔을 때 노동조합의 역할을 교육하거나 노조에 찾아가라는 제안을 하셨어요?

노동조합이 이런 거다 얘기를 했겠지만 찾아가라고 얘기는 안 했던 거같아요. 원래 찾아가야 되는 건데 가 봐야 도움이 안 되니까 이렇게 하자얘기를 했겠죠. 지금 말씀하시니까 [드는 생각인데] 그때 그렇게도 말했으면 좋았을 걸. (면담자 웃음) "찾아가서 요구해라." 이렇게 했으면 좋았을 걸.

상담 왔을 때 도저히 처리하기가 힘들겠다 하는 문제들도 있었을 텐데요.

통상적으로는 우리한테 법적 권한이 아무것도 없죠. 다행히 그 당시에는 천주교에 대한 권위가 있고, 난 직접 한 번도 만난 적 없는 노동부 차관 이런 것 때문에 어쨌든 엔간한 건, 적어도 우리한테 왔던 사건들은 다해결이 됐던 걸로 기억이 되는데.

상담하러 오신 분들과 의견의 차이가 있다거나….

그런 건 거의 없었던 거 같구요. 그분들이 거의 다 좀 무지한 거였죠.어떻게 처리해야 될지 전혀 방법이 없고, 막다른 골목에서 찾아오는 분들이니까. 글쎄 그냥 도움을 청하러 온 처지여서, 그랬던 건 별로 기억은 잘없고. 초기에는 당연히 회사 쪽 사용자하고 접촉을 하죠. 내가 그렇게 느끼는 건지 모르겠는데, 어쨌든 사용자들이 내가 나타나면 그 당시에는 약간 위축되고 [그랬죠].

거물이라고 생각했구나. 그래서 '건드리면 일이 커질 수 있다.' 이렇게.

건드리면 골 아프다고 생각했는지 어쩐지[어쨌는지], 그래서 어렵다고 하소연하고 이런 건 있었지만 사용자 측에서 요즘 보는 것 같이 뻗대고 이러는 거는 별로 경험은 못 했어요.

상대하게 되는 사용자가 동원탄좌 말고도 있었어요?

주로 삼척탄좌나 그 산하에 조광 업체들 이런 데였으니까. 어쩌다 도계에서 오는 경우도 있긴 하지만, 도계나 태백, 그 '바운더리(boundary)'에서. 사북, 고한, 증산, 남면 바운더리에서 대체로 왔었다고 할 수 있죠.

같은 시기에 다른 지역에 있는 탄광들에 그런 기관이 있거나.

없었죠. 전혀 없었죠. 사북[항쟁] 나고, 탄광 나고 그런 거 처음이었어요. 그런 식의 활동 자체가 처음.

2000년대 이후에도 직함을 쓰실 때 '가톨릭광산노동문제상담소장'으로 쓰시는데, 어떤 의미가 있는 거예요?

군이 말하면 내 밑천인데. 그 일이 좀 더 오래 했었으면 좋았을 일이죠. 내가 못 지켜서, 못 지킨 건 아니긴 하지만. 그때 80년 감옥 가서 권운상 그 친구하고 이야기하면서 '내가 평생 이 광산에서 일하겠다.'라고 생각을 했었고. 그거[광산] 떠나서 내가 존재할 이유가 없다고 생각을 했었고. 89년에 불가피하게 떠나오긴 했지만 그런 거죠.

◇ ◇ ◇
1987년 6월 항쟁과 노동자대투쟁 기간의 사북

87년 노동자대투쟁 시점에도 계속 사북에 계셨던 거였어요?

그렇죠. 그때 개인적으로 85년 여름에 내 셋째 동생이 처음으로 잡혀가고, 86년 건대 사태가 나고, 86년 겨울에는 애들[동생들] 둘 다 잡혀가고. 그래서 내가 사북에만 있을 수 없어서 왔다 갔다 하면서 [지냈죠]. 그때 형님은 형님대로 살기도 바쁘기도 하지만 또 형까지 그럼[자리를 비우면] 어떻게 해. 그래서 내가 좀 왔다 갔다 하고. 박종철 사건 나고 이러면서 이게 또 강원도에서 계기가 돼서 성당과 교회에서 기도회 조직하고 이러면서.

아까 온갖 상담 다 한다 그랬는데, 85년 초에 교육민주화 사건이 있잖아요. 그때 그것도 서울서 어떻게 선을 타고 나한테 내려와서 정선, 태백 일대에 교사가 누구 있는데, 날보고 서명 받아 달라고. 그래서 임길택 선생도 그때 처음 만났어요. 임길택 씨는 임계에 봉정초등학교란 데에 계실 땐데, 거기는 서울 가는 것보다 더 멀어, 교통이 나빠서. 정선, 태백 일대에 그래도 은밀한 인맥들 해서 한 이삼십 명 서명을 받아 줬던 거 같애. 그렇게 하면서 박종철 사건을 계기로 탄광촌 일대에서 기도회 같은 걸 조직하고, 합동 미사 이렇게 하고. 그리고 광주 비디오 이런 것도 제한적으로 상영하기도 하고.

4 · 13 호헌 조치 나고 6월 10일 날 시작을 하게 되죠. 그러면서 거기서 민주헌법쟁취국민운동본부 조직을 하죠. 그때 신부님들하고 목사님들, 또 일반 활동가들이 했고. 이어서 6 · 29[선언]. 사북에서 한 번 시위를 했는데 하필 30일에 했어.

사북 생기고 처음으로, 탄광에서 처음으로 시위다운 시위를 딱 조직해서 했는데. (면담자 웃음) 이 팀들을 우리 딴에는 훈련시킨다고 내가 6월 항쟁 기간 동안에 서울을 몇 번 데려가서 같이 한 번 던지기도 하고, 그 다음에 사북에서 30일 날. 그날 그렇게 일찍 끝날 줄 몰랐잖아요. 그날 탁 조직해서 멋있게 할라 그랬는데, 약간 맥이 빠져 버렸지. 그래도 재미있기는 재미있었어요. (웃음)

국본이 전국의 지부가 다 있었던 거고.

지부가 다 있었던 건 아니고. 군 단위로는 별로 없었을 거고, 전라도 지방에 몇 개 있었을 거고, 강원도야 우리밖에 없었을 걸 아마. 군 단위 조직은 거의 없었어요. 굳이 뭐 자랑을 하자면.

6월 항쟁이 시작될 때 사북에 있는 광부들도 약간의 동요나 그런 것들이 있던가요?

뭐 그렇게 심한 그런 거까지는 아니었는데, 6월 10일에 전국에서 성당 들 타종하고 성명서 내고 할 때 우리 성당은 마이크가 제대로 안 되어 있 어서 내가 지붕에 올라가서 했잖아요. 그 전날부터 나를 막으려고 지역에 서 경찰들이 [애를 썼죠]. 강제로 못 막잖아요. 읍사무소에 근무하는 내 친구가 있어요. 항상 걔가 내 담당이야. 그 전에도 경찰들이 나한테 뭘 하 면 내가 가만 안 두거든. 그러니까 꼭 그 친구를 같이 불러서 경찰들이 만 나서 가끔 술도 먹고. 그날도 아침부터 얘를 불러서, 불쌍한 군청 공무원 인 얘를 통해서 날 불러내서 저 물 좋은 데 가서 고기를 잡아 놓고 이러고 있는 거야. 내가 걔 때문에 갔어. 가다가 시간 보고 탁 나왔지. 날 잡으면 죽으니까 안 되죠. 미리 예고도 했지만 동네 사람들이 성당으로 들어오질 못하고. 마침 내가 옥상 올라가서 이걸 했잖아요. 우리 쪽 사람들은 밑에 있었지만, 동네에서 성당 담 너머로 구경하고 이런 사람들이 엄청났어요. 그 다음날 내가 가는 데마다 내 손을 붙잡는 사람들 꽤 많았거든. 글쎄 뭐 독려까지는 모르지만, 어쨌든 사람들이 그때 그런 것들에 상당한 [관심 은] 있지 않았나 이런 생각이 들어요.

당시 정권에 대한 사북 사람들의 생각은 어땠어요?

그 사북[항쟁] 때 워낙 많이 당해서 그런 거지만, 어떤 억눌린 게 많이 있었죠. 그 노골적인 폭력이 행사된 거에 대해서 억눌려 있었을 뿐이지.

한편으로는 전두환이 사북에 오기도 했었다는 것들이 선전이 많이 되고, 복지 시설이 생기고 그런 것들 때문에 양가적인 것이 혹시 있었는지?

그런 사람들이 있을 수 있었겠죠. 있을 수 있지만, 사람들이 그게 대단하다고 생각하지는 않았을 거 같은데?

6·29 선언 이후 노동자대투쟁 시기에 광산 분위기는 어땠는지?

제일 먼저 삼척탄좌에서 87년, 86년 그 무렵에 고한성당에서 학습팀을 운영하고 있었죠. 노동법도 하고 노동 운동, 여러 가지 민주운동 이런 식으로 했는데, 울산에서 터지고 이러니까 그분들이 먼저 시작을 했어요. 근데 겁이 많지. 다 처자식이 있고 이런 분들이니까. 시작은 했는데, 강원대 출신이 그 학습 모임은 아니었지만 삼척탄좌에 들어가 있었어요. 걔가 딱 등장해서 장악을 해서 잘 이끌어 나갔고, 나는 그걸 그 뒤에서 지원하고.

근데 딱 터지니까 며칠 있다가 동원탄좌 터지지 뭐 사북, 고한, 태백 이쪽 지역에 단위사업장까지 치면 근 100여 개에서 터지는데, 뭐 정신이 없죠. 거의 혼자인데. 나한테 지원을 요청한 데만 해도 스무 군데 정도가 됐어요. 그걸 어떻게 해? 성명서 대신 써 주는 것만 해도 바쁘고. 그래서 삼탄은 그 강원대 쪽 애가 있고, 그 뒤에 숨어 있는 애들이 지원하니까 거기는 됐고. 동원탄좌도 하는데, 여기도 좀 붙긴 했는데 삼탄만큼 잘 되진 않았죠. 다른 데 더 영세한 사업장들에서도 막 오는데, 그걸 그렇다고 "난 못해." 이렇게 할 수도 없잖아요. 그야말로 정말 불철주야 잠도 못 자고 한 보름 이상을 했는데, 그래도 주로 동원탄좌하고 삼척탄좌 집중하다가 동원탄좌가 1차 마무리가 됐어요.

그때 신부님하고 상의를 하는데, 한번은 저한테 테러 기도도 있었고 여러 가지 분위기가 곧 내가 잡혀갈 거 같더라고. 곧 올 거 같더라고. 그래도 순순히 잡히면 또 웃기잖아요. 그래서 신부님하고 상의해서 일단 내가 서울의 수녀원이나 어디로 피하기로 하고 가는데, 열차 안에서 체포를 당했죠. 8월 말쯤인가 9월 초쯤인가.

사람이 남한테 모질게 하면 안 돼. 그해 초에 박종철 사건 나고 나서 고한에 있는 어떤 작은 탄광에서 누가 소위 양심선언을 나한테 하러 왔어요. 경찰 정보과 프락치 노릇 했다 이거야. 또 한 친구는 딴 사업장인데 보안대에 프락치 노릇했다고. 두 군데서 양심선언을 하겠다고 온 거예요. 그래서 그럼 당연히 대응을 해야지. 우리가 경찰하고 세게 붙었지. 경찰관 두 명을 날렸어요. 지역 차원에서 사과 받고. 그리고 그해 6월 항쟁 전후해서 함백에 활동을 많이 하는 신부님이 계셨는데, 어느 날 연락이 온 거야. 경찰이 신부님을 못 움직이게 소위 연금을 한 거예요. 그래서 신부님하고 나하고 쫓아갔지. 신부님 차 타고 가니 경찰들이 "죄송합니다." 어쩌고 [하는 거야]. 근데 한 놈이 약간 불손하게 보는 거야. "이 새끼가 어디서!"[라고 하면서] 확 얼굴을 팼거든. 내가 팼으니까 뭘 해야 될 거 아니야. [그런데] 도로 그 상급자가 죄송하다고, 얘가 대드니까. 지들도 잘못한 게, 멀쩡한 사람 왜 연금을 해. 근데 나중에 들으니까 나한테 맞은 애가 수배령 떨어지니까 지가 잡겠다고 기를 쓰고 차를 잡아타고 이렇게 해서 [나를 체포]했다더라고, 모질게. (웃음) 그래서 그 두 명 날아간 경찰관하고 자기가 맞은 거까지 해가지고 날 잡으러 온 거지.

영월 가기 직전에 체포돼서 영월경찰서에서 48시간 동안 묵비권을 행사했는데, 그때 고문이야 함부로 감히 못 하지. 내 뒤에는 지학순 주교도 계시고 김수환 추기경도 계시다고 다들 알고 있으니까 함부로야 못하지만, 어쨌든 48시간 동안 진술을 못 받으니까 당연히 나를 풀어 줘야 되는데, 안 풀어 주고 있다가 결국 영장이 떨어졌어. 그 당시는 영월에 지방법원 지원이 있으니까. 구치소는 없었고, 경찰서 안에 큰 유치장이 구치소역할을 하는 거죠. 근데 거기다 안 넣고, 나 들어가면 골 아프니까 평창경찰서에 보내서 거기서 그해 12월에 징역 8월을 선고받았는데, 아이구, 얼마나 기분이 좋은지. 징역 8월이니까 이건 껌이잖아.

1심이었던 거죠? 그럼 이건 집유가 될 수도 있었던 건 아니고?

아니지. 집유는 아니고 실형. 껌이잖아. (면담자 웃음) 딴 친구들은 땅이 꺼져라 한숨 쉬고 그러는데.

그 전에 또 일이 있는데, 87년 6·29[선언] 직후에 7월 9일인가 내가 사면 복권이 있었어요. 아우, 얼마나 속이 시원하던지. 그런데 며칠 있다가 신부님이 날 불러서 김대중 씨를 자기가 만날 수 있냐고 물어. 자기하고 교구 신부님들 7, 8명이 김대중을 만나고 싶어 하는데 혹시 자네가 아느냐고. 내가 김홍일, 한화갑 씨 잘 아니까 할 수 있다고, 왜냐고 묻지도 않고 서울 와서 한화갑 씨 찾아가서 만나서 날짜 잡아 주고 왔죠.

신부님 세 분이 갔다 오셔서 날 불러서 내 얘기하러 갔다는 거예요. 곧 헌법 개정되고 선거가 열릴 거 아니에요. 대선과 총선이 있으니까 이 지역은 총선에 나를 보내 주라고, 김대중 씨한테. 그러면 신부님들이 다른 건 다 도와줄 테니까 해 달라고 그랬다는 거예요. 나하고 상의도 없이. 물론 내가 국회의원 같은 거 하고 싶은 마음이야 있지만, 그때만 해도 그런 식으로 보수 야당, 그런 썩은 정당에 가서 하고 싶은 마음은 요만큼도 내가 없었거든. 근데 이 신부님이 뭐라 그랬냐면 "우리가 한 달쯤 후, 8월 말쯤 돼서 차 한 대하고 돈을 5천만 원 만들어 줄 테니까, 자네 활동을 시작해라." 그러는 거예요. 돈과 차에 혹해가지고 생각해 보자고 [했어요].

선거에 나갈 생각은 요만큼도 없었고, 우선 주는 5천만 원[에다가] 또 줄 거 아니야. 그 차량 가지고 얼마나 신나게 사람들하고 지역을 조직하겠어. 그래서 애들 딱 불러가지고 "야, 준비해라." 선거는 당연히 안 나가지만 나가는 거처럼 하고 우리 이거 최대한 활용하자 했는데, 그놈의 대파업 나고 구속되는 바람에 그게 다 무산된 게, 그건 굉장히 아쉽긴 하죠. (면담자 웃음) 그런 일이 있었어요.

어쨌든 징역 8월 받고 항소해서 안양에서 다 살고 나왔죠. 다음해 5월 어버이날 전전날쯤에 만기 출소. 처음으로 만기 출소 한 번 해 봤네.

혐의가 뭐였던 거예요?

제3자 [개입 금지] 하고 집시 이런 거. 형량도 죄목도 가볍잖아요.

◇ ◇ ◇
1988년 출소 후 변화

상담소 일을 그만 하시게 되는 데에는 이유가 있나요?

88년에 감옥 살고 나와서 상담소를 하고 있는데, 그해에 결혼도 하고. 천주교 쪽 지원이 일단 끊어졌어요. 내가 서울 쪽에서 박계동, 장기표 그분들이[랑] 좀 친했는데, 도움을 받기는 했어요. 성남 '만남의 집' 수녀님한테 도움 받기도 하고. 이것도 자의식 과잉이라고 생각이 들지만, 하다 보니까 그렇게 받은 돈으로 내가 쌀을 사고 연탄을 사는 게 좀 그렇더라고. 상담소는 그렇게 하더라도 내 생계는 내가 어떻게 해야 될 거 같은데, 잘 안 되고 어렵고 그랬죠.

89년 봄쯤 돼서 읍사무소에서 일하는 내 친구가 [말하길] 읍장이 [나를] 부른다고, "소주나 한 잔 합시다." 하고. 자기들이 황 선생 자리를 하나 만들었다고 갑자기 뜬금 없는 소리를 하는 거야. "정선군 문화원 사무국장 자린데 하면 어떠시냐?"고. 그거나 "아니면 군체육회 사무국장이나 하시면 어떻겠냐?"고. 급여가 어쩌고저쩌고. 당연히 안 한다고는 했지만.

왜 당연히 안 한다고 하셨어요?

생각했던 것도 아니고, 그런 데 내가 갈 이유가 없는 거 아니에요? 내가 여기 사북 광산에서 일하려고 했던 사람인데. 아, 내가 살기가 좀 힘드니까 후산부로 다시 들어갈 길이 없는지 몇 군데 찾아봤어요. 그걸 알고 아마 그랬던 거 같아요. 내가 몇 사람한테 "야, 내가 지금 광산에 들어가면 내가 뭘 꾸미겠냐? 먹고살려고 그런다." 한 번 몇 사람한테 말했더니 그게 귀에 들어가서 그랬던 거 같은데. 또 누가 조광 업체 상무로 와라, 뭐 아니면 총무과장으로 오라 자꾸 그러는데, 계속 거기 있으면 내가 하겠더라고.

어느 자리라도 가게 될 거 같으신?

갈 거 같은 생각이 자꾸 드는 거야. 마침 우리 집사람이 만삭이 돼서 출산하러 부천으로 오는 김에 "보따리 싸서 오자." 거기서 그런 거 해서 후배들한테 안 좋은 모습을 보이느니 차라리 그냥 때려치고 나오는 게 낫겠다 싶어서 나온 게, 그때가 89년쯤이었을 거 같아.

그 뒤에 상담소는 어떻게 됐어요?

후배들한테 물려주고. 자기들이 하겠다고 해서.

상담소를 하겠다고 한 분들은 강원대에서 온 사람들이에요?

그건 아니었고 다른 친구들이었어요. 다 그 그룹에 속해 있는 친구들이었지만.

별 걱정 안 하시고 오셨어요? 어떠셨어요?

걱정은 많이 되지만 나쁜 선례를 남기는 거보다는 나을 거 같아서.

사모님은 어떤 입장이셨어요?

집사람이야 내가 하자는 대로. 우리 집사람도 거기서 어려우니까 식당에 가서 일을 하겠다 그러고, 좀 그렇더라고. 다 싸들고 오자 그래서 올라오게 됐지.

처가가 부천이신 거예요?

우리 집사람이 태안 만리포가 원래 고향인데 부천, 인천에 충남 사람들이 많이 올라와 살아요. 예컨대 부천 같은 경우는 호남향우회보다 충청

향우회가 더 숫자는 많은 데지. 그래서 그런지 여기 살고 있어서. 아, 내가 부천을 온 건 아니에요. 아이만 여기 병원에서 태어났고, 난 성남으로 올라왔었지. 성남에 있다가 신림동 있다가. 신림동에서 그 [중부지역당] 사건이 생기고 했었죠. 그래서 내가 다시 감옥 갔을 때 집사람이 애 데리고 살아야 되니까 여기 처가에 와서 살고 있어서, 98년에 석방되자마자 여기 정착하게 된 거죠.

5. 사북항쟁 복권

◇ ◇ ◇
민주화운동 인정 과정

부천에는 언제 오셨어요?

98년도 8월 14일에 석방돼서 나와가지고 바로 이리로 왔던 거 같은데. 집사람이 아이하고 여기 살고 있었으니까.

생활은 어떻게 하셨어요? 대학을 바로 가신 건 아니시고?

바로 간 건 아니고. 그때 우리 집사람이 인쇄 관련된, 소위 말하는 기획사를 하고 있었으니까.

가장이셨네요.

그렇죠. 우리 집사람이 첨부터 [석방돼서] 나오자마자 그 얘기를 하더라고, 날보고 논술하라고. 그래서 대학을 가라고 하도 그래서 2001년도에 가톨릭대에 들어갔죠. 처음에 어디서 어떻게 하는지 몰랐는데, 마침 같이 들어간 만학도 중에 한 사람이 논술하는 사람이 있었어요. 인천에서 하는 사람이 마침 있어서 얘기하다가 자기 좀 도와 달라 그래서 나도 배울 겸 가서 하기 시작했지. 그러면서 쭉 했죠.

그때는 다른 사회 활동은 전혀 안 했고, 성당활동 주로 하고. 그러면서 사북 분들이 여기 국회 앞에서 농성하고 이럴 때, 다행히 논술해서 용돈은 늘 넉넉하게 있던 때라 밥도 사 드리고 이랬었지만. 이명득 씨라는 분이 계세요. 그 아주머니는 민망하게 그때 밥 사 준 얘기를 지금도 해. (웃음)

저희도 인터뷰 했는데 기억력이 되게 좋으세요.

그때 아무도 이 양반들 농성하는 데 관심 갖는 게 없잖아요. 그래서 내가 가서 밥 사 준 거지만. 그때까진 내가 김문수하고 굉장히 친했으니까 "형이라도 나와 보셔, 여기 좀." 그랬더니 와서 이원갑 씨하고 불러서 김문수 방에서 차도 마시고 이야기라도 하고. 그 당시 야당이었으니까 아무 효과는 없지만, 그나마. 그때는 사실 사북 애들이 내가 오는 걸 되게 싫어했어요.

석방 후에?

예. 되게 싫어했어요. 내가 사북을 자주 가긴 하지만 일부러 안 만났죠. 그래서 그때는 내가 딱 정리를 했어요. '아, 내가 더 이상 사북에 가거나 이런 거 안 하겠다.'라고 딱 생각을 했거든. 여기서 내가 활동을 하는데, 80년 사북[항쟁과 관련된] 이분들에 관해서는 내가 제한적으로 할 수 있는 건 해야겠다고 생각을 했던 거뿐이죠. 걔들이 해서 잘하면 내가 굳이 할 필요가 없는 거 아니에요. 그래서 사북은 한편으론 속 편하고 아쉽기도 하고 이렇지만 내가 딱 정리를 좀 한 상태였는데, 그래서 이분들이 혹시 올라오시거나 이런 거 좀 지원하는 것만 하고 있었던 [때죠]. 꽤 상당 기간 그렇게 했고. 그 당시 사북[에서] 활동한 놈들한테 내가 좀 화가 나고 이러는 건, 제대로 해야 될 거 아니야. 이 사북의 원류는 이 사람들인데, 이용하더라도 이 사람들 앞세워서 해야 될 거 아니야. 그게 잘 안 돼.

「민주화운동[관련자] 명예 회복과 보상에 관한 법률」[통과]되고 이러면서 그런 것만 내가 좀 챙겨 주고, 신고하게 하고, 법률적으로 조력할 건 해 주고. 그리고 2003년인가 2004년에 진실화해[위원회] 했을 때, 그런 거 내가 할 수 있는 건 해 주고 이러는 거 정도. 그러다가 자꾸 내가 빠져들어가게 되는 거는 2005년.

내가 기념식을 2010년에 처음 갔어요. 그 전까지는 내가 얼씬거리지를 않았어. 내가 가 봐야 환영도 못 받고, 어떤 놈 왔나 이렇게 될 거 뻔하니까 내가 한 번도 안 갔는데, 2010년 그땐 이미 한나라당 되고 이러니까 당연히 분위기가 죽을 거 아니야. 그때부터 내가 갔는데, 그 전까지 한 번도 내가 얼씬거리지 않았거든.

내가 본격적으로 이 명예 회복에 자꾸 관여할 수밖에 없었던 게, 진실화해위원회 조사하면서 이재기 아들들이 막 등장하잖아. 처음에는 내가 그 막내아들을 불렀어. 막내아들은 내가 98년도 석방됐을 때 민주당에 인사하러 다니고, 출입기자였거든. 그래서 거기서 몇 번 봤어. "아이고, 형님." 그래[그렇게] 하고. 우리 막내[동생]하고 원래는 아주 절친들이야. 초등학교 때부터. 걔들이 소송 제기하고 이러기 시작한 게 2005년이었을 텐데, 불러다가 술도 사고 밥도 사 주면서 좀 타협을 시도하고. 걔들은 걔들대로 처지가 있으니까 잘 안 되긴 했지만. 되도록 힘을 빼고 좀 하려고 했는데 저쪽이 워낙 완강[하니까]. 그러면 그냥 붙어야지. '안 되면 할 수 없지, 붙어야지.' 하고 나도 그 양반들 법률적으로 조력해 주고. 내가 블로그에 글을 올리고 이랬을 거야. 그걸 또 고소하고 이렇게 하면서 싸움에 나도 본격적으로 [관여하게 됐죠]. 나야 뭐 불감청(不敢請)이언정 고소원(固所願)이니까.[19] 그건 하고 싶은 일이니까. 그건 내가 하등의 문제는 없으니 하게 됐죠.

내가 굳이 말하면 필생의 과제라고 생각을 하는데, 80년 사북을 복권시키는 게. 사북 뿌리관에 가 보셨잖아요. 가 보면 뭐가 있어요? 이따만한 돌덩이에다가 '3·3투쟁은…' 이렇게 해 놨잖아요. 근데 3·3투쟁의 뿌리가 사북 4월인데, 80년 4월이잖아요. 사북 주민들이 80년 4월을 밑천으로 95년 3월 3일 날 터뜨린 거잖아. "정부 니들 [제대로] 안 하면 그때 80년 4월처럼 또 할 거야." 이런 거잖아요. 실제로 안 하지만. 그래서

---

19 不敢請固所願. 『맹자』 공손추 편에 나오는 고사성어로, 감히 청하지는 못할 일이나 본래부터 간절히 바란다는 뜻의 고사성어다.

지금 강원랜드 들어서고 살게 된 거 아니야. 그 지역 주민운동 했던 걔들은 그럴 수 있어. 근데 저 강원대 애들을 비롯해서 이놈들이 거기서 중요한 역할 했거든. 그럼 당연히 80년 4월에 대해서 같이 기념을 해야지. 이것이 정당한 대가를, 위치를 차지하도록 해야 될 거 아니야. 그런데 외면했다고 까진 말하진 않지만 이건 별로 뭐가 없는 거야. 내가 사북에 다시 개입하지 않을 수 없는 이유가 그것 때문이고.

내가 가진 모든 역량을 동원해서 이걸 꼭 [하고 싶어요]. 그동안 사북을 왔다 갔다 하면서 틈을 내가 벌리고 있는데, 다행히 그동안 조금씩 벌려 놓고 공간을 확보는 하고 있는데, 한 1, 2년 내에 그 공간을 확실하게 만들려고 생각을 하고 있어. 구체적인 계획으로도. 특히 이원갑 씨하고 박노연 씨, 그 주변에 살고 있는 이분들은 최소한의 경제적인 도움 이런 것도 줘야 되고. 그런 것 넘어서, 예컨대 강원랜드 직원들이 적어도 1년에 몇 번씩은 강원랜드가 왜 생겼고, 이 회사가 어떤 역할을 해야 되는지, 그 뿌리가 80년 4월이라고 하는 것 정도는 알아야 되고. 적어도 80년 4월 기념식에 하다못해 도지사 정도는 와서 [행사를] 하는 것 정도는 돼야 된다고 생각하고. 꼭 그렇게 내가 만들 거예요.

2000년 초반 서울에 상경하셔서 농성하실 때는 그 구성이 어떻게 됐던 거예요? 이미 사북을 떠나신 분들도 많이 계셨을 텐데.

그렇죠. 전라도 계신 분들도 올라오시고 그랬죠. 7, 8월 장마철이고 이럴 때였던 거 같은데.

그때 동지회가 있었나요?

동지회라는 이름으로 되긴 했고 나도 몇 번 거기 [나갔지만], 근데 사실은 그게 조직이 아니잖아. 모임도 아니고 그냥 이원갑 씨가 오라 그러면 오고 그렇지 않으면 올 일이 전혀 없는 거죠. 사실상 원갑이 아저씨 1인 조직이지 뭐. 그분들이 경험이 없고 연세도 드시고 이러니까, 그런 조직을 해 본 적이 없으니까 어쩔 수 없죠.

그분들이 당시에 주장하는 바는 어떤 거였어요?

보상해 달라는 거였지. 고문, 폭력에 대한 규명도 있었고, 명예 회복
과 보상 이런 거였죠.

그때 선생님하고는 연관이 없었고.

올라온다고 전화가 오니까 내가 가 보겠다고 그래서 [갔죠].

그때부터 선생님 입장에서는 서서히 사북으로 다시 가시게 되는….

그렇죠. 다시 돌아가는 과정이 된 거죠.

당시에는 이원갑 씨나 다른 분들이 선생님한테 크게 기대하거나 이런 거는 없었
던 거겠네요?

그렇죠. 크게 뭘 기대했겠어.

법적인 문제를 처리하는 데에 좀 도움을 주시고?

뭐 조금. 내가 전적으로 도움 준 거는 아니고 조금씩 조력을 해 드린
거고. 방향을 말씀드렸는데, 그때까지만 해도 사북 애들하고 이원갑 씨가
상의했던 거 같아요. 지금 사북 떠난 친구 하나 있는데, 그 친구하고 강원
대 출신하고 했던 거 같애. 그 친구들이야 나름대로 정성껏 했지만 내가
볼 때는, 적어도 이렇게 80년대 운동을 했던 사람으로서는 미흡하고 그러
면 안 된다고 보는 거지만, 나름대로는 했겠죠.

어떤 점이 가장 미흡하다고 생각하세요?

음, 그런 거죠. 이원갑 씨를 보시면 아시겠지만, 이분이 보기보다 굉
장히 연약하신 분이라, 유약하신 분이라. 사북 애들한테도 꾸중도 하고,
"이놈들 이러면 되냐?" 이렇게 하셔야 되는데 그렇게 못하고 지역 애들한
테 항상 이렇게 뭐 부탁하는 그런 게 돼. 행사 때 어떻게 비용 이런 거 좀

하게 해 달라고. 내가 제일 속상한 거 중에 하나가 그거인데. 아이, 새끼들이 말이야. 그 말씀하시기 전에 해야 되고.

이원갑 씨[를 비롯한] 이분들이 사북 지역 사회의 어떤 움직임에 아무런 발언을 안 하시고, 못 하시고 계시는 거거든. 지금만 그런 거 아니고 전부터도. 그러니까 단지 4월 행사에 관해서만 그냥 부탁하고 그거 애네들이 해 주는 거밖에 없다 이 말이야. 지들도 써 먹으라 이 말이야, 이원갑 씨를. 지역에 현안이 있으면 이원갑 씨 내세워가지고 좀 이렇게 하고. [그러면] 저절로 해결이 되고 할 텐데, 전혀 그런 생각들 안 하고 있으니까.

진실화해위원회에서 현지 조사가 들어갔을 텐데, 그때는 도움을 주시거나 그러셨어요?

아이, 뭐 현지 조사야 조사관 그 친구가 워낙 열심히 잘하는 친구이기도 하고. 그 양반도 나름대로 한가닥 하는 사람인데 내가 가서 아는 척하길 바라겠어요? 나에 관련된 것만 했지.

그때 일부 보상을 받으셨던 건가요?

보상이라고 말할 수 없지만, 그거 때문에 더 큰 피해를 보고 있지만 [받긴 받았죠].

그 말씀 좀 해 주세요. 구체적인 과정이 어땠는지.

아시는 거처럼 2001년도에 저는 5·18유공자가 됐거든요. 그 [미스유니버스대회] 폭파 미수 사건. 그게 인정이 돼서 5·18유공자가 됐는데, 민주화 그거는 법 자체가 워낙 한계가 뚜렷한 거여서 5·18 같은 그런 보상이나 예우는 불가능한 구조가 되어 있기도 했지만 보상이 아니라 소위 생계 지원을 해 준 거 아니에요? 아주 그냥 쥐꼬리만큼.

그때 한 분, 안 받은 사람한테 미안한 게 있는데, 그 양반이 워낙 [징역을] 산 것도 짧고 다른 걸 좀 하고 [그래서] 그때 따지니까 생계 지원금이 한 사백 몇 만 원 정도 되는 거야. 내가 받지 말라 그랬어요. 그랬더니 안 받아 간 거야. 그래 지금까지 아무것도 못 받고 있는 분도 계시긴 한데. 그때도 이원갑 씨한테 받지 말라 소리를 하고 싶었으나 그건 또 다른 문제잖아요. 당장 생업이 없는 분한테는 안 되고, 그런 게 좀 안타까운 거지. 내가 이래라저래라 할 수 있는 구조도 아니고. 그때 민주화운동보상위원회 거기 전문위원이 나하고 친한 친구였는데, 걔들은 내가 마음에 안 들어도 당연히 잘 처리할 사람들이었으니까, 다 운동권 하던 사람들이니까 그거 상관 없었고. 서류를 보강하거나 이런 건 내가 도와주지만.

민주화운동 보상 대상자로 생계 지원을 받게 되면 이건 국가와 화해 조정을 신청한 거로 보는 거죠?

그때는 다들 그걸 중요하게 여기지. 당시에 여당, 민주당에서도 일단 이렇게라도 고통당한 사람들 보상을 해 줘야겠다는 마음이 급했기 때문에. 그렇지 않으면 그 당시 야당이 법을 동의 안 해 주니까 그렇게 했던 거였고, 다음에 새로운 보상이 또 있으리라고 기대하기는 어려웠던 거여서 그때는 그냥 그거라도 받을 수밖에 없었던 그런 상황이죠.

사북 외에 다른 지역에 계신 분들은 적극적으로 그 운동에 참여하기 힘든 조건이었던 거 같은데요?

그렇죠, 그렇죠. 우선 기본적으로 먹고살기 바쁘고 생계가 어려우니까, 서울 한 번 올라오는 것도 비용 들고 이러는 거니까 쉬운 일이 아니었구요. 또 자꾸 내가 막 [보상 신청] 하라고 할 수 없었던 게 그분들은 실익이 별로 없는 일이거든. 왜? 징역을 얼마 안 살았기 때문에. 이게 해도 실익이 별로 없는 일을 했다가 괜히 나중에 원망을 들을 수도 있고, 또 본인들도 사실 지치거든. 그러니까 그렇게 할 수가 없었어요.

그걸 하는 절차와 들이는 노력에 비해서.

소위 요즘 말로 하면 가성비가 떨어지죠. 이원갑, 신경 씨 말고는 실익이 별로 없는 일이어서. 지금도 재심 [청구]도 사실은 하고 싶은데 실익이 별로 없거든. 이분들이 "나 먹고살 만하니까 그까짓 [보상은] 상관없고 명예회복 해야겠다." 이러면 내가 하겠는데, 그렇지가 않으니까 못 하는 거예요.

당시에 계셨던 분들 중에 경제적인 조건에서 윤택해지신 분들은 안 계세요?

없고. 한 사람, 돌아가신 분인데, 전 뭐인데. 경동시장에 식당 하는 양반이 있었는데, 나이는 꽤 많지만 그 양반은 그 사건과 아무 상관없이 부인이 열심히 서울 올라와서 경동시장에 식당 하나 차려가지고 잘 먹고 [살고] 여의도 농성할 때에도 아마 내가 반 대고 그 양반이 반 댔을 거예요. 이원갑 씨 서울 올라오면 밥 사고 술 사고 하는 건 나 아니면 그 양반이 하고 이랬거든. 그 양반 말고는 없었어요.

◇ ◇ ◇
재심 청구 활동

그 이후 몇 년 시간 흘러서 재심 과정에서는?

예. 재심은 왜 했냐면, 해야겠다고는 늘 생각했는데 그걸 선뜻 맡아줄 마땅한 사람도 없고. 블로그 쓴 글 때문에 내가 고소당했다고 그랬잖아요. 그때 내가 부천시민연합 대표하고 있을 땐데, 거기서 고려대 민동 [민주동문회] 회장하던 친군데, 나한테 이영기 변호사를 소개해 줘서 내 변호인으로 명예 훼손 사건을 해 준 거죠. 이재기 아들들하고. 그 사건을 해 보니까, 이분이 운동권 출신인데 뒤늦게 사시해서 변호사 된 분이거든. 비록 패소했지만 참 열심히 [하더라고]. 내가 형사, 민사 다 걸려서 형사상으로는 벌금 선고 받고 민사상으로는 손해 배상, 물론 하나도 돈은 안 줬지만.

그래서 '아, 이 사람이면 되겠다.' 싶어서, 그때가 2010년인가 2012년, 2013년인가? 모르겠네. 그때 내가 부탁을 했더니 하자고 그래서 이원갑 씨, 신경 씨하고 시작을 했죠. 그 전에도 진실화해위원회 했던 [건으로] 이원갑 씨도 명예 훼손 소송을 당했잖아요. 이재기 아들들한테. 그 변호사들은 좀 젊은 사람들인데, 물론 열정은 있으나 이게 좀 결이 달라. 뭔가 결이 달라서 그 사람들하고는 안 될 거 같고. 쭉 보다가 마침 이 변호사를 찾아 만나서 하자고 했더니, 하자 그래서 아마 2011년에 소송을 제기했던 거 같고. 재심 신청한 걸 묵혀 뒀다가, 그게 한 2, 3년 만에 2013년 10월인가 9월에 첫 심리가 잡혀서, 거기서 재심 인용돼서 그때부터 공판이 진행돼가지고, 공판은 아마 거의 매달 한 번씩 해서 열 대여섯 번 해서 끝난 게 2015년 2월 6일이었던 거 같아요. 거의 말하자면 변호사하고 거의 반반씩 했다고 봐도 과언이 아니죠.

거기서 제일 다툼이 됐던 건 고문과 영장 없는 구금?

그런 거였죠. 처음에 했던 재판장은 좀 불길한 놈이었어요. 이번에 이재용 항소심 맡은 놈인데, 그놈은 판결 성향을 보니까 안 좋은 놈이었어요. 그렇지만 어떡해? 해야지. 재심 인용해 줬으니까. 그 사람이 해 줬으니까.

다행히 한 번 재판하고 두 번째 만에 인사[이동으]로 재판장이 바뀐 거예요. 그래서 참 훌륭하고 좋은 사람이, 앞으로 대법원장 해도 하나도 손색없는, 진짜로. 그 사람이 되어가지고 재판을 참 잘했어요. 재판을 정말 진지하게 제대로 잘했고 결과도 정말로 잘 나와서, 그것도 굉장히 행운이었던 거 같아요. 운이 좋았던 거 같아. 김상환 부장판사라는 분인데, 우리가 2월 6일 날 선고했고, 며칠 후에 원세훈이 법정 구속시켰던 사람인데, 그러니까 이 사람은 진보, 보수 이런 분이 아니고 굳이 말하면 사법 적극주의라는 이런 관점이 있는 분인 거 같애. 그 전에 판결하는 거 보면, 그 수원대 비리 사건 [비롯해서] 몇 사건들 있었거든. 우리 운동 관련된 과거 재심사건 보면 굉장히 진지하고, 또 재심 당사자들한테 정말 마음에서 우러나오는 이야기도 하고. 젊은 사람인데 참…. 그런 행운이 겹쳐서 된 거지 뭐. (웃음)

처음 시작하실 때 전망은 어떠셨어요?

그게 우리 변호사하고 나하고 가긴 가는데 어렵겠다 싶었는데, 재판장이 바뀌어서 몇 번 하다 보니까 해볼 만하다 싶어서. 물론 재판 잘 해 놓고 나서 판결은 개같이 하는 경우도 사실은 많이 있거든요. 불안하기는 했지만 그래도 과정이 좋았으니까 괜찮았죠.

재심을 권하셨을 때 이원갑 선생님과 신경 선생님한테 주로 어떤 이야기로 설득을 하셨어요?

첫째는 배상.

배상을 더 많이 받아야 된다? 이건 훨씬 더 많은 고통을 줬기 때문에?

그렇죠. 그때는 인혁당도 있었고 이런 분위기였기 때문에, 이분들 진짜 좀 과장하면 팔자 고칠 수도 있을 거라고 기대 좀 했었죠. 그래서 이명박 정부의 기조만 좀 유지 됐었어도 그랬을 거라고 생각은 드는데. 재판 비용은 안 드니까. 변호사도 비용은 안 받고 나중에 민사 소송해서 배상 받으면 그때 받는 걸로 [하고], 일단 형사는 돈 안 받고 하기로 했던 거고. 이기면 당연히 배상을 받을 거 아니에요. 그때 받는 걸로 했던 거니까. 일단 그분들은 "돈 안 드니까 하자." 그랬어요. 신경 씨 아들한테 전화해서 얘기했지. "이 사람아. 이게 되면 보상이 이렇게 나올 수도 있는 건데, 지금 돈 드는 거 아니지 않냐. 일단 하고, 이런 사례들이 있으니까 받을 수 있는 거 아니냐. 그럼 부모님들 노후에 그게 어디냐." 그렇게 감언이설로. (면담자 웃음)

재심 무죄 판결 받고서 선생님 개인의 역사로도 복권되는 거 같은 생각 드셨을 거 같은데 어떠셨어요?

그날 나만 울더라고. (면담자 웃음) 이원갑 씨는 막 신이 나서 이러고. 그때 수녀님들 오고, 막 진짜 [눈물이] 터져서 나오는데 그렇더라고.

그냥 막 북받친 그런 거죠? 잘했다는 생각을 하셨겠네요?

아우, 안 됐으면 그분들한테 얼마나 미안해.

계속 말씀하셨던 것처럼 생계 문제를 같이 고민하시는 거 같아요.

그렇죠. 이분들 노인들이야. 신경 씨는 좀 나은데, 이원갑 씨는 갑갑하잖아요. 탁 보기에도. 그렇다고 내가 돈을 드릴 수 있는 것도 아니고 하니까. 그게 나도 권유하는 동기의 제일 큰 거였고, 그 다음에 또 사북의 복권 같은….

명예 회복?

예. 그런 거였죠.

복권을 해야겠다 생각하시는 데에는 그 피소도 중요한 영향을 미친 거죠?

그렇죠. 대응하면서. 또 이분들이 연세도 드시니까 더 미룰 수 없는 일이기도 했고 그렇죠.

기념식은 2010년부터 참석하셨다고 하셨는데, 어떤 계기가 있으세요?

2010년에 문득 생각해 보니까 30주년이잖아요. 30년이 됐는데, 그때는 이미 이명박 정권이라 그렇고 내가 『한겨레신문』에 글을 하나 조그맣게 쓴 게 있는데…. 그러면서 어떤 놈이 지랄하든 말든 일단 가 보자고 가기 시작했었죠.

그때는 마음이 좀 달라지신 거예요?

'좀 더 관여를 해야겠다.' 이렇게 생각을 [했죠]. 관여 내지는 뭔가 좀

[해야겠다]. 그러니까 2001, 2002년 무렵에 하도 견제를 하고 이럴 때, 일단 내가 '사북은 끊었다.'라고 생각했는데 2009년, 2010년 무렵부터 결국 '내가 한편으론 발목 잡히는구나' 이런 생각이 들기도 하고. 뭐 그렇게 된 거죠.

그러면서 드는 생각은 내가 서울에서 활동을 해 보니까, 예컨대 우리 운동권만 말고, 신문이나 이런 데 보면 소위 셀럽들 이렇게 보면 특정 지역 사람들이 되게 많은 데가 있어요. 전북 고창 같은데. 보면 고창 사람들이 되게 많아요. 정치, 학계, 예술계 이런 거 보면 되게 많아. 그 고창이 곡창 지대 아니에요? 다 먹고사는. 애들을 다 교육을 시키는 거 아니야. 일단 교육시키고 그런 사람들이 자꾸 많아지면 서로 엮이고. 물론 본인들이 자질도 있어서 그렇긴 하지만, 서로 엮어 주고 이런 것들도 작용하고 이러는 거잖아요. 그 지역에서 다들 누구나 부모들이 아이들 그렇게 자꾸 키우려고 애를 쓰고 이러는 거 아니에요. 일단 교육을 자꾸 시키려고 하잖아요. 전남 강진, 고흥 이런 데도 보면 되게 많아. 안동도. 또 춘천에 가면 박사마을이라고 있다잖아요. 그 동네에 박사만 100명이 넘고.

그 전에는 내가 소위 민중주의에 빠졌을 때에는 그런 거 우습게 생각했지만, 우습게 생각하면 나만 우스운 거지. 사북이나 정선 같은 지역도 그렇게 [돼야 하는데], 나도 초등학교 몇 학년 때에 앞으로 정치하겠다 했지만, 그런 꿈을 조장하고 구체화시킬 수 있는 어떤 계기도 거기서는 마련할 수가 없었잖아요. 누구 옆에서 술 처먹고 싸움이나 하고 이러지. 누가 무슨 생각을 하고 있는지 관심도 없고, 말하면 미친놈 소리 하고. "야, 인마. 일이나 하지." 이러는 데서 아이들이 어떻게 꿈을 키우고 [살 수 있는지]. 출세하란 얘기 아니라. 그런 게 없잖아요.

사북이 그런 곳이 됐으면 좋겠다?

사북만이 아니라 모든 지역이 그렇게 돼야 하지만, 일단 구체적으로 내가 관계하고 나하고 관련 있는 탄광, 강원 남부 지역이 그렇게 되는데 뭔가 좀 하고 싶다는 거지.

◇ ◈ ◇
항쟁의 복권과 사북의 의미

사북의 복권이라고 하는 큰 그림은 어떤 차원의 것인지 말씀해 주실 수 있을까요?

일단 거기에 대한 기록물이 제대로 나와야 되고. 기록이 꼭 문자만이 아니라 여러 가지 형태로 나와야 될 거고. 사람들이 기억할 수 있는 어떤 행사 혹은 이런 것들이 정례화 되도록 만드는 거. 일단은 우선 그거. 그리고 특히 이원갑 씨가 좀 먹고살아야 되고. (면담자 웃음) 아, 그것도 중요한 거예요. 그분 개인을 위해서도 그렇지만 사람들한테.

역사적으로 봤을 때도.

예. 보여야죠. 뭐 그런 것들이죠.

지금 그래도 기억할 수 있는 공간은 뿌리관뿐이죠.

[그것뿐이라는 게] 말도 안 되지.

사북 지역의 변화에 대해서 듣고 싶은데요. 폐광된 그 시점에 복역 중이셨던 거죠?

그렇죠. 완전 폐광된 건 2004년이니까 밖에 있었을 때지만, 사실상 폐광된 건 내가 감옥 있을 때지.

그 뒤로 변화를 겪을 때 관여하시진 않으셨지만 어떤 생각을 가지고 계셨는지?

고한 버스터미널 가면 그 앞에 38번 국도가 지나가는데, 거기 정말 기가 막힌 경치의 바위가 있었어요. 물이 삼각지로 흐르면서 거기에 열차 터널이 있고, 그 옆에 터널 위로 물가에서부터 쭉 올라가는 정말로 기가 막힌 바위가 있었는데, 98년도에 가니까 그걸 확 관통해서 무너뜨리고 도로를 만들어 놓은 거야. 그거 보면서 내가 속으로 원망했어요. 운동했던 놈들, 지역에 있는 놈들이, 어떻게 사북 사는 놈들이 [이럴 수가 있느냐고]. 아무리 카지노가 좋고 이래도, 그거 좀 싸우면 당시 상황에선 얼마든지 우회할 수 있었을 텐데. 뭐랄까 이 지역이 좀 더 길게, 넓게 보면서, 뭔가 경제적인 이익도 당연히 취하면서 가는 길이 얼마든지 있을 텐데. 이걸 그렇게 보고 이끄는 사람이 없다는 게 참 갑갑하고.

카지노가 설립되는 과정에 대해서는 어떻게 평가를 하세요?

카지노가 들어온 거 자체는 그나마 다행인 거고. 2012년 말인가 2013년 초에 내가 글을 쓴 거에 있는데, 거기 사북초등학교 옮겼잖아요. 그 사태를 보면 그 도로 관통하면서 무너뜨린 것과 똑같은 일이잖아요. 이 사북이라는 데에 카지노가 들어오는 이 사건은 정말로 사북과 지역을 완전히 재편하는 기회잖아요. 그야말로 새로 하는 거였는데, 뭐 급급하니까. 내가 그때 있었으면 당장 이익 때문에 나도 그랬을런지도 모르긴 하지만 난 안 그랬을 거 같은 생각 좀 들어요. 나는 생태 근본주의자가 아니에요. 자연 환경도 필요하면 바꿀 수도 있는 거죠. 그러나 다른 방법도 있잖아요. 또 이 지역이 공간을 그냥 쫙 구획해서 정말 위락단지로 아주 확 풀어놔 버리고, 또 아닌 데는 다르게 하는 뭔가 일종의 그랜드 디자인을 갖고 지금이라도 시작해야 될 거 아니에요. 그런 생각이 있어요.

지금 탄광 체험 프로그램을 만들어서 운영하고 있기도 한데, 광산이 그런 식으로 소비되는 것에 대해서는 어떻게 생각하세요?

나는 일종의 진화론자인데, 사라질 건 사라져야 되죠. 서서히 사라지되, 그게 기억되고 기록되는 다른 방식이 가능한 거 아닌가. 뭐라고 내가 단정은 못 짓겠는데.

복역하실 동안에 광산이나 사북은 어떤 의미였어요?

90년 사건 뒤로? 늘 부채 같은 거죠. 그것도 생각해 보면 좀 웃기는 건데, 거기서 어느 날 무슨 과정을 거쳐서 그런 생각이 났어요. 전에 잠깐 말씀드렸지만 86년 영일탄광 6명 죽은 사건 났을 때, 그 기사를 분명히 읽었고, 그 뒤로 그걸 명확히 기억을 하거든. 그게 동아일보 사설이 그 사건을 탄광 재해 관련된 뭐 이러면서, 장치 산업이 어쩌고저쩌고 이러면서 막판에 '그러나 이것도 우리가 재고해 볼, 언제까지…' 이런 [내용의 기사를 실었어요].

감옥에 있으니까 그 생각이 자꾸 나. 그걸 내가 [왜] 못 알아챘을까. 내가 89년 나올 때 그때는 이미 폐광이 진행돼서 몰락하고 있었거든. 막 빠지고 있었거든. 내가 그때 좀 공부를 체계적으로 많이 했으면 알아채지 않았을까 이런 생각도 들기도 하고, 어쨌든 그걸 막을 수는 없지만 대응은 좀 했을 거 아닌가 이런 생각이 너무 많이 들어서.

그렇다고 어쩔 수 있는 건 아닌데, 내가 책 좀 읽었다고 괜히 오만할 게 아니고, 대학 공부를 한번 체계적으로 해 볼까 싶어서 거기서 검정고시 공부를 하고. 징역 오래 살 거니까. 독학사 과정이라는 게 막 생겨서 그것도 좀 하려고 하다가 일찍 석방되는 바람에 못했죠. (면담자 웃음)

공부를 하겠다고 생각하신 것에도 결국 사북이 제일 중요한 영향을 미쳤다고 생각하세요?

저는 그렇게 생각이 들어요. 그 뒤로는 달리 써먹고 있지만, 그때는.

89년 이후로는 물리적으로 떨어진 거나 마찬가진데도 계속 사북에 대해서 생각하시는 이유가 어떤 거예요?

생각해 본 적은 없는데, 그냥 그런 거니까. [서울에] 와서도 내가 계속

자주 [사북에] 왔다 갔다 하고. 뭐 동네 애들이 서울 올라오면 다 우리 집
와서 자고 먹고 늘 그랬었죠. 성인직 그 친구 처음 도의원 될 때도 내가,
많은 돈은 아니지만 서울에서 몇 사람 돈을 모아서 보내 주기도 하고 그
랬었는데. 89년 나올 때도 잠시 떠나온 거였지 사북을 내가 아주 떠난다
고는 생각을 전혀 안 했기 때문에.

떠났다는 말은 어떻게 보면 맞지 않는 거네요?

좀 폼 나게 얘기하면 '이타카로 돌아가다' 뭐 그런 거지. 오디세이가
[이타카로] 돌아가잖아요. 74년도 노벨문학상 받은 스페인 작가의 그 [책]
제목이…. [20]

중부지역당 사건 당시에 특별히 강원도에 대해서 관리를 하는 건 없었어요?

그게 사북인데 뭐. 당연히 사북에 대해서 내가 생각이 달라질 리는 없
지만 사북은 조심스러웠어요. 기존에 있던 사북 친구들한테는 내가 아직
좀 조심스럽게 접근을 해야 된다고 생각이 들었던 거 같고, 이게 위험한
일이어서 걔네들을 직접 끌어들이는 건 굉장히 신중하게 생각을 했던 거
같아요. 그것도 있고. 거기서 내가 잘못 언급을 하거나 이렇게 됐으면 금
방 퍼지니까. 그래서 내가 접근하는 건 문제가 있어서 잘 안 했던 거 같아
요. 또, 조직 체계가 나는 총책이고 지역 [조직]하는 것도 그 사람들이 하
는 거니까, 간접적으로 하는 건 몰라도 내가 직접 하거나 이럴 수는 없었
던 거죠.

마음속에 사북이 있지만 사북을 조직화하는 데는 조심스러울 수밖에 없는?

굳이 말하면 지역 활동 관여는 계속 해 왔죠. 내가 체포될 때까지 활동
한 아이들 다 우리 집에 자주 오고, 나도 가끔 가고. 이것과 관련 없이, 나
는 속으로는 있었겠지만 관련 없이 늘 왔다 갔다 하면서 내가 지원할 거

---

20 스웨덴 소설가 욘손(Jonson, Eyvind)의 『이타카로 돌아가다』.

있으면 지원해 주고, 뭐 그렇게 했던 거 같은데.

위기 상황은 없으셨어요? 대외 활동과 조직 활동에 스스로 마찰이 생긴다거나, 혹은 조직 활동으로 인해 대외 활동에서 운신의 폭이 좁아지거나, 아니면 위급한 상황이 생긴다거나.

위급한 상황이 생기지는 않았고, 약간 운신의 폭은 좀 좁혀지죠. 제한 되죠. 아무래도 이게 늘 의식이 되니까 좀 불안했어요. 이런 게 오래가겠나 싶은 생각이 (웃음) 좀 들어서.

그게 몇 년 정도?

겨우 2년밖에 안 됐죠.

출소하고 나서도 마음속에 계속 사북과 노동 운동에 어떤 열망이랄까, 이런 것이 있는 거네요.

출소해서는 계속 나를 쳐낼라 그러고, 나도 안 해도 된다고 생각했으니까 한편으로 홀가분하게 생각을 했는데 2005, 2006년 넘어가면서부터 그놈들도 거기서 안 하니까. 또 이원갑 씨는 이 일도 있고, 관여하고 이러면서 내가 2011년도에 본격적으로 그게 목표가 딱 돼서 이 정당 운동으로 옮겨 온 거예요. 정확히 말하면 "아, 내가 사북으로 돌아간다." 그러려고 온 거에요.

그래서 지난 선거 때도 강원도에서 활동을 하셨던 거네요.

그렇죠.

지금까지의 생애 또는 활동 중에서 특별하게 의미 있는 걸 꼽는다면요?

82년도 대구교도소에 있을 때, 그때 나하고 권운상하고 유진곤 씨라는 분이 계세요. 인혁당 무기수 중에 한 분인데, 이 셋이 한 방에 있었는데. 가을에 오동잎이 창가에 떨어지는데 둘이서 서서 맨날 쿠바 얘기도 하고 카스트로 뭐 이러다가, 어릴 때 정치하고 싶었던 얘기도 하다가 문득 드는 생각이 '어, 지금 나는 되게 행운이네.' 이런 생각이 들더라고. 어릴 때부터 가진 꿈을 계속 키워 나가고 이걸 안 놓치고 내가 살고, 지금 어느 정도 실현되고 있잖아요. 내가 정치가잖아. 지금 민중 정치에 내가 복무하고 있는 거 아니야. (웃음) 뭐 이런 설을 풀면서 둘이서 서로 막 격려하고 이랬던 순간이 있었던 거 같아요. 그래서 뭐 말로는 "그 뒤로 민중에 복무하고 살자." 이렇게 말했는데, 글쎄 그게 형태는 달라지고 퇴색된 것도 많이 있긴 하지만 그래도 아주 벗어나지는 않고 살아왔다는 생각은 해요. 따지고 들면 취약한 게 많긴 한데, 그런 생각이 들기는 하네요.

오랜 시간 감사합니다.

　　감사합니다.